2025 年度全国会计专业技术资格考试辅导教材

中级会计资格

财 务 管 理

财政部会计财务评价中心　编著

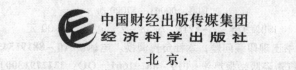

中国财经出版传媒集团

经济科学出版社

·北京·

图书在版编目（CIP）数据

财务管理 / 财政部会计财务评价中心编著. -- 北京：经济科学出版社，2025.4. --（2025 年度全国会计专业技术资格考试辅导教材）. -- ISBN 978 - 7 - 5218 - 6758 - 9

Ⅰ. F275

中国国家版本馆 CIP 数据核字第 2025G3M961 号

责任编辑：白　静
责任校对：齐　杰
责任印制：邱　天

防伪鉴别方法

封一左下方粘贴有防伪标识。在荧光紫外线照射下可见防伪标识中部呈现红色"会计"二字。刮开涂层，可通过扫描二维码或者登录网站（http：//www.cfeacc.cn）进行考试用书真伪验证。正版图书可享受免费增值服务。

2025 年度全国会计专业技术资格考试辅导教材
中级会计资格
财 务 管 理
CAIWU GUANLI
财政部会计财务评价中心　编著
经济科学出版社出版、发行　新华书店经销
社址：北京市海淀区阜成路甲 28 号　邮编：100142
总编部电话：010 - 88191217　发行部电话：010 - 88191522
天猫网店：经济科学出版社旗舰店
网址：http：//jjkxcbs.tmall.com
河北眺山实业有限责任公司印装 ○
787 × 1092　16 开　26 印张　590000 字
2025 年 4 月第 1 版　2025 年 4 月第 1 次印刷
印数：00001—57000 册
ISBN 978 - 7 - 5218 - 6758 - 9　定价：63.00 元
（图书出现印装问题，本社负责调换。电话：010 - 88191545）
（打击盗版举报热线：010 - 88191661，QQ：2242791300）

会计人员职业道德规范

一、坚持诚信，守法奉公。 牢固树立诚信理念，以诚立身、以信立业，严于律己、心存敬畏。学法知法守法，公私分明、克己奉公，树立良好职业形象，维护会计行业声誉。

二、坚持准则，守责敬业。 严格执行准则制度，保证会计信息真实完整。勤勉尽责、爱岗敬业，忠于职守、敢于斗争，自觉抵制会计造假行为，维护国家财经纪律和经济秩序。

三、坚持学习，守正创新。 始终秉持专业精神，勤于学习、锐意进取，持续提升会计专业能力。不断适应新形势新要求，与时俱进、开拓创新，努力推动会计事业高质量发展。

前言

为帮助考生全面理解和掌握全国会计专业技术资格考试领导小组办公室印发的 2025 年度中级会计专业技术资格考试大纲，更好地复习备考，财政部会计财务评价中心组织专家按照考试大纲的要求和最新颁布的法律法规，编写了《中级会计实务》《财务管理》《经济法》辅导用书，并对《全国会计专业技术资格考试参考法规汇编》作了相应调整。编写和调整所参照的法律法规截止到 2025 年 3 月底。

本考试用书作为指导考生复习备考之用，不作为全国会计专业技术资格考试指定用书。考生在学习过程中如遇到疑难问题，可登录全国会计资格评价网咨询答疑栏目提出问题，并注意查阅有关问题解答。

书中如有疏漏和不当之处，敬请指正，并及时反馈我们。

财政部会计财务评价中心
二〇二五年四月

目录

第一章 总 论

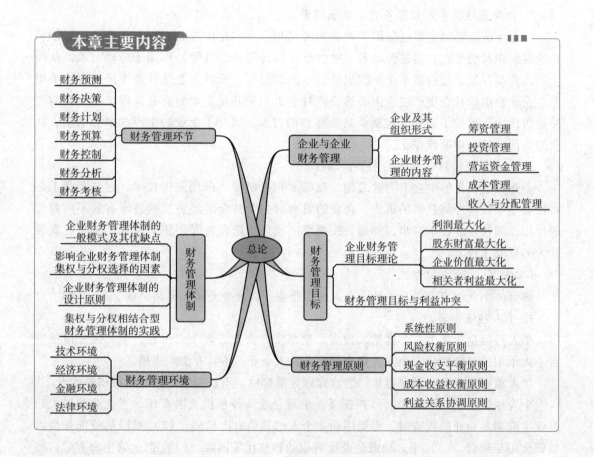

第一节 企业与企业财务管理

一、企业及其组织形式

（一）企业的定义及功能

企业是依法设立的，以营利为目的，运用各种生产要素（土地、劳动力、资本、技术和数据等），向市场提供商品或服务，实行自主经营、自负盈亏、独立核算的法人或其他社会经济组织。企业的目标是创造价值（或财富）。企业在创造价值（或财富）过程中必须承担相应的社会责任。

当今社会，企业作为国民经济细胞，扮演着越来越重要的角色。

1. 企业是市场经济活动的主要参与者。

市场经济活动的顺利进行离不开企业的生产和销售活动，一旦离开，市场就成了无源之水、无本之木。创造价值是企业经营行为动机的内在要求，企业的生产状况和经济效益直接影响社会经济实力的增长和人民物质生活水平的提高。只有培育大量充满生机与活力的企业，社会才能稳定、和谐而健康地发展。

2. 企业是社会生产和服务的主要承担者。

社会经济活动的主要过程即生产和服务过程，大多是由企业来承担和完成的。许多企业要组织社会生产，通过劳动者，将生产资料（劳动工具等）作用于劳动对象，从而生产出商品，这个过程就是企业组织社会生产的过程，所以企业是社会生产的直接承担者。企业在组织社会生产过程中必然要在社会上购买其他企业的商品，再把本企业的产品销售出去，形成了服务（包括商品流通）的过程。离开了企业的生产和服务活动，社会经济活动就会中断或停止。

3. 企业是经济社会发展的主要推动者。

企业为了在竞争中立于不败之地，就需要积极研发和采用先进技术，这在客观上必将推动整个社会经济技术的进步。企业的发展对整个社会的经济技术进步有着不可替代的作用。加快企业技术进步，加速科技成果产业化，培育发展创新型企业，是企业发展壮大的重要途径。

（二）企业的组织形式

典型的企业组织形式有三种：个人独资企业、合伙企业和公司制企业。

1. 个人独资企业。

个人独资企业是由一个自然人投资，全部资产为投资者个人所有，全部债务由投资者个人承担的经营实体。个人独资企业是非法人企业，不具有法人资格。

个人独资企业具有创立容易、经营管理灵活自由、不需要缴纳企业所得税等优点。

个人独资企业的局限性：（1）需要业主对企业债务承担无限责任，当企业的损失超过业主最初对企业的投资时，需要用业主个人的其他财产偿债。（2）难以从外部获得大量资金用于经营。（3）个人独资企业所有权的转移比较困难。（4）企业的生命有限，将随着业主的死亡而自动消亡。

2. 合伙企业。

合伙企业通常是由两个或两个以上的自然人（有时也包括法人或其他组织）合伙经营的企业。它是由各合伙人遵循自愿、平等、公平、诚信原则订立合伙协议，共同出资、合伙经营、共享收益、共担风险的营利性组织。合伙企业分为普通合伙企业和有限合伙企业。

普通合伙企业由普通合伙人组成，合伙人对合伙企业债务承担无限连带责任。

有限合伙企业由普通合伙人和有限合伙人组成，普通合伙人对合伙企业债务承担无限连带责任，有限合伙人以其认缴的出资额为限对合伙企业债务承担责任。

合伙企业的生产经营所得和其他所得，按照国家有关税收规定，由合伙人分别缴纳所得税。

除业主不止一人外，合伙企业的优点和缺点与个人独资企业类似。此外，我国《合伙企业法》规定普通合伙人对企业债务须承担无限连带责任。如果一个合伙人没有能力偿还其应分担的债务，其他合伙人须承担连带责任，即有责任替其偿还债务。法律还规定合伙人转让其所有权时需要取得其他合伙人的同意，有时甚至还需要修改合伙协议。

由于合伙企业与个人独资企业存在着共同缺陷，所以一些企业尽管在刚成立时以独资或合伙的形式出现，但是在发展到某一阶段后都将转换成公司的形式。

3. 公司制企业。

公司（或称公司制企业）是指由投资人（自然人或法人）依法出资组建，有独立法人财产，自主经营、自负盈亏的法人企业。

公司是经政府注册的营利性法人组织，并且独立于股东和经营者。根据我国现行的《公司法》规定，其形式分为有限责任公司和股份有限公司两种。

有限责任公司简称有限公司，是指股东以其认缴的出资额为限对公司承担责任，公司以其全部财产为限对公司的债务承担责任的企业法人。根据我国《公司法》的规定，必须在公司名称中标明"有限责任公司"或者"有限公司"字样。

其中，国有独资公司是有限责任公司的一种特殊形式。具体指国家单独出资、由国务院或者地方人民政府授权本级人民政府国有资产监督管理机构履行出资人职责的有限责任公司。国有独资公司的公司章程由国有资产监督管理机构制定，或者由董事会制定报国有资产监督管理机构批准。我国国有独资公司不设股东会，由国有资产监督管理机构行使股东会职权。国有资产监督管理机构可以授权公司董事会行使股东会的部分职权，决定公司的重大事项，但公司的合并、分立、解散、增加或者减少注册资本和发行公司债券，必须由国有资产监督管理机构决定。

股份有限公司简称股份公司，是指其全部资本分为等额股份，股东以其所持股份为限对公司承担责任，公司以其全部财产对公司的债务承担责任的企业法人。

有限责任公司和股份有限公司的区别：（1）公司设立时对股东人数要求不同。设立有限责任公司的股东人数可以为1人或50人以下；设立股份有限公司，应当有1人以上200人以下为发起人。（2）股东的股权表现形式不同。有限责任公司的权益总额不作等额划分，股东的股权是通过投资人所认缴的出资额来表示的；股份有限公司的权益总额平均划分为相等的股份，股东的股权是用持有多少股份来表示的。（3）股份转让限制不同。有限责任公司不发行股票，对股东只发放一张出资证明书，股东转让出资需要由股东会或董事会讨论通过；股份有限公司可以发行股票，股票可以依法转让。

公司制企业的优点：（1）容易转让所有权。公司的股东权益被划分为若干股权份额，每个份额可以单独转让。（2）有限债务责任。公司债务是法人的债务，不是股东的债务。股东对公司承担的责任以其出资额为限。当公司资产不足以偿还其所欠债务时，股东无须承担连带清偿责任。（3）公司制企业可以无限存续，一个公司在最初的股东和经营者退出后仍然可以继续存在。（4）公司制企业融资渠道较多，更容易筹集所需资金。

公司制企业的缺点：（1）组建公司的成本高。公司法对于设立公司的要求比设立独资或合伙企业复杂，并且需要提交一系列法律文件，花费的时间较长。公司成立后，政府对其监管比较严格，需要定期提交各种报告。（2）存在代理问题。股东和经营者分开以后，股东成为委托人，经营者成为代理人，代理人可能为了自身利益而损害委托人利益。（3）双重课税。公司作为独立的法人，其利润需缴纳企业所得税，企业利润分配给股东后，股东还需缴纳个人所得税。

二、企业财务管理的内容

公司的基本活动可以分为筹资、投资、营运和分配活动四个方面，对于生产企业而言，还需进行有关生产成本的管理与控制。从财务管理角度看，筹资可以分为长期筹资和短期筹资，投资也可以分为长期投资和短期投资，由于短期筹资、短期投资和营业现金流管理有着密切关系，通常合并在一起讨论，称为营运资金管理。因此，财务管理的内容分为筹资管理、投资管理、营运资金管理、成本管理、收入与分配管理五个部分。

（一）筹资管理

企业要根据其生产经营、发展战略、投资和资本结构等的需要，通过筹资渠道和资本市场，运用筹资方式，依法、经济有效地筹集企业所需资金，进行筹资管理。无论是建立新企业，还是经营现有企业，都需要筹措一定数量的资金。在进行筹资活动时，企业一方面要科学预测筹资的总规模，以保证所需资金；另一方面要通过筹资渠道和筹资方式的选择，确定合理的筹资结构，降低资本成本，增加公司的利益，控制相关的风险。

（二）投资管理

投资是企业生存、发展及进一步获取利润的基本前提。企业取得资金后，必须将其投入使用，以谋求取得良好的经济效益。在进行投资管理活动时，企业必须考虑投资规模，同时还必须通过投资方向和投资方式的选择来确定合适的投资结构，提高投资效益，降低投资风险。不同的投资项目，对企业价值和财务风险的影响程度不同。企业的投资，有对内投资和对外投资之分。对内投资是指企业把筹集到的资金用于本企业的资产上，如购建固定资产、无形资产等；企业把筹集到的资金用于购买股票、债券、出资新组建公司或与其他企业联营等，便形成对外投资。如果投资决策不科学、投资结构不合理，那么投资项目往往不能达到预期效益，影响企业盈利水平和偿债能力，投资决策的正确与否，直接关系到企业的兴衰成败，要科学做好投资管理。

（三）营运资金管理

企业在日常的生产经营活动中，会发生一系列流动资产和流动负债资金的收付。企业的营运资金在全部资金中占有较大的比重，是企业财务管理工作的一项重要内容。主要涉及：现金持有计划的确定，应收账款的信用标准、信用条件和收款政策的确定，存货周期、存货数量、订货计划的确定，短期借款计划、商业信用筹资计划的确定等。如何节约资金成本，提高资金使用效益，进行流动资产的投融资，以及如何管理流动负债都需要企业提前做好规划。

（四）成本管理

成本管理是企业日常经营管理的一项中心工作。企业在竞争中需要努力开源节流，控制成本耗费，从而增加企业收益。通过本量利分析，运用于经营决策；通过标准成本控制与分析，满足有效经营条件下所能达到的目标成本；通过作业成本管理，对传统成本管理模式进行变革，应用到价值链领域，为企业战略管理提供基础；责任成本管理，则是通过责任中心，明确责任成本，从而界定责、权、利关系考核工作业绩。成本管理涉及从成本预测、成本决策、成本计划、成本控制、成本核算、成本分析到成本考核的全部过程。

（五）收入与分配管理

收入与分配管理是对企业收入与分配活动及其形成的财务关系的组织与调节，是企业进行销售预测和定价管理，并将一定时期内所创造的经营成果合理地在企业内、外部各利益相关者之间进行有效分配的过程。收入反映的是企业经济利益的来源，而分配反映的是企业经济利益的去向，两者共同构成企业经济利益流动的完整链条。收入的初次分配是对成本费用的弥补，这一过程随着再生产的进行而自然完成，而利润分配则是对收入初次分配的结果进行再分配。根据投资者的意愿和企业生产经营的需要，企业实现的净利润可以作为投资收益分配给投资者，也可以暂时留存企业形成未分配利润，或者作为投资者的追加投资。企业决策者要合理确定分配的规模和结构，确保企业取得最大的长期利益。

企业财务管理的上述五部分内容是相互联系、相互制约的。筹资是基础，离开企业生产经营所需的资金筹措，企业就不能生存与发展；而且公司筹资数量还制约着公司投资的规模。企业所筹措的资金只有有效地投放出去，才能实现筹资的目的，并不断增值与发展；而且投资反过来又决定了企业需要筹资的规模和时间。筹资和投资的成果都需要依赖资金的营运才能实现，筹资和投资在一定程度上决定了公司日常经营活动的特点和方式；但企业日常活动还需要对营运资金进行合理的管理与控制，努力提高营运资金的使用效率与效果。成本管理则贯穿于筹资、投资和营运活动的全过程，渗透在财务管理的每个环节之中。收入与分配影响着筹资、投资、营运资金和成本管理的各个方面，收入与分配的来源是企业上述各方面共同作用的结果，同时又会对上述各方面产生反作用。因此，筹资管理、投资管理、营运资金管理、成本管理和收入与分配管理都是企业价值创造的必要环节，是保障企业健康发展、实现可持续增长的重要内容。

第二节 财务管理目标

企业的目标是创造价值（或财富），企业财务管理就是为实现企业创造价值（或财富）这一目标服务。鉴于财务活动直接从价值方面反映企业的商品或者服务提供过程，因而财务管理可为企业的价值创造发挥重要作用。

一、企业财务管理目标理论

企业财务管理目标有如下几种具有代表性的观点：

（一）利润最大化

利润最大化是指企业财务管理以实现利润最大为目标。以利润最大化作为财务管理目标，其主要原因有三：一是人类从事生产经营活动的目的是创造更多的剩余产品，在市场经济条件下，剩余产品的多少可以用利润这个指标来衡量；二是在自由竞争的资本市场中，资本的使用权最终属于获利最多的企业；三是只有每个企业都最大限度地创造利润，整个社会的财富才可能实现最大化，从而带来社会的进步和发展。

利润最大化目标的主要优点是，企业追求利润最大化，就必须讲求经济核算，加强管理，改进技术，提高劳动生产率，降低产品成本。这些措施都有利于企业资源的合理配置，有利于企业整体经济效益的提高。

但是，以利润最大化作为财务管理目标存在以下缺点：

（1）没有考虑利润实现时间和资金时间价值。比如，今年100万元的利润和10年以后同等数量的利润其实际价值是不一样的，10年间还会有时间价值的增加，而且这一数值会随着贴现率的不同而有所不同。

（2）没有考虑风险问题。不同行业具有不同的风险，同等利润值在不同行业中的意义也不相同，比如，风险比较高的高科技企业和风险相对较小的制造业企业无法简单比较。

（3）没有反映创造的利润与投入资本之间的关系。

（4）可能导致企业短期行为倾向，影响企业长远发展。由于利润指标通常按年计算，因此，企业决策也往往会服务于年度指标的完成或实现。

利润最大化的另一种表现方式是每股收益最大化。每股收益最大化的观点认为，应当把企业的利润和股东投入的资本联系起来考察，用每股收益来反映企业的财务管理目标。

除了反映所创造利润与投入资本之间的关系外，每股收益最大化与利润最大化目标的缺点基本相同。但如果假设风险相同、每股收益时间相同，每股收益的最大化也是衡量公司业绩的一个重要指标。事实上，许多投资人都把每股收益作为评价公司业绩的重要标准之一。

（二）股东财富最大化

股东财富最大化是指企业财务管理以实现股东财富最大为目标。在上市公司，股东财富是由其所拥有的股票数量和股票市场价格两方面决定的。在股票数量一定时，股票价格达到最高，股东财富也就达到最大。

与利润最大化相比，股东财富最大化具有以下主要优点：

（1）考虑了风险因素，因为通常股价会对风险作出较敏感的反应。

（2）在一定程度上能避免企业短期行为，因为不仅目前的利润会影响股价，预期未来的利润同样会对股价产生重要影响。

（3）对上市公司而言，股东财富最大化目标比较容易量化，便于考核和奖惩。

但是，以股东财富最大化作为财务管理目标存在以下缺点：

（1）通常只适用于上市公司，非上市公司难以应用，因为非上市公司无法像上市公司一样随时准确获得公司股价。

（2）股价受众多因素影响，特别是企业外部的因素，有些还可能是非正常因素。股价不能完全准确反映企业财务管理状况，如有的上市公司处于破产的边缘，但由于可能存在某些机会，其股价可能还在走高。

（3）强调更多的是股东利益，而对其他相关者的利益重视不够。

（三）企业价值最大化

企业价值最大化是指企业财务管理行为以实现企业的价值最大为目标。企业价值可以理解为企业股东权益和债权人权益的市场价值，或者是企业所能创造的预计未来现金流量的现值。未来现金流量这一概念，包含了资金的时间价值和风险价值两个方面的因素。因为未来现金流量的预测包含了不确定性和风险因素，而现金流量的现值是以资金的时间价值为基础对现金流量进行折现计算得出的。

企业价值最大化目标要求企业通过采用最优的财务政策，充分考虑资金的时间价值和风险与收益的关系，在保证企业长期稳定发展的基础上使企业总价值达到最大。

以企业价值最大化作为财务管理目标，具有以下优点：

（1）考虑了取得收益的时间，并用时间价值的原理进行了计量。

（2）考虑了风险与收益的关系。

（3）将企业长期、稳定的发展和持续的获利能力放在首位，能克服企业在追求利润上的短期行为，因为不仅目前的利润会影响企业价值，预期未来的利润对企业价值增加也会产生重大影响。

（4）用价值代替价格，避免了过多外界市场因素的干扰，有效地规避了企业的短期行为。

但是，以企业价值最大化作为财务管理目标过于理论化，不易操作。对于非上市公司而言，只有对企业进行专门的评估才能确定其价值，而在评估企业的资产时，由于受评估标准和评估方法的影响，很难做到客观和准确。

（四）相关者利益最大化

在现代企业是多边契约关系总和的前提下，要确立科学的财务管理目标，需要考虑哪些利益关系会对企业发展产生影响。在市场经济中，企业的理财主体更加细化和多元化。股东作为企业所有者，在企业中拥有最高的权力，并承担着最大的义务和风险，但是债权人、员工、企业经营者、客户、供应商和政府也为企业承担着风险。因此，企业的利益相关者不仅包括股东，还包括债权人、企业经营者、客户、供应商、员工和政府等。在确定企业财务管理目标时，不能忽视这些相关利益群体的利益。

相关者利益最大化目标的具体内容包括以下几个方面：

（1）强调风险与收益的均衡，将风险限制在企业可以承受的范围内。

（2）强调股东的首要地位，并强调企业与股东之间的协调关系。

（3）强调对代理人即企业经营者的监督和控制，建立有效的激励机制以便企业战略目标的顺利实现。

（4）关心本企业普通职工的利益，创造优美和谐的工作环境和提供合理恰当的福利待遇，培养职工长期努力为企业工作。

（5）不断加强与债权人的关系，培养可靠的资金供应者。

（6）关心客户的长期利益，以便保持销售收入的长期稳定增长。

（7）加强与供应商的协作，共同面对市场竞争，并注重企业形象的宣传，遵守承诺，讲究信誉。

（8）保持与政府部门的良好关系。

以相关者利益最大化作为财务管理目标，具有以下优点：

（1）有利于企业长期稳定发展。这一目标注重企业在发展过程中考虑并满足各利益相关者的利益关系。在追求长期稳定发展的过程中，站在企业的角度上进行投资研究，避免只站在股东的角度进行投资可能导致的一系列问题。

（2）体现了合作共赢的价值理念，有利于实现企业经济效益和社会效益的统一。由于兼顾了企业、股东、政府、客户等的利益，企业就不仅仅是一个单纯谋利的组织，还承担了一定的社会责任。企业在寻求其自身的发展和利益最大化过程中，由于需维护客户及其他利益相关者的利益，就会依法经营、依法管理，正确处理各种财务关系，自觉维护和确实保障国家、集体和社会公众的合法权益。

（3）这一目标本身是一个多元化、多层次的目标体系，较好地兼顾了各利益主体的利益。这一目标可使企业各利益主体相互作用、相互协调，并在使企业利益、股东利益达到最大化的同时，也使其他利益相关者利益达到最大化。也就是将企业财富这块"蛋糕"做到最大的同时，保证每个利益主体所得的"蛋糕"更多。

（4）体现了前瞻性和现实性的统一。比如，企业作为利益相关者之一，有其一套评价指标，如未来企业收益贴现值；股东的评价指标可以使用股票市价；债权人可以寻求风险最小、利息最大；员工可以确保工资福利；政府可考虑社会效益等。不同的利益相关者有各自的指标，只要合理合法、互利互惠、相互协调，就可以实现所有相关者利益最大化。

（五）各种财务管理目标之间的关系

上述各种财务管理目标，都以股东财富最大化为基础。因为企业是市场经济的主要参与者，企业的创立和发展都必须以股东的投入为基础，离开了股东的投入，企业就不复存在；并且，在企业的日常经营过程中，股东在企业中承担着最大的义务和风险，相应也需享有最高的收益，即股东财富最大化，否则就难以为市场经济的持续发展提供动力。

当然，以股东财富最大化为核心和基础，还应该考虑利益相关者的利益。各国公司法都规定，股东权益是剩余权益，只有满足了其他方面的利益之后才会有股东的利益。企业必须缴税、给职工发工资、给顾客提供他们满意的产品和服务，然后才能获得税后收益。可见，其他利益相关者的要求先于股东被满足，因此这种满足必须是有限度的。如果对其他利益相关者的要求不加限制，股东就不会有"剩余"了。除非股东确信投资会带来满意的回报，否则股东不会出资。没有股东财富最大化的目标，利润最大化、企业价值最大化以及相关者利益最大化的目标也就无法实现。因此，在强调公司承担应尽的社会责任的前提下，应当允许企业以股东财富最大化为目标。

二、财务管理目标与利益冲突

企业相关者的利益冲突是影响企业财务管理目标更深层次的问题，利益冲突的有效协调直接关系到财务管理目标实现的程度。企业相关者的利益冲突主要包括委托代理问题引起的利益冲突和企业股东利益与承担社会责任之间的冲突。其中，委托代理冲突问题引起的利益冲突包括股东与管理层、大股东与中小股东、股东与债权人之间的利益冲突。

（一）委托代理问题与利益冲突

1. 股东与管理层之间的利益冲突及协调。

在现代企业中，经营者一般不拥有占支配地位的股权，他们只是股东的代理人。股东期望经营者代表他们的利益工作，实现股东财富最大化，而经营者则有其自身的利益考虑，二者的目标经常会不一致。通常而言，股东支付给经营者报酬的多少，取决于经营者能够为股东创造多少财富。经营者和股东的主要利益冲突是经营者希望在创造财富的同时，能够获取更多的报酬、更多的享受，并避免各种风险；而股东则希望以较小的代价（支付较少报酬）实现更多的财富。

为了协调股东与管理层之间的利益冲突，通常可采取以下方式解决：

（1）解聘。这是一种通过股东约束经营者的办法。股东对经营者予以监督，如果经营者绩效不佳，就解聘经营者；经营者为了不被解聘就需要努力工作，为实现财务管理目标服务。

（2）接收。这是一种通过市场约束经营者的办法。如果经营者决策失误、经营不力、绩效不佳，该企业就可能被其他企业强行接收或吞并，相应经营者也会被解聘。经营者为了避免这种被接收，就必须努力实现财务管理目标。

（3）激励。激励是将经营者的报酬与其绩效直接挂钩，以使经营者自觉采取能提高股东财富的措施。激励通常有股票期权和绩效股两种方式。其中，股票期权是允许经营者以预先确定的条件购买本企业一定数量股份的权利，当股票的市场价格高于约定价格，经营者就会因此获取收益。经营者为了获得更大的股票涨价益处，就必然主动采取能够提高股价的行动，从而增加股东财富。绩效股是企业运用每股收益、资产收益率等指标来评价经营者绩效，并视其绩效大小给予经营者数量不等的股票作为报酬。如果经营者绩效未能达到规定目标，经营者将丧失原先持有的部分绩效股。这种方式使经营者不仅为了多得绩效股而不断采取措施提高经营绩效，而且为了使每股市价最大化，也会采取各种措施使股票市价稳定上升，从而增加股东财富。即使由于客观原因股价并未提高，经营者也会因为获取绩效股而获利。

2. 大股东与中小股东之间的利益冲突及协调。

大股东通常指持有公司大部分股份的股东，他们会对股东大会和董事会的决议产生影响，通常还会委派高管来掌握公司的重大经营决策。持有股份较少且人数较多的中小股东很难有机会接触到公司的经营管理，虽然他们按照自己的持股比例拥有利润的索取权，但是由于与大股东之间存在严重的信息不对称，他们的各种权利可能会受到大股东的侵害。在这种情况下，委托代理问题会导致大股东与中小股东之间的利益冲突。大股东侵害中小股东利益的主要形式包括：（1）利用关联交易转移上市公司的资产。（2）非法占用上市公司巨额资金，或以上市公司的名义进行担保和恶意筹资。（3）通过发布虚假信息进行股价操纵，欺骗中小股东。（4）为大股东委派的高管支付不合理的报酬及特殊津贴。（5）采用不合理的股利政策，掠夺中小股东的既得利益。

为了协调大股东与中小股东之间的冲突，通常可采取以下方式解决：

（1）完善上市公司的治理结构，使股东大会、董事会和监事会三者有效运行，形成相互制约的机制。具体而言，首先，采取法律措施增强中小股东的投票权和知情权。其次，提高董事会中独立董事的比例，独立董事可以代表中小股东的利益，在董事会中行使表决权。最后，建立健全监事会，保证其独立性，有效实现其监督职能，并赋予监事会更大的监督与起诉权。

（2）规范上市公司的信息披露制度，保证信息的完整性、真实性和及时性。同时，应完善会计准则体系和信息披露规则，强化对信息披露的监管，加大对信息披露违规行为的处罚力度。这些举措都是为了通过缓解大股东与中小股东之间的信息不对称，降低大股东对中小股东利益的侵占。

3. 股东与债权人之间的利益冲突及协调。

股东的目标可能与债权人期望实现的目标发生矛盾。首先，股东可能要求经营者改变举债资金的原定用途，将其用于风险更高的项目，这会增大偿债风险，债权人的负债价值也必然会降低，造成债权人风险与收益的不对称。因为高风险的项目一旦成功，额外的利润就会被所有者独享；但若失败，债权人却要与股东共同负担由此而造成的损失。其次，股东可能在未征得现有债权人同意的情况下，要求经营者举借新债，因为偿债风险相应增大，从而致使原有债权的价值降低。

为了协调股东与债权人之间的利益冲突，可以采取以下方式解决：

（1）限制性借债。债权人通过事先规定借债用途限制、借债担保条款和借债信用条件，使股东不能通过以上两种方式削弱债权人的债权价值。

（2）收回借款或停止借款。当债权人发现企业有侵蚀其债权价值的意图时，采取收回债权或不再给予新的借款的措施，从而保护自身权益。

（二）企业社会责任与利益冲突

企业在实现股东财富最大化目标时，需要承担必要的社会责任。企业社会责任是指企业在谋求股东财富最大化之外所负有的维护和增进社会利益的义务。具体来说，企业社会责任主要包括以下内容：

1. 对员工的责任。

企业除了向员工支付报酬的法律责任外，还负有为员工提供安全工作环境、职业教育等保障员工利益的责任。企业对员工承担的社会责任有：（1）按时足额发放劳动报酬，并根据社会发展逐步提高工资水平。（2）提供安全健康的工作环境，加强劳动保护，实现安全生产，积极预防职业病。（3）建立公司职工的职业教育和岗位培训制度，不断提高职工的素质和能力。（4）完善工会、职工董事和职工监事制度，培育良好的企业文化。

2. 对债权人的责任。

债权人是企业的重要利益相关者，企业应依据合同的约定以及法律的规定对债权人承担相应的义务，保障债权人合法权益。这种义务既是公司的民事义务，也可视为公司应承担的社会责任。公司对债权人承担的社会责任主要有：（1）按照法律、法规和公司章程的规定，真实、准确、完整、及时地披露公司信息。（2）诚实守信，不滥用公司人格。（3）主动偿债，不无故拖欠。（4）确保交易安全，切实履行合法订立的合同。

3. 对消费者的责任。

公司的价值实现，很大程度上取决于消费者的选择，企业理应重视对消费者承担的社会责任。企业对消费者承担的社会责任主要有：（1）确保产品质量，保障消费安全。（2）诚实守信，确保消费者的知情权。（3）提供完善的售后服务，及时为消费者排忧解难。

4. 对社会公益的责任。

企业对社会公益的责任主要涉及慈善、社区等，其中对慈善事业的社会责任是指承担扶贫济困和发展慈善事业的责任，表现为企业对不确定的社会群体（尤指弱势群体）进行帮助。捐赠是其最主要的表现形式，受捐赠的对象主要有社会福利院、医疗服务机构、教育机构、贫困地区、特殊困难人群等。此外，还包括雇用残疾人、生活困难个体、缺乏就业竞争力的人，以及举办与公司营业范围有关的各种公益性的社会教育宣传活动等。

5. 对环境和资源的责任。

企业对环境和资源的社会责任可以概括为两大方面：一是承担可持续发展与节约资源的责任；二是承担保护环境和维护自然和谐的责任。

此外，企业还有义务和责任遵从政府的管理、接受政府的监督。企业要在政府的指引下合法经营、自觉履行法律规定的义务，同时尽可能地为政府献计献策、分担社会压力、支持政府的各项事业。

一般而言，对一个利润或投资收益率处于较低水平的公司，在激烈竞争的环境下，是难以承担额外增加其成本的社会责任的。而对于那些利润超常的公司，它们可以适当地承担而且有的也确已承担一定的社会责任。因为对利润超常的公司来说，适当地从事一些社会公益活动，有助于提高公司的知名度，促进其业务活动的开展，进而使股价升高。但不管怎样，任何企业都无法长期单独地负担因承担社会责任而增加的成本。过分地强调社会责任而使企业价值减少，就可能导致整个社会资金运用的次优化，从而使社会经济发展步伐减缓。事实上，大多数社会责任都必须通过立法以强制的方式让每一个企业负担。然而，作为国民经济细胞，企业理应关注并自觉改善自身的生态环境，重视履行对员工、消费者、环境、社区等利益相关方的责任，重视其生产行为可能对未来环境的影响，特别是在员工健康与安全、废弃物处理、污染等方面应尽早采取相应的措施，减少企业在这些方面可能会遭遇的各种困扰，从而有助于企业可持续发展。

第三节 财务管理原则

财务管理原则是企业进行财务管理活动的行为规范和行动指南，有助于引导财务管理工作，实现财务管理目标。

一、系统性原则

财务管理是企业管理系统的一个子系统，它本身又由筹资管理、投资管理、营运资金管理、成本管理和收入与分配管理子系统构成。在财务管理中坚持系统性原则，是财务管理工作的首要出发点。

二、风险权衡原则

风险权衡原则是指风险和报酬之间存在着对应关系，决策者必须对报酬和风险作出权衡，为追求较高报酬而承担较大的风险，或者为减少风险而接受较低的报酬。所谓对应关系是指高收益的投资机会必然伴随着较高的风险，风险小的投资机会必然只有较低的收益。

三、现金收支平衡原则

财务管理贯彻的是收付实现制，而非权责发生制，客观上要求在财务管理活动中做到现金收入和现金支出在数量上、时间上达到动态平衡，即现金收支平衡。

四、成本收益权衡原则

在财务管理中，时刻都需要进行成本与收益的权衡。在筹资管理中，要进行资金成本和筹资收益的权衡；在投资管理中，要进行投资成本和投资收益的权衡；在营运资金管理中，收益难以量化，但应追求成本最小化；在分配管理中，应在追求分配管理成本最小的前提下，妥善处理好各种财务关系。

五、利益关系协调原则

企业在进行财务活动时，离不开处理与股东、债权人、经营者、职工、内部各部门、债务人、被投资企业、国家（政府）、社会公众等利益主体之间的财务关系。从这个角度来说，财务管理也是一个协调各种利益关系的过程。利益关系协调成功与否，直接关系到财务管理目标的实现程度。

第四节　财务管理环节

财务管理环节是企业财务管理的工作步骤与一般工作程序。一般而言，企业财务管理包括财务预测、财务决策、财务计划、财务预算、财务控制、财务分析与财务考核七个环节。

一、财务预测

财务预测是根据企业财务活动的历史资料，考虑现实的要求和条件，对企业未来的财务活动作出较为具体的预计和测算的过程。财务预测可以测算各项生产经营方案的经济效益，为决策提供可靠的依据；可以预计财务收支的发展变化情况，以确定经营目标；可以测算各项定额和标准，为编制计划、分解计划指标服务。

财务预测的方法主要有定性预测和定量预测两类。定性预测法，主要是利用直观材料，依靠个人的主观判断和综合分析能力，对事物未来的状况和趋势作出预测的一种方法；定量预测法，主要是根据变量之间存在的数量关系建立数学模型来进行预测的方法。

二、财务决策

财务决策是指按照财务战略目标的总体要求，利用专门的方法对各种备选方案进行比较和分析，从中选出最佳方案的过程。财务决策是财务管理的核心，决策的成功与否直接关系到企业的兴衰成败。

财务决策的方法主要有两类：一类是经验判断法，是根据决策者的经验来判断选择，常用的方法有淘汰法、排队法、归类法等；另一类是定量分析方法，常用的方法有优选对比法、数学微分法、线性规划法、概率决策法等。

三、财务计划

财务计划是根据企业整体战略目标和规划，结合财务决策的结果，对财务活动进行规划，并以指标形式落实到每一计划期间的过程。财务计划主要通过指标和表格，以货币形式反映计划期内企业生产经营活动所需要的资金及其来源、财务收入和支出、财务成果及其分配的情况。

确定财务计划指标的方法一般有平衡法、因素法、比例法和定额法等。

四、财务预算

财务预算是根据财务计划和各种预测信息，确定预算期内各种预算指标的过程。它是财务计划的分解和落实，是财务计划的具体化。

财务预算的编制方法通常包括固定预算与弹性预算、增量预算与零基预算、定期预算与滚动预算等。

五、财务控制

财务控制是指利用有关信息和特定手段，对企业的财务活动施加影响或调节，以便实现计划所规定的财务目标的过程。

财务控制通常分为前馈控制、过程控制、反馈控制等。财务控制的措施一般包括预算控制、运营分析控制和绩效考评控制等。

六、财务分析

财务分析是指根据企业财务报表等信息资料，采用专门方法，系统分析和评价企业财务状况、经营成果以及未来发展趋势的过程。

财务分析的方法通常有比较分析法、比率分析法和因素分析法等。

七、财务考核

财务考核是指将报告期实际完成数与规定的考核指标进行对比，确定有关责任单位和个人完成任务的过程。财务考核与奖惩紧密联系，是贯彻责任制原则的要求，也是构建激励与约束机制的关键环节。

财务考核的形式多种多样，可以用绝对指标、相对指标、完成百分比考核，也可以采用多种财务指标进行综合评价考核。

第五节　财务管理体制

企业财务管理体制是明确企业各财务层级财务权限、责任和利益的制度，其核心问题是如何配置财务管理权限，企业财务管理体制决定着企业财务管理的运行机制和实施模式。

一、企业财务管理体制的一般模式及其优缺点

企业财务管理体制分为三种类型：

（一）集权型财务管理体制

集权型财务管理体制是指企业对各所属单位的所有财务管理决策都进行集中统一，各所属单位没有财务决策权，企业总部财务部门不但参与决策和执行决策，在特定情况下还直接参与各所属单位的执行过程。

集权型财务管理体制下企业内部的主要管理权限集中于企业总部，各所属单位执行企业总部的各项指令。其优点在于：企业内部的各项决策均由企业总部制定和部署，企

业内部可充分展现其一体化管理的优势，利用企业的人才和信息资源，努力降低资金成本和风险损失，使决策的统一化、制度化得到有力的保障。采用集权型财务管理体制，有利于在整个企业内部优化配置资源，有利于实行内部调拨价格，有利于内部采取避税措施及防范汇率风险等。其缺点在于：集权过度会使各所属单位缺乏主动性、积极性，丧失活力，也可能因为决策程序相对复杂而失去适应市场的弹性，丧失市场机会。

（二）分权型财务管理体制

分权型财务管理体制是指企业将财务决策权与管理权完全下放到各所属单位，各所属单位只需对一些决策结果报请企业总部备案即可。

分权型财务管理体制下企业内部的管理权限分散于各所属单位，各所属单位在人、财、物、供、产、销等方面有决定权。其优点在于：由于各所属单位负责人有权对影响经营成果的因素进行控制，加之身在基层，了解情况，有利于针对本单位存在的问题及时作出有效决策，因地制宜地搞好各项业务，也有利于分散经营风险，促进所属单位管理人员及财务人员的成长。其缺点在于：各所属单位大多从本单位利益出发安排财务活动，缺乏全局观念和整体意识，从而可能导致资金管理分散、资金成本增大、费用失控、利润分配无序等。

（三）集权与分权相结合型财务管理体制

集权与分权相结合型财务管理体制，其实质就是集权下的分权，企业对各所属单位在所有重大问题的决策与处理上实行高度集权，各所属单位则对日常经营活动具有较大的自主权。

集权与分权相结合型财务管理体制意在以企业发展战略和经营目标为核心，将企业内重大决策权集中于企业总部，而赋予各所属单位自主经营权。其主要特点：

（1）在制度上，应制定统一的内部管理制度，明确财务权限及收益分配方法，各所属单位应遵照执行，并根据自身的特点加以补充。

（2）在管理上，利用企业的各项优势，对部分权限集中管理。

（3）在经营上，充分调动各所属单位的生产经营积极性。各所属单位围绕企业发展战略和经营目标，在遵守企业统一制度的前提下，可自主制定生产经营的各项决策。为避免配合失误，明确责任，凡需要由企业总部决定的事项，在规定时间内，企业总部应明确答复，否则，各所属单位有权自行处置。

正因为具有以上特点，所以集权与分权相结合型财务管理体制，吸收了集权型和分权型财务管理体制各自的优点，避免了二者各自的缺点，从而具有较大的优越性。

二、影响企业财务管理体制集权与分权选择的因素

（一）企业生命周期

一般而言，企业发展会经历初创阶段、快速发展阶段、稳定增长阶段、成熟阶段和衰退阶段。企业各个阶段特点不同，所对应的财务管理体制选择模式也会有区别。如在初创阶段，企业经营风险高，财务管理宜偏重集权模式。

（二）企业战略

企业战略的发展大致经历四个阶段，即数量扩大、地区开拓、纵向或横向联合发展和产品多样化，不同战略目标应匹配不同的财务管理体制。比如那些实施纵向一体化战略的企业，要求各所属单位保持密切的业务联系，各所属单位之间业务联系越密切，就越有必要采用相对集中的财务管理体制。只有对本企业的战略目标及其特点进行深入的了解和分析，分别确定集权与分权情况才能最有利于企业的长久发展。

（三）企业所处市场环境

如果企业所处的市场环境复杂多变，有较大的不确定性，那么可以要求在财务管理划分权力时，给中下层财务管理人员较多的随机处理权，以增强企业对市场环境变动的适应能力。如果企业面临的环境是稳定的、对生产经营的影响不太显著，则可以较多地集中财务管理权。

（四）企业规模

一般而言，企业规模小，财务管理工作量小，为财务管理服务的财务组织制度也相应简单、集中，偏重于集权模式。企业规模大，财务管理工作量大，复杂性增加，财务管理各种权限就有必要根据需要重新设置规划。

（五）企业管理层素质

包括财务管理人员在内的管理层，如果素质高、能力强，可以采用集权型财务管理体制。反之，通过分权可以调动所属单位的生产积极性、创造性和应变能力。

（六）信息网络系统

集权型的财务管理体制，在企业内部需要有一个能及时、准确传递信息的网络系统，并通过对信息传递过程的严格控制来保障信息的质量。

此外，财权的集中与分散还应该考虑企业类型、经济政策、管理方法、管理手段、成本代价等相关情况。企业应综合各种因素，建立符合企业自身特点和发展需要的财务管理体制。

三、企业财务管理体制的设计原则

从企业的角度出发，其财务管理体制的设定或变更应当遵循以下四项原则：

（一）与现代企业制度的要求相适应的原则

现代企业制度是一种产权制度，它是以产权为依托，对各种经济主体在产权关系中的权利、责任、义务进行合理有效的组织、调节与制度安排，它具有"产权清晰、责任明确、政企分开、管理科学"的特征。

企业应实行资本权属清晰、财务关系明确、符合法人治理结构要求的财务管理体制，按照国家有关规定建立有效的内部财务管理级次。企业集团公司自行决定集团内部财务管理体制。

（二）明确企业对各所属单位管理中决策权、执行权与监督权相互制衡的原则

现代企业要做到管理科学，必须首先要求从决策与管理程序上做到科学、民主，因

此，决策权、执行权与监督权相互制衡的制度必不可少。这一管理原则的作用就在于加强决策的科学性与民主性，强化决策执行的刚性和可考核性，强化监督的独立性和公正性，从而形成良性循环。

（三）明确财务综合管理和分层管理思想的原则

现代企业制度要求管理是一种综合管理、战略管理，因此，企业财务管理不是企业总部财务管理部门单一职能部门的财务管理，也不是各所属单位财务部门的财务管理，它是一种战略管理。这种管理要求：（1）从企业整体角度对企业的财务战略进行定位。（2）对企业的财务管理行为进行统一规范，做到高层的决策结果能被低层战略经营单位完全执行。（3）以制度管理代替个人的行为管理，从而保证企业管理的连续性。（4）以现代企业财务分层管理思想指导具体的管理实践。

（四）与企业组织体制相适应的原则

企业组织体制主要有 U 型组织、H 型组织和 M 型组织三种基本形式。U 型组织以职能化管理为核心，最典型的特征是在管理分工下实行集权控制，没有中间管理层，依靠总部的采购、营销、财务等职能部门直接控制各业务单元，子公司的自主权较小。H 型组织即控股公司体制。集团总部下设若干子公司，每家子公司拥有独立的法人地位和比较完整的职能部门。集团总部即控股公司，利用股权关系以出资者身份行使对子公司的管理权。它的典型特征是过度分权，各子公司保持了较大的独立性，总部缺乏有效的监控约束力度。M 型组织即事业部制，就是按照企业所经营的事业，包括按产品、按地区、按顾客（市场）等来划分部门，设立若干事业部。事业部是总部设置的中间管理组织，不是独立法人，不能够独立对外从事生产经营活动。因此，从这个意义上说，M 型组织比 H 型组织集权程度更高。

但是，随着企业管理实践的深入，H 型组织的财务管理体制也在不断演化。总部作为子公司的出资人对子公司的重大事项拥有最后的决定权，因此，也就拥有了对子公司"集权"的法律基础。现代意义上的 H 型组织既可以分权管理，也可以集权管理。

同时，M 型组织下的事业部在企业统一领导下，可以拥有一定的经营自主权，实行独立经营、独立核算，甚至可以在总部授权下进行兼并、收购和增加新的生产线等重大事项决策。

四、集权与分权相结合型财务管理体制的实践

总结我国企业的实践，集权与分权相结合型财务管理体制的核心内容是企业总部应做到制度统一、资金集中、信息集成和人员委派。具体如下：

（一）集中制度制定权

企业总部根据国家法律、法规和《企业会计准则》、《企业财务通则》的要求，结合企业自身的实际情况和发展战略、管理需要，制定统一的财务管理制度，在全企业范围内统一施行。各所属单位只有制度执行权，而无制度制定和解释权，但各所属单位可以根据自身需要制定实施细则和补充规定。

（二）集中筹资权

为了使企业内部筹资风险最小，筹资成本最低，应由企业总部统一筹集资金，各所属单位有偿使用。企业总部对各所属单位进行追踪审查现金使用状况，具体做法是各所属单位按规定时间向企业总部上报"现金流量表"，动态地描述各所属单位现金增减状况和分析各所属单位资金存量是否合理。遇有部分所属单位资金存量过多、运用不畅，而其他所属单位又急需资金时，企业总部可调动资金，并应支付利息。企业内部应严禁各所属单位之间放贷，如需临时拆借资金，超过规定金额，应报企业总部批准。

（三）集中投资权

为了保证投资效益实现，分散及减少投资风险，企业对外投资可实行限额管理，超过限额的投资其决策权属企业总部。被投资项目一经批准确立，财务部门应协助有关部门对项目进行跟踪管理，对出现的与可行性报告的偏差，应及时报有关部门予以纠正。对投资效益不能达到预期目的的项目应及时清理解决，并应追究有关人员的责任。同时应完善投资管理，企业可根据自身特点建立一套具有可操作性的财务考核指标体系，规避财务风险。

（四）集中用资、担保权

企业总部应加强资金使用安全性的管理，对大额资金拨付要严格监督，建立审批手续，并严格执行。这是因为各所属单位财务状况的好坏关系到企业所投资本的保值和增值问题，同时各所属单位因资金受阻导致获利能力下降，会降低企业的投资回报率。因此，各所属单位用于经营项目的资金，要按照经营规划范围使用，用于资本项目上的资金支付，应履行企业规定的报批手续。

担保不慎，会引起信用风险。企业对外担保权应归企业总部管理，未经批准，各所属单位不得为外企业提供担保，企业内部各所属单位相互担保，应经企业总部同意。同时企业总部为各所属单位提供担保应制定相应的审批程序，可由各所属单位与银行签订贷款协议，企业总部为各所属单位提供贷款担保，同时要求各所属单位向企业总部提供"反担保"，保证资金的使用合理及按时归还，使贷款得到监控。

同时，企业对逾期未收货款，应作硬性规定。对逾期未收货款，指定专人，统一步调，积极清理，谁经手、谁批准、由谁去收回货款。

（五）集中固定资产购置权

各所属单位需要购置固定资产必须说明理由，提出申请报企业总部审批，经批准后方可购置。各所属单位资金不得自行用于资本性支出。

（六）集中财务机构设置权

各所属单位财务机构设置必须报企业总部批准，财务人员由企业总部统一招聘，财务负责人或财务主管人员由企业总部统一委派。

（七）集中收益分配权

企业内部应统一收益分配制度，各所属单位应客观、真实、及时地反映其财务状况及经营成果。各所属单位收益的分配，属于法律、法规明确规定的，按规定分配，剩余部分由企业总部本着长远利益与现实利益相结合的原则，确定分留比例。各所属单位留存的收益原则上可自行分配，但应报企业总部备案。

（八）分散经营自主权

各所属单位负责人主持本企业的生产经营管理工作，组织实施年度经营计划，决定生产和销售，研究和考虑市场周围的环境，了解和注意同行业的经营情况与战略措施，按所规定时间向企业总部汇报生产管理工作情况。对突发的重大事件，要及时向企业总部汇报。

（九）分散人员管理权

各所属单位负责人有权任免下属管理人员，有权决定员工的聘用与辞退，企业总部原则上不应干预，但其财务主管人员的任免应报经企业总部批准或由企业总部统一委派。

（十）分散业务定价权

各所属单位所经营的业务均不相同，因此，业务的定价应由各所属单位经营部门自行拟订，但必须遵守加速资金流转、保证经营质量、提高经济效益的原则。

（十一）分散费用开支审批权

各所属单位在经营中必然发生各种费用，企业总部没必要进行集中管理，各所属单位在遵守财务制度的原则下，由其负责人批准各种合理的用于企业经营管理的费用开支。

第六节　财务管理环境

财务管理环境是指对企业财务活动和财务管理产生影响作用的企业内外各种条件的统称，主要包括技术环境、经济环境、金融环境和法律环境。

一、技术环境

财务管理技术环境，是指财务管理得以实现的技术手段和技术条件，它决定着财务管理的效率和效果。会计信息系统是财务管理技术环境中的一项重要内容。在企业内部，会计信息主要是提供给管理层决策使用，而在企业外部，会计信息则主要是为企业的投资者、债权人等提供服务。随着数据科学、机器人流程自动化等机器智能技术不断应用到财务管理领域（如财务共享），财务管理的技术环境更容易实现数出一门、资源共享，便于不同信息使用者获取、分析和利用，进行投资和相关决策。

大数据、人工智能等新一代的现代信息技术，推动着财务共享模式下财务管理体系的不断变化。财务共享模式下基于大数据、智能化的企业财务管理融入了大数据、智能化的理念，创建并优化了高效而智能的业务流程，使企业的各项管理活动和经济业务更加灵活、有效，并在加强风险管控、提高会计服务效率、提供经营决策等方面提供了重要支撑。

二、经济环境

在影响财务管理的各种外部环境中，经济环境是最为重要的。

经济环境内容十分广泛，包括经济体制、经济周期、经济发展水平、宏观经济政策及通货膨胀水平等。

（一）经济体制

在计划经济体制下，国家统筹企业资本、统一投资、统负盈亏，企业利润统一上缴、亏损全部由国家补贴，企业虽然是一个独立的核算单位但无独立的理财权利。财务管理活动的内容比较单一，财务管理方法比较简单。在市场经济体制下，企业成为"自主经营、自负盈亏"的经济实体，有独立的经营权，同时也有独立的理财权。企业可以从其自身需要出发，合理确定资本需要量，然后到市场上筹集资本，再把筹集到的资本投放到高效益的项目上获取更大的收益，最后将收益根据需要和可能进行分配，保证企业财务活动自始至终根据自身条件和外部环境作出各种财务管理决策并组织实施。因此，财务管理活动的内容比较丰富，方法也复杂多样。

（二）经济周期

市场经济条件下，经济发展与运行具有一定的波动性。大体上经历复苏、繁荣、衰退和萧条几个阶段的循环，这种循环叫作经济周期。

在经济周期的不同阶段，企业应采用不同的财务管理战略。西方财务学者探讨了经济周期中不同阶段的财务管理战略，现择其要点归纳如表1-1所示。

表1-1　　　　　　　　　经济周期中不同阶段的财务管理战略内容

复苏	繁荣	衰退	萧条
1. 增加厂房设备	1. 扩充厂房设备	1. 停止扩张	1. 建立投资标准
2. 实行长期租赁	2. 继续建立存货	2. 出售多余设备	2. 保持市场份额
3. 建立存货储备	3. 提高产品价格	3. 停产不利产品	3. 压缩管理费用
4. 开发新产品	4. 开展营销规划	4. 停止长期采购	4. 放弃次要利益
5. 增加劳动力	5. 增加劳动力	5. 削减存货	5. 削减存货
		6. 停止扩招雇员	6. 裁减雇员

（三）经济发展水平

财务管理的发展水平是与经济发展水平密切相关的，经济发展水平越高，财务管理水平也越高。财务管理水平的提高，将推动企业降低成本、改进效率、提高效益，从而促进经济发展水平的提高；经济发展水平的提高，将改变企业的财务战略、财务理念、财务管理模式和财务管理的方法手段，从而促进企业财务管理水平的提高。财务管理应当以经济发展水平为基础，以宏观经济发展目标为导向，从业务工作角度保证企业经营目标和经营战略的实现。

（四）宏观经济政策

不同的宏观经济政策，对企业财务管理影响不同。金融政策中的货币发行量、信贷规模会影响企业投资的资金来源和投资的预期收益；财税政策会影响企业的资金结构和投资项目的选择等；价格政策会影响资金的投向和投资的回收期及预期收益；外汇政策中汇率制度会影响企业国际投融资活动的预期收益和资本成本；会计制度的改革会影响会计要素的确认和计量，进而对企业财务活动的事前预测、决策及事后的评价产生影响等。

（五）通货膨胀水平

通货膨胀对企业财务活动的影响是多方面的，主要表现在：

（1）引起资金占用的大量增加，从而增加企业的资金需求。

（2）引起企业利润虚增，造成企业资金由于利润分配而流失。

（3）引起利率上升，加大企业筹资成本。

（4）引起有价证券价格下降，增加企业的筹资难度。

（5）引起资金供应紧张，增加企业的筹资困难。

为了减轻通货膨胀对企业造成的不利影响，企业应当采取措施予以防范。在通货膨胀初期，货币面临贬值的风险，这时企业进行投资可以避免风险，实现资本保值；与客户应签订长期购货合同，以减少物价上涨造成的损失；取得长期负债，保持资本成本的稳定。在通货膨胀持续期，企业可以采用比较严格的信用条件，减少企业债权；调整财务政策，防止和减少企业资本流失等。

三、金融环境

（一）金融机构、金融工具、金融市场

1. 金融机构。

金融机构主要是指银行和非银行金融机构。银行是指经营存款、放款、汇兑、储蓄等金融业务，承担信用中介的金融机构，包括各种商业银行和政策性银行，如中国工商银行、中国农业银行、中国银行、中国建设银行、国家开发银行、中国农业发展银行等。非银行金融机构主要包括保险公司、信托投资公司、证券公司、财务公司、金融资产管理公司、金融租赁公司等机构。

2. 金融工具。

金融工具是指形成一方的金融资产并形成其他方的金融负债或权益工具的合同。借助金融工具，资金从供给方转移到需求方。金融工具分为基本金融工具和衍生金融工具两大类。常见的基本金融工具有企业持有的现金、从其他方收取现金或其他金融资产的合同权利、向其他方交付现金或其他金融资产的合同义务等；衍生金融工具又称派生金融工具，是在基本金融工具的基础上通过特定技术设计形成的新的金融工具，常见的衍生金融工具包括远期合同、期货合同、互换合同和期权合同等，种类非常复杂、繁多，具有高风险、高杠杆效应的特点。

一般认为，金融工具具有流动性、风险性和收益性的特征。

（1）流动性。流动性是指金融工具在必要时迅速转变为现金而不致遭受损失的能力。

（2）风险性。风险性是购买金融工具的本金和预定收益遭受损失的可能性。一般包括信用风险和市场风险。

（3）收益性。收益性是指金融工具能定期或不定期地给持有人带来收益。

3. 金融市场。

金融市场是指资金供应者和资金需求者双方通过一定的金融工具进行交易进而融通资金的场所。金融市场的构成要素包括资金供应者（或称资金剩余者）、资金需求者（或称资金不足者）、金融工具、交易价格、组织方式等。金融市场的主要功能就是把社会各个单位和个人的剩余资金有条件地转让给社会各个缺乏资金的单位和个人，使财尽其用，促进社会发展。资金供应者，为了取得利息或利润，期望在最高利率条件下贷出；资金需求者则期望在最低利率条件下借入。因利率、时间、安全性条件不会使借贷双方都十分满意，于是就出现了金融机构和金融市场从中协调，使之各得其所。

在金融市场上，资金的转移方式有两种：

（1）直接转移。它是需要资金的企业或其他资金不足者直接将股票或债券出售给资金供应者，从而实现资金转移的一种方式。

（2）间接转移。它是需要资金的企业或其他资金不足者，通过金融中介机构，将股票或债券出售给资金供应者；或者以他们自身所发行的证券来交换资金供应者手中的资金，再将资金转移到各种股票或债券的发行者（即资金需求者）手中，从而实现资金转移的一种方式。

金融市场不仅为企业融资和投资提供了场所，而且还可以帮助企业实现长短期资金转换、引导资本流动，提高资金转移效率。

（二）金融市场的分类

金融市场可以按照不同的标准进行分类。

1. 货币市场和资本市场。

以期限为标准，金融市场可分为货币市场和资本市场。货币市场又称短期金融市场，是指以期限在1年以内的金融工具为媒介，进行短期资金融通的市场，包括同业拆借市场、票据市场、大额定期存单市场和短期债券市场等；资本市场又称长期金融市场，是指以期限在1年以上的金融工具为媒介，进行长期资金交易活动的市场，包括股票市场、债券市场、期货市场和融资租赁市场等。

2. 发行市场和流通市场。

以功能为标准，金融市场可分为发行市场和流通市场。发行市场又称为一级市场，它主要处理金融工具的发行与最初购买者之间的交易；流通市场又称为二级市场，它主要处理现有金融工具转让和变现的交易。

3. 资本市场、外汇市场和黄金市场。

以融资对象为标准，金融市场可分为资本市场、外汇市场和黄金市场。资本市场以各种长期资金为交易对象；外汇市场以各种外汇金融工具为交易对象；黄金市场则是集中进行黄金买卖和金币兑换的交易市场。

4. 基础性金融市场和金融衍生品市场。

按所交易金融工具的属性，金融市场可分为基础性金融市场与金融衍生品市场。基础性金融市场是指以基础性金融产品为交易对象的金融市场，如商业票据、企业债券、企业股票的交易市场；金融衍生品市场是指以金融衍生产品为交易对象的金融市场，如远期、期货、掉期（互换）、期权的交易市场，以及具有远期、期货、掉期（互换）、期权中一种或多种特征的结构化金融工具的交易市场。

5. 地方性金融市场、全国性金融市场和国际性金融市场。

以地理范围为标准，金融市场可分为地方性金融市场、全国性金融市场和国际性金融市场。

（三）货币市场

货币市场的主要功能是调节短期资金融通。其主要特点：（1）期限短。一般为 3～6 个月，最长不超过 1 年。（2）交易目的是解决短期资金周转。它的资金来源主要是资金所有者暂时闲置的资金，融通资金的用途一般是弥补短期资金的不足。（3）货币市场上的金融工具有较强的"货币性"，具有流动性强、价格平稳、风险较小等特性。货币市场主要有拆借市场、票据市场、大额定期存单市场和短期债券市场等。拆借市场是指银行（包括非银行金融机构）同业之间短期性资本的借贷活动。这种交易一般没有固定的场所，主要通过电信手段成交，期限按日计算，一般不超过 1 个月。票据市场包括票据承兑市场和票据贴现市场。票据承兑市场是票据流通转让的基础；票据贴现市场是对未到期票据进行贴现，为客户提供短期资本融通，包括贴现、再贴现和转贴现。大额定期存单市场是一种买卖银行发行的可转让大额定期存单的市场。短期债券市场主要买卖 1 年期以内的短期企业债券和政府债券，尤其是国债。短期债券的转让可以通过贴现或买卖的方式进行。短期债券以其信誉好、期限短、利率优惠等优点，成为货币市场中的重要金融工具之一。

（四）资本市场

资本市场的主要功能是实现长期资本融通。其主要特点：（1）融资期限长。至少 1 年以上，最长可达 10 年甚至 10 年以上。（2）融资的目的是解决长期投资性资本的需要，用于补充长期资本，扩大生产能力。（3）资本借贷量大。（4）收益较高但风险也较大。

资本市场主要包括债券市场、股票市场、期货市场和融资租赁市场等。

债券市场和股票市场由证券（债券和股票）发行和证券流通构成。有价证券的发行是一项复杂的金融活动，一般要经过以下几个重要环节：（1）证券种类的选择。（2）偿还期限的确定。（3）发售方式的选择。在证券流通中，参与者除了买卖双方外，中介也非常活跃。这些中介主要有证券经纪人、证券商，他们在流通市场中起着不同的作用。

期货市场主要包括商品期货市场和金融期货市场。商品期货是期货交易的起源种类。国际商品期货交易的品种包括传统的农产品期货和经济作物、畜产品、有色金属、贵金属和能源等大宗初级产品。金融期货主要包括外汇期货、利率期货和股指期货。期货市场具有规避风险、发现价格、风险投资的功能。

融资租赁市场是通过资产租赁实现长期资金融通的市场，它具有融资与融物相结合的特点，融资期限一般与资产租赁期限一致。

四、法律环境

（一）法律环境的范畴

法律环境是指企业与外部发生经济关系时所涉及的法律因素总和，主要包括企业应遵守的有关法律、法规和规章（以下简称法规），主要包括《公司法》、《证券法》、《民法典》、《企业财务通则》、《内部控制基本规范》、《管理会计指引》及税法等。市场经济是法制经济，企业的经济活动总是在一定法律规范内进行的。法律既约束企业的非法经济行为，也为企业从事各种合法经济活动提供保护。

国家相关法律法规按照对财务管理内容的影响情况可以分为以下几类：

（1）影响企业筹资的各种法规主要有：《公司法》《证券法》《民法典》等，这些法规可以从不同方面规范或制约企业的筹资活动。

（2）影响企业投资的各种法规主要有：《证券法》《公司法》《企业财务通则》等，这些法规从不同角度规范企业的投资活动。

（3）影响企业收益分配的各种法规主要有：《公司法》、《企业财务通则》及税法等，这些法规从不同方面对企业收益分配进行了规范。

（二）法律环境对企业财务管理的影响

法律环境对企业的影响是多方面的，影响范围包括企业组织形式、公司治理结构、投融资活动、日常经营、收益分配等。比如《公司法》规定，企业可以采用独资、合伙、公司制等企业组织形式。企业组织形式不同，业主（股东）权利责任、企业投融资、收益分配、纳税、信息披露等不同，公司治理结构也不同。上述不同种类的法律、法规、规章，分别从不同方面约束企业的经济行为，对企业财务管理产生影响。

本章思考题

1. 将股东财富最大化作为财务管理的目标有哪些利弊？
2. 影响企业财务管理目标的因素主要有哪些？
3. 企业利益相关者的利益与股东利益是否存在矛盾？如何解决？
4. 金融市场环境对企业财务管理会产生怎样的影响？
5. 企业在进行财务管理时，应遵循哪些原则？

第二章 财务管理基础

本章主要内容

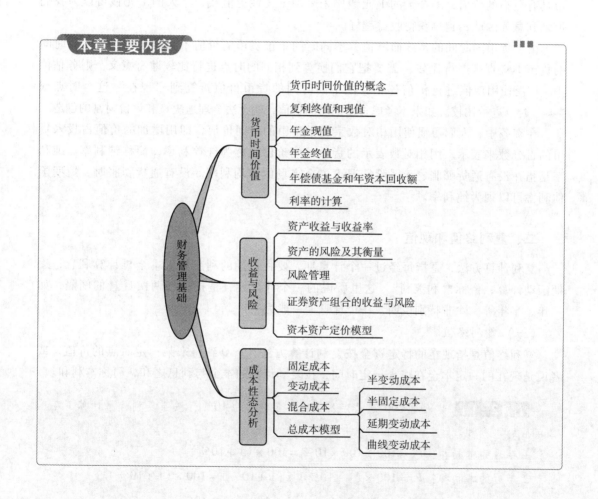

第一节 货币时间价值

一、货币时间价值的概念

货币时间价值，是指在没有风险和没有通货膨胀的情况下，货币在经过一定时间的投资和再投资后所增加的价值。理解货币时间价值需要注意以下两点：第一，并非所有的货币都具有时间价值。如果将货币长期储藏在家中保险柜，它不会产生货币时间价值。只有将货币作为资本投入生产经营过程使用，才能产生价值增值，进而形成货币时间价值。第二，并非在生产经营中使用货币产生的所有价值增值都是货币时间价值。由于生产经营过程不可避免地具有风险，因此资本供应者承担风险要获得风险报酬；又由于在通货膨胀的环境中，资本供应者还要获得更高的报酬以补偿通货膨胀贴水，所以，货币因生产经营使用产生的价值增值扣除了风险报酬和通货膨胀贴水后的增值部分，才是货币的时间价值。由于存在货币时间价值，当前所持有的一定量货币比未来获得的等量货币具有更高的价值，即今天的 1 元钱比未来的 1 元钱更值钱，今天的 1 元钱可以为我们带来利息，因此，越早获得收益越好。

由于货币随时间的延续而增值，不同时间单位货币的价值不相等，所以，不同时间的货币不宜直接进行比较，需要把它们换算到相同的时点进行比较才有意义。财务估值中，广泛使用现值进行价值评估，把不同时间的货币价值折算到"现在"这个时点或"零"时点进行比较。如果不考虑货币的时间价值，就无法合理地决策和评价财富的创造。

在实务中，人们习惯使用相对数字表示货币的时间价值，即用增加的价值占投入货币的百分数来表示。用相对数表示的货币时间价值也称为纯粹利率，简称纯利率。纯利率是指在没有通货膨胀、无风险情况下资金市场的平均利率。没有通货膨胀时，短期国债利率可以视为纯利率。

二、复利终值和现值

复利计算方法，是指每经过一个计息期，要将该期的利息加入本金再计算利息，逐期滚动计算，俗称"利滚利"。这里所说的一个计息期，是指相邻两次计息的间隔，如一年、半年等。除非特别说明，一个计息期一般为一年。

（一）复利终值

复利终值是指现在的特定资金按复利计算方法，折算到将来某一定时点的价值，或者说是现在的一定本金在将来一定时间，按复利计算的本金与利息之和，简称本利和。

【例 2-1】 某人将 100 万元存入银行，年利率为 10%，按照复利计息计算 1 年、2 年后的本利和。

1 年后的本利和：$F_1 = 100 + 100 \times 10\% = 100 \times (1 + 10\%)$

2 年后的本利和：$F_2 = 100 \times (1 + 10\%) \times (1 + 10\%) = 100 \times (1 + 10\%)^2$

由此递推，可知经过 n 年的本利和为：$F_n = 100 \times (1 + 10\%)^n$

因此，复利终值的计算公式如下：

$$F = P \times (1 + i)^n$$

式中，P 表示现值（或初始值），i 表示计息期利率，F 表示终值（或本利和），n 表示计息期数。

$(1 + i)^n$ 被称为复利终值系数，用符号 $(F/P, i, n)$ 表示，即：$F = P \times (F/P, i, n)$。

通过"复利终值系数表"可查出，$(F/P，10\%，3)=1.331$。表明在利率为 10% 的情况下，现在的 1 元和 3 年后的 1.331 元在经济上是等效的。

【例 2 - 2】 某人将 100 万元存入银行，年利率 4%，半年计息一次，按照复利计算，求 5 年后的本利和。

本例中，一个计息期为半年，一年有两个计息期，所以，计息期利率 $=4\%/2=2\%$，即 $i=2\%$；由于 5 年共计有 10 个计息期，故 $n=10$。所以：

5 年后的本利和：$F=P\times(F/P，2\%，10)=100\times(F/P，2\%，10)=121.90$（万元）

（二）复利现值

复利现值是指未来某一时点的特定资金按复利计算方法，折算到现在的价值。或者说是为取得将来一定本利和，现在所需要的本金。

根据复利终值公式计算复利现值，是指已知 F、i、n 时，求 P。

将复利终值计算公式 $F=P\times(1+i)^n$ 移项，可得：

$$P=F\times(1+i)^{-n}$$

式中，$(1+i)^{-n}$ 被称为复利现值系数，用符号 $(P/F，i，n)$ 来表示，即：$P=F\times(P/F，i，n)$。

【例 2 - 3】 某人拟在 5 年后获得本利和 100 万元。假设存款年利率为 4%，按照复利计息，他现在应存入多少元？

$P=F\times(P/F，4\%，5)=100\times(P/F，4\%，5)=100\times0.8219=82.19$（万元）

需要说明的是，在复利终值、复利现值的计算中，现值可以泛指资金在某个特定时间段的"前一时点"（而不一定真的是"现在"）的价值，终值可以泛指资金在该时间段的"后一时点"的价值；可以按照要求将该时间段划分为若干个计息期，使用相应的利息率和复利计息方法，将某个时点的资金计算得出该笔资金相当于其他时点的价值。

三、年金现值

年金是指间隔期相等的系列等额收付款项。例如，间隔期固定、金额相等的分期付款赊购、分期偿还贷款、发放养老金、分期支付工程款以及每年相同的销售收入等，都属于年金。年金包括普通年金、预付年金、递延年金、永续年金等形式。在年金中，间隔期间可以不是一年，例如每季度末等额支付的债务利息也是年金。

（一）普通年金现值

普通年金是年金的最基本形式，它是指从第 1 期起，在一定时期内每期期末等额收付的系列款项，又称为后付年金。等额收付 3 次的普通年金如图 2 - 1 所示。图 2 - 1 中序号代表的时间点是期末，例如"2"代表的时点是第 2 期期末。需要说明的是，上期期末和下期期初是同一个时点，所以，"2"代表的时点也可以表述为第 3 期期初，通常称"0"代表的时点是第 1 期期初。竖线下端字母 A 表示每次等额收付的金额。

图 2-1 普通年金的收付形式

普通年金现值是指普通年金中各期等额收付金额在第 1 期期初（0 时点）的复利现值之和，如图 2-2 所示。

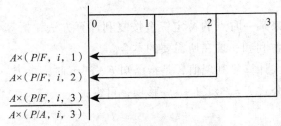

图 2-2 普通年金现值的计算

计算普通年金现值的一般公式：

$$P = A(1+i)^{-1} + A(1+i)^{-2} + \cdots + A(1+i)^{-n}$$

等式两边同乘（$1+i$）：

$$P \times (1+i) = A + A(1+i)^{-1} + \cdots + A(1+i)^{-(n-1)}$$

后式减前式：

$$P \times (1+i) - P = A - A(1+i)^{-n}$$

$$P \times i = A \times [1 - (1+i)^{-n}]$$

$$P = A \times \frac{1 - (1+i)^{-n}}{i}$$

式中，$\dfrac{1-(1+i)^{-n}}{i}$被称为"年金现值系数"，记作（$P/A, i, n$），即：普通年金现值 $P = A \times (P/A, i, n)$。（$P/A, i, n$）的数值可以查阅"年金现值系数表"得到。（$P/A, i, n$）中的"n"指的是等额收付的次数（即 A 的个数）。

（二）预付年金现值

预付年金是指从第 1 期起，在一定时期内每期期初等额收付的系列款项，又称即付年金或先付年金。预付年金与普通年金的区别仅在于收付款时点，普通年金发生在期末，而预付年金发生在期初。等额收付 3 次的预付年金如图 2-3 所示。对于等额收付 3 次的预付年金而言，等额收付发生的时点为第 1 期期初（0 时点）、第 2 期期初（1 时点）、第 3 期期初（2 时点）。

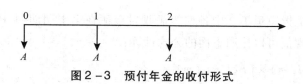

图2-3 预付年金的收付形式

预付年金现值是指预付年金中各期等额收付金额在第1期期初（0时点）的复利现值之和。预付年金现值的计算公式如下：

$$P = A + A(1+i)^{-1} + A(1+i)^{-2} + \cdots + A(1+i)^{-(n-1)}$$

等式两边同时乘以 $(1+i)^{-1}$：

$$P \times (1+i)^{-1} = A(1+i)^{-1} + A(1+i)^{-2} + \cdots + A(1+i)^{-n}$$

即：$P \times (1+i)^{-1} = A \times (P/A, i, n)$

等式两边同时乘以 $(1+i)$ 得到：

$$P = A \times (P/A, i, n) \times (1+i)$$

式中，n 表示等额收付的次数（即 A 的个数）。

【例2-4】 甲公司购买一台设备，付款方式为现在付10万元，以后每隔一年付10万元，共计付款6次，如图2-4所示。假设利率为5%，如果打算现在一次性付款应该付多少？

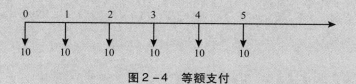

图2-4 等额支付

由于付款6次，所以，$n = 6$，因此：

$$P = 10 \times (P/A, 5\%, 6) \times (1+5\%) = 10 \times 5.0757 \times 1.05 = 53.29 \text{（万元）}$$

即如果打算现在一次性付款应该付53.29万元。

（三）递延年金现值

递延年金由普通年金递延形成，递延的期数称为递延期，一般用 m 表示递延期。递延年金的第一次收付发生在第（$m+1$）期期末（m 为大于0的整数）。递延年金的收付形式如图2-5所示。

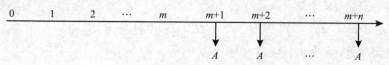

图2-5 递延年金的收付形式

递延年金现值是指递延年金中各期等额收付金额在第 1 期期初（0 时点）的复利现值之和。递延年金现值可以按照下面的公式计算：

$$P = A \times (P/A, i, n) \times (P/F, i, m)$$

式中，n 表示等额收付的次数（即 A 的个数），$A \times (P/A, i, n)$ 表示第 m 期期末的复利现值之和，由于从第 m 期期末复利折现到第 1 期期初需要复利折现 m 期，所以，递延年金现值 $P = A \times (P/A, i, n) \times (P/F, i, m)$，计算过程可以用图 2-6 表示。

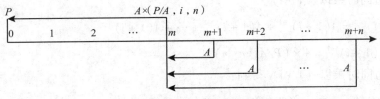

图 2-6 递延年金现值的计算

【例 2-5】 某递延年金为从第 4 期开始，每期期末支付 10 万元，共计支付 6 次，假设利率为 4%，相当于现在一次性支付的金额是多少？

本例中，由于第一次支付发生在第 4 期期末，即 $m + 1 = 4$，所以，递延期 $m = 3$；由于连续支付 6 次，因此，$n = 6$。所以：

$$P = 10 \times (P/A, 4\%, 6) \times (P/F, 4\%, 3) = 10 \times 5.2421 \times 0.8890 = 46.60 \text{（万元）}$$

即相当于现在一次性支付的金额是 46.60 万元。

【例 2-6】 某递延年金为从第 4 期开始，每期期初支付 10 万元，共计支付 6 次，假设利率为 4%，相当于现在一次性支付的金额是多少？

本例中，由于第一次支付发生在第 4 期期初，第 4 期期初与第 3 期期末是同一时点，所以 $m + 1 = 3$，递延期 $m = 2$。

$$P = 10 \times (P/A, 4\%, 6) \times (P/F, 4\%, 2) = 10 \times 5.2421 \times 0.9246 = 48.47 \text{（万元）}$$

即相当于现在一次性支付的金额是 48.47 万元。

【例 2-7】 DL 公司 2023 年 12 月 10 日欲购置一批电脑，销售方提出三种付款方案，具体如下：

方案 1：2023 年 12 月 10 日付款 10 万元，从 2025 年开始，每年 12 月 10 日付款 28 万元，连续支付 5 次；

方案 2：2023 年 12 月 10 日付款 5 万元，从 2024 年开始，每年 12 月 10 日付款 25 万元，连续支付 6 次；

扫码看讲解

方案 3：2023 年 12 月 10 日付款 10 万元，从 2024 年开始，6 月 10 日和 12 月 10 日付款，每次支付 15 万元，连续支付 8 次。

假设 DL 公司计算时间价值使用的年利率为 10%，DL 公司应该选择哪个方案？

如果把 2023 年 12 月 10 日作为 0 时点，方案 1 的付款形式如图 2-7 所示。

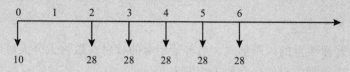

图 2-7 方案 1 的付款形式

方案 1 的付款现值

$= 10 + 28 \times (P/A, 10\%, 5) \times (P/F, 10\%, 1)$

$= 10 + 28 \times 3.7908 \times 0.9091$

$= 106.49$（万元）

方案 2 的付款形式如图 2-8 所示。

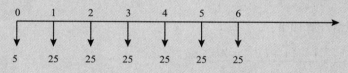

图 2-8 方案 2 的付款形式

方案 2 的付款现值

$= 5 + 25 \times (P/A, 10\%, 6)$

$= 5 + 25 \times 4.3553$

$= 113.88$（万元）

方案 3 的付款形式如图 2-9 所示。

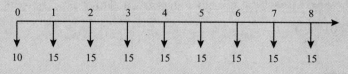

图 2-9 方案 3 的付款形式

方案 3 中，等额付款间隔时间为半年，折现率为 10%/2 = 5%。

方案 3 的付款现值
$$= 10 + 15 \times (P/A,5\%,8)$$
$$= 10 + 15 \times 6.4632$$
$$= 106.95 \ (万元)$$
由于方案 1 的付款现值最小，所以应该选择方案 1。

（四）永续年金现值

永续年金是普通年金的极限形式，当普通年金的收付次数为无穷大时即为永续年金。永续年金的第一次等额收付发生在第 1 期末。

永续年金的现值可以看成是一个 n 无穷大时普通年金的现值，永续年金的现值可以通过普通年金现值的计算公式导出：

$$P = A \times \frac{1-(1+i)^{-n}}{i}$$

当 $n \to \infty$ 时，由于 $(1+i)$ 大于 1，所以，$(1+i)^n$ 为无穷大。

$$(1+i)^{-n} \approx 0$$

$$\frac{1-(1+i)^{-n}}{i} \approx \frac{1}{i}$$

永续年金现值计算如下：

$$P(n \to \infty) = A \times \frac{1-(1+i)^{-n}}{i} = \frac{A}{i}$$

【例 2-8】 拟建立一项永久性的奖学金，每年计划颁发 10 000 元奖金。若利率为 5%，现在应存入多少钱？
$$P = 10\ 000/5\% = 200\ 000 \ (元)$$

【例 2-9】 某年金的收付形式为从第 1 期期初开始，每期支付 80 元，一直到永远。假设利率为 5%，其现值为多少？

本例中第一次支付发生在第 1 期期初，所以，不是永续年金。从第 2 期期初开始的永续支付是永续年金。所以现值 $= 80 + 80/5\% = 1\ 680$（元），或者现值 $= 80/5\% \times (1+5\%) = 1\ 680$（元）。

四、年金终值

对于永续年金而言，由于没有终点，所以没有终值。其他三种年金终值的情况如下：

（一）普通年金终值

对于等额收付 n 次的普通年金而言，其终值指的是各期等额收付金额在第 n 期期末的复利终值之和。等额收付 3 次的普通年金终值的计算如图 2-10 所示。

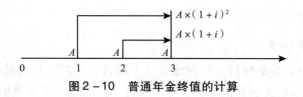

图2-10 普通年金终值的计算

计算普通年金终值的一般公式为：

$$F = A + A(1+i) + A(1+i)^2 + \cdots + A(1+i)^{n-1}$$

等式两边同时乘以 $(1+i)$：

$$(1+i)F = A(1+i) + A(1+i)^2 + A(1+i)^3 + \cdots + A(1+i)^n$$

上述两式相减：

$$(1+i)F - F = A(1+i)^n - A$$

$$i \times F = A[(1+i)^n - 1]$$

$$F = A \times \frac{(1+i)^n - 1}{i}$$

式中，$\dfrac{(1+i)^n - 1}{i}$ 称为 "年金终值系数"，记作 $(F/A, i, n)$，即：普通年金终值 $F = A \times (F/A, i, n)$。$(F/A, i, n)$ 可直接查阅 "年金终值系数表" 得到。$(F/A, i, n)$ 中的 "n" 指的是等额收付的次数（即 A 的个数）。

（二）预付年金终值

对于等额收付 n 次的预付年金而言，其终值指的是各期等额收付金额在第 n 期期末的复利终值之和。等额收付 3 次的预付年金终值的计算如图 2-11 所示。

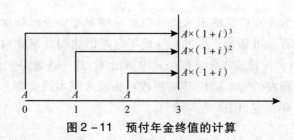

图2-11 预付年金终值的计算

计算预付年金终值的一般公式：

$$F = A(1+i) + A(1+i)^2 + \cdots + A(1+i)^n$$

等式两边同时乘以 $(1+i)^{-1}$ 得到：

$$F \times (1+i)^{-1} = A + A(1+i) + A(1+i)^2 + \cdots + A(1+i)^{n-1}$$

即：$F \times (1+i)^{-1} = A \times (F/A, i, n)$

两边同时乘以 $(1+i)$ 得到：

预付年金终值 $F = A \times (F/A, i, n) \times (1+i)$

（三）递延年金终值

对于递延期为 m、等额收付 n 次的递延年金而言，其终值指的是各期等额收付金额在第 $(m+n)$ 期期末的复利终值之和。等额收付 3 次的递延年金终值的计算如图 2–12 所示。

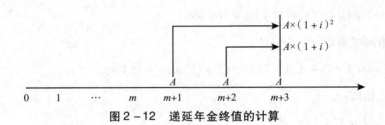

图 2–12 递延年金终值的计算

计算递延年金终值的一般公式：

$$F = A + A(1+i) + A(1+i)^2 + \cdots + A(1+i)^{n-1}$$

经过比较可知，递延年金终值的一般公式与计算普通年金终值的一般公式完全相同。也就是说，对于递延期为 m、等额收付 n 次的递延年金而言，其终值 $F = A \times (F/A, i, n)$，与递延期无关。

年金终值的计算在实务中很少使用，实务中对于不同的方案进行选择时，一般习惯于比较现值。

五、年偿债基金和年资本回收额

年偿债基金是指为了在约定的未来某一时点清偿某笔债务或积聚一定数额的资金而必须分次等额形成的存款准备金。也就是为使年金终值达到既定金额的年金数额（即已知终值 F，求年金 A）。在普通年金终值公式中解出 A，这个 A 就是年偿债基金。

年资本回收额是指在约定年限内等额回收初始投入资本的金额。年资本回收额的计算实际上是已知普通年金现值 P，求年金 A。

【例 2–10】某家长计划 10 年后一次性取出 50 万元，作为孩子的出国费用。假设银行存款年利率为 5%，复利计息，该家长计划 1 年后开始存款，每年存一次，每次存款数额相同，共计存款 10 次。假设每次存款的数额为 A 万元，则有：

$A \times (F/A, 5\%, 10) = 50$

$A \times 12.578 = 50$

$A = 50/12.578 = 3.98$（万元）

【例 2 - 11】 某人于 2023 年 1 月 25 日按揭贷款买房，贷款金额为 100 万元，年限为 10 年，年利率为 6%，月利率为 0.5%，从 2023 年 2 月 25 日开始还款，每月还一次，共计还款 120 次，每次还款的金额相同。

由于 100 万元是现在的价值，所以，本题属于已知普通年金现值求年金，属于年资本回收额计算问题，不属于年偿债基金计算问题。【例 2 - 10】属于年偿债基金计算问题。

假设每次还款金额为 A 万元，则有：

$100 = A \times (P/A, 0.5\%, 120)$

$A = 100/(P/A, 0.5\%, 120)$

其中，$(P/A, 0.5\%, 120)$ 的数值可以根据 $(P/A, i, n)$ 的数学表达式计算，$(P/A, 0.5\%, 120) = 90.08$，所以：

$A = 100/90.08 = 1.11$（万元）

即每月的还款额为 1.11 万元。

六、利率的计算

（一）现值或终值系数已知的利率计算

步骤如下：

（1）查阅相应的系数表，如果能在表中查到相应的数值，则对应的利率就是所求的利率。

（2）如果在系数表中无法查到相应的数值，则可以使用内插法（也叫插值法）计算，假设所求利率为 i，i 对应的现值（或者终值）系数为 B，B_1、B_2 为现值（或者终值）系数表中与 B 相邻的系数，i_1、i_2 为 B_1、B_2 对应的利率。可以按照下面的方程计算：

$(i_2 - i)/(i_2 - i_1) = (B_2 - B)/(B_2 - B_1)$

解得：$i = i_2 - [(B_2 - B)/(B_2 - B_1)] \times (i_2 - i_1)$

也可以按照下面的方程计算：

$(i - i_1)/(i_2 - i_1) = (B - B_1)/(B_2 - B_1)$

解得：$i = i_1 + [(B - B_1)/(B_2 - B_1)] \times (i_2 - i_1)$

列方程时应该把握一个原则：具有对应关系的数字在等式两边的位置相同（例如 i_2 在等式左边的位置与 B_2 在等式右边的位置相同）。按照这个原则还可以列出其他的等式，不同等式计算的结果是相同的。

【例 2 - 12】 已知 $(P/F, i, 5) = 0.7835$，求 i 的数值。

查阅复利现值系数表可知，在期数为 5 的情况下，利率为 5% 的复利现值系数为 0.7835，所以，$i = 5\%$。

【例 2 - 13】 已知 $(P/A, i, 5) = 4.20$，求 i 的数值。

查阅年金现值系数表可知，在期数为 5 的情况下，无法查到 4.20 这个数值，与 4.20 相邻的数值为 4.2124 和 4.1002，对应的利率为 6% 和 7%，因此有：

$(7\% - i)/(7\% - 6\%) = (4.1002 - 4.20)/(4.1002 - 4.2124)$

解得：$i = 7\% - [(4.1002 - 4.20)/(4.1002 - 4.2124)] \times (7\% - 6\%) = 6.11\%$

或：$(i - 6\%)/(7\% - 6\%) = (4.20 - 4.2124)/(4.1002 - 4.2124)$

解得：$i = 6\% + [(4.20 - 4.2124)/(4.1002 - 4.2124)] \times (7\% - 6\%) = 6.11\%$

（二）现值或终值系数未知的利率计算

有些时候会出现一个表达式中含有两种系数，在这种情况下，现值或终值系数是未知的，无法通过查表直接确定相邻的利率，需要借助系数表，经过多次测试才能确定相邻的利率。测试时注意：现值系数与利率反向变动，终值系数与利率同向变动。

【例 2 - 14】 已知 $5 \times (P/A, i, 10) + 100 \times (P/F, i, 10) = 104$，求 i 的数值。

经过测试可知：

$i = 5\%$ 时，$5 \times (P/A, i, 10) + 100 \times (P/F, i, 10) = 5 \times 7.7217 + 100 \times 0.6139 = 100$

$i = 4\%$ 时，$5 \times (P/A, i, 10) + 100 \times (P/F, i, 10) = 5 \times 8.1109 + 100 \times 0.6756 = 108.11$

即：与 5% 对应的数值是 100，与 4% 对应的数值是 108.11，与所求的 i 对应的数值是 104。

根据：$(5\% - i)/(5\% - 4\%) = (100 - 104)/(100 - 108.11)$

解得：$i = 5\% - [(100 - 104)/(100 - 108.11)] \times (5\% - 4\%) = 4.51\%$

（三）实际利率计算

1. 一年多次计息时的实际利率。

一年多次计息时，给出的年利率为名义利率，按照复利计算的年利息与本金的比值为实际利率。

假设本金为 100 元，年利率为 10%，一年计息 2 次，即一年复利 2 次，则每次复利的利率 = 10%/2 = 5%，一年后的本利和（复利终值）= $100 \times (1 + 5\%)^2$，按照复利计算的年利息 = $100 \times (1 + 5\%)^2 - 100 = 100 \times [(1 + 5\%)^2 - 1]$，实际利率 = $100 \times [(1 + 5\%)^2 - 1]/100 = (1 + 5\%)^2 - 1$，用公式表示如下：

$i = (1 + r/m)^m - 1$

式中，i 表示实际利率，r 表示名义利率，m 表示每年复利计息的次数。

从公式可以看出，在一年多次计息时，实际利率高于名义利率，并且在名义利率相同的情况下，一年计息次数越多，实际利率越大。

2. 通货膨胀情况下的实际利率。

在通货膨胀情况下，央行或其他提供资金借贷的机构所公布的利率是未调整通货膨胀因素的名义利率，即名义利率中包含通货膨胀率。实际利率是指剔除通货膨胀率后储户或投资者得到利息回报的真实利率。

假设本金为 100 元，实际利率为 5%，通货膨胀率为 2%，则：

如果不考虑通货膨胀因素，一年后的本利和 = 100 × （1 + 5%）= 105（元）。

如果考虑通货膨胀因素，由于通货膨胀导致货币贬值，所以，一年后的本利和 = 105 × （1 + 2%），年利息 = 105 × （1 + 2%）－ 100 = 100 × （1 + 5%）× （1 + 2%）－ 100 = 100 × [（1 + 5%）× （1 + 2%）－ 1]，即名义利率 = （1 + 5%）× （1 + 2%）－ 1，1 + 名义利率 = （1 + 5%）× （1 + 2%）。

用公式表示名义利率与实际利率之间的关系为：

1 + 名义利率 = （1 + 实际利率）× （1 + 通货膨胀率）

所以，实际利率的计算公式为：

$$实际利率 = \frac{1 + 名义利率}{1 + 通货膨胀率} - 1$$

公式表明，如果通货膨胀率大于名义利率，则实际利率为负数。

【例 2 - 15】2023 年某商业银行一年期存款年利率为 3%，假设通货膨胀率为 2%，则实际利率为多少？

实际利率 = （1 + 3%）/（1 + 2%）－ 1 = 0.98%

如果通货膨胀率为 4%，则：

实际利率 = （1 + 3%）/（1 + 4%）－ 1 = － 0.96%

第二节 收益与风险

一、资产收益与收益率

（一）资产收益的含义与计算

资产收益是指资产的价值在一定时期的增值。一般情况下，有两种表述资产收益的方式：

第一种方式是以金额表示的，称为资产的收益额，通常以资产价值在一定期限内的增值量来表示，该增值量来源于两部分：一是期限内资产的现金净收入；二是期末资产的价值（或市场价格）相对于期初价值（价格）的升值。前者多为利息、红利或股息收益，后者称为资本利得。

第二种方式是以百分比表示的，称为资产的收益率或报酬率，是资产增值量与期初资产价值（价格）的比值，该收益率也包括两部分：一是利息（股息）的收益率；二是资本利得的收益率。显然，以金额表示的收益与期初资产的价值（价格）相关，不利于不同规模资产之间收益的比较，而以百分数表示的收益则是一个相对指标，便于不同规模下资产收益的比较和分析。所以，通常情况下，我们都是用收益率的方式来表示资产的收益。

另外，由于收益率是相对于特定期限的，它的大小要受计算期限的影响，但是计算期限常常不一定是一年，为了便于比较和分析，对于计算期限短于或长于一年的资产，在计算收益率时一般要将不同期限的收益率转化成年收益率。

因此，如果不作特殊说明的话，资产的收益指的就是资产的年收益率，又称资产的报酬率。

（二）资产收益率的类型

在实际的财务工作中，由于工作角度和出发点不同，资产收益率可以有以下一些类型：

1. 实际收益率。

实际收益率表示已经实现或者确定可以实现的资产收益率，表述为已实现或确定可以实现的利息（股息）率与资本利得收益率之和。当然，当存在通货膨胀时，还应当扣除通货膨胀率的影响，剩余的才是真实的收益率。

2. 预期收益率。

预期收益率也称为期望收益率，是指在不确定的条件下，预测的某资产未来可能实现的收益率。

一般按照加权平均法计算预期收益率。计算公式为：

$$预期收益率 = \sum_{i=1}^{n} (R_i \times P_i)$$

式中，R_i 表示情况 i 出现时的收益率，P_i 表示情况 i 可能出现的概率。

【例 2-16】 某企业有 A、B 两个投资项目，两个投资项目的收益率及其概率分布情况如表 2-1 所示，试计算两个项目的期望投资收益率。

表 2-1　　　　　　　　　项目 A 和项目 B 投资收益率的概率分布

项目实施情况	该种情况出现的概率		投资收益率（%）	
	项目 A	项目 B	项目 A	项目 B
好	0.2	0.3	15	20
一般	0.6	0.4	10	15
差	0.2	0.3	0	-10

根据公式计算项目 A 和项目 B 的期望投资收益率分别为：

项目 A 的期望投资收益率 $= 15\% \times 0.2 + 10\% \times 0.6 + 0 \times 0.2 = 9\%$

项目 B 的期望投资收益率 $= 20\% \times 0.3 + 15\% \times 0.4 + (-10\%) \times 0.3 = 9\%$

3. 必要收益率。

必要收益率也称最低报酬率或最低要求的收益率，表示投资者对某资产合理要求的最低收益率。必要收益率由两部分构成：

（1）无风险收益率。无风险收益率也称无风险利率，是指无风险资产的收益率，它的大小由纯粹利率（货币时间价值）和通货膨胀补偿率两部分组成。用公式表示如下：

无风险收益率 = 纯粹利率（货币时间价值）+ 通货膨胀补偿率

由于国债的风险很小，尤其是短期国债的风险更小，因此，为了方便起见，通常用短期国债的利率近似地代替无风险收益率。

（2）风险收益率。风险收益率是指某资产持有者因承担该资产的风险而要求的超过无风险收益率的额外收益。风险收益率衡量了投资者将资金从无风险资产转移到风险资产而要求得到的"额外补偿"，它的大小取决于以下两个因素：一是风险的大小；二是投资者对风险的偏好。

综上所述：

必要收益率 = 无风险收益率 + 风险收益率
　　　　　 = 纯粹利率（货币时间价值）+ 通货膨胀补偿率 + 风险收益率

二、资产的风险及其衡量

（一）风险的概念

风险是指收益的不确定性。虽然风险的存在可能意味着收益的增加，但人们考虑更多的则是损失发生的可能性。企业风险，是指对企业的战略与经营目标实现产生影响的不确定性。从财务管理的角度看，风险是企业在各项财务活动过程中，由于各种难以预料或无法控制的因素影响，使企业的实际收益与预计收益发生背离，从而蒙受经济损失的可能性。

（二）风险衡量

衡量风险的指标主要有收益率的方差、标准差和标准差率等。

1. 概率分布。

在经济活动中，某一事件在相同的条件下可能发生也可能不发生，这类事件称为随机事件。概率是用来表示随机事件发生可能性大小的数值。通常，把必然发生的事件的概率定为 1，把不可能发生的事件的概率定为 0，而一般随机事件的概率是介于 0 与 1 之间的一个数。概率越大就表示该事件发生的可能性越大。随机事件所有可能结果出现的概率之和等于 1。

2. 期望值。

期望值是一个概率分布中的所有可能结果，以各自相应的概率为权数计算的加权平均值。期望值通常用符号 $\bar{E}$ 表示。计算公式如下：

$$\bar{E} = \sum_{i=1}^{n} X_i \times P_i$$

式中，X_i 表示第 i 种情况可能出现的结果，P_i 表示第 i 种情况可能出现的概率。

3. 方差、标准差和标准差率。

（1）方差。在概率已知的情况下，方差的计算公式为：

$$\sigma^2 = \sum_{i=1}^{n} (X_i - \bar{E})^2 \times P_i$$

式中，$(X_i - \bar{E})$ 表示第 i 种情况可能出现的结果与期望值的离差，P_i 表示第 i 种情况可能出现的概率。方差的计算公式可以表述为：离差平方的加权平均数。

（2）标准差。标准差也叫标准离差，是方差的平方根。在概率已知的情况下，其计算公式为：

$$\sigma = \sqrt{\sum_{i=1}^{n} (X_i - \bar{E})^2 \times P_i}$$

标准差以绝对数衡量决策方案的风险，在期望值相同的情况下，标准差越大，风险越大；反之，标准差越小，则风险越小。

由于无风险资产没有风险，所以，无风险资产收益率的标准差等于零。

【例 2 - 17】以〖例 2 - 16〗中的数据为例，分别计算 A、B 两个项目投资收益率的方差和标准差，并比较 A、B 两个项目的风险大小。

项目 A 投资收益率的方差

$= (15\% - 9\%)^2 \times 0.2 + (10\% - 9\%)^2 \times 0.6 + (0 - 9\%)^2 \times 0.2$

$= 0.0024$

项目 A 投资收益率的标准差 $= \sqrt{0.0024} = 0.049$

项目 B 投资收益率的方差

$= (20\% - 9\%)^2 \times 0.3 + (15\% - 9\%)^2 \times 0.4 + (-10\% - 9\%)^2 \times 0.3$

$= 0.0159$

项目 B 投资收益率的标准差 $= \sqrt{0.0159} = 0.1261$

由于项目 A 和项目 B 投资收益率的期望值相同（均为 9%），所以，标准差大的风险大，计算结果表明项目 B 的风险高于项目 A。

（3）标准差率。标准差率是标准差同期望值之比，通常用符号 V 表示，其计算公式为：

$$V = \frac{\sigma}{E} \times 100\%$$

标准差率是一个相对指标，它以相对数反映决策方案的风险程度。方差和标准差作为绝对数，只适用于期望值相同的决策方案风险程度的比较。对于期望值不同的决策方案，评价和比较其各自的风险程度只能借助于标准差率这一相对数值。在期望值不同的情况下，标准差率越大，风险越大；反之，标准差率越小，风险越小。

【例2-18】 假设项目A和项目B的期望投资收益率分别为10%和12%，投资收益率的标准差分别为6%和7%，比较项目A和项目B的风险大小。

由于项目A和项目B投资收益率的期望值不相同，所以，不能根据标准差比较风险大小，应该计算各自的标准差率，然后得出结论。

项目A投资收益率的标准差率 = 6%/10% × 100% = 60%

项目B投资收益率的标准差率 = 7%/12% × 100% = 58.33%

计算结果表明项目A的风险高于项目B。

通过上述方法将决策方案的风险加以量化后，决策者便可据此作出决策。对于多方案择优，决策者的行动准则应是选择低风险、高收益的方案，即选择标准差率最低、期望收益最高的方案。然而高收益往往伴有高风险，低收益方案其风险程度往往也较低，究竟选择何种方案，不仅要权衡期望收益与风险，还要考虑决策者对风险的态度，综合作出决定。对风险比较反感的人可能会选择期望收益较低同时风险也较低的方案，喜欢冒风险的人则可能选择风险虽高但同时收益也高的方案。一般的投资者和企业管理者都对风险比较反感，在期望收益相同的情况下，选择风险小的方案。

（三）风险矩阵

风险矩阵是指按照风险发生的可能性和风险发生后果的严重程度，将风险绘制在矩阵图中，展示风险及其重要性等级的风险管理工具。风险矩阵的基本原理是，根据企业风险偏好，判断并度量风险发生可能性和后果严重程度，计算风险值，以此作为主要依据在矩阵中描绘出风险重要性等级。企业应用风险矩阵，应明确应用主体（企业整体、下属企业或部门），确定所要识别的风险，定义风险发生可能性和后果严重程度的标准，以及定义风险重要性等级及其表示形式。风险矩阵适用于表示企业各类风险重要性等级，也适用于各类风险的分析评价和沟通报告。

企业应用风险矩阵工具，一般按照绘制风险矩阵坐标图（包括确定风险矩阵的横纵坐标、制定风险重要性等级标准、分析与评价各项风险、在风险矩阵中描绘出风险点）、沟通报告风险信息和持续修订风险矩阵图等程序进行。风险矩阵坐标，是以风险后果严重程度为纵坐标、以风险发生可能性为横坐标的矩阵坐标图。企业可根据风险管理精度的需要，确定定性、半定量或定量指标来描述风险后果严重程度和风险发生可能性。风险后果严重程度的纵坐标等级可定性描述为"可忽略""微小""中度""严重"（也可采用1、2、3、4等M个半定量分值），风险发生可能性的横坐标等级可定性描述为"极低""低""中等""高"等（也可采用1、2、3、4等N个半定量分值），从而形成$M×N$个方格区域的风险矩阵图（见图2-13），也可以根据需要通过定量指标更精确地描述风险后果严重程度和风险发生可能性。

风险矩阵的主要优点：为企业确定各项风险重要性等级提供了可视化的工具。风险矩阵的主要缺点：一是需要对风险重要性等级标准、风险发生可能性、后果严重程度等作出主观判断，可能影响使用的准确性；二是应用风险矩阵所确定的风险重要性等级是通过相互比较确定的，因而无法将列示的个别风险重要性等级通过数学运算得到总体风险的重要性等级。

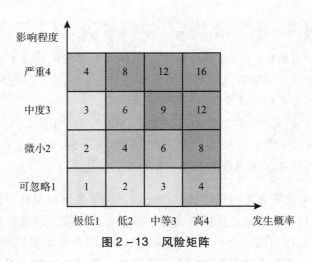

图2-13 风险矩阵

三、风险管理

（一）风险管理的概念

风险管理是指项目或者企业在一个有风险的环境里，把风险及其可能造成的不良影响降至最低的管理过程。风险管理过程包括对风险的量度、评估和制定策略，企业需要在降低风险的收益与成本之间进行权衡并决定采取何种措施。风险管理对现代企业而言十分重要，良好的风险管理有助于降低决策错误概率、降低损失可能性以及相对提高企业本身的附加价值。

（二）风险管理原则

1. 战略性原则。

风险管理主要运用于企业战略管理层面，站在战略层面整合和管理企业风险是全面风险管理的价值所在。

2. 全员性原则。

企业风险管理是一个由企业治理层、管理层和所有员工参与，旨在把风险控制在风险容量以内、增加企业价值的过程。在这个过程中，只有将风险意识转化为全体员工的共同认识和自觉行动，才能确保风险管理目标的实现。

3. 专业性原则。

要求风险管理的专业人才实施专业化管理。

4. 二重性原则。

企业全面风险管理的商业使命在于：损失最小化管理、不确定性管理和绩效最优化管理。当风险损失不能避免时，尽量减少损失至最小化；风险损失可能发生也可能不发生时，设法降低风险发生的可能性；风险预示着机会时，化风险为增加企业价值的机会。

5. 系统性原则。

全面风险管理必须拥有一套系统的、规范的方法，建立健全全面风险管理体系，包括风险管理策略、风险理财措施、风险管理的组织职能体系、风险管理信息系统和内部控制系统，从而为实现风险管理的总体目标提供合理保证。

（三）风险管理对策

1. 风险规避。

风险规避是指企业回避、停止或退出蕴含某一风险的商业活动或商业环境，避免成为风险的所有人。例如，退出某一市场以避免激烈竞争；拒绝与信用不好的交易对手进行交易；禁止各业务单位在金融市场上进行投机。

2. 风险承担。

风险承担是指企业对所面临的风险采取接受的态度，从而承担风险带来的后果。对未能辨识出的风险，企业只能采用风险承担；对于辨识出的风险，企业可能由于缺乏能力进行主动管理、没有其他备选方案等因素而选择风险承担；对于企业面临的重大风险，企业一般不采用风险承担。

3. 风险转移。

风险转移是指企业通过合同将风险转移到第三方，企业对转移后的风险不再拥有所有权。转移风险不会降低其可能的严重程度，只是从一方移除后转移到另一方。例如，购买保险或采取合营方式实现风险共担。

4. 风险转换。

风险转换是指企业通过战略调整等手段将企业面临的风险转换成另一个风险，其简单形式是在减少某一风险的同时增加另一风险。例如，通过放松交易客户信用标准增加了应收账款，但扩大了销售。

5. 风险对冲。

风险对冲是指引入多个风险因素或承担多个风险，使得这些风险能互相冲抵。风险对冲不是针对单一风险，而是涉及风险组合。常见的例子有资产组合使用、多种外币结算的使用和战略上的多种经营。

6. 风险补偿。

风险补偿是指企业对风险可能造成的损失采取适当的措施进行补偿，形式包括财务补偿、人力补偿、物资补偿。常见的财务补偿包括企业自身的风险准备金或应急资本等。

7. 风险控制。

风险控制是指控制风险事件发生的动因、环境、条件等，来达到减轻风险事件发生时的损失或降低风险事件发生概率的目的。风险控制对象一般是可控风险，包括多数运营风险，如质量、安全和环境风险以及法律风险中的合规性风险。

四、证券资产组合的收益与风险

两个或两个以上资产所构成的集合，称为资产组合。如果资产组合中的资产均为有价证券，则该资产组合也称为证券资产组合或证券组合。证券资产组合的收益与风险具有与单个资产不同的特征。尽管收益率的方差、标准差、标准差率是衡量风险的有效工具，但当某项资产或证券成为投资组合的一部分时，这些指标就可能不再是衡量风险的有效工具。以下首先讨论证券资产组合的预期收益率的计算，再进一步讨论证券资产组合的风险及其衡量。

（一）证券资产组合的预期收益率

证券资产组合的预期收益率是组成证券资产组合的各种资产收益率的加权平均数，其权数为各种资产在组合中的价值比例。

【例 2 - 19】某投资公司的一项投资组合中包含 A、B、C 三种股票，权重分别为 30%、40%、30%，三种股票的预期收益率分别为 15%、12%、10%。

要求：计算该投资组合的预期收益率。

该投资组合的预期收益率 = 30% × 15% + 40% × 12% + 30% × 10% = 12.3%

（二）证券资产组合的风险及其衡量

1. 证券资产组合的风险分散功能。

两项证券资产组合的收益率的方差满足以下关系式：

$$\sigma_p^2 = w_1^2 \sigma_1^2 + w_2^2 \sigma_2^2 + 2w_1 w_2 \rho_{1,2} \sigma_1 \sigma_2$$

式中，σ_p 表示证券资产组合的标准差，它衡量的是证券资产组合的风险；σ_1 和 σ_2 分别表示组合中两项资产收益率的标准差；w_1 和 w_2 分别表示组合中两项资产所占的价值比例；$\rho_{1,2}$ 反映两项资产收益率的相关程度，即两项资产收益率之间的相对运动状态，称为相关系数。理论上，相关系数介于区间 ［-1，1］ 内。

当 $\rho_{1,2}$ 等于 1 时，表明两项资产的收益率具有完全正相关的关系，即它们的收益率变化方向和变化幅度完全相同。这时，$\sigma_p^2 = (w_1 \sigma_1 + w_2 \sigma_2)^2$，即 σ_p^2 达到最大。由此表明，组合的风险等于组合中各项资产风险的加权平均值。换句话说，当两项资产的收益率完全正相关时，两项资产的风险完全不能相互抵消，所以这样的组合不能降低任何风险。

当 $\rho_{1,2}$ 等于 -1 时，表明两项资产的收益率具有完全负相关的关系，即它们的收益率变化方向相反、变化幅度相同。这时，$\sigma_p^2 = (w_1 \sigma_1 - w_2 \sigma_2)^2$，即 σ_p^2 达到最小，甚至可能是零。因此，当两项资产的收益率完全负相关时，两项资产的风险可以充分地相互抵消，甚至完全消除。这样的组合能够最大限度地降低风险。

在实务中，两项资产的收益率具有完全正相关和完全负相关的情况几乎是不可能的。绝大多数资产两两之间都具有不完全的相关关系，即相关系数小于 1 且大于 -1（多数情况下大于零）。因此，会有 $0 < \sigma_p < w_1 \sigma_1 + w_2 \sigma_2$，即证券资产组合收益率的标准差小于组合中各资产收益率标准差的加权平均值，也即证券资产组合的风险小于组合中各项资产风险之加权平均值。因此，大多数情况下，证券资产组合能够分散风险，但不能完全消除风险。

在证券资产组合中，能够随着资产种类增加而降低直至消除的风险，被称为非系统性风险；不能随着资产种类增加而分散的风险，被称为系统性风险。下面对这两类风险进行详细论述。

2. 非系统性风险。

非系统性风险是指发生于个别公司的特有事件造成的风险。例如，一家公司的工人罢工、新产品开发失败、失去重要的销售合同、诉讼失败，或者宣告发现新矿藏、取得一个重要合同等。这类事件是非预期的、随机发生的，它只影响一个公司或少数公司，不会对整个市场产生太大影响。这种风险可以通过资产组合来分散，即发生于一家公司的不利事件可以被其他公司的有利事件所抵消。

由于非系统性风险是个别公司或个别资产所特有的，因此也称"特殊风险"或"特有风险"。由于非系统性风险可以通过资产组合分散掉，因此也称"可分散风险"。

值得注意的是，在风险分散的过程中，不应当过分夸大资产多样性和资产个数的作用。实际上，在资产组合中资产数目较低时，增加资产的个数，分散风险的效应会比较明显，但资产数目增加到一定程度时，风险分散的效应就会逐渐减弱。经验数据表明，组合中不同行业的资产个数达到 20 个时，绝大多数非系统性风险均已被消除掉。此时，如果继续增加资产数目，对分散风险已经没有多大的实际意义，只会增加管理成本。另外不要指望通过资产多样化达到完全消除风险的目的，因为系统性风险是不能够通过风险的分散来消除的。

3. 系统性风险及其衡量。

系统性风险又被称为市场风险或不可分散风险，是影响所有资产的、不能通过资产组合而消除的风险。这部分风险是由那些影响整个市场的风险因素所引起的。这些因素包括宏观经济形势的变动、国家经济政策的变化、税制改革、企业会计准则改革、世界能源状况、政治因素等。

不同资产的系统性风险不同，度量一项资产的系统性风险的指标是 β 系数，它告诉我们相对于市场组合而言特定资产的系统性风险是多少。市场组合是指由市场上所有资产组成的组合，其收益率是市场的平均收益率，实务中通常用股票价格指数收益率的平均值来代替。由于包含了所有的资产，市场组合中的非系统性风险已经被消除，所以市场组合的风险就是市场风险或系统性风险，市场组合相对于它自己的 β 系数是 1。

如果一项资产的 β 系数为 0.5，表明其收益率的变化与市场收益率变化同向，波动幅度是市场组合的一半；如果一项资产的 β 系数为 2，表明这种资产收益率波动幅度为一般市场波动幅度的 2 倍。极个别的资产的 β 系数为负数，当市场平均收益率增加时，这类资产的收益率却在减少。比如西方个别收账公司和个别再保险公司的 β 系数是接近于零的负数。总之，某一资产 β 值的大小反映了该资产收益率波动与整个市场报酬率波动之间的相关性及程度。

在实务中，并不需要企业财务人员或投资者自己去计算证券的 β 系数，一些证券咨询机构会定期公布大量交易过的证券的 β 系数。

表 2-2 列示了 2022 年 8 月有关资料上显示的美国几家大公司的 β 系数。

表 2 - 2 各公司 β 系数

公司名称	2022 年	2020 ~ 2022 年
苹果	0.98	1.04
波音	0.89	1.79
通用电气	0.78	0.90
微软	0.96	0.92
可口可乐	0.40	0.63
宝洁	0.42	0.48

资料来源：Wind 数据库。

从表 2 - 2 可以看出，不同公司之间的 β 系数有所不同，即便是同一家公司在不同计算期，其 β 系数也会有差异。

我国也有一些证券咨询机构定期计算和编制各上市公司的 β 系数，可以通过中国证券市场数据库等查询。

对于证券资产组合来说，其所含的系统性风险的大小可以用组合 β 系数来衡量。证券资产组合的 β 系数是所有单项资产 β 系数的加权平均数，权数为各种资产在证券资产组合中所占的价值比例。计算公式为：

$$\beta_p = \sum_{i=1}^{n} (\beta_i \times W_i)$$

式中，β_p 表示证券资产组合的 β 系数，β_i 表示第 i 项资产的 β 系数，W_i 表示第 i 项资产在组合中所占的价值比例。

由于单项资产的 β 系数不尽相同，因此通过替换资产组合中的资产或改变不同资产在组合中的价值比例，可以改变资产组合的系统性风险。

【例 2 - 20】 某投资者打算用 20 000 元购买 A、B、C 三种股票，股价分别为 40 元、10 元、50 元；β 系数分别为 0.7、1.1、1.7。现有两个组合方案可供选择：

甲方案：购买 A、B、C 三种股票的数量分别是 200 股、200股、200 股；

扫码看讲解

乙方案：购买 A、B、C 三种股票的数量分别是 300 股、300 股、100 股。

如果该投资者最多能承受 1.2 倍的市场组合系统性风险，会选择哪个方案。

甲方案：

A 股票比例：40 × 200 ÷ 20 000 × 100% = 40%

B 股票比例：10 × 200 ÷ 20 000 × 100% = 10%

C 股票比例：50 × 200 ÷ 20 000 × 100% = 50%

甲方案的 β 系数 = 0.7 × 40% + 1.1 × 10% + 1.7 × 50% = 1.24

乙方案：

A 股票比例：40 × 300 ÷ 20 000 × 100% = 60%

B 股票比例：10 × 300 ÷ 20 000 × 100% = 15%

C 股票比例：$50 \times 100 \div 20\ 000 \times 100\% = 25\%$

乙方案的 β 系数 $= 0.7 \times 60\% + 1.1 \times 15\% + 1.7 \times 25\% = 1.01$

该投资者最多能承受 1.2 倍的市场组合系统性风险意味着该投资者能承受的 β 系数最大值为 1.2，所以，该投资者会选择乙方案。

五、资本资产定价模型

（一）资本资产定价模型的基本原理

资本资产定价模型中，所谓资本资产主要指的是股票资产，而定价则试图解释资本市场如何决定股票收益率，进而决定股票价格。

资本资产定价模型是"必要收益率＝无风险收益率＋风险收益率"的具体化，资本资产定价模型的一个主要贡献是解释了风险收益率的决定因素和度量方法，在资本资产定价模型中，风险收益率 $= \beta \times (R_m - R_f)$，资本资产定价模型的完整表达式为：

$$R = R_f + \beta \times (R_m - R_f)$$

式中，R 表示某资产的必要收益率；β 表示该资产的系统性风险系数；R_m 表示市场组合收益率；R_f 表示无风险收益率；由于当 $\beta = 1$ 时，$R = R_m$，而 $\beta = 1$ 时代表的是市场组合的平均风险，所以，R_m 还可以称为平均风险的必要收益率、市场组合的必要收益率等。

公式中 $(R_m - R_f)$ 称为市场风险溢酬，由于市场组合的 $\beta = 1$，所以，$(R_m - R_f)$ 也可以称为市场组合的风险收益率或股票市场的风险收益率。由于 $\beta = 1$ 代表的是市场平均风险，所以，$(R_m - R_f)$ 还可以表述为平均风险的风险收益率。它是附加在无风险收益率之上的，由于承担了市场平均风险所要求获得的补偿，它反映的是市场作为整体对风险的平均"容忍"程度，也就是市场整体对风险的厌恶程度，市场整体对风险越是厌恶和回避，要求的补偿就越高，因此，市场风险溢酬的数值就越大。反之，如果市场的抗风险能力强，则对风险的厌恶和回避就不是很强烈，因此，要求的补偿就低，所以市场风险溢酬的数值就小。

在资本资产定价模型中，计算风险收益率时只考虑了系统性风险，没有考虑非系统性风险，这是因为非系统性风险可以通过资产组合消除，一个充分的投资组合几乎没有非系统性风险。财务管理研究中假设投资人都是理智的，都会选择充分投资组合，非系统性风险与资本市场无关。资本市场不会对非系统性风险给予任何价格补偿。

资本资产定价模型对任何公司、任何资产（包括资产组合）都是适合的。只要将该公司或资产的 β 系数代入公式 $R = R_f + \beta \times (R_m - R_f)$ 中，就能得到该公司或资产的必要收益率。

【例 2－21】 假设平均风险的风险收益率为 5%，平均风险的必要收益率为 8%，计算【例 2－20】中乙方案的风险收益率和必要收益率。

由于乙方案的 β 系数为 1.01，所以，乙方案的风险收益率 $= 1.01 \times 5\% = 5.05\%$。

本题中，$R_m = 8\%$，$R_m - R_f = 5\%$，所以，$R_f = 3\%$。

乙方案的必要收益率 $= 3\% + 5.05\% = 8.05\%$

（二）资本资产定价模型的有效性和局限性

资本资产定价模型最大的贡献在于提供了对风险和收益之间的一种实质性的表述，资本资产定价模型首次将"高收益伴随着高风险"这样一种直观认识，用这样简单的关系式表达出来。到目前为止，资本资产定价模型是对现实中风险与收益关系最为贴切的表述，因此长期以来，被财务人员、金融从业者以及经济学家作为处理风险问题的主要工具。

尽管资本资产定价模型已经得到了广泛的认可，但在实际运用中，仍存在着一些明显的局限，主要表现在：（1）某些资产或企业的 β 值难以估计，特别是对一些缺乏历史数据的新兴行业。（2）经济环境的不确定性和不断变化，使得依据历史数据估算出来的 β 值对未来的指导作用必然要打折扣。（3）资本资产定价模型是建立在一系列假设之上的，其中一些假设与实际情况有较大偏差，使得资本资产定价模型的有效性受到质疑。这些假设包括：市场是均衡的、市场不存在摩擦、市场参与者都是理性的、不存在交易费用、税收不影响资产的选择和交易等。

由于以上局限，资本资产定价模型只能大体描绘出证券市场风险与收益的基本情况，而不能完全确切地揭示证券市场的一切。因此，在运用这一模型时，应该更注重它所揭示的规律。

第三节　成本性态分析

成本性态，又称成本习性，是指成本与业务量之间的依存关系。成本性态分析是对成本与业务量之间的依存关系进行分析，从而在数量上具体掌握成本与业务量之间关系的规律性，以便为企业正确地进行最优管理决策和改善经营管理提供有价值的资料。成本性态分析对短期经营决策、长期投资决策、预算编制、业绩考评以及成本控制等，具有重要意义。按照成本性态不同，通常可以把成本区分为固定成本、变动成本和混合成本三类。

一、固定成本

（一）固定成本的基本特征

固定成本是指在特定的业务量范围内不受业务量变动影响，一定期间的总额能保持相对稳定的成本。例如，固定折旧费用、房屋租金、行政管理人员工资、财产保险费、广告费、职工培训费、科研开发费等。固定成本习性模型如图 2 - 14 所示。

一定期间的固定成本的稳定性是有条件的，即业务量变动的范围是有限的。例如，照明用电一般不受业务量变动的影响，属于固定成本。如果业务量增加到一定程度，需要增开生产班次，或者业务量低到停产的程度，照明用电的成本也会发生变动。能够使固定成本保持稳定的特定的业务量范围，称为相关范围。

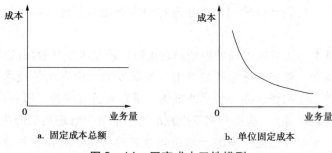

图2-14 固定成本习性模型

一定期间固定成本的稳定性是相对的，即对于业务量来说它是稳定的，但这并不意味着每月该项成本的实际发生额都完全一致。例如，照明用电在相关范围内不受业务量变动的影响，但每个月实际用电度数和支付的电费仍然会有或多或少的变化。

固定成本的基本特征：固定成本总额不因业务量的变动而变动，但单位固定成本（单位业务量负担的固定成本）会与业务量的增减呈反向变动。

【例2-22】某企业只生产一种产品，业务量与固定成本的关系如表2-3所示。

表2-3 业务量与固定成本

业务量（件）	固定成本总额（元）	单位固定成本（元）
5 000 以下	—	—
5 000	10 000	2.00
10 000	10 000	1.00
20 000	10 000	0.50
25 000	10 000	0.40
40 000	10 000	0.25
40 000 以上	—	—

在本例中，固定成本的业务量相关范围是5 000～40 000件。

（二）固定成本的分类

固定成本按其支出额是否可以在一定期间内改变而分为约束性固定成本和酌量性固定成本。

约束性固定成本是指管理当局的短期经营决策行动不能改变其数额的固定成本。例如，房屋租金、固定的设备折旧、管理人员的基本工资、车辆交强险等。这些固定成本是企业的生产能力一经形成就必然要发生的最低支出，即使生产中断也仍然要发生。由于约束性固定成本一般是由既定的生产能力所决定的，是维护企业正常生产经营必不可少的成本，所以也称为"经营能力成本"，它最能反映固定成本的特性。降低约束性固定成本的基本途径，只能是合理利用企业现有的生产能力，提高生产效率，以取得更大的经济效益。

酌量性固定成本是指管理当局的短期经营决策行动能改变其数额的固定成本。例如，广告费、职工培训费、新产品研究开发费用（如研发活动中支出的技术图书资料费、资料翻译费、会议费、差旅费、办公费、外事费、研发人员培训费、培养费、专家咨询费、高新科技研发保险费用等）。这些费用发生额的大小取决于管理当局的决策行动。一般是由管理当局在会计年度开始前，斟酌计划期间企业的具体情况和财务负担能力，对这类固定成本项目的开支情况分别作出决策。酌量性成本并非可有可无，它关系到企业的竞争能力，因此，要想降低酌量性固定成本，只有厉行节约、精打细算，编制出积极可行的费用预算并严格执行，防止浪费和过度投资等。

二、变动成本

（一）变动成本的基本特征

变动成本是指在特定的业务量范围内，其总额会随业务量的变动而呈正比例变动的成本。如直接材料、直接人工、按销售量支付的推销员佣金、装运费、包装费，以及按业务量计提的固定设备折旧等都是和单位产品的生产直接联系的，其总额会随着业务量的增减呈正比例的增减。其基本特征是：变动成本总额因业务量的变动而呈正比例变动，但单位变动成本（单位业务量负担的变动成本）不变。变动成本习性模型如图 2－15 所示。

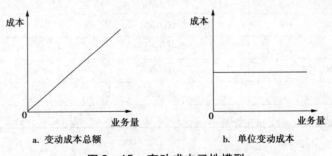

a. 变动成本总额　　　　　　b. 单位变动成本

图 2－15　变动成本习性模型

单位成本的稳定性是有条件的，即业务量变动的范围是有限的。如原材料消耗通常会与业务量呈正比例关系，属于变动成本，如果业务量很低，不能发挥套裁下料的节约潜力，或者业务量过高，使废品率上升，单位产品的材料成本也会上升。这就是说，变动成本和业务量之间的线性关系，通常只在一定的相关范围内存在。在相关范围之外就可能表现为非线性。

【例 2－23】某企业只生产一种产品，在业务量变动时变动成本总额和单位变动成本如表 2－4 所示。

表 2-4	业务量与变动成本	
业务量（万件）	变动成本总额（万元）	单位变动成本（元）
1.5	123	82
2.0	160	80
3.0	240	80
4.0	320	80
5.0	400	80
6.0	498	83
7.0	595	85

在本例中，变动成本的业务量相关范围是 2 万~5 万件。

（二）变动成本的分类

根据经理人员是否能决定发生额，变动成本分为两大类：技术性变动成本和酌量性变动成本。

技术性变动成本也称约束性变动成本，是指由技术或设计关系所决定的变动成本。如生产一台汽车需要耗用一台引擎、一个底盘和若干轮胎等，这种成本只要生产就必然会发生，如果不生产，则不会发生。经理人员不能决定技术性变动成本的发生额。

酌量性变动成本是指通过管理当局的决策行动可以改变的变动成本。如按销售收入的一定百分比支付的销售佣金、新产品研制费（如研发活动直接消耗的材料、燃料和动力费用等）、技术转让费等。这类成本的特点是其单位变动成本的发生额可由企业最高管理层决定。

酌量性变动成本的效用主要是提高竞争能力或改善企业形象，其最佳的合理支出难以计算，通常要依靠经理人员的综合判断来决定。经理人员的决策一经作出，其支出额将随业务量呈正比例变动，具有与技术性变动成本同样的特征。

三、混合成本

（一）混合成本的基本特征

从成本习性来看，固定成本和变动成本只是两种极端的类型。在现实经济生活中，大多数成本与业务量之间的关系处于两者之间，即混合成本。顾名思义，混合成本是"混合"了固定成本和变动成本两种不同性质的成本。一方面，它们要随业务量的变化而变化；另一方面，它们的变化又不能与业务量的变化保持着纯粹的正比例关系。

（二）混合成本的分类

混合成本兼有固定与变动两种性质，可进一步将其细分为半变动成本、半固定成本、延期变动成本和曲线变动成本。

1. 半变动成本。

半变动成本是指在有一定初始量的基础上，随着业务量的变化而呈正比例变动的成本。这些成本的特点是：它通常有一个初始的固定基数，在此基数内与业务量的变化无关，这部分成本类似于固定成本；在此基数之上的其余部分，则随着业务量的增加呈正比例增加。如固定电话费，假设月租费为 20 元，只能拨打市内电话，每分钟 0.10 元，则如果某月的通话时间为 1 分钟，总话费为 20.10 元；如果某月的通话时间为 100 分钟，总话费为 30 元。半变动成本的成本习性模型如图 2 - 16 所示。

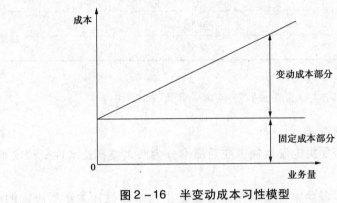

图 2 - 16 半变动成本习性模型

2. 半固定成本。

半固定成本也称阶梯式变动成本，这类成本在一定业务量范围内的发生额是固定的，但当业务量增长到一定限度，其发生额就突然跳跃到一个新的水平，然后在业务量增长的一定限度内，发生额又保持不变，直到另一个新的跳跃发生。例如，企业的管理员、运货员、检验员的工资等成本项目就属于这一类。以检验员的工资为例，假设 1 名检验员的工资为 5 000 元，如果产量在 10 万件以内，只需要 1 名检验员，工资总额为 5 000 元；产量在 10 万~20 万件以内，要 2 名检验员，工资总额为 10 000 元，以此类推。半固定成本的成本习性模型如图 2 - 17 所示。

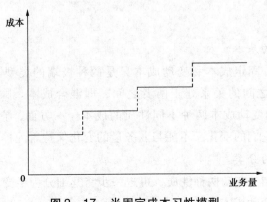

图 2 - 17 半固定成本习性模型

3. 延期变动成本。

延期变动成本在一定的业务量范围内有一个固定不变的基数，当业务量增长超出了这个范围，与业务量的增长呈正比例变动。例如，职工的基本工资，在正常工作时间情况下是不变的；但当工作时间超出正常标准，则需按加班时间的长短成比例地支付加班薪金。常见的手机流量费是一种延期变动成本。假设每月的套餐费为 50 元，流量限额为10G，每月的流量超过 10G 之后，按照 0.1 元/兆收费，如果某月的总流量在 10G 之内，流量费为 50 元，如果超出 1 兆，则流量费为 50.1 元，超出 10 兆，为 51 元。延期变动成本的成本习性模型如图 2-18 所示。

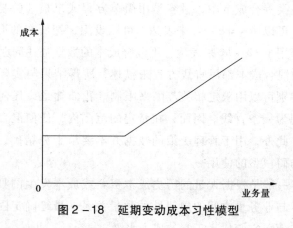

图 2-18 延期变动成本习性模型

4. 曲线变动成本。

曲线变动成本通常有一个不变的初始量，相当于固定成本，在这个初始量的基础上，随着业务量的增加，成本也逐步变化，但它与业务量的关系是非线性的。这种曲线成本又可以分为以下两种类型：一是递增曲线成本，如累进计件工资、违约金等，随着业务量的增加，成本逐步增加，并且增加幅度是递增的；二是递减曲线成本，如有价格折扣或优惠条件下的水、电消费成本以及"费用封顶"的通信服务费等，用量越大则总成本越高，但增长越来越慢，变化率是递减的。递增曲线成本和递减曲线成本的成本习性模型如图 2-19 所示。

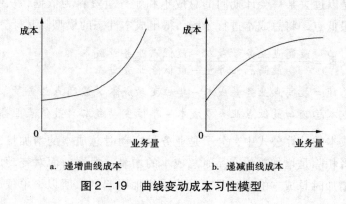

a. 递增曲线成本　　　　　b. 递减曲线成本

图 2-19 曲线变动成本习性模型

（三）混合成本的分解

混合成本分解是决定特定成本性态的过程。如果特定的成本是一项混合成本，就需要运用一定的方法估计成本与业务量之间的关系，并建立相应的成本函数模型。

混合成本的类型很多，情况也比较复杂。如何用方程式来表示它们与业务量的关系，有两种选择：一种选择是尽可能对混合成本的实际性态进行真实的数学描述，这样得出的方程式不仅种类繁多，而且有的方程式还可能相当复杂。例如，曲线成本要使用二次方程或高次方程来描述。建立和使用这样的方程式，往往要花费很多时间和精力，有时甚至超过它们可能带来的好处。另一种选择是尽可能使用简单的方程式来描述混合成本。我们已经知道，在各类混合成本中，最容易用简单方程式来描述的是半变动成本，因为它是直线形的成本，可以用 $y = a + bx$ 来表达。可以设想，把所有的混合成本都近似地看成是半变动成本，都用 $y = a + bx$ 来表达，则混合成本的数学描述问题可以大大简化。

当然，对所有的混合成本都用直线方程来描述，所得结果与实际成本性态会有一定的差别。但是这种差别可以用限定相关范围来限制。我们知道，任何一条曲线，在一定区间内都近似地表现为一条直线。因而，在特定的范围内，任何混合成本都可以近似地看成是半变动成本。此外，用于管理决策的数据并不要求十分精确，只要其误差不影响决策的结果，就不妨碍模型的使用。

混合成本分解，一般是根据大量的历史成本资料或成本发生的具体过程，进行分析计算，寻找混合成本与业务量之间的规律性的数量关系，最终确定固定成本和变动成本的历史平均值或标准值，它们代表正常的成本水平。

为确定固定成本和变动成本的历史平均值或标准值，而进行混合成本分解，目的是建立总成本的直线方程，以便在决策和计划中使用。由于一定期间的固定成本的发生额是稳定的，它可以用 $y = a$ 来表示；变动成本的发生额因业务量而变，它可以用 $y = bx$ 来表示；如果只有这两类成本，则总成本可以用 $y = a + bx$ 来表示。只要确定了 a 和 b，便可以方便地计算出在相关范围内任何业务量 x 下的总成本 y。

混合成本的分解主要有高低点法、回归直线法、工业工程法、账户分析法和合同确认法等。

1. 高低点法。

高低点法是以过去某一会计期间的总成本和业务量资料为依据，从中选取业务量最高点和业务量最低点，将总成本进行分解，得出成本性态的模型。其计算公式为：

$$单位变动成本 = \frac{最高点业务量成本 - 最低点业务量成本}{最高点业务量 - 最低点业务量}$$

固定成本总额 ＝ 最高点业务量成本 － 单位变动成本 × 最高点业务量

或：固定成本总额 ＝ 最低点业务量成本 － 单位变动成本 × 最低点业务量

单位变动成本的计算公式中，分子是业务量变动时总成本的增加量，分母是业务量的增加量，两者相除是增加单位产品时总成本的增量。根据前面对变动成本特点的分析可知，业务量增加时总成本的增加是变动成本增加引起的，所以，单位产品的增量成本就是单位产品的变动成本。

固定成本总额的计算公式，是根据已经计算出来的单位变动成本，推算业务量最高（或最低）期的变动成本总额，然后用总成本减去变动成本求得固定成本。

使用高低点法分解混合成本时，需要注意，分子不是（最高成本－最低成本），而是（最高点业务量成本－最低点业务量成本）。

【例2－24】假设A公司的业务量以直接人工小时为单位，2023年12个月份的业务量在5.0万~7.5万小时之间变化，维修成本与业务量之间的关系如表2－5所示。

表2－5 　　　　　　　　　　A公司维修成本与业务量之间的关系

项目	1月	2月	3月	4月	5月	6月	7月	8月	9月	10月	11月	12月
业务量（万小时）	5.1	5.5	5.6	6.0	6.1	7.5	7.4	7.2	7.0	6.8	6.5	5.0
维修成本（万元）	100	104	105	108	109	120	121	118	115	112	111	101

本例中，最高点业务量为7.5万小时，对应的维修成本为120万元；最低点业务量为5.0万小时，对应的维修成本为101万元，所以：

单位变动成本＝（120－101）/（7.5－5.0）＝7.6（万元/万小时）

固定成本总额＝120－7.6×7.5＝63（万元）

或：＝101－7.6×5.0＝63（万元）

维修成本的一般方程式为：

$$y = 63 + 7.6x$$

这个方程式适用于5.0万~7.5万直接人工工时的业务量范围。假如，2023年11月份计划业务量为6.5万小时，则预计维修成本为：

$$y = 63 + 7.6 \times 6.5 = 112.4（万元）$$

预计的结果，可能与历史成本资料中同样业务量的实际成本不同，如本例11月份业务量为6.5万小时，实际维修成本为111万元，与预计的112.4万元不同。这并不奇怪，用方程式预计的维修成本代表历史平均水平，而实际发生额总存在一定偶然性。

采用高低点法计算较简单，但它只采用了历史成本资料中的高点和低点两组数据，故代表性较差。

2. 回归直线法。

回归直线法是根据过去一定期间的业务量和成本资料，应用最小二乘法原理，计算出最能代表业务量和成本关系的回归直线，据以确定混合成本中固定成本和变动成本的一种方法。回归直线法是一种历史成本估计方法，相较于高低点法更为精确。

3. 工业工程法。

工业工程法指运用工业工程的研究方法，逐项研究确定成本高低的每个因素，在此基础上直接估算固定成本与单位变动成本的一种方法。该方法主要是测定各项材料和人工投入的成本与产出的数量，将与产量有关的投入归集为单位变动成本，与产量无关的部分归集为固定成本。工业工程法通常适用于投入成本与产出数量之间有规律性联系的成本分解，可以在没有历史成本数据的情况下使用。

4. 账户分析法。

账户分析法又称会计分析法，它是根据有关成本账户及其明细账的内容，结合其与业务量的依存关系，判断其比较接近哪一类成本，就视其为哪一类成本。这种方法简便易行，但比较粗糙且带有主观判断。

5. 合同确认法。

合同确认法是根据企业订立的经济合同或协议中关于支付费用的规定，来确认并估算哪些项目属于变动成本，哪些项目属于固定成本的方法。合同确认法要配合账户分析法使用。

四、总成本模型

将混合成本按照一定的方法区分为固定成本和变动成本之后，根据成本性态，企业的总成本公式就可以表示为：

总成本 = 固定成本总额 + 变动成本总额

= 固定成本总额 + 业务量 × 单位变动成本

这个公式在变动成本计算、本量利分析、正确制定经营决策和评价各部门工作业绩等方面具有不可或缺的重要作用。

本章思考题

1. 如何理解货币时间价值？如何表示货币时间价值？

2. 年金的分类有哪些？各自的特征是什么？

3. 什么是必要收益率？必要收益率由哪两部分构成？

4. 如何理解风险？衡量风险的指标有哪几种？

5. 企业在管理风险时需要注意哪些问题？

6. 按照成本性态不同，通常可以把成本区分为哪几类？各自的特点是什么？

第三章 预算管理

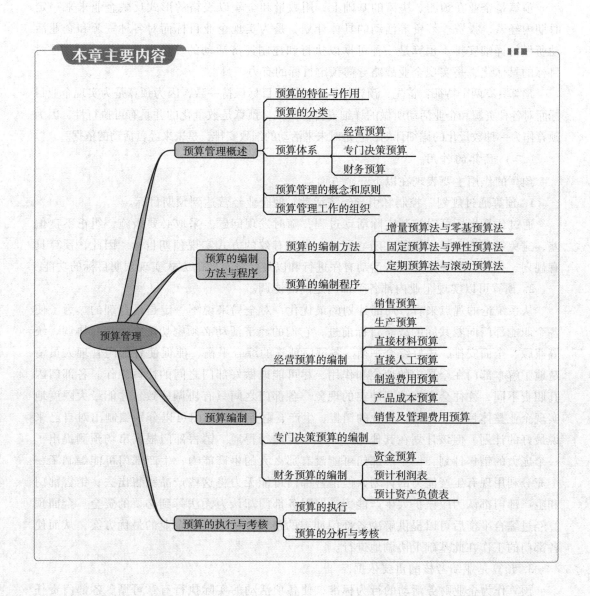

本章主要内容

- 预算管理概述
  - 预算的特征与作用
  - 预算的分类
  - 预算体系
    - 经营预算
    - 专门决策预算
    - 财务预算
  - 预算管理的概念和原则
  - 预算管理工作的组织
- 预算的编制方法与程序
  - 预算的编制方法
    - 增量预算法与零基预算法
    - 固定预算法与弹性预算法
    - 定期预算法与滚动预算法
  - 预算的编制程序
- 预算编制
  - 经营预算的编制
    - 销售预算
    - 生产预算
    - 直接材料预算
    - 直接人工预算
    - 制造费用预算
    - 产品成本预算
    - 销售及管理费用预算
  - 专门决策预算的编制
  - 财务预算的编制
    - 资金预算
    - 预计利润表
    - 预计资产负债表
- 预算的执行与考核
  - 预算的执行
  - 预算的分析与考核

预算管理

第一节 预算管理概述

一、预算的特征与作用

（一）预算的特征

预算是企业在预测、决策的基础上，用数量和金额以表格的形式反映企业未来一定时期内经营、投资、筹资等活动的具体计划，是为实现企业目标而对各种资源和企业活动所做的详细安排。预算是一种可据以执行和控制经济活动的、最为具体的计划，是对目标的具体化，是实现企业战略导向预定目标的有力工具。

预算具有两个特征：首先，预算与企业的战略目标保持一致，因为预算是为实现企业目标而对各种资源和企业活动所做的详细安排；其次，预算是数量化的并具有可执行性，因为预算作为一种数量化的详细计划，它是对未来活动的细致安排，是未来经营活动的依据。

（二）预算的作用

预算的作用主要表现在以下三个方面：

1. 预算通过规划、控制和引导经济活动，使企业经营达到预期目标。

通过预算指标可以控制实际活动过程，随时发现问题，采取必要措施，纠正不良偏差，避免经营活动漫无目的、随心所欲，通过有效的方式实现预期目标。因此，预算具有规划、控制、引导企业经济活动有序进行和以最经济有效的方式实现预期目标的功能。

2. 预算可以实现企业内部各个部门之间的协调。

从系统论的观点来看，局部计划的最优化，对全局来说不一定是最合理的。为了使各个职能部门向着共同的战略目标前进，它们的经济活动必须密切配合、相互协调、统筹兼顾、全面安排，搞好综合平衡。各部门预算的综合平衡，能促使各部门管理人员清楚地了解本部门在全局中的地位和作用，尽可能地做好部门之间的协调工作。各部门因其职责不同，往往会出现相互冲突的现象。各部门之间只有协调一致，才能最大限度地实现企业整体目标。例如，企业的销售、生产、财务等各部门可以分别编制出对自己来说最好的计划，但该计划在其他部门却不一定能行得通。销售部门根据市场预测提出了一个庞大的销售计划，但生产部门可能没有那么大的生产能力；生产部门可能编制了一个充分利用现有生产能力的计划，但销售部门可能无力将这些产品销售出去；销售部门和生产部门都认为应该扩大生产能力，但财务部门却认为无法筹到必要的资金。全面预算经过综合平衡后可以提供解决各部门冲突的最佳办法，代表企业的最优方案，从而使各部门的工作在此基础上协调地进行。

3. 预算是业绩考核的重要依据。

预算作为企业财务活动的行为标准，使各项活动的实际执行有章可循。各部门责任考核必须以预算标准为基础。经过分解落实的预算规划目标能与部门、责任人的业绩考评结合起来，成为奖勤罚懒、评估优劣的重要依据。

二、预算的分类

(一) 按照内容分类

根据内容不同，企业预算可分为经营预算（即业务预算）、专门决策预算和财务预算。

经营预算是指与企业日常业务直接相关的一系列预算，包括销售预算、生产预算、采购预算、费用预算、人力资源预算等。

专门决策预算是指企业重大的或不经常发生的、需要根据特定决策编制的预算，包括投融资决策预算等。专门决策预算直接反映相关决策的结果，是实际中已选方案的进一步规划。如资本支出预算，其编制依据可以追溯到决策之前搜集到的有关资料，只不过预算比决策估算更细致、更精确一些。例如，企业购置固定资产都必须在事先做好可行性分析的基础上来编制预算，具体反映投资额需要多少、何时进行投资、资金从何筹得、投资期限多长、何时可以投产、未来每年的现金流量是多少。

财务预算是指与企业资金收支、财务状况或经营成果等有关的预算，包括资金预算、预计利润表、预计资产负债表等。财务预算作为全面预算体系的最后环节，它是从价值方面总括地反映企业经营预算与专门决策预算的结果，故也称为总预算，其他预算则相应称为辅助预算或分预算。显然，财务预算在全面预算中占有举足轻重的地位。

(二) 按照时间分类

按预算指标覆盖的时间长短，企业预算可分为短期预算和长期预算。通常将预算期在1年以内（含1年）的预算称为短期预算，预算期在1年以上的预算称为长期预算。预算的编制时间可以视预算的内容和实际需要而定，可以是1周、1月、1季度、1年或若干年等。在预算编制过程中，往往应结合各项预算的特点，将长期预算和短期预算结合使用。一般情况下，企业的经营预算和财务预算多为1年期的短期预算，年内再按季度或月细分，而且预算期间往往与会计期间保持一致。

三、预算体系

各种预算是一个有机联系的整体。一般将由经营预算、专门决策预算和财务预算组成的预算体系，称为全面预算体系。其结构如图3-1所示。

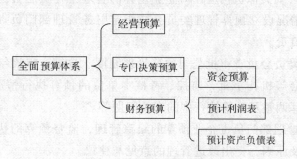

图3-1 全面预算体系

四、预算管理的概念和原则

预算管理，是指企业以战略目标为导向，通过对未来一定期间内的经营活动和相应的财务结果进行全面预测和筹划，科学、合理地配置企业各项财务和非财务资源，并对执行过程进行监督和分析，对执行结果进行评价和反馈，指导经营活动的改善和调整，进而推动实现企业战略目标的管理活动。

企业进行预算管理，一般应遵循以下原则：

（1）战略导向原则。预算管理应围绕企业的战略目标和业务计划有序开展，引导各预算责任主体聚焦战略、专注执行、达成绩效。

（2）过程控制原则。预算管理应通过及时监控、分析等把握预算目标的实现进度并实施有效评价，对企业经营决策提供有效支撑。

（3）融合性原则。预算管理应以业务为先导、以财务为协同，将预算管理嵌入企业经营管理活动的各个领域、层次、环节。

（4）平衡管理原则。预算管理应平衡长期目标与短期目标、整体利益与局部利益、收入与支出、结果与动因等关系，促进企业可持续发展。

（5）权变性原则。预算管理应刚性与柔性相结合，强调预算对经营管理的刚性约束，又可根据内外环境的重大变化调整预算，并针对例外事项进行特殊处理。

五、预算管理工作的组织

企业实施预算管理应当设立相应的机构，配备相应的人员，建立必要的制度。预算管理的机构设置、职责权限和工作程序应与企业的组织架构和管理体制互相协调，保障预算管理各环节职能衔接，流程顺畅。

企业应建立健全预算管理制度、会计核算制度、定额标准制度、内部控制制度、内部审计制度、绩效考核和激励制度等内部管理制度，夯实预算管理的制度基础。企业应充分利用现代信息技术，规范预算管理流程，提高预算管理效率。

公司的年度财务预算方案、决算方案通常由公司董事会制订，经股东会或股东大会审议批准后方可执行。预算工作的组织包括决策层、管理层、执行层和考核层，具体如下：

（1）企业董事会或类似机构应当对企业预算的管理工作负总责。企业董事会或者经理办公会可以根据情况设立预算管理委员会或指定财务管理部门负责预算管理事宜，并对企业法定代表人负责。

（2）预算管理委员会负责审批公司预算管理制度、政策，审议年度预算草案或预算调整草案并报董事会等机构审批，监控、考核本单位的预算执行情况并向董事会报告，协调预算编制、预算调整及预算执行中的有关问题等。

（3）企业财务管理部门负责企业预算的跟踪管理，监督预算的执行情况，分析预算与实际执行的差异及原因，提出改进管理的意见与建议。

（4）企业内部生产、投资、物资、人力资源、市场营销等职能部门具体负责本部门业务涉及的预算编制、执行、分析等工作，并配合预算管理委员会或财务管理部门做好企业总预算的综合平衡、协调、分析、控制与考核等工作。其主要负责人参与企业预算管理委员会的工作，并对本部门预算执行结果承担责任。

（5）企业所属基层单位是企业预算的基本单位，在企业财务管理部门的指导下，负责本单位现金流量、经营成果和各项成本费用预算的编制、执行、分析等工作，接受企业的检查、考核。其主要负责人对本单位财务预算的执行结果承担责任。

第二节 预算的编制方法与程序

一、预算的编制方法

企业应选择与现有管理模式相适应的程序和方法编制预算。常见的预算编制方法主要包括增量预算法与零基预算法、固定预算法与弹性预算法、定期预算法与滚动预算法。

（一）增量预算法与零基预算法

编制预算的方法按其出发点的特征不同，可分为增量预算法和零基预算法。

1. 增量预算法。

增量预算法，是指以历史期实际经济活动及其预算为基础，结合预算期经济活动及相关影响因素的变动情况，通过调整历史期经济活动项目及金额而形成预算的编制方法。增量预算法以过去的费用发生水平为基础，主张不需在预算内容上作较大的调整，它的编制遵循如下假定：

第一，企业现有业务活动是合理的，不需要进行调整。

第二，企业现有各项业务的开支水平是合理的，在预算期予以保持。

第三，以现有业务活动和各项业务开支水平，确定预算期各项活动的预算数。

增量预算法的缺陷是可能导致无效费用开支无法得到有效控制，使得不必要开支合理化，造成预算上的浪费。

2. 零基预算法。

零基预算法，是指企业不以历史期经济活动及其预算为基础，以零为起点，从实际需要出发分析预算期经济活动的合理性，经综合平衡而形成预算的编制方法。零基预算法适用于企业各项预算的编制，特别是不经常发生的预算项目或预算编制基础变化较大的预算项目。零基预算法的应用程序如下：

第一，明确预算编制标准。企业应搜集和分析对标单位、行业等外部信息，结合内部管理需要形成企业各预算项目的编制标准，并在预算管理过程中根据实际情况不断分析评价、修订完善预算编制标准。

第二，制订业务计划。预算编制责任部门应依据企业战略、年度经营目标和内外环境变化等安排预算期经济活动，在分析预算期各项经济活动合理性的基础上制订详细、具体的业务计划，作为预算编制的基础。

第三，编制预算草案。预算编制责任部门应以相关业务计划为基础，根据预算编制标准编制本部门相关预算项目，并报预算管理责任部门审核。

第四，审定预算方案。预算管理责任部门应在审核相关业务计划合理性的基础上，逐项评价各预算项目的目标、作用、标准和金额等，按战略相关性、资源限额和效益性等进行综合分析和平衡，汇总形成企业预算草案，上报企业预算管理委员会等专门机构审议后报董事会等机构审批。

零基预算法的优点表现在：一是以零为起点编制预算，不受历史期经济活动中的不合理因素影响，能够灵活应对内外环境的变化，预算编制更贴近预算期企业经济活动需要；二是有助于增加预算编制透明度，有利于进行预算控制。

零基预算法的缺点主要表现在：一是预算编制工作量较大、成本较高；二是预算编制的准确性受企业管理水平和相关数据标准准确性的影响较大。

（二）固定预算法与弹性预算法

编制预算的方法按其业务量基础的数量特征不同，可分为固定预算法和弹性预算法。

1. 固定预算法。

固定预算法又称静态预算法，是指以预算期内正常的、最可实现的某一业务量（如企业产量、销售量、作业量等与预算项目相关的弹性变量）水平为固定基础，不考虑可能发生的变动的预算编制方法。

固定预算法的优点是编制相对简单，也容易使管理者理解。

固定预算法的缺点表现在两个方面：

一是适应性差。因为编制预算的业务量基础是事先假定的某个业务量。在这种方法下，不论预算期内业务量水平实际可能发生哪些变动，都只以事先确定的某一个业务量水平作为编制预算的基础。

二是可比性差。当实际的业务量与编制预算所依据的业务量发生较大差异时，有关预算指标的实际数与预算数就会因业务量基础不同而失去可比性。例如，某企业预计业务量为销售 100 000 件产品，按此业务量给销售部门的费用预算为 50 000 元。如果该销售部门实际销售量达到 120 000 件，超出了预算业务量，固定预算法下的费用预算仍为 50 000 元。

2. 弹性预算法。

弹性预算法又称动态预算法，是指企业在分析业务量与预算项目之间数量依存关系的基础上，分别确定不同业务量及其相应预算项目所消耗资源的预算编制方法。

理论上，弹性预算法适用于编制全面预算中所有与业务量有关的预算，但实务中主要用于编制成本费用预算和利润预算，尤其是成本费用预算。

编制弹性预算，要选用一个最能代表生产经营活动水平的业务量计量单位。例如，以手工操作为主的车间，就应选用人工工时；制造单一产品或零件的部门，可以选用实物数量；修理部门可以选用直接修理工时等。

弹性预算法所采用的业务量范围，视企业或部门的业务量变化情况而定，务必使实际业务量不至于超出相关的业务量范围。一般来说，可定在正常生产能力的 70% ~ 110%，或以历史上最高业务量和最低业务量为其上下限。弹性预算法编制预算的准确性，在很大程度上取决于成本性态分析的可靠性。

与按特定业务量水平编制的固定预算法相比，弹性预算法的主要优点是考虑了预算期可能的不同业务量水平，更贴近企业经营管理实际情况。弹性预算法的主要缺点：一是编制工作量大；二是市场及其变动趋势预测的准确性、预算项目与业务量之间依存关系的判断水平等会对弹性预算的合理性造成较大影响。

企业应用弹性预算法，一般按照以下程序进行：

第一步，确定弹性预算适用项目，识别相关的业务量并预测业务量在预算期内可能存在的不同水平和弹性幅度。

第二步，分析预算项目与业务量之间的数量依存关系，确定弹性定额。

第三步，构建弹性预算模型，形成预算方案。

第四步，审定预算方案并上报企业预算管理委员会等专门机构审议后，报董事会等机构审批。

弹性预算法又分为公式法和列表法两种具体方法：

（1）公式法。公式法是运用总成本性态模型，测算预算期的成本费用数额，并编制成本费用预算的方法。根据成本性态，成本与业务量之间的数量关系可用公式表示为：

$$y = a + bx$$

式中，y 表示某项预算成本总额，a 表示该项成本中的固定基数，b 表示与业务量相关的弹性定额，x 表示预计业务量。

【例 3 - 1】 某企业制造费用中的修理费用与修理工时密切相关。经测算，预算期修理费用中的固定修理费用为 30 000 元，单位工时的变动修理费用为 30 元；预计预算期的修理工时为 3 500 小时。运用公式法，测算预算期的修理费用总额为：30 000 + 30 × 3 500 = 135 000（元）。

扫码看讲解

因为任何成本都可用公式"$y = a + bx$"来近似地表示，所以只要在预算中列示 a（固定成本）和 b（单位变动成本），便可随时利用公式计算任一业务量（x）的预算成本（y）。

【例 3 - 2】 A 企业经过分析得出某种产品的制造费用与人工工时密切相关，采用公式法编制的制造费用预算如表 3 - 1 所示。

表 3 - 1   制造费用预算（公式法）

业务量范围	420 ~ 660（人工工时）	
费用项目	固定费用（元/月）	变动费用（元/人工工时）
运输费用		2
电力费用		10

续表

业务量范围	420~660（人工工时）	
费用项目	固定费用（元/月）	变动费用（元/人工工时）
材料费用		1
修理费用	850	8.5
油料费用	1 080	2
折旧费用	3 000	
人工费用	1 000	
合计	5 930	23.5
备注	当业务量超过600人工工时后，修理费用中的固定费用将由850元上升为1 850元	

本例中，针对制造费用而言，在业务量为 420~600 人工工时的情况下，$y = 5\,930 + 23.5x$；在业务量为 600~660 人工工时的情况下，$y = 6\,930 + 23.5x$。如果业务量为 500 人工工时，则制造费用预算为 $5\,930 + 23.5 \times 500 = 17\,680$（元）；如果业务量为 650 人工工时，则制造费用预算为 $6\,930 + 23.5 \times 650 = 22\,205$（元）。

公式法的优点是便于在一定范围内计算任何业务量的预算成本，可比性和适应性强，编制预算的工作量相对较小；缺点是按公式进行成本分解比较麻烦，对每个费用子项目甚至细目逐一进行成本分解，工作量很大。另外对于阶梯成本和曲线成本只能先用数学方法修正为直线，才能应用公式法。必要时，还需在"备注"中说明适用不同业务量范围的固定费用和单位变动费用。此外，应用公式法编制预算时，相关弹性定额可能仅适用于一定业务量范围内。当业务量变动超出该适用范围时，应及时修正、更新弹性定额，或改为列表法编制。

（2）列表法。列表法是指企业通过列表的方式，在业务量范围内依据已划分出的若干个不同等级，分别计算并列示该预算项目与业务量相关的不同可能预算方案的方法。

应用列表法编制预算，首先要在确定的业务量范围内，划分出若干个不同水平，然后分别计算各项预算值，汇总列入一个预算表格。

列表法的优点是不管实际业务量多少，不必经过计算即可找到与业务量相近的预算成本；混合成本中的阶梯成本和曲线成本，可按总成本性态模型计算填列，不必用数学方法修正为近似的直线成本。但是，运用列表法编制预算，在评价和考核实际成本时，往往需要使用插值法来计算"实际业务量的预算成本"，比较麻烦。

【例3-3】 根据表 3-1，A 企业采用列表法编制的 2024 年 6 月制造费用预算如表 3-2 所示。

表 3-2	制造费用预算（列表法）				
业务量（直接人工工时）	420	480	540	600	660
占正常生产能力百分比（%）	70	80	90	100	110
变动成本：					
运输费用（b=2）（元）	840	960	1 080	1 200	1 320
电力费用（b=10）（元）	4 200	4 800	5 400	6 000	6 600
材料费用（b=1）（元）	420	480	540	600	660
合计（元）	5 460	6 240	7 020	7 800	8 580
混合成本：					
修理费用（元）	4 420	4 930	5 440	5 950	7 460
油料费用（元）	1 920	2 040	2 160	2 280	2 400
合计（元）	6 340	6 970	7 600	8 230	9 860
固定成本：					
折旧费用（元）	3 000	3 000	3 000	3 000	3 000
人工费用（元）	1 000	1 000	1 000	1 000	1 000
合计（元）	4 000	4 000	4 000	4 000	4 000
总计（元）	15 800	17 210	18 620	20 030	22 440

在表 3-2 中，分别列示了五种业务量水平的成本预算数据（根据企业情况，也可以按更多的业务量水平来列示）。这样，无论实际业务量达到何种水平，都有适用的一套成本数据来发挥控制作用。

如果固定预算法是按 600 小时编制的，成本总额为 20 030 元。在实际业务量为 500 小时的情况下，不能用 20 030 元去评价实际成本的高低，也不能用按业务量变动同比例调整后的预算成本 16 692 元（20 030×500÷600）去考核实际成本，因为并不是所有的成本都一定同业务量呈同比例关系。

如果采用弹性预算法，就可以根据各项成本与业务量的不同关系，采用不同方法确定"实际业务量的预算成本"，去评价和考核实际成本。实际业务量为 500 小时，运输费用等各项变动成本可用实际工时数乘以单位业务量变动成本来计算，即变动总成本为 6 500 元（500×2 + 500×10 + 500×1）。固定总成本不随业务量变动，仍为 4 000元。混合成本可用插值法逐项计算：500 小时处在 480~540 小时之间，修理费用应该在 4 930~5 440 元之间，设实际业务的预算修理费用为 x 元，则：

$$(500-480)÷(540-480) = (x-4\ 930)÷(5\ 440-4\ 930)$$

$$x = 5\ 100\ 元$$

油料费用在 480 小时和 540 小时分别为 2 040 元和 2 160 元，用插值法计算 500 小时应为 2 080 元。可见：

500 小时预算成本 = (2 + 10 + 1) × 500 + 5 100 + 2 080 + 4 000 = 17 680（元）

这样计算出来的预算成本比较符合成本的变动规律，可以用来评价和考核实际成本，比较确切，容易被接受。

（三）定期预算法与滚动预算法

编制预算的方法按其预算期的时间特征不同，可分为定期预算法和滚动预算法。

1. 定期预算法。

定期预算法是指在编制预算时，以固定会计期间（如日历年度）作为预算期的一种预算编制方法。这种方法的优点是能够使预算期间与会计期间相对应，便于将实际数与预算数进行对比，也有利于对预算执行情况进行分析和评价。但这种方法以固定会计期间（如 1 年）为预算期，在执行一段时期之后，往往使管理人员只考虑剩下时间的业务量，缺乏长远打算，导致一些短期行为的出现。

2. 滚动预算法。

滚动预算法是指企业根据上一期预算执行情况和新的预测结果，按既定的预算编制周期和滚动频率，对原有的预算方案进行调整和补充、逐期滚动、持续推进的预算编制方法。

按照预算编制周期，可以将滚动预算分为中期滚动预算和短期滚动预算。中期滚动预算的预算编制周期通常为 3 年或 5 年，以年度作为预算滚动频率。短期滚动预算通常以 1 年为预算编制周期，以月份或季度作为预算滚动频率。短期滚动预算通常使预算期始终保持 12 个月，每过 1 个月或 1 个季度，立即在期末增列 1 个月或 1 个季度的预算，逐期往后滚动，因而在任何一个时期都使预算保持为 12 个月的时间长度。这种预算能使企业各级管理人员对未来始终保持整整 12 个月时间的考虑和规划，从而保证企业的经营管理工作能够稳定而有序地进行。

（1）逐月滚动。逐月滚动是指在预算编制过程中，以月份为预算的编制和滚动单位，每个月调整一次预算的方法。如在 2023 年 1 月至 12 月的预算执行过程中，需要在 1 月末根据当月预算的执行情况修订 2 月至 12 月的预算，同时补充 2024 年 1 月的预算；到 2 月末可根据当月预算的执行情况，修订 2023 年 3 月至 2024 年 1 月的预算，同时补充 2024 年 2 月的预算；以此类推。逐月滚动预算方式如图 3 - 2 所示。

按照逐月滚动方式编制的预算比较精确，但工作量较大。

（2）逐季滚动。逐季滚动是指在预算编制过程中，以季度为预算的编制和滚动单位，每个季度调整一次预算的方法。逐季滚动编制的预算比逐月滚动的工作量小，但精确度较差。

图3-2 逐月滚动预算方式

【例3-4】某公司甲车间采用滚动预算方法编制制造费用预算。已知2023年分季度的制造费用预算如表3-3所示（其中间接材料费用忽略不计，间接人工费用预算工时分配率为40元/小时，水电与维修费用预算工时分配率为25元/小时）。

表3-3 　　　　　　　　　　2023年全年制造费用预算

项目	第一季度	第二季度	第三季度	第四季度	全年
直接人工预算总工时（小时）	5 200	5 100	5 100	4 600	20 000
变动制造费用：					
间接人工费用（元）	208 000	204 000	204 000	184 000	800 000
水电与维修费用（元）	130 000	127 500	127 500	115 000	500 000
小计（元）	338 000	331 500	331 500	299 000	1 300 000
固定制造费用：					
设备租金（元）	180 000	180 000	180 000	180 000	720 000
管理人员工资（元）	80 000	80 000	80 000	80 000	320 000
小计（元）	260 000	260 000	260 000	260 000	1 040 000
制造费用合计（元）	598 000	591 500	591 500	559 000	2 340 000

2023年3月31日，公司在编制2023年第二季度至2024年第一季度滚动预算时，发现未来的4个季度中将出现以下情况：

①间接人工费用预算工时分配率将上涨10%，即上涨为44元/小时。

②原设备租赁合同到期，公司新签订的租赁合同中设备年租金将降低20%，即降低为576 000元。

③2023年第二季度至2024年第一季度预计直接人工总工时分别为5 150小时、5 100小时、4 600小时和5 750小时。

则编制的2023年第二季度至2024年第一季度制造费用预算如表3-4所示。

表3－4	2023年第二季度至2024年第一季度制造费用预算				
项目	2023年度			2024年度	合计
	第二季度	第三季度	第四季度	第一季度	
直接人工预算总工时（小时）	5 150	5 100	4 600	5 750	20 600
变动制造费用：					
间接人工费用（元）	226 600	224 400	202 400	253 000	906 400
水电与维修费用（元）	128 750	127 500	115 000	143 750	515 000
小计（元）	355 350	351 900	317 400	396 750	1 421 400
固定制造费用：					
设备租金（元）	144 000	144 000	144 000	144 000	576 000
管理人员工资（元）	80 000	80 000	80 000	80 000	320 000
小计（元）	224 000	224 000	224 000	224 000	896 000
制造费用合计（元）	579 350	575 900	541 400	620 750	2 317 400

（3）混合滚动。混合滚动是指在预算编制过程中，同时以月份和季度作为预算的编制和滚动单位的方法。这种预算方法的理论依据是：人们对未来的了解程度具有对近期的预计把握较大、对远期的预计把握较小的特征。混合滚动预算方式如图3－3所示。

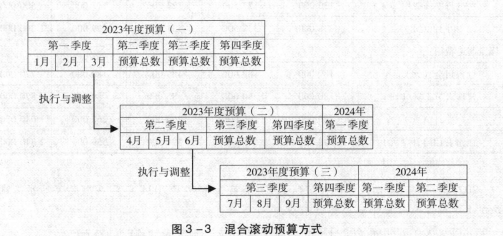

图3－3　混合滚动预算方式

滚动预算的主要优点：通过持续滚动预算编制、逐期滚动管理，实现动态反映市场、建立跨期综合平衡，从而有效指导企业营运，强化预算的决策与控制职能。滚动预算的主要缺点：一是预算滚动的频率越高，对预算沟通的要求越高，预算编制的工作量越大；二是过高的滚动频率容易增加管理层的不稳定感，导致预算执行者无所适从。

二、预算的编制程序

企业一般按照分级编制、逐级汇总的方式，采用自上而下、自下而上、上下结合或多维度相协调的流程编制预算。

（一）下达目标

企业董事会或经理办公会根据企业发展战略和预算期经济形势的初步预测，在决策的基础上，提出下一年度企业预算目标，包括销售或营业目标、成本费用目标、利润目标和现金流量目标，并确定预算编制的政策，由预算管理委员会下达至各预算执行单位。

（二）编制上报

各预算执行单位按照企业预算管理委员会下达的预算目标和政策，结合自身特点以及预算的执行条件，提出本单位详细的预算方案，上报企业财务管理部门。

（三）审查平衡

企业财务管理部门对各预算执行单位上报的财务预算方案进行审查、汇总，提出综合平衡的建议。在审查、平衡过程中，预算管理委员会应当进行充分协调，对发现的问题提出初步调整意见，并反馈给有关预算执行单位予以修正。

（四）审议批准

企业财务管理部门在有关预算执行单位修正调整的基础上，编制出企业预算方案，报企业预算管理委员会讨论。对于不符合企业发展战略或者预算目标的事项，企业预算管理委员会应当责成有关预算执行单位进一步修订、调整。在讨论、调整的基础上，企业财务管理部门正式编制企业年度预算草案，提交董事会或经理办公会审议批准。

（五）下达执行

企业财务管理部门对董事会或经理办公会审议批准的年度总预算，一般在次年 3 月底以前，分解成一系列的指标体系，由预算管理委员会逐级下达各预算执行单位执行。

第三节 预 算 编 制

企业应建立和完善预算编制的工作制度，明确预算编制依据、编制内容、编制程序和编制方法，确保预算编制依据合理、内容全面、程序规范、方法科学，确保形成各层级广泛接受的、符合业务假设的、可实现的预算控制目标。

一、经营预算的编制

（一）销售预算

销售预算是指在销售预测的基础上根据销售计划编制的，用于规划预算期销售活动的一种经营预算。销售预算是整个预算的编制起点，其他预算的编制都以销售预算作为基础。表 3 - 5 是 M 公司本年的销售预算（为方便计算，本章均不考虑增值税）。

销售预算的主要内容是销量、单价和销售收入。销量是根据市场预测或销货合同并结合企业生产能力确定的，单价是通过价格决策确定的，销售收入是两者的乘积，在销售预算中计算得出。

表 3-5　　　　　　　　　　　　　　　　销售预算

项目	第一季度	第二季度	第三季度	第四季度	全年
预计销售量（件）	1 000	1 500	2 000	1 800	6 300
预计销售单价（元）	2 800	2 800	2 800	2 800	2 800
销售收入（元）	2 800 000	4 200 000	5 600 000	5 040 000	17 640 000
预计现金收入：					
上年应收账款（元）	620 000				620 000
第一季度（销货 2 800 000 元）	1 680 000	1 120 000			2 800 000
第二季度（销货 4 200 000 元）		2 520 000	1 680 000		4 200 000
第三季度（销货 5 600 000 元）			3 360 000	2 240 000	5 600 000
第四季度（销货 5 040 000 元）				3 024 000	3 024 000
现金收入合计（元）	2 300 000	3 640 000	5 040 000	5 264 000	16 244 000

销售预算通常要分品类（或品种）、分月份、分销售区域、分推销员来编制。为了简化，本例只划分了季度销售数据。

销售预算中通常还包括预计现金收入的计算，其目的是为编制资金预算提供必要的资料。第一季度的现金收入包括两部分，即上年应收账款在本年第一季度收到的货款以及本季度销售中可能收到的货款。本例中，假设每季度销售收入中的 60% 于本季度以现金形式收到，另外的 40% 要到下季度才能以现金形式收到。

（二）生产预算

生产预算是为规划预算期生产规模而编制的一种经营预算，它是在销售预算的基础上编制的，并可以作为编制直接材料预算和产品成本预算的依据。其主要内容有销售量、期初和期末产成品存货、生产量。在生产预算中，只涉及实物量指标，不涉及价值量指标。表 3-6 是 M 公司本年的生产预算。

表 3-6　　　　　　　　　　　　　　　　生产预算　　　　　　　　　　　　单位：件

项目	第一季度	第二季度	第三季度	第四季度	全年
预计销售量	1 000	1 500	2 000	1 800	6 300
加：预计期末产成品存货	150	200	180	200	200
合计	1 150	1 700	2 180	2 000	6 500
减：预计期初产成品存货	100	150	200	180	100
预计生产量	1 050	1 550	1 980	1 820	6 400

通常，企业的生产和销售不宜做到"同步同量"，需要设置一定的存货，以保证能在发生意外需求时按时供货，并可均衡生产，节省赶工的额外支出。期末产成品存货数量通常按下期预计销售量的一定百分比确定，本例按 10% 安排期末产成品存货。年初产成品存货是编制预算时预计的，年末产成品存货根据长期销售趋势来确定。本例假设年初有产成品存货 100 件，年末留存 200 件。

生产预算的"预计销售量"来自销售预算，其他数据在表 3-6 中计算得出。

预计期末产成品存货量 = 下期预计销售量 × 10%

预计期初产成品存货量 = 上期期末产成品存货量

预计生产量 = 预计销售量 + 预计期末产成品存货量 − 预计期初产成品存货量

生产预算在实际编制时是比较复杂的，企业的产量受到生产能力的限制，产成品存货数量受到仓库容量的限制，只能在此范围内来安排产成品存货数量和各期生产量。此外，有的季度可能销量很大，需要用赶工方法增产，为此要多付加班费。如果提前在淡季生产，会因增加产成品存货而多付资金利息和仓储费用。因此，要权衡两者得失，选择成本最低的方案。

（三）直接材料预算

直接材料预算是为了规划预算期直接材料采购业务的一种经营预算。直接材料预算以生产预算为基础编制，同时要考虑原材料存货水平。

表 3-7 是 M 公司本年的直接材料预算。其主要内容有材料的单位产品用量、生产需用量、期初和期末存量等。"预计生产量"的数据来自生产预算，"单位产品材料用量"的数据来自标准成本资料或消耗定额资料，"生产需用量"是上述两项的乘积。年初和年末的材料存货量，是根据当前情况和长期销售预测估计的。各季度"期末材料存量"根据下季度生产需用量的一定百分比确定，本例按 20% 计算。各季度"期初材料存量"等于上季度的期末材料存量。各季度"预计材料采购量"根据下式计算确定：

预计材料采购量 = 生产需用量 + 期末材料存量 − 期初材料存量

表 3-7　　　　　　　　　　　　直接材料预算

项目	第一季度	第二季度	第三季度	第四季度	全年
预计生产量（件）	1 050	1 550	1 980	1 820	6 400
单位产品材料用量（千克/件）	10	10	10	10	10
生产需用量（千克）	10 500	15 500	19 800	18 200	64 000
加：预计期末存量（千克）	3 100	3 960	3 640	4 000	4 000
减：预计期初存量（千克）	3 000	3 100	3 960	3 640	3 000
预计材料采购量（千克）	10 600	16 360	19 480	18 560	65 000
单价（元/千克）	80	80	80	80	80
预计采购金额（元）	848 000	1 308 800	1 558 400	1 484 800	5 200 000

项目	第一季度	第二季度	第三季度	第四季度	全年
预计现金支出（元）：					
上年应付账款	235 000				235 000
第一季度（采购 848 000 元）	424 000	424 000			848 000
第二季度（采购 1 308 800 元）		654 400	654 400		1 308 800
第三季度（采购 1 558 400 元）			779 200	779 200	1 558 400
第四季度（采购 1 484 800 元）				742 400	742 400
合计	659 000	1 078 400	1 433 600	1 521 600	4 692 600

为了便于以后编制资金预算，通常要预计材料采购各季度的现金支出。每个季度的现金支出包括偿还上期应付账款和本期应支付的采购货款。本例中假设材料采购的货款有 50% 在本季度内付清，另外 50% 在下季度付清。这个百分比一般是根据经验确定的。如果材料品种很多，需要单独编制材料存货预算。

（四）直接人工预算

直接人工预算是一种既要反映预算期内人工工时消耗水平，又要规划人工成本开支的经营预算。直接人工预算也是以生产预算为基础编制的，其主要内容有预计产量、单位产品工时、人工总工时、每小时人工成本和人工总成本。"预计生产量"数据来自生产预算，"单位产品工时"和"每小时人工成本"数据来自标准成本资料，"人工总工时"和"人工总成本"是在直接人工预算中计算出来的。由于人工工资都需要使用现金支付，所以，不需要另外预计现金支出，可直接参加资金预算的汇总。M 公司全年的直接人工预算如表 3-8 所示。

表 3-8　　　　　　　　　　　　直接人工预算

项目	第一季度	第二季度	第三季度	第四季度	全年
预计生产量（件）	1 050	1 550	1 980	1 820	6 400
单位产品工时（小时/件）	10	10	10	10	10
人工总工时（小时）	10 500	15 500	19 800	18 200	64 000
每小时人工成本（元/小时）	60	60	60	60	60
人工总成本（元）	630 000	930 000	1 188 000	1 092 000	3 840 000

（五）制造费用预算

制造费用预算通常分为变动制造费用预算和固定制造费用预算两部分。变动制造费用预算是以生产预算为基础来编制。如果有完善的标准成本资料，用单位产品的标准成本与产量相乘，即可得到相应的预算金额。如果没有标准成本资料，就需要逐项预计计划产量需要的各项制造费用。固定制造费用需要逐项进行预计，通常与本期产量无关，按每季度实际需要的支付额预计，然后求出全年数。表3－9是M公司本年的制造费用预算。

表3－9   制造费用预算   单位：元

项目	第一季度	第二季度	第三季度	第四季度	全年
变动制造费用：					
间接人工（20元/件）	21 000	31 000	39 600	36 400	128 000
间接材料（15元/件）	15 750	23 250	29 700	27 300	96 000
修理费（20元/件）	21 000	31 000	39 600	36 400	128 000
水电费（10元/件）	10 500	15 500	19 800	18 200	64 000
小计	68 250	100 750	128 700	118 300	416 000
固定制造费用：					
修理费	10 000	11 400	15 000	15 000	51 400
折旧	100 000	100 000	100 000	100 000	400 000
管理人员工资	119 000	131 000	110 000	110 000	470 000
保险费	15 500	17 100	19 000	27 000	78 600
财产税	6 000	6 000	6 000	6 000	24 000
小计	250 500	265 500	250 000	258 000	1 024 000
合计	318 750	366 250	378 700	376 300	1 440 000
减：折旧	100 000	100 000	100 000	100 000	400 000
现金支出	218 750	266 250	278 700	276 300	1 040 000

为了便于以后编制产品成本预算，需要计算小时费用率。

变动制造费用小时费用率 ＝ 416 000 ÷ 64 000 ＝ 6.5（元/小时）

固定制造费用小时费用率 ＝ 1 024 000 ÷ 64 000 ＝ 16（元/小时）

为了便于以后编制资金预算，需要预计现金支出。制造费用中，除折旧费外都需支付现金，所以，根据每个季度制造费用数额扣除折旧费后，即可得出"现金支出"的数额。

（六）产品成本预算

产品成本预算，是销售预算、生产预算、直接材料预算、直接人工预算、制造费用预算的汇总。其主要内容是产品的单位成本和总成本。单位产品成本的有关数据，来自直接材料预算、直接人工预算和制造费用预算。生产量、期末存货量来自生产预算，销售量来自销售预算。生产成本、存货成本和销货成本等数据，根据单位成本和有关数据计算得出。表3－10是M公司本年的产品成本预算。

表3-10   产品成本预算

项目	单位成本			生产成本（元）	期末存货（元）	销货成本（元）
	单价（元/千克或小时）	单耗（千克或小时）	成本（元）	6 400 件	200 件	6 300 件
直接材料	80	10	800	5 120 000	160 000	5 040 000
直接人工	60	10	600	3 840 000	120 000	3 780 000
变动制造费用	6.5	10	65	416 000	13 000	409 500
固定制造费用	16	10	160	1 024 000	32 000	1 008 000
合计			1 625	10 400 000	325 000	10 237 500

（七）销售及管理费用预算

销售费用预算是指为了实现销售预算所需支付的费用预算。它以销售预算为基础，根据费用计划编制。编制该预算时要求分析销售收入、销售利润和销售费用的关系，力求实现销售费用的最有效使用。在安排销售费用时，要利用本量利分析方法，费用的支出应能获取更多的收益。在草拟销售费用预算时，要对过去的销售费用进行分析，考察过去销售费用支出的必要性和效果。销售费用预算应和销售预算相配合，应按品种、按地区、按用途的具体预算数额列示。

管理费用是搞好一般管理业务所必需的费用。随着企业规模的扩大，一般管理职能日益重要，其费用也相应增加。在编制管理费用预算时，要分析企业的业务成绩和一般经济状况，务必做到费用合理化。管理费用多属于固定成本，所以，一般是以过去的实际开支为基础，按预算期的可预见变化来调整。重要的是，必须充分考察每种费用是否必要，以便提高费用使用效率。表3-11是M公司本年的销售及管理费用预算。

表3-11   销售及管理费用预算   单位：元

项目	金额
销售费用：	
销售人员工资	300 000
广告费	550 000
包装费、运输费	300 000
保管费	270 000
折旧	100 000
管理费用：	
管理人员薪金	400 000
福利费	80 000
保险费	60 000

项目	金额
办公费	140 000
折旧	150 000
合计	2 350 000
减：折旧	250 000
每季度支付现金	525 000

二、专门决策预算的编制

专门决策预算主要是长期投资预算（又称资本支出预算），通常是指与项目投资决策相关的专门预算，它往往涉及长期建设项目的资金投放与筹集，并经常跨越多个年度。编制专门决策预算的依据，是项目财务可行性分析资料以及企业筹资决策资料。

专门决策预算的要点是准确反映项目资金投资支出与筹资计划，它同时也是编制资金预算和预计资产负债表的依据。表 3-12 是 M 公司本年的专门决策预算。

表 3-12   专门决策预算   单位：元

项目	第一季度	第二季度	第三季度	第四季度	全年
投资支出预算	5 000 000			7 000 000	12 000 000
借入长期借款	3 000 000			7 000 000	10 000 000

三、财务预算的编制

（一）资金预算

资金预算是以经营预算和专门决策预算为依据编制的，专门反映预算期内预计现金收入与现金支出，以及为满足理想现金余额而进行筹资或归还借款等的预算。资金预算由可供使用现金、现金支出、现金余缺、现金筹措与运用四部分构成。M 公司本年的资金预算如表 3-13 所示。

表 3-13   资金预算   单位：元

项目	第一季度	第二季度	第三季度	第四季度	全年
期初现金余额	800 000	319 750	302 600	306 300	800 000
加：现金收入（表 3-5）	2 300 000	3 640 000	5 040 000	5 264 000	16 244 000
可供使用现金	3 100 000	3 959 750	5 342 600	5 570 300	17 044 000
减：现金支出					

项目	第一季度	第二季度	第三季度	第四季度	全年
直接材料（表3-7）	659 000	1 078 400	1 433 600	1 521 600	4 692 600
直接人工（表3-8）	630 000	930 000	1 188 000	1 092 000	3 840 000
制造费用（表3-9）	218 750	266 250	278 700	276 300	1 040 000
销售及管理费用（表3-11）	525 000	525 000	525 000	525 000	2 100 000
所得税费用	150 000	100 000	230 000	220 000	700 000
投资支出（表3-12）	5 000 000			7 000 000	12 000 000
股利				950 000	950 000
现金支出合计	7 182 750	2 899 650	3 655 300	11 584 900	25 322 600
现金余缺	-4 082 750	1 060 100	1 687 300	-6 014 600	-8 278 600
现金筹措与运用：					
借入长期借款（表3-12）	3 000 000			7 000 000	10 000 000
取得短期借款	1 900 000				1 900 000
归还短期借款		260 000	890 000		1 150 000
短期借款利息（年利10%）	47 500	47 500	41 000	18 750	154 750
长期借款利息（年利12%）	450 000	450 000	450 000	660 000	2 010 000
期末现金余额	319 750	302 600	306 300	306 650	306 650

表3-13中：

可供使用现金＝期初现金余额＋现金收入

可供使用现金－现金支出＝现金余缺

现金余缺＋现金筹措－现金运用＝期末现金余额

其中："期初现金余额"是在编制预算时预计的，下一季度的期初现金余额等于上一季度的期末现金余额，全年的期初现金余额指的是年初的现金余额，所以等于第一季度的期初现金余额，在本题中为已知条件。

"现金收入"的主要来源是销货取得的现金收入，销货取得的现金收入数据来自销售预算。

"现金支出"部分包括预算期的各项现金支出。"直接材料""直接人工""制造费用""销售及管理费用""购买设备"的数据分别来自前述有关预算。此外，还包括所得税费用、股利分配等现金支出，有关的数据分别来自另行编制的专门预算（本教材略）。

财务管理部门应根据现金余缺与理想期末现金余额的比较，并结合固定的利息支出数额以及其他的因素，来确定预算期现金运用或筹措的数额。本例中理想的现金余额是300 000元，如果资金不足，可以取得短期借款，银行的要求是，借款额必须是100 000元的整数倍。本例中借款利息按季度支付，作资金预算时假设新增借款发生在季度的期初，归还借款发生在季度的期末（如果需要归还借款，先归还短期借款，归还的数额为 10 000 元的整数倍）。本例中，M 公司上年年末的长期借款余额为 12 000 000 元（见表 3–15），所以，第一季度、第二季度、第三季度的长期借款利息均为（12 000 000 + 3 000 000）× 12% /4 = 450 000（元），第四季度的长期借款利息 =（12 000 000 + 3 000 000 + 7 000 000）× 12% /4 = 660 000（元）。

由于第一季度的长期借款利息支出为 450 000 元，理想的现金余额是 300 000 元，所以，现金余缺 + 借入长期借款（3 000 000 元）的结果只要小于 750 000 元，就必须取得短期借款，而第一季度的现金余缺是 –4 082 750 元，所以，需要取得短期借款。本例中 M 公司上年年末不存在短期借款，假设第一季度需要取得的短期借款为 W 元，则根据理想的期末现金余额要求可知：–4 082 750 + 3 000 000 + W – W × 10% /4 – 450 000 = 300 000（元），解得：W = 1 879 743.6 元。由于按照要求短期借款必须是 100 000 元的整数倍，所以，第一季度需要取得 1 900 000 元的短期借款，支付 47 500 元（1 900 000 × 10% /4）短期借款利息，期末现金余额 = –4 082 750 + 3 000 000 + 1 900 000 – 47 500 – 450 000 = 319 750（元）。

第二季度的现金余缺是 1 060 100 元，还需要支付 47 500 元的短期借款利息和 450 000 元的长期借款利息，期末现金余额为 562 600 元（1 060 100 – 47 500 – 450 000）。如果归还借款，必须保证期末理想的现金余额是 300 000 元，且还款额必须是 10 000 元的整数倍，所以，本期可以还款 260 000 元。期末现金余额为 302 600 元（562 600 – 260 000）。

第三季度的现金余缺是 1 687 300 元，利息支出为 491 000 元［（1 900 000 – 260 000）× 10% /4 + 450 000］。所以，按照理想的现金余额是 300 000 元的要求，最多可以归还短期借款 1 687 300 – 491 000 – 300 000 = 896 300（元）。由于必须是 10 000 元的整数倍，所以，可以归还短期借款 890 000 元，期末现金余额 = 1 687 300 – 491 000 – 890 000 = 306 300（元）。

第四季度的现金余缺是 –6 014 600 元，利息支出为 678 750 元［（1 900 000 – 260 000 – 890 000）× 10% /4 +（450 000 + 7 000 000 × 12% /4）］，第四季度的现金余缺 + 借入的长期借款 = –6 014 600 + 7 000 000 = 985 400（元），大于 978 750 元（固定的利息支出 678 750 + 理想的现金余额 300 000），所以，不需要取得短期借款。期末现金余额为 306 650 元（–6 014 600 + 7 000 000 – 678 750）。

全年的期末现金余额指的是年末的现金余额，即第四季度末的现金余额，所以，应该是 306 650 元。

（二）预计利润表的编制

预计利润表用来综合反映企业在计划期的预计经营成果，是企业最主要的财务预算表之一。通过编制预计利润表，可以了解企业预期的盈利水平。如果预算利润与最初编制方针中的目标利润有较大差距，就需要调整部门预算，设法达到目标，或者经企业领导同意后修改目标利润。编制预计利润表的依据是各经营预算、专门决策预算和资金预算。表 3–14 是 M 公司本年的预计利润表，它是根据上述各有关预算编制的。

表3-14　　　　　　　　　　　　　**预计利润表**　　　　　　　　　　　　　　单位：元

项目	金额
销售收入（表3-5）	17 640 000
销售成本（表3-10）	10 237 500
毛利	7 402 500
销售及管理费用（表3-11）	2 350 000
利息（表3-13）	2 164 750
利润总额	2 887 750
所得税费用（估计）	700 000
净利润	2 187 750

其中："销售收入"项目的数据来自销售预算；

"销售成本"项目的数据来自产品成本预算；

"毛利"项目的数据是前两项的差额；

"销售及管理费用"项目的数据来自销售及管理费用预算；

"利息"项目的数据来自资金预算。

另外，"所得税费用"项目是在利润规划时估计的，并已列入资金预算。它通常不是根据"利润总额"和所得税税率计算出来的，因为有诸多纳税调整的事项存在。此外，从预算编制程序上看，如果根据"利润总额"和税率重新计算所得税，就需要修改"资金预算"，引起信贷计划修订，进而改变"利息"，最终又要修改"利润总额"，从而陷入数据的循环修改。

（三）预计资产负债表的编制

预计资产负债表用来反映企业在计划期期末预计的财务状况。编制预计资产负债表的目的，在于判断预算反映的财务状况的稳定性和流动性。如果通过预计资产负债表的分析，发现某些财务比率不佳，必要时可修改有关预算，以改善财务状况。预计资产负债表的编制需以计划期开始日的资产负债表为基础，结合计划期间各项经营预算、专门决策预算、资金预算和预计利润表进行编制。它是编制全面预算的终点。表3-15是M公司本年的预计资产负债表。

表3-15　　　　　　　　　　　　　**预计资产负债表**　　　　　　　　　　　　　单位：元

资产	年初余额	年末余额	负债和股东权益	年初余额	年末余额
流动资产：			流动负债：		
货币资金（表3-13）	800 000	306 650	短期借款	0	750 000
应收账款（表3-5）	620 000	2 016 000	应付账款（表3-7）	235 000	742 400
存货（表3-7、表3-10）	402 500	645 000	流动负债合计	235 000	1 492 400

资产	年初余额	年末余额	负债和股东权益	年初余额	年末余额
流动资产合计	1 822 500	2 967 650	非流动负债：		
非流动资产：			长期借款	12 000 000	22 000 000
固定资产	4 000 000	3 350 000	非流动负债合计	12 000 000	22 000 000
在建工程	10 000 000	22 000 000	负债合计	12 235 000	23 492 400
非流动资产合计	14 000 000	25 350 000	股东权益：		
			股本	2 000 000	2 000 000
			资本公积	500 000	500 000
			盈余公积	750 000	968 775
			未分配利润	337 500	1 356 475
			股东权益合计	3 587 500	4 825 250
资产总计	15 822 500	28 317 650	负债和股东权益总计	15 822 500	28 317 650

其中："货币资金"的数据来源于表 3 – 13 中的"现金"的年初和年末余额。

"应收账款"的年初余额 620 000 元来源于表 3 – 5 的"上年应收账款"，年末余额 2 016 000 元 [5 040 000 – 3 024 000 或 5 040 000 × (1 – 60%)]。

"存货"包括直接材料和产成品，直接材料年初余额 = 3 000 × 80 = 240 000（元），年末余额 = 4 000 × 80 = 320 000（元）；产成品成本年初余额 = (200 + 6 300 – 6 400) × 1 625 = 162 500（元），年末余额 = 200 × 1 625 = 325 000（元）；存货年初余额 = 240 000 + 162 500 = 402 500（元），年末余额 = 320 000 + 325 000 = 645 000（元）。

"固定资产"的年末余额 3 350 000 元（4 000 000 – 650 000），其中的 650 000 元（400 000 + 100 000 + 150 000）指的是本年计提的折旧，数据来源于表 3 – 9 和表 3 – 11。

"在建工程"的年末余额 22 000 000 元（10 000 000 + 12 000 000），本年的增加额 1 200 000 元来源于表 3 – 12（项目本年未完工）。

"固定资产""在建工程"的年初余额来源于 M 公司上年年末的资产负债表（略）。

"短期借款"本年的增加额 750 000 元（1 900 000 – 260 000 – 890 000），来源于表 3 – 13。

"应付账款"的年初余额 235 000 元来源于表 3 – 7 的"上年应付账款"，年末余额 742 400 元 [1 484 800 – 742 400 或 1 484 800 × (1 – 50%)]。

"长期借款"本年的增加额 10 000 000 元来源于表 3 – 12；"短期借款""长期借款"的年初余额来源于 M 公司上年年末的资产负债表。

"未分配利润"本年的增加额 1 018 975 元 = 本年的净利润 2 187 750 元（见表 3 – 14）– 本年的股利 950 000 元（见表 3 – 13）– 本年计提的法定盈余公积 218 775 元；股东权益各项目的期初余额均来源于 M 公司上年年末的资产负债表。各项预算中都没有涉及股本和资本公积的变动，所以，股本和资本公积的余额不变。M 公司没有计提任意盈余公积，计提的法定盈余公积 = 2 187 750 × 10% = 218 775（元），所以，盈余公积的年末余额 = 750 000 + 218 775 = 968 775（元）。

第四节　预算的执行与考核

预算编制完成后，应按照相关法律法规及企业章程的规定报经企业预算管理决策机构审议批准，以正式文件形式下达执行。预算审批包括预算内审批、超预算审批、预算外审批等。预算内审批事项应简化流程，提高效率；超预算审批事项应执行额外的审批流程；预算外审批事项应严格控制，防范风险。

一、预算的执行

企业预算一经批复下达，各预算执行单位就必须认真组织实施，将预算指标层层分解，从横向到纵向落实到内部各部门、各单位、各环节和各岗位，形成全方位的预算执行责任体系。

预算执行一般按照预算控制、预算调整等程序进行。

（一）预算控制

预算控制，是指企业以预算为标准，通过预算分解、过程监督、差异分析等促使日常经营不偏离预算标准的管理活动。

企业应建立预算授权控制制度，强化预算责任，严格预算控制。企业应建立预算执行的监督、分析制度，提高预算管理对业务的控制能力。企业应将预算目标层层分解至各预算责任中心。预算分解应按各责任中心权、责、利相匹配的原则进行，既公平合理，又有利于企业实现预算目标。

企业应当将预算作为预算期内组织、协调各项经营活动的基本依据，将年度预算细分为月份和季度预算，以便分期实施预算控制，确保年度预算目标的实现。

企业应当强化现金流量的预算管理，按时组织预算资金的收入，严格控制预算资金的支付，调节资金收付平衡，控制支付风险。

对于预算内的资金拨付，按照授权审批程序执行；对于预算外的项目支出，应当按预算管理制度规范支付程序；对于无合同、无凭证、无手续的项目支出，不予支付。

对于预算编制、执行和考评过程中的风险，企业应当采取一定的防控措施对风险进行有效管理。必要时，可以建立企业内部负责日常预算管理需求的部门，加强员工风险意识，以个人为预算风险审查对象，并形成相应的奖惩机制，通过信息技术和信息管理系统控制预算流程中的风险。

企业应当严格执行销售、生产和成本费用预算，努力完成利润指标。在日常控制中，企业应当健全凭证记录，完善各项管理规章制度，严格执行生产经营月度计划和成本费用的定额、定率标准，加强适时监控。对预算执行中出现的异常情况，企业有关部门应及时查明原因，提出解决办法。

企业应通过信息系统展示、会议、报告、调研等多种途径及形式，及时监督、分析预算执行情况，分析预算执行差异的原因，提出对策建议。

企业财务管理部门应当利用财务报表监控预算的执行情况，及时向预算执行单位、企业预算管理委员会以至董事会或经理办公会提供财务预算的执行进度、执行差异及其对企业预算目标的影响等财务信息，促进企业完成预算目标。

（二）预算调整

年度预算经批准后，原则上不作调整。企业应在制度中严格明确预算调整的条件、主体、权限和程序等事宜，当内外战略环境发生重大变化或突发重大事件等，导致预算编制的基本假设发生重大变化时，可进行预算调整。

企业应当建立内部弹性预算机制，对于不影响预算目标的经营预算、资本支出预算、筹资预算之间的调整，企业可以按照内部授权批准制度执行，鼓励预算执行单位及时采取有效的经营管理对策，保证预算目标的实现。

企业调整预算，应当由预算执行单位逐级向企业预算管理委员会提出书面报告，阐述预算执行的具体情况、客观因素变化情况及其对预算执行造成的影响程度，提出预算指标的调整幅度。

企业财务管理部门应当对预算执行单位的预算调整报告进行审核分析，集中编制企业年度预算调整方案，提交预算管理委员会以至企业董事会或经理办公会审议批准，然后下达执行。

对于预算执行单位提出的预算调整事项，企业进行决策时，一般应当遵循以下要求：

（1）预算调整事项不能偏离企业发展战略。

（2）预算调整方案应当在经济上能够实现最优化。

（3）预算调整重点应当放在预算执行中出现的重要的、非正常的、不符合常规的关键性差异方面。

二、预算的分析与考核

企业应当建立预算分析制度，由预算管理委员会定期召开预算执行分析会议，全面掌握预算的执行情况，研究、解决预算执行中存在的问题，纠正预算的执行偏差。

开展预算执行分析，企业管理部门及各预算执行单位应当充分收集有关财务、业务、市场、技术、政策、法律等方面的信息资料，根据不同情况分别采用比率分析、比较分析、因素分析、平衡分析等方法，从定量与定性两个层面充分反映预算执行单位的现状、发展趋势及其存在的潜力。

针对预算的执行偏差，企业财务管理部门及各预算执行单位应当充分、客观地分析产生的原因，提出相应的解决措施或建议，提交董事会或经理办公会研究决定。

企业预算管理委员会应当定期组织预算审计，纠正预算执行中存在的问题，充分发挥内部审计的监督作用，维护预算管理的严肃性。

预算审计可以采用全面审计或者抽样审计。在特殊情况下，企业也可组织不定期的专项审计。审计工作结束后，企业内部审计机构应当形成审计报告，直接提交预算管理委员会以至董事会或经理办公会，作为预算调整、改进内部经营管理和财务考核的一项重要参考。

预算期终了，预算管理委员会应当向董事会或者经理办公会报告预算执行情况，并依据预算完成情况和预算审计情况对预算执行单位进行考核。

预算考核主要针对定量指标进行考核，是企业绩效考核的重要组成部分。企业应建立健全预算考核制度，并将预算考核结果纳入绩效考核体系，切实做到有奖有惩、奖惩分明。预算考核主体和考核对象的界定应坚持上级考核下级、逐级考核、预算执行与预算考核职务相分离的原则。

企业内部预算执行单位上报的预算执行报告，应经本部门、本单位负责人按照内部议事规范审议通过，作为企业进行财务考核的基本依据。企业预算按调整后的预算执行，预算完成情况以企业年度财务会计报告为准。

预算考核以预算完成情况为考核依据，通过预算执行情况与预算目标的比较，确定差异并查明产生差异的原因，进而据以评价各责任中心的工作业绩，并通过与相应的激励制度挂钩，促进其与预算目标相一致。

本章思考题

1. 企业的预算编制方法有哪些？各编制方法有哪些优缺点？
2. 经营预算包括哪些内容？各类预算如何编制？有何作用？
3. 财务预算包括哪些内容？各类预算如何编制？有何作用？
4. 预算管理的特征和原则是什么？

第四章 筹资管理（上）

本章主要内容

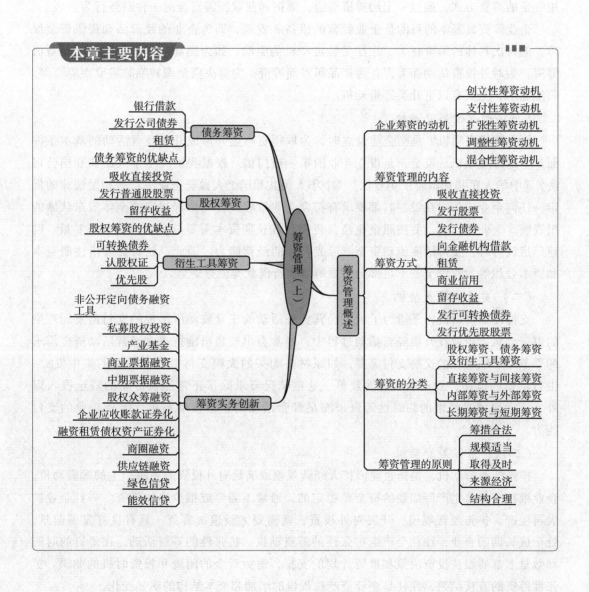

债务筹资
- 银行借款
- 发行公司债券
- 租赁
- 债务筹资的优缺点

股权筹资
- 吸收直接投资
- 发行普通股股票
- 留存收益
- 股权筹资的优缺点

衍生工具筹资
- 可转换债券
- 认股权证
- 优先股

筹资实务创新
- 非公开定向债务融资工具
- 私募股权投资
- 产业基金
- 商业票据融资
- 中期票据融资
- 股权众筹融资
- 企业应收账款证券化
- 融资租赁债权资产证券化
- 商圈融资
- 供应链融资
- 绿色信贷
- 能效信贷

筹资管理（上）

筹资管理概述

企业筹资的动机
- 创立性筹资动机
- 支付性筹资动机
- 扩张性筹资动机
- 调整性筹资动机
- 混合性筹资动机

筹资管理的内容

筹资方式
- 吸收直接投资
- 发行股票
- 发行债券
- 向金融机构借款
- 租赁
- 商业信用
- 留存收益
- 发行可转换债券
- 发行优先股股票

筹资的分类
- 股权筹资、债务筹资及衍生工具筹资
- 直接筹资与间接筹资
- 内部筹资与外部筹资
- 长期筹资与短期筹资

筹资管理的原则
- 筹措合法
- 规模适当
- 取得及时
- 来源经济
- 结构合理

第一节 筹资管理概述

一、企业筹资的动机

企业筹资，是指企业为了满足经营活动、投资活动、资本结构管理和其他需要，运用一定的筹资方式，通过一定的筹资渠道，筹措和获取所需资金的一种财务行为。

企业筹资最基本的目的是企业经营的维持和发展，即为企业的经营活动提供资金保障，但每次具体的筹资行为，往往受特定动机的驱动。如为提高技术水平购置新设备而筹资；为对外投资活动而筹资；为产品研发而筹资；为解决资金周转临时需要而筹资等。归纳起来，主要有以下几类筹资动机。

（一）创立性筹资动机

创立性筹资动机，是指企业设立时，为取得资本金并形成开展经营活动的基本条件而产生的筹资动机。资金，是设立企业的第一道门槛。根据我国《中华人民共和国公司法》《中华人民共和国合伙企业法》《中华人民共和国个人独资企业法》等相关法律的规定，任何企业或公司在设立时都要求有符合企业章程或公司章程规定的全体股东认缴的出资额。企业创建时，要按照企业经营规模预计长期资本需要量和流动资金需要量、购建厂房设备等，安排铺底流动资金，形成企业的经营能力。因此，就需要筹措注册资本和资本公积等股权资金，不足部分需要筹集银行借款等债务资金。

（二）支付性筹资动机

支付性筹资动机，是指为了满足经营业务活动的正常波动所形成的支付需要而产生的筹资动机。企业在开展经营活动过程中，经常会出现超出维持正常经营活动资金需求的季节性、临时性的交易支付需要，如原材料购买的大额支付、员工工资的集中发放、银行借款的偿还、股东股利的发放等。这些情况要求除了正常经营活动的资金投入以外，还需要通过经常的临时性筹资来满足经营活动的正常波动需求，维持企业的支付能力。

（三）扩张性筹资动机

扩张性筹资动机，是指企业因扩大经营规模或满足对外投资需要而产生的筹资动机。企业维持简单再生产所需要的资金是稳定的，通常不需要或很少追加筹资。一旦企业扩大再生产，扩张经营规模、开展对外投资，就需要大量追加筹资。具有良好发展前景、处于成长期的企业，往往会产生扩张性的筹资动机。扩张性的筹资活动，在筹资的时间和数量上都要服从投资决策和投资计划的安排，避免资金的闲置和投资时机的贻误。扩张性筹资的直接结果，往往是企业资产总规模的增加和资本结构的明显变化。

（四）调整性筹资动机

调整性筹资动机，是指企业因调整资本结构而产生的筹资动机。资本结构调整的目的在于降低资本成本，控制财务风险，提升企业价值。企业产生调整性筹资动机的具体原因大致有两方面：一方面是优化资本结构，合理利用财务杠杆效应。企业现有资本结构不尽合理的原因有：债务资本比例过高，有较大的财务风险；股权资本比例较大，企业的资本成本负担较重。可以通过筹资增加股权或债务资金，达到调整、优化资本结构的目的。另一方面是偿还到期债务，进行债务结构内部调整。如流动负债比例过大，使得企业近期偿还债务的压力较大，可以举借长期债务来偿还部分短期债务；一些债务即将到期，企业虽然有足够的偿债能力，但为了保持现有的资本结构，可以举借新债以偿还旧债。调整性筹资的目的在于调整资本结构，而不是为企业经营活动追加资金，这类筹资通常不会增加企业的资本总额。

（五）混合性筹资动机

混合性筹资动机，是指通过追加筹资，既满足了经营活动、投资活动的资金需要，又达到了调整资本结构目的的筹资动机。如企业对外产权投资需要大额资金，其资金来源通过增加长期贷款或发行公司债券解决，这种情况既扩张了企业规模，又使得企业的资本结构有较大的变化。混合性筹资动机一般是基于企业规模扩张和调整资本结构两种目的，兼具扩张性筹资动机和调整性筹资动机的特性，同时增加了企业的资产总额和资本总额，也导致企业的资产结构和资本结构同时变化。

二、筹资管理的内容

筹资是企业资金流转运动的起点，筹资管理要求解决企业为什么要筹资、需要筹集多少资金、从什么渠道筹集、以什么方式筹集，以及如何协调财务风险和资本成本、合理安排资本结构等问题。

（一）科学预计资金需要量

资金是企业的血液，是企业设立、生存和发展的财务保障，是企业开展生产经营业务活动的基本前提。任何一个企业，为了形成生产经营能力、保证生产经营正常运行，必须持有一定数量的资金。在正常情况下，企业资金的需求来源于两个基本目的：一是满足经营运转的资金需要；二是满足投资发展的资金需要。企业创立时，要按照规划的生产经营规模，预计长期资本需要量和流动资金需要量；企业正常营运时，要根据年度经营计划和资金周转水平，预计维持日常营业活动的资金需求量；企业扩张发展时，要根据扩张规模或对外投资的大额资金需求，安排专项资金。

（二）合理安排筹资渠道、选择筹资方式

有了资金需求后，企业要解决的问题是资金从哪里来并以什么方式取得，这就是筹资渠道的安排和筹资方式的选择问题。

筹资渠道，是指企业筹集资金的来源方向与通道。一般来说，企业最基本的筹资渠道有两条：直接筹资和间接筹资。直接筹资，是企业通过与投资者签订协议或发行股票、债券等方式直接从社会取得资金；间接筹资，是企业通过银行等金融机构以信贷关系间接从社会取得资金。具体来说，企业的筹资渠道主要有：国家财政投资和财政补贴、银行与非银行金融机构信贷、资本市场筹集、其他法人单位与自然人投入、企业自身积累等。

对于上述渠道的资金，企业可以通过不同的筹资方式来取得。总体来说，企业筹资是从企业外部和内部取得的，外部筹资是指从企业外部筹措资金，内部筹资主要依靠企业的利润留存积累。外部筹资主要有两种方式：股权筹资和债务筹资。股权筹资，指企业通过吸收直接投资、发行股票等方式从股东投资者那里取得资金；债务筹资，指企业通过向银行借款、发行债券、利用商业信用、租赁等方式从债权人那里取得资金。

安排筹资渠道和选择筹资方式是一项重要的财务工作，直接关系到企业所能筹措资金的数量、成本和风险，因此，需要深刻认识各种筹资渠道和筹资方式的特征、性质以及与企业筹资要求的适应性。在权衡不同性质资金的数量、成本和风险的基础上，按照不同的筹资渠道合理选择筹资方式，有效筹集资金。

（三）降低资本成本、控制财务风险

资本成本是企业筹集和使用资金所付出的代价，包括筹资费用和用资费用。在资金筹集过程中，要发生股票发行费、借款手续费、公证费、律师费等费用，这些属于筹资费用。在企业生产经营和对外投资活动中，要发生利息支出、股利支出、租赁的资金利息等费用，这些属于用资费用。

按不同方式取得的资金，其资本成本是不同的。一般来说，债务资金比股权资金的资本成本要低，而且其资本成本在签订债务合同时就已确定，与企业的经营业绩和盈亏状况无关。即使同是债务资金，由于借款、债券和租赁的性质不同，其资本成本也有差异。企业筹资的资本成本，需要通过资金使用所取得的收益与报酬来补偿，资本成本的高低决定了企业资金使用的最低投资收益率要求。因此，企业在筹资管理中，要权衡债务清偿的财务风险，合理利用资本成本较低的资金种类，努力降低企业资本成本率。

尽管债务资金的资本成本较低，但由于债务资金有固定的合同还款期限，到期必须偿还，故企业承担的财务风险比股权资金要大一些。财务风险，是指企业无法足额偿付到期债务的本金和利息的风险，主要表现为偿债风险。如果无力清偿债权人的债务，可能会导致企业破产。企业筹集资金在降低资本成本的同时，要充分考虑财务风险，防范引发企业破产的财务危机。

三、企业筹资方式

筹资方式，是指企业筹集资金所采取的具体形式，它受到法律环境、经济体制、融资市场等筹资环境的制约，特别是受国家对金融市场和融资行为方面的法律法规制约。

一般来说，企业最基本的筹资方式有两种：股权筹资和债务筹资。股权筹资通过吸收直接投资、发行股票等方式取得，形成企业的股权资金；债务筹资通过向银行借款、发行公司债券、利用商业信用等方式取得，形成企业的债务资金。发行可转换债券、发行优先股股票筹集资金的方式，属于兼有股权筹资和债务筹资性质的混合筹资方式。

（一）吸收直接投资

吸收直接投资，是指企业以投资合同、协议等形式定向地吸收国家、法人单位、自然人等投资主体资金的筹资方式。这种筹资方式不以股票作为融资工具的载体，而是通过签订投资合同或投资协议规定双方的权利和义务，主要适用于非股份制公司筹集股权资本。吸收直接投资，是一种股权筹资方式。

（二）发行股票

发行股票，是指企业以发售股票的方式取得资金的筹资方式。股票是股份有限公司发行的，表明股东按其持有的股份享有权益和承担义务的可转让的书面投资凭证。股票的发售对象可以是社会公众，也可以是定向的特定投资主体。只有股份有限公司才能发行股票，故这种筹资方式只适用于股份有限公司，而且必须以股票作为载体。发行股票，是一种股权筹资方式。

（三）发行债券

发行债券，是指企业以发售公司债券的方式取得资金的筹资方式。按照中国证监会颁布的《公司债券发行与交易管理办法》，公司债券，是指公司依照法定程序发行、约定在一定期限还本付息的有价证券。发行债券，是一种债务筹资方式。

（四）向金融机构借款

向金融机构借款，是指企业根据借款合同从银行或非银行金融机构取得资金的筹资方式。这种筹资方式广泛适用于各类企业，它既可以筹集长期资金，也可以用于短期融通资金，具有灵活、方便的特点。向金融机构借款，是一种债务筹资方式。

（五）租赁

租赁，是指在一定期间内，出租人将资产的使用权让与承租人以获取对价的合同。从承租方角度，租赁是指企业与出租人签订租赁合同，取得租赁物资产，通过对租赁物的占有、使用取得资金的筹资方式。租赁方式不直接取得货币性资金，通过租赁信用关系，直接取得实物资产，快速形成生产经营能力，然后通过向出租人分期交付租金方式偿还资产的价款。租赁，是一种债务筹资方式。

（六）商业信用

商业信用，是指企业之间在商品或劳务交易中，由于延期付款或延期交货所形成的借贷信用关系。商业信用是由于业务供销活动而形成的，它是企业短期资金的一种重要的且经常性的来源。商业信用，是一种债务筹资方式。

（七）留存收益

留存收益，是指企业从税后利润中提取的盈余公积金以及从企业可供分配利润中留存的未分配利润。留存收益，是企业将当年利润转化为股东对企业追加投资的过程，是一种股权筹资方式。

（八）发行可转换债券

可转换债券，是指由发行公司发行并规定债券持有人在一定期间内依据约定条件可将其转换为发行公司股票的债券。发行可转换债券，是指企业以发售可转换债券的方式取得资金的筹资方式。《上市公司证券发行管理办法》规定，可转换债券的期限最短为 1 年，最长为 6 年，自发行结束之日起 6 个月方可转换为公司股票。发行可转换债券兼有股权筹资和债务筹资性质，是一种混合筹资方式。

（九）发行优先股股票

优先股股票，是指有优先权的股票，优先股股东优先于普通股股东分配公司利润和剩余财产，但对公司事务无表决权。发行优先股股票，是指企业以发售优先股股票的方式取得资金的筹资方式。优先股的股息率通常事先固定，一般按面值的一定百分比来计算，有类似债券的特征。发行优先股股票筹资兼有股权筹资和债务筹资性质，是一种混合筹资方式。

四、企业筹资的分类

企业采用不同方式所筹集的资金，按照不同的分类标准可分为不同的筹资类别。

（一）股权筹资、债务筹资及衍生工具筹资

按企业所取得资金的权益特性不同，企业筹资分为股权筹资、债务筹资及衍生工具筹资 3 类；股权筹资和债务筹资分别形成股权资本、债务资本。

股权资本，是股东投入的、企业依法长期拥有的、能够自主调配运用的资本。股权资本在企业持续经营期间，投资者不得抽回，因而也称为企业的自有资本、主权资本或权益资本。股权资本是企业从事生产经营活动和偿还债务的基本保证，是反映企业基本资信状况的一个主要指标。企业的股权资本通过吸收直接投资、发行股票、内部积累等方式取得。股权资本一般不用偿还本金，形成企业的永久性资本，因而财务风险小，但付出的资本成本相对较高。

股权资本，包括实收资本（股本）、资本公积、盈余公积和未分配利润。其中：实收资本（股本）和其溢价部分形成的资本公积，来自外部投资者原始投入；盈余公积、未分配利润和部分资本公积，是原始投入资本在企业持续经营中形成的经营积累。通常，盈余公积、未分配利润共称为留存收益。股权资本在经济意义上形成了企业的所有者权益。所有者权益是指投资者在企业资产中享有的经济利益，其金额等于企业资产总额减去负债后的余额。

债务资本，是企业按合同向债权人取得的，在规定期限内需要清偿的债务。企业通过债务筹资形成债务资金，债务资金通过向金融机构借款、发行债券、租赁等方式取得。由于债务资金到期要归还本金和支付利息，债权人对企业的经营状况不承担责任，因而债务资金具有较大的财务风险，但付出的资本成本相对较低。从经济意义上来说，债务资金是债权人对企业的一种投资，债权人依法享有企业使用债务资金所取得的经济利益，因而债务资金形成了企业的债权人权益。

永续债，是一种没有明确到期日或者期限非常长，投资者不能在一个确定的时间点得到本金，但是可以定期获取利息的债券。永续债与普通债券的主要区别在于：第一，不设定债券的到期日；第二，票面利率较高，永续债的利率一般远远高于同期国债收益率；第三，大多数永续债的附加条款中包括赎回条款以及利率调整条款。永续债实质是一种介于债权和股权之间的融资工具。永续债是分类为权益工具还是金融负债，应把"是否能无条件避免交付现金或其他金融资产的合同义务"作为判断永续债分类的关键，发行人能够无条件地避免交付现金或者其他金融资产合同义务情况发生的永续债属于权益工具，结合永续债募集说明书条款，按照经济实质重于法律形式原则判断。目前，国内已发行的永续债债券类型主要有可续期企业债、可续期定向融资工具、可续期公司债、永续中期票据等。

衍生工具筹资，包括兼具股权与债务筹资性质的混合筹资和其他衍生工具筹资。我国上市公司目前最常见的混合筹资方式有可转换债券筹资和优先股筹资，最常见的其他衍生工具筹资方式是认股权证筹资。

（二）直接筹资与间接筹资

按是否借助于金融机构为媒介来获取社会资金，企业筹资分为直接筹资和间接筹资两种类型。

直接筹资是企业直接与资金供应者协商融通资金的筹资活动，不需要通过金融机构来筹措资金，属于企业直接从社会取得资金的方式。直接筹资方式主要有发行股票、发行债券、吸收直接投资等。直接筹资方式既可以筹集股权资金，也可以筹集债务资金。相对来说，直接筹资的筹资手续比较复杂，筹资费用较高；但筹资领域广阔，能够直接利用社会资金，有利于提高企业的知名度和资信度。

间接筹资是企业借助银行和非银行金融机构而筹集资金。在间接筹资方式下，银行等金融机构发挥中介作用，预先集聚资金，然后提供给企业。间接筹资的基本方式是银行借款，此外还有租赁等方式。间接筹资主要形成债务资金，用于满足企业资金周转的需要。间接筹资手续相对比较简便，筹资效率高，筹资费用较低，但容易受金融政策的制约和影响。

（三）内部筹资与外部筹资

按资金的来源范围不同，企业筹资分为内部筹资和外部筹资两种类型。

内部筹资是指企业通过利润留存而形成的筹资来源。内部筹资数额大小主要取决于企业可分配利润的多少和利润分配政策，一般无须花费筹资费用。

外部筹资是指企业向外部筹措资金而形成的筹资来源。处于初创期的企业，内部筹资的可能性是有限的；处于成长期的企业，内部筹资往往难以满足需要，这就需要企业广泛地开展外部筹资，如发行股票、债券，取得商业信用、银行借款等。企业向外部筹资大多需要花费一定的筹资费用。

（四）长期筹资与短期筹资

按所筹集资金的使用期限不同，企业筹资分为长期筹资和短期筹资两种类型。

长期筹资是指企业筹集使用期限在1年以上的资金。长期筹资的目的主要在于形成和更新企业的生产和经营能力，或扩大企业生产经营规模，或为对外投资筹集资金。长期筹资通常采取吸收直接投资、发行股票、发行债券、长期借款、租赁等方式，所形成的长期资金主要用于购建固定资产、形成无形资产、进行对外长期投资、垫支铺底流动资金、产品和技术研发等。从资金权益性质来看，长期资金可以是股权资金，也可以是债务资金。

短期筹资是指企业筹集使用期限在 1 年以内的资金。短期资金主要用于企业的流动资产和资金日常周转，一般需要在短期内偿还。短期筹资经常通过商业信用、短期借款、保理业务等方式来筹集。

五、筹资管理的原则

企业筹资管理的基本要求，是在严格遵守国家法律法规的基础上，分析影响筹资的各种因素，权衡资金的性质、数量、成本和风险，合理选择筹资方式，提高筹资效果。

（一）筹措合法

筹措合法原则是指企业筹资要遵循国家法律法规，合法筹措资金。不论是直接筹资还是间接筹资，企业最终都通过筹资行为向社会获取了资金。企业的筹资活动不仅为自身的生产经营提供了资金来源，也会影响投资者的经济利益，影响着社会经济秩序。企业必须遵循国家的相关法律法规，依法履行法律法规和投资合同约定的责任，合法合规筹资，依法披露信息，维护各方的合法权益。

（二）规模适当

规模适当原则是指要根据生产经营及其发展的需要，合理安排资金需求。企业筹集资金，要合理预计资金需要量。筹资规模与资金需要量应当匹配一致，既要避免因筹资不足，影响生产经营的正常进行；又要防止筹资过多，造成资金闲置。

（三）取得及时

取得及时原则是指要合理安排筹资时间，适时取得资金。企业筹集资金，需要合理预测确定资金需要的时间。要根据资金需求的具体情况，合理安排资金的筹集到位时间，使筹资与用资在时间上相衔接。既避免过早筹集资金形成的资金投放前的闲置，又防止取得资金的时间滞后，错过资金投放的最佳时间。

（四）来源经济

来源经济原则是指要充分利用各种筹资渠道，选择经济、可行的资金来源。企业所筹集的资金都要付出资本成本的代价，进而给企业的资金使用提出了最低收益要求。不同筹资渠道和方式所取得的资金，其资本成本各有差异。企业应当在考虑筹资难易程度的基础上，针对不同来源资金的成本，认真选择筹资渠道，并选择经济、可行的筹资方式，力求降低筹资成本。

（五）结构合理

结构合理原则是指筹资管理要综合考虑各种筹资方式，优化资本结构。企业筹资要综合考虑股权资本与债务资本的关系、长期资本与短期资本的关系、内部筹资与外部筹资的关系，合理安排资本结构，保持适当偿债能力，防范企业财务危机。

第二节　债务筹资

债务筹资形成企业的债务资金，债务资金是企业通过银行借款、向社会发行公司债券、租赁等方式筹集和取得的资金。银行借款、发行债券和租赁，是债务筹资的三种基本形式。商业信用也是一种债务资金，但它是企业间的商品或劳务交易形成的，故在第七章营运资金管理中予以介绍。

一、银行借款

银行借款是指企业向银行或其他非银行金融机构借入的、需要还本付息的款项，包括偿还期限超过 1 年的长期借款和不足 1 年的短期借款，主要用于企业购建固定资产和满足流动资金周转的需要。

（一）银行借款的种类

1. 按提供贷款的机构，分为政策性银行贷款、商业银行贷款和其他金融机构贷款。

政策性银行贷款是指执行国家政策性贷款业务的银行向企业发放的贷款，通常为长期贷款。如国家开发银行贷款，主要满足企业承建国家重点建设项目的资金需要；中国进出口信贷银行贷款，主要为大型设备的进出口提供买方信贷或卖方信贷；中国农业发展银行贷款，主要用于确保国家对粮、棉、油等政策性收购资金的供应。

商业银行贷款是指由各商业银行，如中国工商银行、中国建设银行、中国农业银行、中国银行等向企业提供的贷款，用以满足企业生产经营的资金需要，包括短期贷款和长期贷款。

其他金融机构贷款，如从信托投资公司取得实物或货币形式的信托投资贷款，从财务公司取得的各种中长期贷款，从保险公司取得的贷款等。其他金融机构贷款一般较商业银行贷款的期限要长，要求的利率较高，对借款企业的信用要求和担保的选择比较严格。

2. 按机构对贷款有无担保要求，分为信用贷款和担保贷款。

信用贷款是指以借款人的信誉或保证人的信用为依据而获得的贷款。企业取得这种贷款，无须以财产做抵押。对于这种贷款，由于风险较高，银行通常要收取较高的利息，往往还附加一定的限制条件。

担保贷款是指由借款人或第三方依法提供担保而获得的贷款。担保包括保证责任、财产抵押、财产质押，由此，担保贷款包括保证贷款、抵押贷款和质押贷款三种基本类型。

保证贷款是指以第三方作为保证人承诺在借款人不能偿还借款时，按约定承担一定保证责任或连带责任而取得的贷款。

抵押贷款是指以借款人或第三方的财产作为抵押物而取得的贷款。抵押是指债务人或第三方并不转移对财产的占有，只将该财产作为对债权人的担保。债务人不能履行债务时，债权人有权将该财产折价或者以拍卖、变卖的价款优先受偿。作为贷款担保的抵押品,可以是不动产、机器设备、交通运输工具等实物资产,可以是依法有权处分的土地使用权,也可以是股票、债券等有价证券等,它们必须是能够变现的资产。如果贷款到期,借款企业不能或不愿偿还贷款,银行可取消企业对抵押品的赎回权。抵押贷款有利于降低银行贷款的风险,提高贷款的安全性。

质押贷款是指以借款人或第三方的动产或财产权利作为质押物而取得的贷款。质押是指债务人或第三方将其动产或财产权利移交给债权人占有,将该动产或财产权利作为债权的担保。债务人不履行债务时,债权人有权以该动产或财产权利折价或者以拍卖、变卖的价款优先受偿。作为贷款担保的质押品,可以是汇票、支票、债券、存款单、提单等信用凭证,可以是依法可以转让的股份、股票等有价证券,也可以是依法可以转让的商标专用权、专利权、著作权中的财产权等。

（二）银行借款的程序

1. 提出申请,银行审批。

企业根据筹资需求向银行提出书面申请,按银行要求的条件和内容填报借款申请书。银行按照有关政策和贷款条件,对借款企业进行信用审查,核准公司申请的借款金额和用款计划。银行审查的主要内容包括:公司的财务状况、信用情况、盈利的稳定性、发展前景、借款投资项目的可行性、抵押品和担保情况。

2. 签订合同,取得借款。

借款申请获批准后,银行与企业进一步协商贷款的具体条件,签订正式的借款合同,规定贷款的数额、利率、期限和一些约束性条款。借款合同签订后,企业在核定的贷款指标范围内,根据用款计划和实际需要,一次或分次将贷款转入公司的存款结算户,以便使用。

（三）长期借款的保护性条款

长期借款的金额高、期限长、风险大,除借款合同的基本条款之外,债权人通常还在借款合同中附加各种保护性条款,以确保企业按要求使用借款和按时足额偿还借款。保护性条款一般有以下三类。

1. 例行性保护条款。

例行性保护条款作为例行常规,在大多数借款合同中都会出现。主要包括:（1）定期向提供贷款的金融机构提交公司财务报表,以使债权人随时掌握公司的财务状况和经营成果。（2）保持存货储备量,不准在正常情况下出售较多的非产成品存货,以保持企业正常生产经营能力。（3）及时清偿债务,包括到期清偿应缴纳税金和其他债务,以防被罚款而造成不必要的现金流失。（4）不准以资产作其他承诺的担保或抵押。（5）不准贴现应收票据或出售应收账款,以避免或有负债等。

2. 一般性保护条款。

一般性保护条款是对企业资产的流动性及偿债能力等方面的要求条款,这类条款应用于大多数借款合同,主要包括:（1）保持企业的资产流动性。要求企业需持有一定最低额度的货币资金及其他流动资产,以保持企业资产的流动性和偿债能力,一般规定了企业必须保持的最低营运资金数额和最低流动比率数值。（2）限制企业非经营性支出。

如限制支付现金股利、购入股票和职工加薪的数额规模，以减少企业资金的过度外流。（3）限制企业资本支出的规模。控制企业资产结构中的长期性资产的比例，以减少公司日后不得不变卖固定资产以偿还贷款的可能性。（4）限制公司再举债规模。目的是防止其他债权人取得对公司资产的优先索偿权。（5）限制公司的长期投资。如规定公司不准投资于短期内不能收回资金的项目，不能未经银行等债权人同意而与其他公司合并等。

3. 特殊性保护条款。

这类条款是针对某些特殊情况而出现在部分借款合同中的条款，只有在特殊情况下才能生效。主要包括：要求公司的主要领导人购买人身保险；借款的用途不得改变；违约惩罚条款等。

上述各项条款结合使用，将有利于全面保护银行等债权人的权益。但借款合同是经双方充分协商后决定的，其最终结果取决于双方的谈判能力，而不是完全取决于银行等债权人的主观愿望。

（四）银行借款的筹资特点

1. 筹资速度快。

与发行公司债券、租赁等其他债务筹资方式相比，银行借款的程序相对简单，所花时间较短，公司可以迅速获得所需资金。

2. 资本成本较低。

利用银行借款筹资，一般都比发行债券和租赁的利息负担要低。而且，无须支付证券发行费用、租赁手续费用等筹资费用。

3. 筹资灵活性较大。

在借款之前，公司根据当时的资本需求与银行等贷款机构直接商定贷款的时间、数量和条件。在借款期间，若公司的财务状况发生某些变化，也可与债权人再协商，变更借款数量、时间和条件，或提前偿还本息。因此，借款筹资对公司具有较大的灵活性，特别是短期借款更是如此。

4. 限制条款多。

与发行公司债券相比较，银行借款合同对借款用途有明确规定，通过借款的保护性条款，对公司资本支出额度、再筹资、股利支付等行为有严格的约束，以后公司的生产经营活动和财务政策必将受到一定程度的影响。

5. 筹资数额有限。

银行借款的数额往往受到贷款机构资本实力的制约，难以像发行公司债券、股票那样一次筹集到大笔资金，无法满足公司大规模筹资的需要。

二、发行公司债券

公司债券是公司依照法定程序发行、约定在一定期限还本付息的有价证券。债券是持券人拥有公司债权的书面证书，它代表债券持券人与发债公司之间的债权债务关系。

公司债券可以公开发行，也可以非公开发行。

（一）发行债券的条件

在我国，根据《中华人民共和国公司法》（以下简称《公司法》）的规定，股份有限公司和有限责任公司具有发行债券的资格。

根据《中华人民共和国证券法》（以下简称《证券法》）规定，公开发行公司债券，应当符合下列条件：（1）具备健全且运行良好的组织机构。（2）最近3年平均可分配利润足以支付公司债券1年的利息。（3）国务院规定的其他条件。

公开发行公司债券筹集的资金，必须按照公司债券募集办法所列资金用途使用；改变资金用途，必须经债券持有人会议作出决议。公开发行债券筹措的资金，不得用于弥补亏损和非生产性支出。

（二）公司债券的种类

1. 按是否记名，分为记名债券和无记名债券。

记名公司债券，应当在公司债券存根簿上载明债券持有人的姓名及住所、债券持有人取得债券的日期及债券的编号、债券总额、票面金额、利率、还本付息的期限和方式、债券的发行日期等信息。记名公司债券，由债券持有人以背书方式或者法律、行政法规规定的其他方式转让；转让后由公司将受让人的姓名或者名称及住所记载于公司债券存根簿。

无记名公司债券，应当在公司债券存根簿上载明债券总额、利率、偿还期限和方式、发行日期及债券的编号。无记名公司债券的转让，由债券持有人将该债券交付给受让人后即发生转让的效力。

2. 按是否能够转换成公司股权，分为可转换债券与不可转换债券。

可转换债券，是指债券持有者可以在规定的时间内按规定的价格转换为股票的一种债券。这种债券在发行时，对债券转换为股票的价格和比率等都做了详细规定。《公司法》规定，可转换债券的发行主体是股份有限公司中的上市公司。

不可转换债券，是指不能转换为股票的债券，大多数公司债券属于这种类型。

3. 按有无特定财产担保，分为担保债券和信用债券。

担保债券，是指以抵押方式担保发行人按期还本付息的债券，主要是指抵押债券。抵押债券按其抵押品的不同，又分为不动产抵押债券、动产抵押债券和证券信托抵押债券。

信用债券是无担保债券，是仅凭公司自身的信用发行的、没有抵押品作抵押担保的债券。在公司清算时，信用债券的持有人因无特定的资产做担保品，只能作为一般债权人参与剩余财产的分配。

4. 按是否公开发行，分为公开发行债券和非公开发行债券。

资信状况符合规定标准的公司债券可以向公众投资者公开发行，也可以自主选择仅面向专业投资者公开发行。未达到规定标准的公司债券公开发行应当面向专业投资者。非公开发行的公司债券应当向专业投资者发行。

（三）公司债券发行的程序

1. 作出发债决议。

拟发行公司债券的公司，需要由公司董事会制订公司债券发行方案，并由公司股东大会批准，作出决议。

2. 提出发债申请。

根据《证券法》规定，申请公开发行公司债券，应当向国务院授权的部门或者国务院证券监督管理机构报送公司营业执照、公司章程、公司债券募集办法等正式文件及国务院授权的部门或者国务院证券监督管理机构规定的其他文件。按照《证券法》聘请保荐人的，还应当报送保荐人出具的发行保荐书。

3. 公告募集办法。

公司发行债券的申请经批准后，要向社会公告公司债券的募集办法。公司债券募集分为私募发行和公募发行。私募发行是以特定的少数投资者为指定对象发行债券，公募发行是在证券市场上以非特定的广大投资者为对象公开发行债券。

4. 委托证券经营机构发售。

按照我国公司债券发行的相关法律规定，公司债券的公募发行采取间接发行方式。在这种发行方式下，发行公司与承销团签订承销协议。承销团由数家证券公司或投资银行组成，承销方式有代销和包销两种。代销是指承销机构代为推销债券，在约定期限内未售出的余额可退还发行公司，承销机构不承担发行风险。包销是由承销团先购入发行公司拟发行的全部债券，然后再出售给社会上的投资者，如果约定期限内未能全部售出，余额要由承销团负责认购。

5. 交付债券，收缴债券款。

债券购买人向债券承销机构付款购买债券，承销机构向购买人交付债券。然后，债券发行公司向承销机构收缴债券款，登记债券存根簿，并结算发行代理费。

（四）债券的偿还

债券偿还时间按其实际发生与规定的到期日之间的关系，分为提前偿还与到期偿还两类，其中后者又包括分批偿还和一次偿还两种。

1. 提前偿还。

提前偿还又称提前赎回或收回，是指在债券尚未到期之前就予以偿还。只有在公司发行债券的契约中明确规定了有关允许提前偿还的条款，公司才可以进行此项操作。提前偿还所支付的价格通常要高于债券的面值，并随到期日的临近而逐渐下降。具有提前偿还条款的债券可使公司筹资有较大的弹性。当公司资金有结余时，可提前赎回债券；当预测利率下降时，也可提前赎回债券，而后以较低的利率来发行新债券。

2. 到期分批偿还。

如果一个公司在发行同一种债券的当时就为不同编号或不同发行对象的债券规定了不同的到期日，这种债券就是分批偿还债券。因为各批债券的到期日不同，它们各自的发行价格和票面利率也可能不相同，从而导致发行费较高；但由于这种债券便于投资人挑选最合适的到期日，因而便于发行。

3. 到期一次偿还。

多数情况下，发行债券的公司在债券到期日，一次性归还债券本金，并结算债券利息。

（五）发行公司债券的筹资特点

1. 单次筹资数额大。

利用发行公司债券筹资，能够筹集大额的资金，满足公司大规模筹资的需要。这是与银行借款、租赁等债务筹资方式相比，企业选择发行公司债券筹资的主要原因，大额筹资能够适应大型公司经营规模的需要。

2. 筹资使用限制少。

与银行借款相比，发行债券募集的资金在使用上具有相对的灵活性和自主性。特别是发行债券所筹集的大额资金，能够用于流动性较差的公司长期资产上。从资金使用的性质来看，银行借款一般期限短、额度小，主要用途为增加适量存货或增加小型设备等。反之，期限较长、额度较大，用于公司扩展、增加大型固定资产和基本建设投资的需求多采用发行债券方式筹资。

3. 资本成本较高。

相对于银行借款筹资，发行债券的利息负担和筹资费用都比较高，而且债券不能像银行借款一样进行债务展期，加上大额的本金和较高的利息，在固定的到期日，将会对公司现金流量产生巨大的财务压力。尽管公司债券的利息比银行借款高，但公司债券的期限长、利率相对固定。在预计市场利率持续上升的金融市场环境下，发行公司债券筹资，能够锁定资本成本。

4. 提高公司社会声誉。

公司债券的发行主体，有严格的资格限制。发行公司债券，往往是有实力的股份有限公司和有限责任公司所为。通过发行公司债券，一方面筹集了大量资金，另一方面也扩大了公司的社会影响。

三、租赁

租赁，是指通过签订资产出让合同的方式，使用资产的一方（承租方）通过支付租金，向出让资产的一方（出租方）取得资产使用权的一种交易行为。在这项交易中，承租方通过得到所需资产的使用权，完成了筹集资金的行为。

2018 年 12 月 7 日，财政部修订发布了《企业会计准则第 21 号——租赁》。根据该准则，承租人应当将短期租赁和低价值资产租赁的租赁付款额，在租赁期内各个期间按照直线法或其他系统合理的方法计入相关资产成本或当期损益。除此以外，对其他所有租赁均确认使用权资产和租赁负债。

使用权资产，是指承租人可在租赁期内使用租赁资产的权利。使用权资产应当按照成本进行初始计量。该成本包括：（1）租赁负债的初始计量金额。（2）在租赁期开始日或之前支付的租赁付款额，存在租赁激励的，扣除已享受的租赁激励相关金额。（3）承租人发生的初始直接费用。（4）承租人为拆卸及移除租赁资产、复原租赁资产所在场地或将租赁资产恢复至租赁条款约定状态预计将发生的成本。

租赁负债应当按照租赁期开始日尚未支付的租赁付款额的现值进行初始计量。在计算租赁付款额的现值时，首选租赁内含利率，无法确定时，采用承租人增量借款利率。租赁内含利率，是指在租赁开始日，使最低租赁收款额的现值与未担保余值的现值之和等于租赁资产公允价值与出租人的初始直接费用之和的折现率。承租人增量借款利率，是指承租人在类似经济环境下为获得与使用权资产价值接近的资产，在类似期间以类似抵押条件借入资金须支付的利率。

（一）租赁的基本特征

1. 所有权与使用权相分离。

租赁资产的所有权与使用权分离是租赁的主要特点之一。银行信用虽然也是所有权与使用权相分离，但载体是货币资金，租赁则是资金与实物相结合基础上的分离。

2. 融资与融物相结合。

租赁是以商品形态与货币形态相结合提供的信用活动，出租人在向企业出租资产的同时，解决了企业的资金需求，具有信用和贸易双重性质。它不同于一般的借钱还钱、借物还物的信用形式，而是借物还钱，并以分期支付租金的方式来体现。租赁的这一特点使银行信贷和财产信贷融合在一起，成为企业融资的一种特定形式。

3. 租金的分期支付。

在租金的偿还方式上，租金与银行信用到期还本不一样，采取了分期支付方式。出租方的资金一次投入，分期收回。对于承租方而言，通过租赁可以提前获得资产的使用价值，分期支付租金便于分期规划未来的现金流出量。

（二）租赁的基本程序与形式

1. 租赁的基本程序。

（1）选择租赁公司，提出委托申请。当企业决定采用租赁方式以获取某项设备时，需要了解各个租赁公司的资信情况、融资条件和租赁费率等，经分析比较，选定一家作为出租单位。然后，向租赁公司申请办理租赁。

（2）签订购货协议。由承租企业和租赁公司中的一方或双方，与选定的设备供应厂商进行购买设备的技术谈判和商务谈判，在此基础上与设备供应厂商签订购货协议。

（3）签订租赁合同。承租企业与租赁公司签订租赁设备的合同，如需要进口设备，还应办理设备进口手续。租赁合同是租赁业务的重要文件，具有法律效力。租赁合同的内容可分为一般条款和特殊条款两部分。

（4）交货验收。设备供应厂商将设备发运到指定地点，承租企业要办理验收手续。验收合格后签发交货及验收证书交给租赁公司，作为其支付货款的依据。

（5）定期交付租金。承租企业按租赁合同规定，分期交纳租金，这也就是承租企业对所筹资金的分期还款。

（6）合同期满处理设备。承租企业根据合同约定，对设备续租、退租或留购。

2. 租赁的基本形式。

（1）直接租赁。直接租赁是租赁的主要形式，承租方提出租赁申请时，出租方按照承租方的要求选购设备,然后再出租给承租方。

(2)售后回租。售后回租是指承租方出于急需资金等各种原因,将自己的资产售给出租方,然后以租赁的形式从出租方原封不动地租回资产的使用权。

(3)杠杆租赁。杠杆租赁是指涉及承租人、出租人和资金出借人三方的租赁业务。

一般来说,当所涉及的资产价值昂贵时,出租方自己只投入部分资金,通常为资产价值的20%~40%,其余资金则通过将该资产抵押担保的方式,向第三方(通常为银行)申请贷款解决。然后,出租人将购进的设备出租给承租方,用收取的租金偿还贷款,该资产的所有权属于出租方。出租人既是债权人也是债务人,既要收取租金又要偿还债务。

(三)租金计算

1. 租金的构成。

租赁租金的多少,取决于以下几项因素:(1)设备原价及预计残值,包括设备买价、运输费、安装调试费、保险费等,以及设备租赁期满后出售可得的收入。(2)利息,指租赁公司为承租企业购置设备垫付资金所应支付的利息。(3)租赁手续费和利润,其中,手续费是指租赁公司承办租赁设备所发生的业务费用,包括业务人员工资、办公费、差旅费等。

2. 租金的支付方式。

租金的支付,有以下几种分类方式:(1)按支付间隔期长短,分为年付、半年付、季付和月付等方式。(2)按在期初和期末支付,分为先付和后付。(3)按每次支付额,分为等额支付和不等额支付。实务中,承租企业与租赁公司商定的租金支付方式,大多为后付等额年金。

3. 租金的计算。

我国租赁实务中,租金的计算大多采用等额年金法。等额年金法下,通常要根据利率和租赁手续费率确定一个租费率,作为折现率。

【例4-1】某企业于2021年1月1日从租赁公司租入一套设备,价值60万元,租期6年,租赁期满时预计残值5万元,归租赁公司。年利率8%,租赁手续费率每年2%。租金每年年末支付一次,则:

每年租金 = [600 000 - 50 000 × (P/F, 10%, 6)] ÷ (P/A, 10%, 6) = 131 283(元)

为了便于有计划地安排租金的支付,承租企业可编制租金摊销计划表。根据本例的有关资料编制租金摊销计划,如表4-1所示。

表4-1 租金摊销计划 单位:元

年份	期初本金 (1)	支付租金 (2)	应计租费 (3) = (1) ×10%	本金偿还额 (4) = (2) - (3)	本金余额 (5) = (1) - (4)
2021	600 000	131 283	60 000	71 283	528 717
2022	528 717	131 283	52 872	78 411	450 306

续表

年份	期初本金 （1）	支付租金 （2）	应计租费 （3）=（1）×10%	本金偿还额 （4）=（2）-（3）	本金余额 （5）=（1）-（4）
2023	450 306	131 283	45 031	86 252	364 054
2024	364 054	131 283	36 405	94 878	269 176
2025	269 176	131 283	26 918	104 365	164 811
2026	164 811	131 283	16 481	114 802	50 009
合计		787 698	237 707	549 991	50 009 *

注：* 表示 50 009 为到期残值，尾数 9 是中间计算过程四舍五入的误差导致。

（四）租赁的筹资特点

1. 无须大量资金就能迅速获得资产。

在资金缺乏的情况下，租赁能迅速获得所需资产。租赁集"融资"与"融物"于一身，租赁使企业在资金短缺的情况下引进设备成为可能。特别是针对中小企业、新创企业而言，租赁是一条重要的筹资途径。大型企业的大型设备、工具等固定资产，也经常通过租赁方式解决巨额资金的需要，如商业航空公司的飞机，大多是通过租赁取得的。

2. 财务风险小，财务优势明显。

租赁与购买的一次性支出相比，能够避免一次性支付的负担，而且租金支出是未来的、分期的，企业无须一次筹集大量资金偿还。还款时，租金可以通过项目本身产生的收益来支付，是一种基于未来的"借鸡生蛋、卖蛋还钱"的筹资方式。

3. 筹资的限制条件较少。

企业运用股票、债券、长期借款等筹资方式，都受到相当多的资格条件的限制，如足够的抵押品、银行贷款的信用标准、发行债券的政府管制等。相比之下，租赁筹资的限制条件很少。

4. 能延长资金融通的期限。

通常为购置设备而贷款的借款期限比该资产的物理寿命要短得多，而租赁的融资期限却可接近其全部使用寿命期限；并且其金额随设备价款金额而定，无融资额度的限制。

5. 资本成本较高。

租赁的租金通常比银行借款或发行债券所负担的利息高得多，租金总额通常要比设备价值高出30%。尽管与借款方式比，租赁能够避免到期一次性集中偿还的财务压力，但高额的固定租金也给各期的经营带来了负担。

四、债务筹资的优缺点

（一）债务筹资的优点

1. 筹资速度较快。

与股票筹资相比，债务筹资不需要经过复杂的审批手续和证券发行程序，如银行借款、租赁等，可以迅速地获得资金。

2. 筹资灵活性较大。

发行股票等股权筹资，一方面需要经过严格的政府审批；另一方面从企业的角度出发，由于股权不能退还，股权资本在未来永久性地给企业带来了资本成本的负担。利用债务筹资，可以根据企业的经营情况和财务状况，灵活地商定债务条件，控制筹资数量，安排取得资金的时间。

3. 资本成本较低。

一般来说，债务筹资的资本成本要低于股权筹资。其一是取得资金的手续费用等筹资费用较低；其二是利息、租金等用资费用比股权资本要低；其三是利息等资本成本可以在税前支付。

4. 可以使用财务杠杆。

债务筹资不改变公司的控制权，因而股东不会出于控制权稀释的原因而反对公司举债。债权人从企业那里只能获得固定的利息或租金，不能参加公司剩余收益的分配。当企业的资本收益率（息税前利润率）高于债务利率时，会增加普通股股东的每股收益，提高净资产收益率，提升企业价值。

5. 稳定公司的控制权。

债权人无权参加企业的经营管理，利用债务筹资不会改变和分散股东对公司的控制权。在信息沟通与披露等公司治理方面，债务筹资的代理成本也较低。

（二）债务筹资的缺点

1. 不能形成企业稳定的资本基础。

债务资本有固定的到期日，到期需要偿还，只能作为企业的补充性资本来源。再加上取得债务往往需要进行信用评级，没有信用基础的企业和新创企业，往往难以取得足额的债务资本。现有债务资本在企业的资本结构中达到一定比例后，往往由于财务风险而不容易再取得新的债务资金。

2. 财务风险较大。

债务资本有固定的到期日、固定的债息负担，以抵押、质押等担保方式取得的债务，在资本使用上可能会有特别的限制。这些都要求企业必须保证有一定的偿债能力，要保持资产流动性及其资产收益水平，作为债务清偿的保障，对企业的财务状况提出了更高的要求，否则会带来企业的财务危机，甚至导致企业破产。

3. 筹资数额有限。

债务筹资的数额往往受到贷款机构资本实力的制约，除发行债券方式外，一般难以像发行股票那样一次性筹集到大笔资金，无法满足公司大规模筹资的需求。

第三节　股权筹资

股权筹资形成企业的股权资金，是企业最基本的筹资方式。吸收直接投资、发行普通股股票和留存收益，是股权筹资的三种基本形式。

一、吸收直接投资

吸收直接投资，是指企业按照"共同投资、共同经营、共担风险、共享收益"的原则，直接吸收国家、法人、个人和外商投入资金的一种筹资方式。吸收直接投资是非股份制企业筹集权益资本的基本方式，采用吸收直接投资的企业，资本不分为等额股份，无须公开发行股票。吸收直接投资的实际出资额中，注册资本部分形成实收资本；超过注册资本的部分，属于资本溢价，形成资本公积。

（一）吸收直接投资的种类

1. 吸收国家投资。

国家投资是指有权代表国家投资的政府部门或机构，以国有资产投入公司，这种情况下形成的资本叫国有资本。吸收国家投资一般具有以下特点：（1）产权归属国家。（2）资金的运用和处置受国家约束较大。（3）在国有公司中采用比较广泛。

2. 吸收法人投资。

法人投资是指法人单位以其依法可支配的资产投入公司，这种情况下形成的资本叫法人资本。吸收法人投资一般具有以下特点：（1）发生在法人单位之间。（2）以参与公司利润分配或控制为目的。（3）出资方式灵活多样。

3. 吸收外商投资。

外商投资是指外国的自然人、企业或者其他组织（以下简称外国投资者）直接或间接在中国境内进行的投资。外商投资企业，是指全部或者部分由外国投资者投资，依照中国法律在中国境内登记注册设立的企业。

4. 吸收个人投资。

社会公众投资是指社会个人或本公司职工以个人合法财产投入公司，这种情况下形成的资本称为个人资本。吸收社会公众投资一般具有以下特点：（1）参加投资的人员较多。（2）每人投资的数额相对较少。（3）以参与公司利润分配为目的。

（二）吸收直接投资的出资方式

1. 以货币资产出资。

以货币资产出资是吸收直接投资中最重要的出资方式。企业有了货币资产，便可以获取其他物质资源，支付各种费用，满足企业创建开支和随后的日常周转需要。

2. 以实物资产出资。

实物出资是指投资者以房屋、建筑物、设备等固定资产和材料、燃料、商品产品等流动资产所进行的投资。实物出资应符合以下条件：（1）适合企业生产、经营、研发等活动的需要。（2）技术性能良好。（3）作价公平合理。

实物出资中实物的作价，应当评估作价，核实财产，不得高估或者低估作价。法律、行政法规对评估作价有规定的，从其规定。国有及国有控股企业接受其他企业的非货币资产出资，必须委托有资格的资产评估机构进行资产评估。

3. 以土地使用权出资。

土地使用权是指土地经营者对依法取得的土地在一定期限内有进行建筑、生产经营或其他活动的权利。土地使用权具有相对的独立性，在土地使用权存续期间，包括土地所有者在内的其他任何人和单位，不能任意收回土地和非法干预使用权人的经营活动。企业吸收土地使用权投资应符合以下条件：（1）适合企业生产、经营、研发等活动的需要。（2）地理、交通条件适宜。（3）作价公平合理。

4. 以知识产权出资。

知识产权通常是指专有技术、商标权、专利权、非专利技术等无形资产。投资者以知识产权出资应符合以下条件：（1）有助于企业研究、开发和生产出新的高科技产品。（2）有助于企业提高生产效率，改进产品质量。（3）有助于企业降低生产消耗、能源消耗等各种消耗。（4）作价公平合理。

吸收知识产权等无形资产出资的风险较大。因为以知识产权投资，实际上是把技术转化为资本，导致技术的价值固定化，而技术具有强烈的时效性，会因其不断老化落后而导致实际价值不断减少甚至完全丧失。

此外，国家相关法律法规对无形资产出资方式另有限制：股东或者发起人不得以劳务、信用、自然人姓名、商誉、特许经营权或者设定担保的财产等作价出资。

5. 以特定债权出资。

特定债权，指企业依法发行的可转换债券以及按照国家有关规定可以转作股权的债权。在实践中，企业可以将特定债权转为股权的情形主要有：（1）上市公司依法发行的可转换债券。（2）金融资产管理公司持有的国有及国有控股企业债权。（3）企业实行公司制改建时，经银行以外的其他债权人协商同意，可以按照有关协议和企业章程的规定，将其债权转为股权。（4）根据《利用外资改组国有企业暂行规定》，国有企业的境内债权人将持有的债权转给外国投资者，企业通过债转股改组为外商投资企业。（5）按照《企业公司制改建有关国有资本管理与财务处理的暂行规定》（财企〔2022〕313号），国有企业改制时，账面原有应付工资余额中欠发职工工资部分，在符合国家政策、职工自愿的条件下，依法扣除个人所得税后可转为个人投资；未退还职工的集资款也可转为个人投资。

（三）吸收直接投资的程序

1. 确定筹资数量。

企业在新建或扩大经营时，要先确定资金的需要量。资金的需要量根据企业的生产经营规模和供销条件等来核定，筹资数量与资金需要量应当相适应。

2. 寻找投资单位。

企业既要广泛了解有关投资者的资信、财力和投资意向，又要通过信息交流和宣传，使出资方了解企业的经营能力、财务状况以及未来预期，以便于公司从中寻找最合适的合作伙伴。

3. 协商和签署投资协议。

找到合适的投资伙伴后，双方进行具体协商，确定出资数额和出资方式及出资时间。

企业应尽可能吸收货币投资，如果投资方确有适合需要的固定资产和无形资产，也可采取非货币投资方式。对实物投资、知识产权投资、土地使用权投资等非货币资产投资，双方应按公平合理的原则协商定价。当出资数额、资产作价确定后，双方签署投资的协议或合同，以明确双方的权利和责任。

4. 取得所筹集的资金。

签署投资协议后，企业应按规定或计划取得资金。如果采取现金投资方式，通常还要编制拨款计划，确定拨款期限、每期数额及划拨方式等。如为实物、知识产权、非专利技术、土地使用权投资，一个重要的问题就是核实财产。财产数量是否准确，特别是价格有无高估低估情况，关系到投资各方的经济利益，必须认真处理，必要时可聘请资产评估机构来评定，然后办理产权的转移手续取得资产。

（四）吸收直接投资的筹资特点

1. 能够尽快形成生产能力。

吸收直接投资不仅可以取得一部分货币资金，而且能够直接获得所需的先进设备和技术，尽快形成生产经营能力。

2. 便于进行信息沟通。

吸收直接投资的投资者比较单一，股权没有社会化、分散化，投资者甚至直接担任公司管理层职务，公司与投资者易于沟通。

3. 资本成本较高。

相对于股票筹资方式来说，吸收直接投资的资本成本较高。当企业经营较好、盈利较多时，投资者往往要求将大部分盈余作为红利分配，因为向投资者支付的报酬是按其出资数额和企业实现利润的比率来计算的。不过，从筹资费用的角度来说，相较于股票筹资，吸收直接投资的手续相对比较简便，筹资费用较低。

4. 公司控制权集中，不利于公司治理。

采用吸收直接投资方式筹资，投资者一般都要求获得与投资数额相适应的经营管理权。如果某个投资者的投资额比例较大，则该投资者对企业的经营管理就会有相当大的控制权，容易损害其他投资者的利益。

5. 不便于进行产权交易。

吸收直接投资由于没有证券为媒介，不便于产权交易，难以进行产权转让。

二、发行普通股股票

股票是股份有限公司为筹措股权资本而发行的有价证券，是公司签发的证明股东持有公司股份的凭证。股票作为一种所有权凭证，代表着对发行公司净资产的所有权。股票只能由股份有限公司发行。

（一）股票的特征与分类

1. 股票的特点。

（1）永久性。公司发行股票所筹集的资金属于公司的长期自有资金，没有期限，无须归还。换言之，股东在购买股票之后，一般情况下不能要求发行企业退还股金。

（2）流通性。股票作为一种有价证券，在资本市场上可以自由流通，也可以继承、赠送或作为抵押品。股票特别是上市公司发行的股票具有很强的变现能力，流动性很强。

（3）风险性。由于股票的永久性，股东成为企业风险的主要承担者。风险的表现形式有股票价格的波动性、红利的不确定性、破产清算时股东处于剩余财产分配的最后顺序等。

（4）参与性。股东作为股份公司的所有者，拥有参与企业管理的权利，包括重大决策权、经营者选择权、财务监控权、公司经营的建议和质询权等。此外，股东还有承担有限责任、遵守公司章程等义务。

2. 股东的权利。

股东最基本的权利是按投入公司的股份额，依法享有公司收益获取权、公司重大决策参与权和选择公司管理者的权利，并以其所持股份为限对公司承担责任。

（1）公司管理权。股东对公司的管理权主要体现在重大决策参与权、经营者选择权、财务监督权、公司经营的建议和质询权、股东大会召集权等方面。

（2）收益分享权。股东有权通过股利方式获取公司的税后利润，利润分配方案由董事会提出并经过股东大会批准。

（3）股份转让权。股东有权将其所持有的股票出售或转让。

（4）优先认股权。原有股东拥有优先认购本公司增发股票的权利。

（5）剩余财产要求权。当公司解散、清算时，股东有对清偿债务、清偿优先股股东以后的剩余财产索取的权利。

3. 股票的种类。

（1）按股东权利和义务，分为普通股股票和优先股股票。

普通股股票简称普通股，是公司发行的代表着股东享有平等的权利、义务，不加特别限制的，股利不固定的股票。普通股是最基本的股票，股份有限公司通常情况下只发行普通股。

优先股股票简称优先股，是公司发行的相对于普通股具有一定优先权的股票。其优先权利主要表现在股利分配优先权和分取剩余财产优先权上。优先股股东在股东大会上无表决权，在参与公司经营管理上受到一定限制，仅对涉及优先股权利的问题有表决权。

（2）按票面是否记名，分为记名股票和无记名股票。

记名股票是在股票票面上记载有股东姓名或将名称记入公司股东名册的股票，无记名股票不登记股东名称，公司只记载股票数量、编号及发行日期。

我国《公司法》规定，公司向发起人、法人发行的股票，应当为记名股票，并应当记载该发起人、法人的名称或者姓名，不得另立户名或者以代表人姓名记名；向社会公众发行的股票，可以为记名股票，也可以为无记名股票。

（3）按发行对象和上市地点，分为 A 股、B 股、H 股、N 股和 S 股等。

A 股即人民币普通股票，由我国境内公司发行，境内上市交易，它以人民币标明面值，以人民币认购和交易。B 股即人民币特种股票，由我国境内公司发行，境内上市交易，它以人民币标明面值，以外币认购和交易。H股是注册地在内地、在香港上市的股票。在纽约和新加坡上市的股票，分别称为N股和S股。

（二）我国证券交易所概况与股份有限公司的设立

1. 我国证券交易所概况。

（1）我国证券交易所情况介绍。证券交易所是为证券集中交易提供场所和设施，组织和监督证券交易，实行自律管理的法人。从世界各国的情况看，证券交易所有公司制的营利性法人和会员制的非营利性法人。中国大陆有三家证券交易所，即上海证券交易所、深圳证券交易所和北京证券交易所。这三家证券交易所互联互通、相互补充、相互促进，构成了我国各板块差异化发展的多层次资本市场体系。

（2）上海证券交易所。上海证券交易所成立于1990年11月26日，是经国务院授权，由中国人民银行批准建立的全国性证券交易场所，受中国证监会监督管理。其为实行自律管理的会员制非营利性法人。主要职能包括：提供证券交易的场所和设施；制定证券交易所的业务规则；接受上市申请，安排证券上市；组织、监督证券交易；对会员、上市公司进行监管；管理和公布市场信息；中国证监会许可的其他职能。上海证券交易所主要以主板为主，重点服务各行业、各地区的龙头企业和大型骨干企业；2019年设立科创板，支持高科技企业发展。上海证券交易所包括主板和科创板资本市场。

（3）深圳证券交易所。深圳证券交易所于1990年12月1日开始试营业，是经国务院批准设立的全国性证券交易场所，受中国证监会监督管理。其为实行自律管理的会员制非营利性法人。主要职能包括：提供证券交易的场所和设施；制定证券交易所业务规则；接受上市申请、安排证券上市；组织、监督证券交易；对上市公司进行监管；管理和公布市场信息；中国证监会许可的其他职能。深圳证券交易所初步建立主板、中小企业板和创业板差异化发展的多层次资本市场体系；2021年2月5日，中国证监会宣布，批准深圳证券交易所主板和中小板合并。

（4）北京证券交易所。北京证券交易所于2021年9月3日注册成立，是经国务院批准设立的中国第一家公司制证券交易所，受中国证监会监督管理。其经营范围为依法为证券集中交易提供场所和设施、组织和监督证券交易以及证券市场管理服务等业务。深化新三板改革，设立北京证券交易所，是资本市场更好支持中小企业发展壮大的内在需要，是落实国家创新驱动发展战略的必然要求，是新形势下全面深化资本市场改革的重要举措。北京证券交易所以现有的新三板精选层为基础，坚持服务创新型中小企业的市场定位。其发展目标有三个：一是构建一套契合创新型中小企业特点的，涵盖发行上市、交易、退市、持续监管、投资者适当性管理等基础制度安排，补足多层次资本市场发展普惠金融的短板。二是畅通北京证券交易所在多层次资本市场的纽带作用，形成相互补充、相互促进的中小企业直接融资成长路径。三是培育一批"专精特新"中小企业，形成创新创业热情高涨、合格投资者踊跃参与、中介机构归位尽责的良性资本市场生态。

2. 股份有限公司的设立。

设立股份有限公司，应当有1人以上200人以下为发起人，其中须有半数以上的发起人在中国境内有住所。股份有限公司的设立，可以采取发起设立或者募集设立的方式。

发起设立，是指由发起人认购公司应发行的全部股份而设立公司。募集设立，是指由发起人认购公司应发行股份的一部分，其余股份向社会公开募集或者向特定对象募集而设立公司。

以募集设立方式设立股份有限公司的，发起人认购的股份不得少于公司股份总数的35%；法律、行政法规另有规定的，从其规定。

股份有限公司的发起人应当承担下列责任：（1）公司不能成立时，对设立行为所产生的债务和费用负连带责任。（2）公司不能成立时，对认股人已缴纳的股款，负返还股款并加算银行同期存款利息的连带责任。（3）在公司设立过程中，由于发起人的过失致使公司利益受到损害的，应当对公司承担赔偿责任。

（三）首次公开发行股票

首次公开发行股票（initial public offering，IPO），是指一家公司第一次将其股票向公众发售的行为。

根据《证券法》规定，公司首次公开发行新股，应当符合下列条件：（1）具备健全且运行良好的组织机构。（2）具有持续经营能力。（3）最近3年财务会计报告被出具无保留意见审计报告。（4）发行人及其控股股东、实际控制人最近3年不存在贪污、贿赂、侵占财产、挪用财产或者破坏社会主义市场经济秩序的刑事犯罪。（5）经国务院批准的国务院证券监督管理机构规定的其他条件。

因我国证券市场分为不同板块，对各板块企业的目标和要求不同，其首次公开发行股票的条件也存在差异。各板块除遵循《证券法》规定的基本条件外，还要符合我国2023年2月17日发布的《首次公开发行股票注册管理办法》规定的条件：

（1）发行人是依法设立且持续经营3年以上的股份有限公司，具备健全且运行良好的组织机构，相关机构和人员能够依法履行职责。有限责任公司按原账面净资产值折股整体变更为股份有限公司的，持续经营时间可以从有限责任公司成立之日起计算。

（2）发行人会计基础工作规范，财务报表的编制和披露符合企业会计准则和相关信息披露规则的规定，在所有重大方面公允地反映了发行人的财务状况、经营成果和现金流量，最近3年财务会计报告由注册会计师出具无保留意见的审计报告。发行人内部控制制度健全且被有效执行，能够合理保证公司运行效率、合法合规和财务报告的可靠性，并由注册会计师出具无保留结论的内部控制鉴证报告。

（3）发行人业务完整，具有直接面向市场独立持续经营的能力：资产完整，业务及人员、财务、机构独立，与控股股东、实际控制人及其控制的其他企业间不存在对发行人构成重大不利影响的同业竞争，不存在严重影响独立性或者显失公平的关联交易；主营业务、控制权和管理团队稳定，首次公开发行股票并在主板上市的，最近3年内主营业务和董事、高级管理人员均没有发生重大不利变化；首次公开发行股票并在科创板、创业板上市的，最近2年内主营业务和董事、高级管理人员均没有发生重大不利变化；首次公开发行股票并在科创板上市的，核心技术人员应当稳定且最近2年内没有发生重大不利变化；发行人的股份权属清晰，不存在导致控制权可能变更的重大权属纠纷，首次公开发行股票并在主板上市的，最近3年实际控制人没有发生变更；首次公开发行股票并在科创板、创业板上市的，最近 2 年实际控制人没有发生变更；不存在涉及主要资产、核心技术、商标等的重大权属纠纷，重大偿债风险，重大担保、诉讼、仲裁等或有事项，经营环境已经或者将要发生重大变化等对持续经营有重大不利影响的事项。

（4）发行人生产经营符合法律、行政法规的规定，符合国家产业政策。最近 3 年内，发行人及其控股股东、实际控制人不存在贪污、贿赂、侵占财产、挪用财产或者破坏社会主义市场经济秩序的刑事犯罪，不存在欺诈发行、重大信息披露违法或者其他涉及国家安全、公共安全、生态安全、生产安全、公众健康安全等领域的重大违法行为。董事、监事和高级管理人员不存在最近 3 年内受到中国证监会行政处罚，或者因涉嫌犯罪正在被司法机关立案侦查或者涉嫌违法违规正在被中国证监会立案调查且尚未有明确结论意见等情形。

（四）上市公司股票发行的条件

股份有限公司首次发行股票上市后成为上市公司，上市公司发行股票要符合我国相关法规规定。发行股票分为公开发行和非公开发行，相关法规对其规定了相应的条件。

1. 公开发行股票的条件。

根据我国 2023 年 2 月 17 日发布的《上市公司证券发行注册管理办法》的规定，上市公司公开发行股票的，需要满足如下条件：

其一，上市公司的组织机构健全、运行良好，符合下列规定：（1）具备健全且运行良好的组织机构；（2）现任董事、监事和高级管理人员符合法律、行政法规规定的任职要求；（3）具有完整的业务体系和直接面向市场独立经营的能力，不存在对持续经营有重大不利影响的情形。

其二，公司财务状况良好，符合下列规定：（1）会计基础工作规范，内部控制制度健全且有效执行。（2）财务报表的编制和披露符合企业会计准则和相关信息披露规则的规定，在所有重大方面公允反映了上市公司的财务状况、经营成果和现金流量。（3）最近 3 年财务会计报告被出具无保留意见审计报告。（4）除金融类企业外，最近一期末不存在金额较大的财务性投资。

其三，公司盈利能力稳定：交易所主板上市公司配股、增发的，应当最近 3 个会计年度盈利；增发还应当满足最近 3 个会计年度加权平均净资产收益率平均不低于 6%；净利润以扣除非经常性损益前后孰低者为计算依据。

其四，上市公司存在下列情形之一的，不得公开发行股票：（1）擅自改变前次募集资金用途未作纠正，或者未经股东大会认可。（2）上市公司或者其现任董事、监事和高级管理人员最近 3 年受到中国证监会行政处罚，或者最近 1 年受到证券交易所公开谴责，或者因涉嫌犯罪正在被司法机关立案侦查或者涉嫌违法违规正在被中国证监会立案调查。（3）上市公司或者其控股股东、实际控制人最近 1 年存在未履行向投资者作出的公开承诺的情形。（4）上市公司或者其控股股东、实际控制人最近 3 年存在贪污、贿赂、侵占财产、挪用财产或者破坏社会主义市场经济秩序的刑事犯罪，或存在严重损害上市公司利益、投资者合法权益、社会公共利益的重大违法行为。

2. 非公开发行股票的条件。

根据我国《上市公司证券发行注册管理办法》的规定，上市公司向特定对象发行证券，发行对象应当符合股东大会决议规定的条件，且每次发行对象不超过35名。发行对象为境外战略投资者的，应当遵守国家的相关规定。

上市公司非公开发行股票，应该符合下列规定：（1）发行价格应当不低于定价基准日前20个交易日公司股票均价的80%。（2）向特定对象发行的股票，自发行结束之日起6个月内不得转让。发行对象如果通过认购本次发行的股票取得上市公司实际控制权，其认购的股票自发行结束之日起18个月内不得转让。（3）向特定对象发行证券，上市公司及其控股股东、实际控制人、主要股东不得向发行对象作出保底保收益或者变相保底保收益承诺，也不得直接或者通过利益相关方向发行对象提供财务资助或者其他补偿。（4）募集资金使用符合本办法的相关规定。（5）本次发行将导致上市公司控制权发生变化的，还应当符合中国证监会的其他规定。

上市公司存在下列情形之一的，不得向特定对象发行股票：

（1）擅自改变前次募集资金用途未作纠正，或者未经股东大会认可。

（2）最近1年财务报表的编制和披露在重大方面不符合企业会计准则或者相关信息披露规则的规定；最近1年财务会计报告被出具否定意见或者无法表示意见的审计报告；最近1年财务会计报告被出具保留意见的审计报告，且保留意见所涉及事项对上市公司的重大不利影响尚未消除。本次发行涉及重大资产重组的除外。

（3）现任董事、监事和高级管理人员最近3年受到中国证监会行政处罚，或者最近1年受到证券交易所公开谴责。

（4）上市公司或者其现任董事、监事和高级管理人员因涉嫌犯罪正在被司法机关立案侦查或者涉嫌违法违规正在被中国证监会立案调查。

（5）控股股东、实际控制人最近3年存在严重损害上市公司利益或者投资者合法权益的重大违法行为。

（6）最近3年存在严重损害投资者合法权益或者社会公共利益的重大违法行为。

（五）北交所公开发行股票的条件

2024年4月30日发布的《北京证券交易所股票上市规则（试行）》，规定发行人应当符合下列条件：

（1）发行人为在全国股转系统连续挂牌满12个月的创新层挂牌公司。

（2）符合中国证券监督管理委员会（以下简称中国证监会）规定的发行条件。

（3）最近1年期末净资产不低于5 000万元。

（4）向不特定合格投资者公开发行的股份不少于100万股，发行对象不少于100人。

（5）公开发行后，公司股本总额不少于3 000万元。

（6）公开发行后，公司股东人数不少于200人，公众股东持股比例不低于公司股本总额的25%；公司股本总额超过4亿元的，公众股东持股比例不低于公司股本总额的10%。

（7）市值及财务指标符合本规则规定的标准。

（8）交易所规定的其他上市条件。

发行人申请公开发行并上市，市值及财务指标应当至少符合下列标准中的一项：

（1）预计市值不低于2亿元，最近2年净利润均不低于1 500万元且加权平均净资产收益率平均不低于8%，或者最近1年净利润不低于2 500万元且加权平均净资产收益率不低于8%。

（2）预计市值不低于4亿元，最近2年营业收入平均不低于1亿元，且最近1年营业收入增长率不低于30%，最近1年经营活动产生的现金流量净额为正。

（3）预计市值不低于8亿元，最近1年营业收入不低于2亿元，最近2年研发投入合计占最近2年营业收入合计比例不低于8%。

（4）预计市值不低于15亿元，最近2年研发投入合计不低于5 000万元。

发行人在北交所申请公开发行并上市，不得存在下列情形：

（1）最近36个月内，发行人及其控股股东、实际控制人，存在贪污、贿赂、侵占财产、挪用财产或者破坏社会主义市场经济秩序的刑事犯罪，存在欺诈发行、重大信息披露违法或者其他涉及国家安全、公共安全、生态安全、生产安全、公众健康安全等领域的重大违法行为。

（2）最近12个月内，发行人及其控股股东、实际控制人、董事、监事、高级管理人员受到中国证监会及其派出机构行政处罚，或因证券市场违法违规行为受到全国中小企业股份转让系统有限责任公司、证券交易所等自律监管机构公开谴责。

（3）发行人及其控股股东、实际控制人、董事、监事、高级管理人员因涉嫌犯罪正被司法机关立案侦查或涉嫌违法违规正被中国证监会及其派出机构立案调查，尚未有明确结论意见。

（4）发行人及其控股股东、实际控制人被列入失信被执行人名单且情形尚未消除。

（5）最近36个月内，未按照《证券法》和中国证监会的相关规定在每个会计年度结束之日起4个月内编制并披露年度报告，或者未在每个会计年度的上半年结束之日起2个月内编制并披露中期报告。

（6）中国证监会和交易所规定的，对发行人经营稳定性、直接面向市场独立持续经营的能力具有重大不利影响，或者存在发行人利益受到损害等其他情形。

（六）股票的发行方式

20世纪90年代至今，我国证券市场发展经历"行政审批制""核准制""询价制"的变化，存在多种不同的新股发行方式，曾经采用和正在采用的主要包括以下几种：

1. 认购发行。

在我国证券市场发展初期，主要采用股票认购证，是按规定价格优先认购一定数量证券的权利证书，最早出现在1992年的上海，充分体现了当时新股发行的公开、公平、公正的原则。根据我国股票发行中出现的股票认购证，其包括以下种类：认购证、认购申请表、抽签表等，形式有单联、横三联、小本三联、小本册、大版张等，种类与品种繁多。随着互联网发展，股票发行也实行了无纸化，1995年后股票发行改用全电脑上网定价发行方式，从此股票认购证成了绝版的断代现代文物。

2. 储蓄存单发行。

该方式是通过发行储蓄存单抽签决定认股者。承销商在招募期间内，根据存单的发售数量、批准的股票发行数量等敲定中签率，通过公开摇号抽签确定中签者。虽然该方式有利于降低一级市场成本，但是极易引发投机行为，此外，认购范围的扩大与当时仍处于初期的资本市场不匹配，实行不久便被取消了。

3. 上网竞价发行。

该方式是发行人和主承销商利用证券交易所的交易系统，由主承销商作为新股的唯一卖方，以发行人宣布的发行底价为最低价，以新股实际发行量为总的卖出数，由投资者在指定的时间内竞价委托申购，发行人和主承销商以价格优先的原则确定发行价格并发行股票。除了具有网上发行经济性、高效性的优点之外，还具有以下优点：（1）市场性。即通过市场竞争最终决定较为合理的发行价格。（2）连续性。即保证了发行市场与交易市场价格的平稳顺利对接。该方式目前尚未有既定的法规文件，但在1994年试用之后一直未被落实。

4. 上网定价发行。

新股网上定价发行是事先规定发行价格，再利用证券交易所交易系统来发行股票的发行方式，即主承销商利用交易系统，按已确定的发行价格向投资者发售股票，又称直接定价发行。直接定价发行对承销商的定价能力要求较高，但大大减少了人力成本，发行周期短，有效避免了认股权的炒作，完全消除了隐藏于一级市场和二级市场间的一级半市场。与上网竞价发行的不同之处主要有两点：一是发行价格的确定方式不同，即定价发行方式事先确定价格，而竞价发行方式是事先确定发行底价，由发行时竞价决定发行价；二是认购成功者的确认方式不同，即定价发行方式按抽签决定，竞价发行方式按价格优先、同等价位时间优先原则决定。自1996年试用至今一直被资本市场所接受。

5. 全额预缴款发行。

该种方式属于储蓄存款挂钩发行方式的延伸，结合了网上定价，指投资者在不定期的申购时间内，将全部申购存入主承销商在收款银行设立的专户中，申购结束后转冻结银行专户进行冻结，在对到账资金进行验资和确定有效申购后，按照发行额和申购总额清算配售比例，进行股票配售，余款返还给投资者。包括"全额预缴款、比例配售、余款即退"和"全额预缴款、比例配售、余款转存"两种方式。与单纯的储蓄存款发行相比，全额预缴的资金占用时间短，发行效率更高。

6. 上网发行与配售。

1998年开始出现新股配售，2006年后我国证券市场上首次公开发行的股票可以向战略投资者、参与网上发行的投资者以及网下询价对象配售。根据《上市公司证券发行管理办法》规定向原股东配售股份（以下简称配股），除符合一般规定外，还应当符合下列规定：（1）拟配售股份数量不超过本次配售股份前股本总额的百分之三十。（2）控股股东应当在股东大会召开前公开承诺认配股份的数量。（3）采用证券法规定的代销方式发行。控股股东不履行认配股份的承诺，或者代销期限届满，原股东认购股票的数量未达到拟配售数量百分之七十的，发行人应当按照发行价并加算银行同期存款利息返还已经认购的股东。

7. 网下发行。

针对机构投资者的申购，我国有网下发行方式，即利用三大交易所的交易网络，新股发行主承销商可以在证券交易所挂牌销售，投资者则通过证券营业部交易系统进行申购。2008 年 3 月，我国启动网下发行电子化，以提高发行效率，并有效缓解新股发行期间资金大规模跨行流动的问题。

（七）股票的发行程序

1. 首次公开发行股票的程序。

《首次公开发行股票注册管理办法》规定首次公开发行股票需遵循如下程序：

（1）发行人董事会应当依法就本次发行股票的具体方案、本次募集资金使用的可行性及其他必须明确的事项作出决议，并提请股东大会批准。（2）发行人股东大会就本次发行股票作出决议，至少应当包括本次公开发行股票的种类和数量、发行对象、定价方式、募集资金用途、发行前滚存利润的分配方案、决议的有效期、对董事会办理本次发行具体事宜的授权、其他必须明确的事项。（3）发行人应当按照中国证监会有关规定制作注册申请文件，依法由保荐人保荐并向交易所申报。（4）交易所收到注册申请文件，5 个工作日内作出是否受理的决定。（5）交易所按照规定的条件和程序，形成发行人是否符合发行条件和信息披露要求的审核意见。认为发行人符合发行条件和信息披露要求的，将审核意见、发行人注册申请文件及相关审核资料报中国证监会注册；认为发行人不符合发行条件或者信息披露要求的，作出终止发行上市审核决定。（6）中国证监会在交易所收到注册申请文件之日起，同步关注发行人是否符合国家产业政策和板块定位。（7）中国证监会收到交易所审核意见及相关资料后，基于交易所审核意见，依法履行发行注册程序。在 20 个工作日内对发行人的注册申请作出予以注册或者不予注册的决定。在注册期限内，中国证监会发现存在影响发行条件的新增事项的，可以要求交易所进一步问询并就新增事项形成审核意见。发行人根据要求补充、修改注册申请文件，或者中国证监会要求交易所进一步问询，要求保荐人、证券服务机构等对有关事项进行核查，对发行人现场检查，并要求发行人补充、修改申请文件的时间不计算在内。中国证监会认为交易所对新增事项的审核意见依据明显不充分，可以退回交易所补充审核。交易所补充审核后，认为发行人符合发行条件和信息披露要求的，重新向中国证监会报送审核意见及相关资料，注册期限重新计算。（8）中国证监会的予以注册决定，自作出之日起 1 年内有效，发行人应当在注册决定有效期内发行股票，发行时点由发行人自主选择。（9）中国证监会作出予以注册决定后、发行人股票上市交易前，发行人应当持续符合发行条件，发现可能影响本次发行的重大事项的，中国证监会可以要求发行人暂缓发行、上市；相关重大事项导致发行人不符合发行条件的，应当撤销注册。中国证监会撤销注册后，股票尚未发行的，发行人应当停止发行；股票已经发行尚未上市的，发行人应当按照发行价并加算银行同期存款利息返还股票持有人。（10）交易所认为发行人不符合发行条件或者信息披露要求，作出终止发行上市审核决定，或者中国证监会作出不予注册决定的，自决定作出之日起 6 个月后，发行人可以再次提出公开发行股票并上市申请。

2. 上市公司发行股票的程序。

上市公司发行证券，可以向不特定对象发行，也可以向特定对象发行。向不特定对象发行证券包括上市公司向原股东配售股份（以下简称配股）、向不特定对象募集股份（以下简称增发）和向不特定对象发行可转债。向特定对象发行证券包括上市公司向特定对象发行股票、向特定对象发行可转债。

《上市公司证券发行注册管理办法》规定上市公司发行股票的基本程序为：（1）上市公司董事会应当依法就本次证券发行的方案、本次发行方案的论证分析报告、本次募集资金使用的可行性报告及其他必须明确的事项作出决议，并提请股东大会批准；上市公司董事会拟引入战略投资者的，应当将引入战略投资者的事项作为单独议案，就每名战略投资者单独审议，并提交股东大会批准。董事会决议日与首次公开发行股票上市日的时间间隔不得少于 6 个月。（2）股东大会就发行证券事项作出决议，必须经出席会议的股东所持表决权的 2/3 以上通过，中小投资者表决情况应当单独计票。向本公司特定的股东及其关联人发行证券的，股东大会就发行方案进行表决时，关联股东应当回避。股东大会对引入战略投资者议案作出决议的，应当就每名战略投资者单独表决。上市公司就发行证券事项召开股东大会，应当提供网络投票或其他方式为股东参加股东大会提供便利。（3）上市公司申请发行证券，应当按照中国证监会有关规定制作注册申请文件，依法由保荐人保荐并向交易所申报。交易所收到注册申请文件后，5 个工作日内作出是否受理的决定。（4）交易所按照规定的条件和程序，形成上市公司是否符合发行条件和信息披露要求的审核意见，认为上市公司符合发行条件和信息披露要求的，将审核意见、上市公司注册申请文件及相关审核资料报中国证监会注册；认为上市公司不符合发行条件或者信息披露要求的，作出终止发行上市审核决定。（5）交易所应当自受理注册申请文件之日起 2 个月内形成审核意见，另有规定的除外。（6）中国证监会收到交易所审核意见及相关资料后，基于交易所审核意见，依法履行发行注册程序。在 15 个工作日内对上市公司的注册申请作出予以注册或者不予注册的决定。在注册期限内，中国证监会发现存在影响发行条件的新增事项的，可以要求交易所进一步问询并就新增事项形成审核意见。上市公司根据要求补充、修改注册申请文件，或者保荐人、证券服务机构等对有关事项进行核查，对上市公司现场检查，并要求上市公司补充、修改申请文件的时间不计算在内。中国证监会认为交易所对新增事项的审核意见依据明显不充分，可以退回交易所补充审核。交易所补充审核后，认为上市公司符合发行条件和信息披露要求的，重新向中国证监会报送审核意见及相关资料，前款规定的注册期限重新计算。中国证监会收到交易所依照规定报送的审核意见、上市公司注册申请文件及相关审核资料后，3 个工作日内作出予以注册或者不予注册的决定。（7）中国证监会的予以注册决定，自作出之日起 1 年内有效，上市公司应当在注册决定有效期内发行证券，发行时点由上市公司自主选择。（8）交易所认为上市公司不符合发行条件或者信息披露要求，作出终止发行上市审核决定，或者中国证监会作出不予注册决定的，自决定作出之日起 6 个月后，上市公司可以再次提出证券发行申请。

（八）股票发行中引入战略投资者的意义

1. 战略投资者的概念与要求。

我国在新股发行中引入战略投资者，允许战略投资者在公司发行新股中参与配售。按中国证监会的规则解释，战略投资者是指与发行人具有合作关系或有合作意向和潜力，与发行公司业务联系紧密且欲长期持有发行公司股票的法人。从国外风险投资机构对战略投资者的定义来看，一般认为战略投资者是指能够通过帮助公司融资，提供营销与销售支持的业务或通过个人关系增加投资价值的公司或个人投资者。

一般来说，作为战略投资者的基本要求是：（1）要与公司的经营业务联系紧密。（2）要出于长期投资目的而较长时期地持有股票。（3）要具有相当的资金实力，且持股数量较多。

2. 引入战略投资者的作用。

战略投资者具有资金、技术、管理、市场、人才等方面优势，能够增强企业核心竞争力和创新能力。上市公司引入战略投资者，能够和上市公司之间形成紧密的、伙伴式的合作关系，并由此增强公司的经营实力、提高公司的管理水平、改善公司的治理结构。因此，对战略投资者的基本资质条件要求是：拥有比较雄厚的资金、核心的技术、先进的管理等，有较好的实业基础和较强的投融资能力。

（1）提升公司形象，提高资本市场认同度。战略投资者往往都是实力雄厚的境内外大公司、大集团，甚至是国际、国内500强，他们对公司股票的认购，是对公司潜在未来价值的认可和期望。

（2）优化股权结构，健全公司法人治理。战略投资者占一定股权份额并长期持股，能够分散公司控制权，吸引战略投资者参与公司管理，改善公司治理结构。战略投资者带来的不仅有资金和技术，更重要的是能带来先进的管理方法和优秀的管理团队。

（3）提高公司资源整合能力，增强公司的核心竞争力。战略投资者往往都有较好的实业基础，能够带来先进的工艺技术和广阔的产品营销市场，并致力于长期投资合作，能促进公司的产品结构、产业结构的调整升级，有助于形成产业集群，整合公司的经营资源。

（4）达到阶段性的融资目标，加快实现公司上市融资的进程。战略投资者具有较强的资金实力，并与发行人签订有关配售协议，长期持有发行人股票，能够给新上市的公司提供长期稳定的资本，帮助上市公司用较低的成本融得较多的资金，提高了公司的融资效率。从现有情况来看，目前我国上市公司确定战略投资者还处于募集资金最大化的实用原则阶段。谁的申购价格高，谁就能够成为战略投资者，管理型、技术型的战略投资者还很少见。资本市场中的战略投资者，目前多是追逐持股价差、有较大承受能力的股票持有者，一般都是大型证券投资机构。

（九）股票的上市交易与退市

1. 股票上市的目的。

公司股票上市的目的是多方面的，主要包括：（1）便于筹措新资金。证券市场是一个资本商品的买卖市场，证券市场上有众多的资金供应者。同时，股票上市经过了政府机构的审查批准并需要接受严格的管理，执行股票上市和信息披露的规定，容易吸引社会资本投资者。另外，公司上市后，还可以通过增发、配股、发行可转换债券等方式进行再融资。（2）促进股权流通和转让。股票上市后便于投资者购买，提高了股权的流动性和股票的变现力，便于投资者认购和交易。（3）便于确定公司价值。股票上市后，公司股价有市价可循，便于确定公司的价值。对于上市公司来说，即时的股票交易行情，就是对公司价值的市场评价。同时，市场行情也能够为公司收购兼并等资本运作提供询价基础。

但股票上市对公司也有不利影响的一面，主要有：上市成本较高，手续复杂严格；公司将负担较高的信息披露成本；信息公开的要求可能会暴露公司的商业机密；股价有时会歪曲公司的实际情况，影响公司声誉；可能会分散公司的控制权，造成管理上的困难。

2. 股票上市的条件。

公司公开发行的股票进入证券交易所交易，必须受到严格的条件限制。我国《证券法》规定，申请证券上市交易，应当符合证券交易所上市规则规定的上市条件。证券交易所上市规则规定的上市条件，应当对发行人的经营年限、财务状况、最低公开发行比例和公司治理、诚信记录等提出要求。

我国对各板块企业的上市要求不同，为了促进股票市场的健康发展，证券交易所对各板块企业上市交易的股票规定了相应的上市条件。

2024年4月30日，上海证券交易所发布、实施的《上海证券交易所股票上市规则（2024年4月修订）》规定，对发行人首次公开发行股票后申请其股票在上海证券交易所上市，应当符合下列条件：

（1）符合《证券法》、中国证监会规定的发行条件。

（2）发行后的股本总额不低于5 000万元。

（3）公开发行的股份达到公司股份总数的25%以上；公司股本总额超过4亿元的，公开发行股份的比例为10%以上。

（4）市值及财务指标应当至少符合下列标准中的一项：最近3年净利润均为正，且最近3年净利润累计不低于2亿元，最近1年净利润不低于1亿元，最近3年经营活动产生的现金流量净额累计不低于2亿元或营业收入累计不低于15亿元；预计市值不低于50亿元，且最近1年净利润为正，最近1年营业收入不低于6亿元，最近3年经营活动产生的现金流量净额累计不低于2.5亿元；预计市值不低于100亿元，且最近1年净利润为正，最近1年营业收入不低于10亿元。

（5）上海证券交易所要求的其他条件。

2024年4月30日，上海证券交易所发布、实施的《上海证券交易所科创板股票上市规则（2024年4月修订）》规定，对发行人首次公开发行股票后申请其股票在上海证券交易所科创板上市，应当符合下列条件：

（1）符合中国证监会规定的发行条件。

（2）发行后股本总额不低于人民币3 000万元。

（3）公开发行的股份达到公司股份总数的25%以上；公司股本总额超过人民币4亿元的，公开发行股份的比例为10%以上。

（4）市值及财务指标应当至少符合以下标准中的一项：预计市值不低于人民币10亿元，最近2年净利润均为正且累计净利润不低于人民币5 000万元，或者预计市值不低于人民币10亿元，最近1年净利润为正且营业收入不低于人民币1亿元；预计市值不低于人民币15亿元，最近1年营业收入不低于人民币2亿元，且最近3年累计研发投入占最近3年累计营业收入的比例不低于15%；预计市值不低于人民币20亿元，最近1年营业收入不低于人民币3亿元，且最近3年经营活动产生的现金流量净额累计不低于人民币1亿元；预计市值不低于人民币30亿元，且最近1年营业收入不低于人民币3亿元；预计市值不低于人民币40亿元，主要业务或产品需经国家有关部门批准，市场空间大，目前已取得阶段性成果。医药行业企业需至少有一项核心产品获准开展二期临床试验，其他符合科创板定位的企业需具备明显的技术优势并满足相应条件。

（5）上海证券交易所规定的其他上市条件。

2024年4月30日，深圳证券交易所发布、实施的《深圳证券交易所股票上市规则（2024年4月修订）》规定，对发行人首次公开发行股票后申请其股票在深圳证券交易所上市，应当符合下列条件：

（1）符合《证券法》、中国证监会规定的发行条件。

（2）发行后股本总额不低于5 000万元。

（3）公开发行的股份达到公司股份总数的25%以上；公司股本总额超过4亿元的，公开发行股份的比例为10%以上。

（4）市值以及财务指标应当至少符合下列标准中的一项：最近3年净利润均为正，且最近3年净利润累计不低于2亿元，最近1年净利润不低于1亿元，最近3年经营活动产生的现金流量净额累计不低于2亿元或者营业收入累计不低于15亿元；预计市值不低于50亿元，且最近1年净利润为正，最近1年营业收入不低于6亿元，最近3年经营活动产生的现金流量净额累计不低于2.5亿元；预计市值不低于100亿元，且最近1年净利润为正，最近1年营业收入不低于10亿元。

（5）深圳证券交易所要求的其他条件。

2024年4月30日，深圳证券交易所发布、实施的《深圳证券交易所创业板股票上市规则（2024年4月修订）》规定，对发行人首次公开发行股票后申请其股票在深圳证券交易所创业板上市，应当符合下列条件：

（1）符合中国证监会规定的创业板发行条件。

（2）发行后股本总额不低于3 000万元。

（3）公开发行的股份达到公司股份总数的25%以上；公司股本总额超过4亿元的，公开发行股份的比例为10%以上。

（4）市值及财务指标符合《深圳证券交易所创业板股票上市规则（2024年4月修订）》规定的标准。

（5）深圳证券交易所要求的其他上市条件。

3. 股票退市风险示警与退市。

退市包括强制终止上市（以下简称强制退市）和主动终止上市（以下简称主动退市）。强制退市分为交易类强制退市、财务类强制退市、规范类强制退市和重大违法类强制退市四类情形。

其中，财务类强制退市条件包括净利润加营业收入的组合指标、净资产和审计意见类型等。《上海证券交易所科创板股票上市规则（2024 年 4 月修订）》对财务类退市风险警示条件和退市条件作出了规定。上市公司最近 1 个会计年度经审计的财务会计报告相关财务指标触及本节规定的财务类强制退市情形的，证券交易所对其股票实施退市风险警示。

上市公司出现下列情形之一的，证券交易所对其股票实施退市风险警示：

（1）最近 1 个会计年度经审计的利润总额、净利润或者扣除非经常性损益后的净利润孰低者为负值且营业收入低于 3 亿元，或追溯重述后最近 1 个会计年度利润总额、净利润或者扣除非经常性损益后的净利润孰低者为负值且营业收入低于 3 亿元。

（2）最近 1 个会计年度经审计的期末净资产为负值，或追溯重述后最近 1 个会计年度期末净资产为负值。

（3）最近 1 个会计年度的财务会计报告被出具无法表示意见或否定意见的审计报告。

（4）中国证监会行政处罚决定书表明公司已披露的最近 1 个会计年度经审计的年度报告存在虚假记载、误导性陈述或者重大遗漏，导致该年度相关财务指标实际已触及第（1）项、第（2）项情形的。

（5）认定的其他情形。

上市公司最近连续 2 个会计年度经审计的财务会计报告相关财务指标触及本节规定的财务类强制退市情形的，证券交易所决定终止其股票上市。

（十）发行普通股股票的筹资特点

1. 两权分离，有利于公司自主经营管理。

公司通过对外发行股票筹资，公司的所有权与经营权相分离，分散了公司控制权，有利于公司自主管理、自主经营。普通股筹资的股东众多，公司日常经营管理事务主要由公司的董事会和经理层负责。但公司的控制权分散也容易导致公司被经理人控制。

2. 资本成本较高。

由于股票投资的风险较大，收益具有不确定性，投资者就会要求较高的风险补偿。因此，股票筹资的资本成本较高。

3. 能增强公司的社会声誉，促进股权流通和转让。

普通股筹资及股东的大众化，为公司带来了广泛的社会影响。特别是上市公司，其股票的流通性强，有利于市场确认公司的价值。普通股筹资以股票作为媒介，便于股权的流通和转让，吸收新的投资者。但是，流通性强的股票交易，也容易在资本市场上被恶意收购。

4. 不易及时形成生产能力。

普通股筹资吸收的一般都是货币资金，还需要通过购置和建造形成生产经营能力。相对吸收直接投资方式来说，该方式不易及时形成生产能力。

三、留存收益

（一）留存收益的性质

从性质上看，企业通过合法有效的经营所实现的税后净利润，都属于企业的所有者。因此，属于所有者的利润包括分配给所有者的利润和尚未分配留存于企业的利润。企业将本年度的利润部分甚至全部留存下来的原因很多：第一，收益的确认和计量是建立在权责发生制基础上的，企业有利润，但企业不一定有相应的现金净流量增加，因而企业不一定有足够的现金将利润全部或部分分配给所有者。第二，法律法规从保护债权人利益和要求企业可持续发展等角度出发，限制企业将利润全部分配出去。根据《公司法》规定，企业每年的税后利润，必须提取 10% 的法定公积金。公司法定公积金累计额为公司注册资本的 50% 以上的，可以不再提取。第三，企业基于自身的扩大再生产和筹资需求，也会将一部分利润留存下来。

（二）留存收益的筹资途径

1. 提取盈余公积金。

盈余公积金，是指有指定用途的留存净利润，其提取基数是抵减年初累计亏损后的本年度净利润。盈余公积金主要用于企业未来的经营发展，经投资者审议后也可以用于转增股本（实收资本）和弥补公司经营亏损。

2. 未分配利润。

未分配利润，是指未限定用途的留存净利润。未分配利润有两层含义：其一，这部分净利润本年没有分配给公司的股东投资者；其二，这部分净利润未指定用途，可以用于企业未来经营发展、转增股本（实收资本）、弥补公司经营亏损和以后年度利润分配。

（三）利用留存收益的筹资特点

1. 不用发生筹资费用。

与普通股筹资相比较，留存收益筹资不需要发生筹资费用，资本成本较低。

2. 维持公司的控制权分布。

利用留存收益筹资，不用对外发行新股或吸收新投资者，由此增加的权益资本不会改变公司的股权结构，不会稀释原有股东的控制权。

3. 筹资数额有限。

当期留存收益的最大数额是当期的净利润，不如外部筹资一次性可以筹集大量资金。如果企业发生亏损，当年就没有利润留存。另外，股东和投资者从自身期望出发，往往希望企业每年发放一定股利，保持一定的利润分配比例。

四、股权筹资的优缺点

（一）股权筹资的优点

1. 股权筹资是企业稳定的资本基础。

股权资本没有固定的到期日，无须偿还，是企业的永久性资本，除非企业清算时才有可能予以偿还。这对于保障企业对资本的最低需求、促进企业长期持续稳定经营具有重要意义。

2. 股权筹资是企业良好的信誉基础。

股权资本作为企业最基本的资本，代表了企业的资本实力，是企业与其他单位组织开展经营业务、进行业务活动的信誉基础。同时，股权资本也是其他方式筹资的基础，尤其可为债务筹资，包括银行借款、发行公司债券等提供信用保障。

3. 股权筹资的财务风险较小。

股权资本无须在企业正常营运期内偿还，没有还本付息的财务压力。相对于债务资金而言，股权资本筹资限制少，资本使用上也无特别限制。另外，企业可以根据其经营状况和业绩的好坏，决定向投资者支付报酬的多少。

（二）股权筹资的缺点

1. 资本成本较高。

一般而言，股权筹资的资本成本要高于债务筹资。这主要是由于投资者投资于股权特别是投资于股票的风险较高，投资者或股东相应要求得到较高的收益率。从企业成本开支的角度来看，股利、红利从税后利润中支付，而使用债务资金的资本成本允许税前扣除。此外，普通股的发行、上市等方面的费用也十分庞大。

2. 控制权变更可能影响企业长期稳定发展。

利用股权筹资，由于引进了新的投资者或出售了新的股票，必然会导致公司控制权结构的改变，而控制权变更过于频繁，又势必要影响公司管理层的人事变动和决策效率，影响公司的正常经营。

3. 信息沟通与披露成本较大。

投资者或股东作为企业的所有者，有了解企业经营业务、财务状况、经营成果等的权利。企业需要通过各种渠道和方式加强与投资者的关系管理，保障投资者的权益。特别是上市公司，其股东众多而分散，只能通过公司的公开信息披露了解公司状况，这就需要公司花更多的精力，有些公司还需要设置专门的部门，进行公司的信息披露和投资者关系管理。

第四节　衍生工具筹资

衍生工具筹资，包括兼具股权和债务性质的混合融资和其他衍生工具融资。我国上市公司目前最常见的混合融资方式有可转换债券融资和优先股股票筹资，最常见的其他衍生工具融资是认股权证融资。

一、可转换债券

可转换债券是一种混合型证券，是公司普通债券与证券期权的组合体。可转换债券的持有人在一定期限内，可以按照事先规定的价格或者转换比例，自由地选择是否转换为公司普通股。

一般来说，可转换债券可以分为两类：一类是不可分离的可转换债券，其转股权与债券不可分离，债券持有者直接按照债券面额和约定的转股价格，在规定的期限内将债券转换为股票；另一类是可分离交易的可转换债券，这类债券在发行时附有认股权证，是认股权证与公司债券的组合，发行上市后，公司债券和认股权证各自独立流通、交易。认股权证的持有者认购股票时，需要按照认购价格（行权价）出资购买股票。

（一）可转换债券的基本性质

1. 证券期权性。

可转换债券给予了债券持有者未来的选择权，在事先约定的期限内，投资者可以选择将债券转换为普通股票，也可以放弃转换权利，持有至债券到期还本付息。由于可转换债券持有人具有在未来按一定的价格购买股票的权利，因此可转换债券实质上是一种未来的买入期权。

2. 资本转换性。

可转换债券在正常持有期，属于债权性质；转换成股票后，属于股权性质。如果在债券的转换期内，持有人没有将其转换为股票，发行企业到期必须无条件地支付本金和利息。转换成股票后，债券持有人成为企业的股权投资者。资本双重性的转换，取决于投资者是否行权。

3. 可赎回与回售性。

可转换债券一般都会有赎回条款，发债公司在可转换债券转换前，可以按一定条件赎回债券。通常，公司股票价格在一段时期内连续高于转股价格达到某一幅度时，公司会按事先约定的价格买回未转股的可转换公司债券。同样，可转换债券一般也会有回售条款，公司股票价格在一段时期内连续低于转股价格达到某一幅度时，债券持有人可按事先约定的价格将所持债券回售给发行公司。

（二）可转换债券的基本要素

可转换债券的基本要素是指构成可转换债券基本特征的必要因素，它们代表了可转换债券与一般债券的区别。

1. 标的股票。

可转换债券转换期权的标的物是可转换成的公司股票。标的股票一般是发行公司自己的普通股票。

2. 票面利率。

可转换债券的票面利率一般会低于普通债券的票面利率，有时甚至还低于同期银行存款利率。因为在可转换债券的投资收益中，除了债券的利息收益外，还附加了股票买入期权的收益部分。一个设计合理的可转换债券，在大多数情况下其股票买入期权的收益足以弥补债券利息收益的差额。

3. 转换价格。

转换价格是指可转换债券在转换期内据以转换为普通股的折算价格，即将可转换债券转换为普通股的每股普通股的价格。如每股 30 元，即是指可转换债券转股时，将债券金额按每股 30 元转换为相应股数的股票。由于可转换债券在未来可以行权转换成股票，在债券发售时，所确定的转换价格一般比发售日股票市场价格高出一定比例，如高出 10%～30%。《上市公司证券发行注册管理办法》规定，向不特定对象发行可转债的转股价格应当不低于募集说明书公告日前 20 个交易日上市公司股票交易均价和前 1 个交易日均价。向特定对象发行可转债的转股价格应当不低于认购邀请书发出前 20 个交易日上市公司股票交易均价和前 1 个交易日的均价，且不得向下修正。

4. 转换比率。

转换比率是指每一张可转换债券在既定的转换价格下能转换为普通股股票的数量。在债券面值和转换价格确定的前提下，转换比率为债券面值与转换价格之商：

转换比率 = 债券面值 / 转换价格

5. 转换期。

转换期是指可转换债券持有人能够行使转换权的有效期限。可转换债券的转换期可以与债券的期限相同，也可以短于债券的期限。转换期间的设定通常有四种情形：债券发行日至到期日；发行日至到期前；发行后某日至到期日；发行后某日至到期前。至于选择哪种，要看公司的资本使用状况、项目情况、投资者要求等。由于转换价格高于公司发债时股价，投资者一般不会在发行后立即行使转换权。《上市公司证券发行注册管理办法》规定，可转换债券自发行结束之日起 6 个月后方可转换为公司股票，转股期限由公司根据可转换债券的存续期限及公司财务状况确定。

6. 赎回条款。

赎回条款是指发债公司按事先约定的价格买回未转股债券的条件规定，赎回一般发生在公司股票价格一段时期内连续高于转股价格达到某一幅度时。赎回条款通常包括：不可赎回期间与赎回期间，赎回价格（一般高于可转换债券的面值），赎回条件（分为无条件赎回和有条件赎回）等。

发债公司在赎回债券之前，要向债券持有人发出赎回通知，要求他们在将债券转股与卖回给发债公司之间作出选择。一般情况下，投资者大多会将债券转换为普通股。可见，设置赎回条款最主要的功能是强制债券持有者积极行使转股权，因此又被称为加速条款。同时也能使发债公司避免在市场利率下降后，继续向债券持有人按照较高的票面利率支付利息所蒙受的损失。

7. 回售条款。

回售条款是指债券持有人有权按照事先约定的价格将债券卖回给发债公司的条件规定。回售一般发生在公司股票价格在一段时期内连续低于转股价格达到某一幅度时。回售对于投资者而言实际上是一种卖权，有利于降低投资者的持券风险。与赎回一样，回售条款也有回售时间、回售价格和回售条件等规定。

8. 强制性转换条款。

强制性转换条款是指在某些条件具备之后，债券持有人必须将可转换债券转换为股票，无权要求偿还债券本金的条件规定。公司可设置强制性转换条款保证可转换债券顺利地转换成股票，预防投资者到期集中挤兑引发公司破产的风险。

（三）可转换债券的发行条件

根据《上市公司证券发行注册管理办法》的规定，上市公司发行可转换债券（以下简称可转债），应当符合下列规定：

（1）具备健全且运行良好的组织机构。

（2）最近3年平均可分配利润足以支付公司债券1年的利息。

（3）具有合理的资产负债结构和正常的现金流量。

（4）交易所主板上市公司向不特定对象发行可转债的，应当最近3个会计年度盈利，且最近3个会计年度加权平均净资产收益率平均不低于6%；净利润以扣除非经常性损益前后孰低者为计算依据。

上市公司存在下列情形之一的，不得发行可转债：

（1）对已公开发行的公司债券或者其他债务有违约或者延迟支付本息的事实，仍处于继续状态。

（2）违反《证券法》规定，改变公开发行公司债券所募资金用途。

上市公司发行可转债，募集资金使用应当符合本办法第12条的规定，且不得用于弥补亏损和非生产性支出。

（四）可转换债券的筹资特点

1. 筹资功能灵活。

可转换债券是将传统的债务筹资功能和股票筹资功能结合起来，筹资性质和时间上具有灵活性。债券发行企业先以债务方式取得资金，到了债券转换期，如果股票市价较高，债券持有人将会按约定的价格转换为股票，避免了企业还本付息之负担。如果公司股票长期低迷，投资者不愿意将债券转换为股票，企业及时还本付息清偿债务，也能避免未来长期的股东资本成本负担。

2. 资本成本低。

可转换债券的利率低于同一条件下普通债券的利率，降低了公司的筹资成本；此外，在可转换债券转换为普通股时，公司无须另外支付筹资费用，又节约了股票的筹资成本。

3. 筹资效率高。

可转换债券在发行时，规定的转换价格往往高于当时本公司的股票价格。如果这些债券将来都转换成了股权，这相当于在债券发行之际，就以高于当时股票市价的价格新发行了股票，以较少的股份代价筹集了更多的股份资金。因此在公司发行新股时机不佳时，可以先发行可转换债券，以便其将来变相发行普通股。

4. 存在财务压力。

可转换债券存在不转换的财务压力。如果在转换期内公司股价处于恶化性的低位，持券者到期不会转股，会使公司因集中兑付债券本金而产生财务压力。可转换债券还存在回售的财务压力。若可转换债券发行后，公司股价长期低迷，在设计有回售条款的情况下，投资者集中在一段时间内将债券回售给发行公司，加大了公司的财务支付压力。

【例4-2】 某特种钢股份有限公司为A股上市公司，2021年为调整产品结构，公司拟分两阶段投资建设某特种钢生产线，以填补国内空白。该项目第一期计划投资额为20亿元，第二期计划投资额为18亿元，公司制订了发行分离交易可转换公司债券的融资计划。

扫码看讲解

经有关部门批准，公司于2021年2月1日按面值发行了2 000万张、每张面值100元的分离交易可转换公司债券，合计20亿元，债券期限为5年，票面年利率为1%（如果单独按面值发行一般公司债券，票面年利率需要设定为6%），按年计息。同时，每张债券的认购人获得公司派发的15份认股权证，认股权证总量为30 000万份，该认股权证为欧式认股权证；行权比例为2∶1（即2份认股权证可认购1股A股股票），行权价格为12元/股。认股权证存续期为24个月（即2021年2月1日至2023年1月31日），行权期为认股权证存续期最后5个交易日（行权期间认股权证停止交易）。假定债券和认股权证发行当日即上市。

公司2021年末A股总数为20亿股（当年未增资扩股），当年实现净利润9亿元。假定公司2022年上半年实现基本每股收益0.30元，上半年公司股价一直维持在每股10元左右。预计认股权证行权期截止前夕，每份认股权证价格将为1.5元（公司市盈率维持在20倍的水平）。

根据上述资料，计算分析如下（金额保留2位小数）：

第一，发行分离交易的可转换公司债券后，2021年可节约的利息支出 = 20×（6% - 1%）×11÷12 = 0.92（亿元）。

第二，2021年公司基本每股收益 = 9÷20 = 0.45（元/股）。

第三，为实现第二次融资，必须促使认股权证持有人行权，为此股价应当达到的水平为12元。

2022年基本每股收益应达到的水平 = 12÷20 = 0.60（元）。

第四，公司发行分离交易可转换公司债券的主要目标是分两阶段融通项目第一期、第二期所需资金，特别是努力促使认股权证持有人行权，以实现发行分离交易可转换公司债券的第二次融资；主要风险是第二次融资时，股价低于行权价格，投资者放弃行权，导致第二次融资失败。

第五，公司为了实现第二次融资目标，应当采取的具体财务策略主要有：

（1）最大限度发挥生产项目的效益，改善经营业绩。

（2）改善与投资者的关系及社会公众形象，提升公司股价的市场表现。

二、认股权证

认股权证是一种由上市公司发行的证明文件，持有人有权在一定时间内以约定价格认购该公司发行的一定数量的股票。广义的权证（warrant），是一种持有人有权于某一特定期间或到期日，按约定的价格认购或沽出一定数量的标的资产的期权。按买或卖的不同权利，可分为认购权证和认沽权证，又称为看涨权证和看跌权证。认股权证，属于认购权证。

（一）认股权证的基本性质

1. 认股权证的期权性。

认股权证本质上是一种股票期权，属于衍生金融工具，具有实现融资和股票期权激励的双重功能。但认股权证本身是一种认购普通股的期权，它没有普通股的红利收入，也没有普通股相应的投票权。

2. 认股权证是一种投资工具。

投资者可以通过购买认股权证获得市场价与认购价之间的股票差价收益，因此它是一种具有内在价值的投资工具。

（二）认股权证的筹资特点

1. 认股权证是一种融资促进工具。

认股权证的发行人是发行标的股票的上市公司，认股权证通过以约定价格认购公司股票的契约方式，能保证公司在规定的期限内完成股票发行计划，顺利实现融资。

2. 有助于改善上市公司的治理结构。

采用认股权证进行融资，融资的实现是缓期分批实现的。上市公司及其大股东的利益，与投资者是否在到期之前执行认股权证密切相关。因此，在认股权证有效期间，上市公司管理层及其大股东任何有损公司价值的行为，都可能降低上市公司的股价，从而降低投资者执行认股权证的可能性，这将损害上市公司管理层及其大股东的利益。所以，认股权证能够约束上市公司的败德行为，并激励他们更加努力地提升上市公司的市场价值。

3. 有利于推进上市公司的股权激励机制。

认股权证是常用的员工激励工具，通过给予管理者和重要员工一定的认股权证，可以把管理者和员工的利益与企业价值成长紧密联系在一起，建立一个管理者与员工通过提升企业价值实现自身财富增值的利益驱动机制。

三、优先股

优先股是指股份有限公司发行的具有优先权利、相对优先于普通股的股份种类。在利润分配及剩余财产清偿分配的权利方面，优先股持有人优先于普通股股东；但在参与公司决策管理等方面，优先股的权利受到限制。

（一）优先股的基本性质

1. 约定股息。

相对于普通股而言，优先股的股利收益是事先约定的，也是相对固定的。由于优先股的股息率事先已作规定，因此优先股的股息一般不会根据公司经营情况而变化，而且优先股一般也不再参与公司普通股的利润分红。但优先股的固定股息率各年可以不同，另外，优先股也可以采用浮动股息率分配利润。公司章程中规定优先股采用固定股息率的，可以在优先股存续期内采取相同的固定股息率，或明确每年的固定股息率，各年度的股息率可以不同；公司章程中规定优先股采用浮动股息率的，应当明确优先股存续期内票面股息率的计算方法。

2. 权利优先。

优先股在年度利润分配和剩余财产清偿分配方面，具有比普通股股东优先的权利。优先股可以先于普通股获得股息，公司的可分配利润先分给优先股股东，剩余部分再分给普通股股东。在剩余财产方面，优先股的清偿顺序先于普通股而次于债权人。一旦公司清算，剩余财产先分给债权人，再分给优先股股东，最后分给普通股股东。

优先股的优先权利是相对于普通股而言的，与公司债权人不同，优先股股东不能要求经营成果不佳无法分配股利的公司支付固定股息；优先股股东也不能要求无法支付股息的公司进入破产程序，不能向人民法院提出企业重整、和解或者破产清算申请。

3. 权利范围小。

优先股股东一般没有选举权和被选举权，对股份公司的重大经营事项无表决权。仅在股东大会表决与优先股股东自身利益直接相关的特定事项时，具有有限表决权，例如，修改公司章程中与优先股股东利益相关的事项条款时，优先股股东有表决权。

（二）优先股的种类

1. 固定股息率优先股和浮动股息率优先股。

优先股股息率在股权存续期内不作调整的，称为固定股息率优先股；优先股股息率根据约定的计算方法进行调整的，称为浮动股息率优先股。优先股采用浮动股息率的，在优先股存续期内票面股息率的计算方法在公司章程中要事先明确。

2. 强制分红优先股与非强制分红优先股。

公司在章程中规定，在有可分配税后利润时必须向优先股股东分配利润的，称为强制分红优先股，否则即为非强制分红优先股。

3. 累积优先股和非累积优先股。

根据公司因当年可分配利润不足而未向优先股股东足额派发股息，差额部分是否累积到下一会计年度，可分为累积优先股和非累积优先股。累积优先股是指公司在某一时期所获盈利不足，导致当年可分配利润不足以支付优先股股息时，则将应付股息累积到次年或以后某一年盈利时，在普通股的股息发放之前，连同本年优先股股息一并发放。非累积优先股则是指公司不足以支付优先股的全部股息时，对所欠股息部分，优先股股东不能要求公司在以后年度补发。

4. 参与优先股和非参与优先股。

根据优先股股东按照确定的股息率分配股息后，是否有权同普通股股东一起参加剩余税后利润分配，可分为参与优先股和非参与优先股。持有人只能获取一定股息但不能参加公司额外分红的优先股，称为非参与优先股。持有人除可按规定的股息率优先获得股息外，还可与普通股股东分享公司的剩余收益的优先股，称为参与优先股。对于有权同普通股股东一起参加剩余利润分配的参与优先股，公司章程应明确优先股股东参与剩余利润分配的比例、条件等事项。

5. 可转换优先股和不可转换优先股。

根据优先股是否可以转换成普通股，可分为可转换优先股和不可转换优先股。可转换优先股是指在规定的时间内，优先股股东或发行人可以按照一定的转换比率把优先股换成该公司普通股。否则是不可转换优先股。

6. 可回购优先股和不可回购优先股。

根据发行人或优先股股东是否享有要求公司回购优先股的权利，可分为可回购优先股和不可回购优先股。可回购优先股是指允许发行公司按发行价加上一定比例的补偿收益回购的优先股。公司通常在认为可以用较低股息率发行新的优先股时，用此方法回购已发行的优先股股票。不附有回购条款的优先股，则被称为不可回购优先股。回购优先股包括发行人要求赎回优先股和投资者要求回售优先股两种情况，应在公司章程和招股文件中规定其具体条件。发行人要求赎回优先股的，必须完全支付所欠股息。

根据我国《优先股试点管理办法（2023 年修订）》，优先股每股票面金额为 100 元，上市公司不得发行可转换为普通股的优先股，但商业银行可根据商业银行资本监管规定，非公开发行触发事件发生时强制转换为普通股的优先股，并遵守有关规定。上市公司公开发行的优先股，应当在公司章程中规定以下事项：

（1）采取固定股息率。

（2）在有可分配税后利润的情况下必须向优先股股东分配股息。

（3）未向优先股股东足额派发股息的差额部分应当累积到下一会计年度。

（4）优先股股东按照约定的股息率分配股息后，不再同普通股股东一起参加剩余利润分配。商业银行发行优先股补充资本的，可就第（2）项和第（3）项事项另行约定。

（三）优先股的特点

优先股既像公司债券，又像公司股票，因此优先股筹资属于混合筹资，其筹资特点兼有债务筹资和股权筹资性质。

1. 有利于丰富资本市场的投资结构。

优先股有利于为投资者提供多元化投资渠道，增加固定收益型产品。看重现金红利的投资者可投资优先股，而希望分享公司经营成果成长的投资者则可以选择普通股。

2. 有利于股份公司股权资本结构的调整。

发行优先股，是股份公司股权资本结构调整的重要方式。公司资本结构调整中，既包括债务资本和股权资本的结构调整，也包括股权资本的内部结构调整。

3. 有利于保障普通股收益和控制权。

优先股的每股收益是固定的，只要净利润增加并且高于优先股股息，普通股的每股收益就会上升。另外，优先股股东无表决权，因此不影响普通股股东对企业的控制权，也基本上不会稀释原普通股的权益。

4. 有利于降低公司财务风险。

优先股股利不是公司必须偿付的一项法定债务，如果公司财务状况恶化、经营成果不佳，这种股利可以不支付，从而相对避免了企业的财务负担。由于优先股没有规定最终到期日，它实质上是一种永续性借款。优先股的收回由企业决定，企业可在有利条件下收回优先股，具有较大的灵活性。发行优先股，增加了权益资本，从而改善了公司的财务状况。对于高成长企业来说，承诺给优先股的股息与其成长性相比而言是比较低的。同时，由于发行优先股相当于发行无限期的债券，可以获得长期的低成本资金，但优先股不属于负债而是权益资本，能够提高公司的资产质量。总之，从财务角度上看，优先股属于股债连接产品。作为资本，可以降低企业整体负债率；作为永续性负债，可以增加长期资金来源，有利于公司的长久发展。

5. 可能给股份公司带来一定的财务压力。

首先是资本成本相对于债务较高。主要是由于优先股股息不能抵减所得税，而债务利息可以抵减所得税。这是利用优先股筹资的最大不利因素。其次是股利支付相对于普通股的固定性。针对固定股息率优先股、强制分红优先股、可累积优先股而言，股利支付的固定性可能成为企业的一项财务负担。

第五节　筹资实务创新

企业筹资方式和筹资渠道的变化与国家金融业的发展密切相关。随着经济的发展和金融政策的完善，我国企业筹资方式和筹资渠道逐步呈现多元化趋势。

一、非公开定向债务融资工具

非公开定向债务融资工具是指在银行间债券市场以非公开定向发行方式发行的债务融资工具（private placement note，PPN）。非公开定向债务融资工具是具有法人资格的非金融企业，向银行间市场特定机构投资人发行债务融资工具取得资金的筹资方式，是一种债务筹资创新方式。为推动金融市场发展，加快多层次资本市场体系建设，提高直接融资比重，拓宽非金融企业融资渠道，中国银行间市场交易商协会于 2011 年 4 月 29 日发布了《银行间债券市场非金融企业债务融资工具非公开定向发行规则》。

非公开定向债务融资工具具有如下特点：

（1）简化的信息披露要求。非公开定向债务融资工具只需向定向投资人披露信息，无须履行公开披露信息义务；披露方式可协商约定。这将减轻发行人，尤其是非上市公司发行人的信息披露负担；同时非公开定向发行有利于引入风险偏好型投资者，构建多元化的投资者群体。

（2）发行规模没有明确限制。《证券法》对非公开发行债券的规模并无明确规定，《银行间债券市场非金融企业债务融资工具非公开定向发行规则》对其发行规模没有限制。

（3）发行方案灵活。由于采取非公开方式发行，利率、规模、资金用途等条款可由发行人与投资者通过一对一的谈判协商确定。

（4）融资工具有限度流通。非公开定向债务融资工具的信息披露要求相对简化，限定在特定投资人范围内流通转让。

（5）发行价格存在流动性溢价。在市场定价方面，非公开定向工具的发行价格、发行利率、所涉费率遵循自律规则、按市场方式确定，因其流通性的限制，与公开发行债务融资工具相比存在着一定的流动性溢价，即定向工具的利率比公开发行的同类债券利率要高。

非公开定向债务融资工具因其发行方式具有灵活性强、发行相对便利、信息披露要求相对简化的特点，在实务中成为企业重要的新的直接融资方式。

二、私募股权投资

私募股权投资（private equity，PE）是指通过私募基金对非上市公司进行的权益性投资。在资金募集上，主要通过非公开方式面向少数机构投资者或高净值个人募集，它的销售和赎回都是基金管理人通过私下与投资者协商进行的。非上市公司获得私募股权投资，是一种股权筹资方式。

私募股权投资具有如下主要特点：

（1）在资金募集上，主要通过非公开方式面向少数机构投资者或高净值个人募集，它的销售和赎回都是基金管理人通过私下与投资者协商进行的。

（2）多采取权益型投资方式，绝少涉及债权投资。PE 投资机构也因此对被投资企业的决策管理享有一定的表决权。

（3）投资的企业一般是非上市企业，投资比较偏向于已形成一定规模和产生稳定现金流的成型企业。

（4）投资期限较长，一般可达 3~5 年或更长，属于中长期投资。

（5）流动性差，没有现成的市场供非上市公司的股权出让方与购买方直接达成交易。

（6）是被投资企业的重要股权筹资方式。

实务中优秀的高成长性的未上市公司不断得到创业投资基金（私募股权投资基金的一种表现形式）的融资并因此得到了快速发展，以百度、新浪、搜狐、携程、如家等为代表。

三、产业基金

产业基金一般指产业投资基金（industry investment fund），向具有高增长潜力的未上市企业进行股权或准股权投资，并参与被投资企业的经营管理，以期所投资企业发育成熟后通过股权转让实现资本增值。产业投资基金主要投资于新兴的、有巨大增长潜力的企业。政府出资产业投资基金是我国产业基金的主要形式，国家发展改革委 2016 年 12 月 30 日下发的《政府出资产业投资基金管理暂行办法》中对其定义：政府出资产业投资基金，是指由政府出资，主要投资于非公开交易企业股权的股权投资基金和创业投资基金。企业获得产业投资基金投资，是一种股权筹资方式。2019 年 10 月 19 日颁布的《关于进一步明确规范金融机构资产管理产品投资创业投资基金和政府出资产业投资基金有关事项的通知》（发改财金规〔2019〕1638 号）规定，对于政府出资产业投资基金的认定需要符合 4 个条件：（1）中央、省级或计划单列市人民政府（含所属部门、直属机构）批复设立，且批复文件或其他文件中明确了政府出资的；政府认缴出资比例不低于基金总规模的 10%，其中，党中央、国务院批准设立的，政府认缴出资比例不低于基金总规模的 5%。（2）符合《政府出资产业投资基金管理暂行办法》（发改财金规〔2016〕2800 号）和《关于促进政府投资基金高质量发展的指导意见》（国办发〔2025〕1 号）有关规定。（3）基金投向符合产业政策、投资政策等国家宏观管理政策。（4）基金运作不涉及新增地方政府隐性债务。

我国的政府出资产业投资基金投向的产业领域具体包括：非基本公共服务领域、基础设施领域、住房保障领域、生态环境领域、区域发展领域、战略性新兴产业领域和先进制造业领域、创业创新领域等。设立政府出资产业投资基金的目的在于，通过财政性资金撬动社会资本进入国民经济发展重点领域，及具有较大发展潜力、经过前期扶持培育后可成长为新的经济增长点的领域。

四、商业票据融资

商业票据融资是指通过商业票据进行融通资金。商业票据是一种商业信用工具，是由债务人向债权人开出的、承诺在一定时期内支付一定款项的支付保证书，即由无担保、可转让的短期期票组成。商业票据融资具有融资成本较低、灵活方便等特点。

五、中期票据融资

中期票据是指具有法人资格的非金融类企业在银行间债券市场按计划分期发行的、约定在一定期限还本付息的债务融资工具。中期票据起源于美国，20 世纪 70 年代以前，美国的公司债务市场除了银行贷款以外，只有商业票据和公司债券两种证券。1972 年，通用汽车承兑公司首次发行了期限不超过 5 年的债务工具。由于其期限介于商业票据和公司债券之间，因而被形象地称作"中期票据"。后随着美国资本市场的发展，中期票据如今已与商业票据和公司债券形成三足鼎立之态势。欧洲最早的中期票据出现在 1986 年。我国于 2008 年开始推行中期票据，随后得到了广泛的应用。发行中期票据一般要求具有稳定的偿债资金来源；拥有连续 3 年的经审计的会计报表，且最近 1 个会计年度盈利；主体信用评级达到 AAA；待偿还债券余额不超过企业净资产的 40%；募集资金应用于企业生产经营活动，并在发行文件中明确披露资金用途；发行利率、发行价格和相关费用由市场化方式确定。

中期票据具有如下特点：（1）发行机制灵活。中期票据发行采用注册制，一次注册通过后 2 年内可分次发行；可选择固定利率或浮动利率，到期还本付息；付息可选择按年或按季等。（2）用款方式灵活。中期票据可用于中长期流动资金、置换银行借款、项目建设等。（3）融资额度大。企业申请发行中期票据，按规定发行额度最多可达企业净资产的 40%。（4）使用期限长。中期票据的发行期限在 1 年以上，一般为 3 ~ 5 年，最长可达 10 年。（5）成本较低。根据企业信用评级和当时市场利率，中期票据利率较中长期贷款等融资方式往往低 20% ~ 30%。（6）无须担保抵押。发行中期票据，主要依靠企业自身信用，无须担保和抵押。

中期票据因为有上述特点，在实务中得到了广泛的应用，尤其近些年来在我国上市公司中应用颇多。

六、股权众筹融资

股权众筹融资主要是指通过互联网形式进行公开小额股权融资的活动。股权众筹融资必须通过股权众筹融资中介机构平台（互联网网站或其他类似的电子媒介）进行。股权众筹融资方应为小微企业，应通过股权众筹融资中介机构向投资人如实披露企业的商业模式、经营管理、财务、资金使用等关键信息，不得误导或欺诈投资者。股权众筹融资业务由中国证监会负责监管。

七、企业应收账款证券化

企业应收账款资产支持证券是指证券公司、基金管理公司子公司作为管理人，通过设立资产支持专项计划开展资产证券化业务，以企业应收账款债权为基础资产或基础资产现金流来源所发行的资产支持证券。企业应收账款证券化是企业拓宽融资渠道、降低融资成本、盘活存量资产、提高资产使用效率的重要途径。

根据 2022 年 2 月 1 日起施行的《动产和权利担保统一登记办法》，应收账款是指应收账款债权人因提供一定的货物、服务或设施而获得的要求应收账款债务人付款的权利以及依法享有的其他付款请求权，包括现有的和未来的金钱债权，但不包括因票据或其他有价证券而产生的付款请求权，以及法律、行政法规禁止转让的付款请求权。

应收账款包括以下权利：（1）销售、出租产生的债权，包括销售货物，供应水、电、气、暖，知识产权的许可使用，出租动产或不动产等。（2）提供医疗、教育、旅游等服务或劳务产生的债权。（3）能源、交通运输、水利、环境保护、市政工程等基础设施和公用事业项目收益权。（4）提供贷款或其他信用活动产生的债权。（5）其他以合同为基础的具有金钱给付内容的债权。

八、融资租赁债权资产证券化

融资租赁债权资产支持证券是指证券公司、基金管理公司子公司作为管理人，通过设立资产支持专项计划开展资产证券化业务，以融资租赁债权为基础资产或基础资产现金流来源所发行的资产支持证券。

融资租赁债权是指融资租赁公司依据融资租赁合同对债务人（承租人）享有的租金债权、附属担保权益（如有）及其他权利（如有）。

九、商圈融资

商圈融资，是指企业在其所在商圈内，通过利用商圈内的资源、网络、信誉等优势，从金融机构、其他企业或者投资者那里获取资金的一种融资行为。

商圈融资模式包括商圈担保融资、商铺经营权质押、租赁权质押、仓单质押、存货质押、动产质押、企业集合债券等。发展商圈融资是缓解中小商贸企业融资困难的重大举措。改革开放以来，我国以商品交易市场、商业街区、物流园区、电子商务平台等为主要形式的商圈发展迅速，已成为我国中小商贸服务企业生存与发展的重要载体。但是，由于商圈内多数商贸经营主体属中小企业，抵押物少、信用记录不健全，融资难问题较为突出，亟须探索适应中小商贸服务企业特点的融资新模式。发展商圈融资有助于增强中小商贸经营主体的融资能力，缓解融资困难，促进中小商贸企业健康发展；有助于促进商圈发展，增强经营主体集聚力，提升产业关联度，整合产业价值链，推进商贸服务业结构调整和升级，从而带动税收、就业增长和区域经济发展，实现搞活流通、扩大消费的战略目标；同时，也有助于银行业金融机构和融资性担保机构等培养长期稳定的优质客户群体，扩大授信规模，降低融资风险。

十、供应链融资

供应链融资，是将供应链核心企业及其上下游配套企业作为一个整体，根据供应链中相关企业的交易关系和行业特点制定基于货权和现金流控制的"一揽子"金融解决方案的一种融资模式。供应链融资解决了上下游企业融资难、担保难的问题，而且通过打通上下游融资瓶颈，还可以降低供应链融资成本，提高核心企业及配套企业的竞争力。

十一、绿色信贷

绿色信贷，也称可持续融资或环境融资。它是指银行业金融机构为支持环保产业、倡导绿色文明、发展绿色经济而提供的信贷融资。绿色信贷重点支持节能环保、清洁生产、清洁能源、生态环境、基础设施绿色升级和绿色服务六大类产业。

十二、能效信贷

能效信贷，是指银行业金融机构为支持用能单位提高能源利用效率，降低能源消耗而提供的信贷融资。

能效信贷业务的重点服务领域包括：（1）工业节能，主要涉及电力、煤炭、钢铁、有色金属、石油石化、化工、建材、造纸、纺织、印染、食品加工、照明等重点行业。（2）建筑节能，主要涉及既有和新建居住建筑，国家机关办公建筑和商业、服务业、教育、科研、文化、卫生等其他公共建筑，建筑集中供热、供冷系统节能设备及系统优化，可再生能源建筑应用等。（3）交通运输节能，主要涉及铁路运输、公路运输、水路运输、航空运输和城市交通等行业。（4）与节能项目、服务、技术和设备有关的其他重要领域。

能效信贷包括用能单位能效项目信贷和节能服务公司合同能源管理信贷两种方式。（1）用能单位能效项目信贷是指银行业金融机构向用能单位投资的能效项目提供的信贷融资。用能单位是项目的投资人和借款人。（2）合同能源管理信贷是指银行业金融机构向节能服务公司实施的合同能源管理项目提供的信贷融资。节能服务公司是项目的投资人和借款人。

合同能源管理是指节能服务公司与用能单位以合同形式约定节能项目的节能目标，节能服务公司为实现节能目标向用能单位提供必要的服务，用能单位以节能效益支付节能服务公司的投入及其合理利润的节能服务机制。合同能源管理包括节能效益分享型、节能量保证型、能源费用托管型、融资租赁型和混合型等类型。

节能服务公司是指提供用能状况诊断、能效项目设计、改造（施工、设备安装、调试）、运行管理等服务的专业化公司。

本章思考题

1. 筹资管理的内容有哪些？
2. 筹资管理有哪些原则？
3. 银行长期借款有何特点？
4. 债券筹资有何特点？
5. 租赁租金的影响因素有哪些？租赁筹资有何特点？
6. 债务筹资的优缺点有哪些？
7. 吸收直接投资有何特点？
8. 发行普通股股票筹资有何特点？
9. 股票上市交易的目的是什么？
10. 混合性筹资方式有哪些？混合性筹资方式有哪些特点？
11. 融资实务创新有哪些内容？

第五章　筹资管理（下）

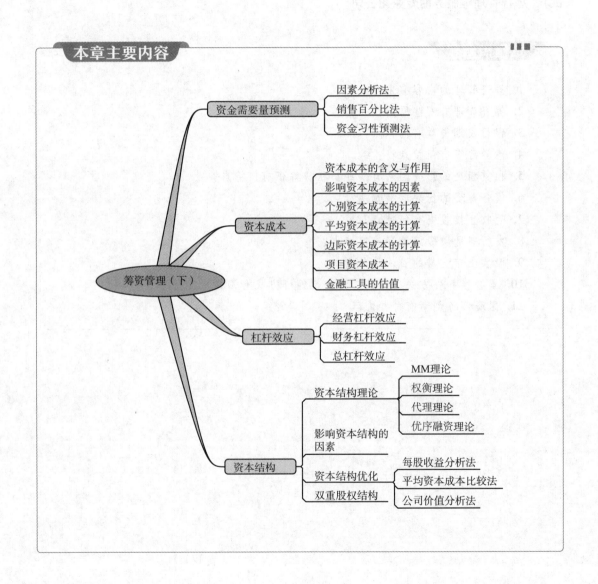

筹资管理（下）

- 资金需要量预测
  - 因素分析法
  - 销售百分比法
  - 资金习性预测法

- 资本成本
  - 资本成本的含义与作用
  - 影响资本成本的因素
  - 个别资本成本的计算
  - 平均资本成本的计算
  - 边际资本成本的计算
  - 项目资本成本
  - 金融工具的估值

- 杠杆效应
  - 经营杠杆效应
  - 财务杠杆效应
  - 总杠杆效应

- 资本结构
  - 资本结构理论
    - MM理论
    - 权衡理论
    - 代理理论
    - 优序融资理论
  - 影响资本结构的因素
  - 资本结构优化
    - 每股收益分析法
    - 平均资本成本比较法
    - 公司价值分析法
  - 双重股权结构

第一节　资金需要量预测

资金需要量是筹资的数量依据，应当科学合理地进行预测。资金需要量预测的基本目的是保证筹集的资金既能满足生产经营的需要，又不会产生多余资金而闲置。

一、因素分析法

因素分析法又称分析调整法，是以有关项目基期年度的平均资金需要量为基础，根据预测年度的生产经营任务和资金周转加速的要求，进行分析调整，来预测资金需要量的一种方法。这种方法计算简便，容易掌握，但预测结果不太精确。它通常用于品种繁多、规格复杂、资金用量较小的项目。因素分析法的计算公式如下：

$$资金需要量 = (基期资金平均占用额 - 不合理资金占用额) \times \frac{1 + 预测期销售增长率}{1 + 预测期资金周转速度增长率}$$

【例 5 - 1】甲企业上年度资金平均占用额为 2 200 万元，经分析，其中不合理部分为 200 万元，预计本年度销售增长 5%，资金周转加速 2%。请预测本年度资金需要量（金额保留 2 位小数）：

$$预测本年度资金需要量 = (2\ 200 - 200) \times \frac{1 + 5\%}{1 + 2\%} = 2\ 058.82（万元）$$

二、销售百分比法

（一）基本原理

销售百分比法，是假设某些资产和负债与销售额存在稳定的百分比关系，根据这个假设预计外部资金需要量的方法。企业的销售规模扩大时，要相应增加流动资产；如果销售规模增加很多，还必须增加长期资产。为取得扩大销售所需增加的资产，企业需要筹措资金。这些资金，一部分来自随销售收入同比例增加的流动负债，一部分来自预测期的收益留存，还有一部分通过外部筹资取得。

销售百分比法，将反映生产经营规模的销售因素与反映资金占用的资产因素连接起来，根据销售与资产之间的数量比例关系来预计企业的外部筹资需要量。销售百分比法首先假设某些资产与销售额存在稳定的百分比关系，根据销售与资产的比例关系预计资产额，根据资产额预计相应的负债和所有者权益，进而确定筹资需求量。

（二）基本步骤

1. 确定随销售额变动而变动的资产和负债项目。

随着销售额的变化，经营性资产项目将占用更多的资金。同时，随着经营性资产的增加，相应的经营性短期债务也会增加，如存货增加会导致应付账款增加，此类债务称为"自动性债务"，可以为企业提供暂时性资金。经营性资产与经营性负债的差额通常与销售额保持稳定的比例关系。这里，经营性资产项目包括库存现金、应收账款、存货等项目；而经营性负债项目包括应付票据、应付账款等项目，不包括短期借款、短期融资券、长期负债等筹资性负债。

2. 确定有关项目与销售额的稳定比例关系。

如果企业资金周转的营运效率保持不变，经营性资产项目与经营性负债项目将会随销售额的变动而呈正比例变动，保持稳定的百分比关系。企业应当根据历史资料和同业情况，剔除不合理的资金占用，寻找与销售额的稳定百分比关系。

3. 确定需要增加的筹资数量。

预计由于销售增长而需要的资金需求增长额，扣除利润留存后，即为所需要的外部筹资额。即有：

$$外部融资需求量 = \frac{A}{S_1} \times \Delta S - \frac{B}{S_1} \times \Delta S - P \times E \times S_2$$

式中，A 表示随销售而变化的敏感性资产；B 表示随销售而变化的敏感性负债；S_1 表示基期销售额；S_2 表示预测期销售额；ΔS 表示销售变动额；P 表示销售净利率；E 表示利润留存率；$\frac{A}{S_1}$ 表示敏感性资产与销售额的关系百分比；$\frac{B}{S_1}$ 表示敏感性负债与销售额的关系百分比。

需要说明的是，如果非敏感性资产增加，则外部筹资需要量也应相应增加。

【例5-2】 光华公司 2022 年 12 月 31 日的简要资产负债及相关信息如表 5-1 所示。假定光华公司 2022 年销售额为 10 000 万元，销售净利率为 10%，利润留存率为 40%。2023 年销售额预计增长 20%，公司有足够的生产能力，无须追加固定资产投资。

扫码看讲解

表 5-1　　　　　　光华公司资产负债及相关信息表（2022 年 12 月 31 日）

资产	金额（万元）	与销售关系（%）	负债与权益	金额（万元）	与销售关系（%）
现金	500	5	短期借款	2 500	N
应收账款	1 500	15	应付账款	1 000	10
存货	3 000	30	预提费用	500	5
固定资产	3 000	N	公司债券	1 000	N
			实收资本	2 000	N
			留存收益	1 000	N
合计	8 000	50	合计	8 000	15

首先，确定有关项目及其与销售额的关系百分比。在表 5-1 中，N 表示不变动，是指该项目不随销售的变化而变化。

其次，确定需要增加的资金量。从表 5-1 可以看出，销售收入每增加 100 元，必须增加 50 元的资金占用，但同时自动增加 15 元的资金来源，两者的差额 35 元即为因销售收入增加而产生的资金需求。因此，每增加 100 元的销售收入，公司必须取得 35 元的资金来源。销售额从 10 000 万元增加到 12 000 万元，增加了 2 000 万元，按照 35% 的比率可预测将增加 700 万元的资金需求。

最后，确定外部融资需求的数量。2023 年的净利润为 1 200 万元（12 000 × 10%），利润留存率为 40%，则将有 480 万元利润被留存下来，还有 220 万元的资金必须从外部筹集。

根据光华公司的资料，可求得对外融资的需求量为：

外部融资需求量 = 50% × 2 000 - 15% × 2 000 - 10% × 40% × 12 000 = 220（万元）

销售百分比法的优点，是能为筹资管理提供短期预计的财务报表，以适应外部筹资的需要，且易于使用。但在有关因素发生变动的情况下，必须相应地调整原有的销售百分比。

三、资金习性预测法

资金习性预测法，是指根据资金习性预测未来资金需要量的一种方法。所谓资金习性，是指资金的变动同产销量变动之间的依存关系。按照资金同产销量之间的依存关系，可以把资金区分为不变资金、变动资金和半变动资金。

不变资金是指在一定的产销量范围内，不受产销量变动的影响而保持固定不变的那部分资金。也就是说，产销量在一定范围内变动，这部分资金保持不变。这部分资金包括：为维持营业而占用的最低数额的现金，原材料的保险储备，必要的成品储备，厂房、机器设备等固定资产占用的资金。

变动资金是指随产销量的变动而同比例变动的那部分资金。它一般包括直接构成产品实体的原材料、外购件等占用的资金。另外，在最低储备以外的现金、存货、应收账款等也具有变动资金的性质。

半变动资金是指虽然受产销量变化的影响，但不呈同比例变动的资金，如一些辅助材料占用的资金。半变动资金可采用一定的方法划分为不变资金和变动资金两部分。

（一）根据资金占用总额与产销量的关系预测

这种方式是根据历史上企业资金占用总额与产销量之间的关系，把资金分为不变资金和变动资金两部分，然后结合预计的销售量来预测资金需要量。

设产销量为自变量 X，资金占用为因变量 Y，它们之间的关系可用下式表示：

$$Y = a + bX$$

式中，a 表示不变资金；b 表示单位产销量所需变动资金。

可见，只要求出 a 和 b，并知道预测期的产销量，就可以用上述公式测算资金需求情况。a 和 b 可用回归直线方程组求出。

【例 5-3】某企业 2017～2022 年历年产销量和资金变化情况如表 5-2 所示，根据表 5-2 整理出表 5-3。2023 年预计销售量为 1 500 万件，需要预测 2023 年的资金需要量。

表 5 - 2 产销量与资金变化情况表

年份	产销量 X（万件）	资金占用 Y（万元）
2017	1 200	1 000
2018	1 100	950
2019	1 000	900
2020	1 200	1 000
2021	1 300	1 050
2022	1 400	1 100

表 5 - 3 资金需要量预测表（按总额预测）

年份	产销量 X（万件）	资金占用 Y（万元）	XY	X^2
2017	1 200	1 000	1 200 000	1 440 000
2018	1 100	950	1 045 000	1 210 000
2019	1 000	900	900 000	1 000 000
2020	1 200	1 000	1 200 000	1 440 000
2021	1 300	1 050	1 365 000	1 690 000
2022	1 400	1 100	1 540 000	1 960 000
合计 $n = 6$	$\sum X = 7\ 200$	$\sum Y = 6\ 000$	$\sum XY = 7\ 250\ 000$	$\sum X^2 = 8\ 740\ 000$

$$a = \frac{\sum X^2 \sum Y - \sum X \sum XY}{n \sum X^2 - \left(\sum X\right)^2} = 400$$

$$b = \frac{n \sum XY - \sum X \sum Y}{n \sum X^2 - \left(\sum X\right)^2} = 0.5$$

解得：$Y = 400 + 0.5X$

将 2023 年预计销售量 1 500 万件代入上式，得出 2023 年资金需要量为：

$400 + 0.5 \times 1\ 500 = 1\ 150$（万元）

（二）采用逐项分析法预测

这种方式是根据各资金占用项目（如现金、存货、应收账款、固定资产等）和资金来源项目同产销量之间的关系，把各项目的资金都分成变动资金和不变资金两部分，然后汇总在一起，求出企业变动资金总额和不变资金总额，进而预测资金需求量。

【例5-4】 某企业历年现金占用与销售收入之间的关系如表5-4所示，需要根据两者的关系，来计算现金占用项目中不变资金和变动资金的数额。

表5-4　　　　　　　　　　现金与销售额变化情况表　　　　　　　　单位：元

年份	销售收入 X	现金占用 Y
2018	2 000 000	110 000
2019	2 400 000	130 000
2020	2 600 000	140 000
2021	2 800 000	150 000
2022	3 000 000	160 000

根据表5-4的资料，采用高低点法来计算现金占用项目中不变资金和变动资金的数额。

$$b = \frac{最高收入期的资金占用量 - 最低收入期的资金占用量}{最高销售收入 - 最低销售收入}$$

$$= \frac{160\ 000 - 110\ 000}{3\ 000\ 000 - 2\ 000\ 000} = 0.05$$

将 $b = 0.05$ 的数据代入2022年 $Y = a + bX$，得：

$a = 160\ 000 - 0.05 \times 3\ 000\ 000 = 10\ 000$（元）

存货、应收账款、流动负债、固定资产等也可根据历史资料做这样的划分，然后汇总列于表5-5中。

表5-5　　　　　　　　　资金需要量预测表（分项预测）　　　　　　　单位：元

项目	年度不变资金 a	每1元销售收入所需变动资金 b
流动资产：		
现金	10 000	0.05
应收账款	60 000	0.14
存货	100 000	0.22
小计	170 000	0.41
减：流动负债		
应付账款及应付费用	80 000	0.11
净资金占用	90 000	0.30
固定资产：		
厂房、设备	510 000	0
所需资金合计	600 000	0.30

根据表 5 - 5 的资料得出预测模型为:

$Y = 600\,000 + 0.3X$

如果 2023 年的预计销售额为 3 500 000 元,则:

2023 年的资金需要量 $= 600\,000 + 0.3 \times 3\,500\,000 = 1\,650\,000$ (元)

根据资金习性把资金划分为变动资金和不变资金两部分,从数量上掌握资金同销售量之间的规律性,对准确地预测资金需要量有很大帮助。

运用资金习性预测法必须注意以下几个问题:(1)资金需要量与产销量之间线性关系的假定应符合实际情况;(2)确定 a、b 数值,应利用连续若干年的历史资料,一般要有 3 年以上的资料;(3)应考虑价格等因素的变动情况。

第二节 资本成本

一、资本成本的含义与作用

资本成本是衡量资本结构优化程度的标准,也是对投资获得经济效益的最低要求,通常用资本成本率表示。企业所筹得的资本付诸使用以后,只有项目的投资收益率高于资本成本率,才能表明所筹集的资本取得了较好的经济效益。

(一)资本成本的含义

资本成本是指企业为筹集和使用(或占用)资本而付出的代价,包括筹资费用和用资费用。资本成本是资本所有权与资本使用权分离的结果。对出资者而言,由于让渡了资本使用权,必须要求取得一定的补偿,资本成本表现为让渡资本使用权所带来的投资收益。对筹资者而言,由于取得了资本使用权,必须支付一定代价,资本成本表现为取得资本使用权所付出的代价。资本成本可以用相对数,即资本成本率表示,也可以用绝对数表示。用绝对数表示的资本成本,主要由以下两个部分构成。

1. 筹资费用。

筹资费用是指企业在资本筹措过程中为获取资本而付出的代价,如向银行支付的借款手续费,因发行股票、公司债券而支付的发行费等。筹资费用通常在资本筹集时一次性发生,在资本使用过程中不再发生,因此,视为筹资数额的一项扣除。

2. 用资费用。

用资费用是指企业在资本使用过程中因占用资本而付出的代价,如向银行等债权人支付的利息,向股东支付的股利等。用资费用是因为占用了他人资金而必须支付的费用,是资本成本的主要内容。

(二)资本成本的作用

1. 资本成本是比较筹资方式、选择筹资方案的依据。

各种资本的资本成本率,是比较、评价各种筹资方式的依据。在评价各种筹资方式时，一般会考虑的因素包括对企业控制权的影响、对投资者吸引力的大小、融资的难易和风险、资本成本的高低等，而资本成本是其中的重要因素。在其他条件相同时，企业筹资应选择资本成本最低的方式。

2. 平均资本成本是衡量资本结构是否合理的重要依据。

企业财务管理目标是企业价值最大化，企业价值是企业资产带来的未来现金流量的贴现值。计算企业价值时，经常将企业的平均资本成本作为贴现率，当平均资本成本最小时，企业价值最大，此时的资本结构是企业理想的资本结构。

3. 资本成本是评价投资项目可行性的主要标准。

任何投资项目，如果它预期的投资收益率超过该项目使用资金的资本成本率，则该项目在经济上就是可行的。因此，资本成本率是企业用以确定项目要求达到的投资收益率的最低标准。

4. 资本成本是评价企业整体业绩的重要依据。

一定时期企业资本成本率的高低，不仅反映企业筹资管理的水平，还可作为评价企业整体经营业绩的标准。企业的生产经营活动，实际上就是所筹集资本经过投放后形成资产的营运，企业的总资产税后收益率应高于其平均资本成本率，这样才能带来剩余收益。

二、影响资本成本的因素

（一）总体经济环境

一个国家或地区的总体经济环境状况，表现在国民经济发展水平、预期的通货膨胀等方面，这些都会对企业筹资的资本成本产生影响。如果国民经济保持健康、稳定、持续增长，整个社会经济的资金供给和需求相对均衡且通货膨胀水平低，资金所有者投资的风险小，要求的必要报酬率低，筹资的资本成本率相应就比较低。相反，如果经济过热，通货膨胀率持续居高不下，投资者投资的风险大，要求的必要报酬率高，筹资的资本成本率就会比较高。

（二）资本市场条件

资本市场条件包括资本市场的效率和风险。如果资本市场缺乏效率，证券的市场流动性低，投资者投资风险大，要求的必要收益率高，那么通过资本市场融通的资本，其成本水平就比较高。

（三）企业经营状况和融资状况

企业的经营风险和财务风险共同构成企业总体风险，如果企业经营风险高，财务风险大，则企业总体风险水平高，投资者要求的必要收益率高，企业筹资的资本成本相应就大。

（四）企业对筹资规模和时限的需求

在一定时期内，国民经济体系中资金供给总量是一定的，资本是一种稀缺资源。因此企业一次性需要筹集的资金规模大、占用资金时限长，资本成本就高。当然，融资规模、时限与资本成本的正向相关性并非线性关系。一般来说，融资规模在一定限度内，并不会引起资本成本的明显变化，当融资规模突破一定限度时，才会引起资本成本的明显变化。

三、个别资本成本的计算

个别资本成本是指单一融资方式本身的资本成本，包括银行借款资本成本、公司债券资本成本、租赁资本成本、优先股资本成本、普通股资本成本和留存收益成本等，其中前三类是债务资本成本，后三类是权益资本成本。

（一）个别资本成本的计算模式

个别资本成本的高低，用相对数即资本成本率表达。

1. 一般模式。

为了便于分析比较，资本成本通常用不考虑货币时间价值的一般通用模型计算。计算时，将初期的筹资费用作为筹资额的一项扣除，扣除筹资费用后的筹资额称为筹资净额，一般模式通用的计算公式为：

$$资本成本率 = \frac{年资金用资费用}{筹资总额 - 筹资费用} = \frac{年资金用资费用}{筹资总额 \times (1 - 筹资费用率)}$$

2. 贴现模式。

对于金额大、时间超过 1 年的长期资本，更为准确的资本成本计算方式是采用贴现模式，即将债务未来还本付息或股权未来股利分红的贴现值与目前筹资净额相等时的贴现率作为资本成本率。即：

由：筹资净额现值 - 未来资本清偿额现金流量现值 = 0

得：资本成本率 = 所采用的贴现率

（二）银行借款的资本成本率

银行借款资本成本包括借款利息和借款手续费用，手续费用是筹资费用的具体表现。利息费用在税前支付，可以起抵税作用，一般计算税后资本成本率，以便与权益资本成本率具有可比性。银行借款的资本成本率按一般模式计算为：

$$K_b = \frac{年利率 \times (1 - 所得税税率)}{1 - 手续费率}$$

$$= \frac{i(1 - T)}{1 - f}$$

式中，K_b 表示银行借款资本成本率，i 表示银行借款年利率，f 表示手续费率（筹资费用率），T 表示所得税税率。

对于长期借款，考虑货币时间价值问题，还可以用贴现模式计算资本成本率。

【例5-5】 某企业取得 5 年期长期借款 200 万元，年利率 10%，每年付息一次，到期一次还本，筹资费用率 0.2%，企业所得税税率 25%，该项借款的资本成本率为：

$$K_b = \frac{10\% \times (1 - 25\%)}{1 - 0.2\%} = 7.52\%$$

考虑时间价值，该项长期借款的资本成本计算如下（M 为名义借款额）：

$$M(1-f) = \sum_{t=1}^{n} \frac{I_t(1-T)}{(1+k_b)^t} + \frac{M}{(1+k_b)^n}$$

即：$200 \times (1-0.2\%) = 200 \times 10\% \times (1-25\%) \times (P/A, k_b, 5) + 200 \times (P/F, k_b, 5)$

按插值法计算，得：$K_b = 7.56\%$

（三）公司债券的资本成本率

公司债券资本成本，包括债券利息和债券发行费用。债券可以溢价发行，也可以折价发行，其资本成本率按一般模式计算为：

$$K_b = \frac{年利息 \times (1-所得税税率)}{债券筹资总额 \times (1-手续费率)}$$
$$= \frac{I(1-T)}{L(1-f)}$$

式中，K_b 表示债券资本成本率，L 表示公司债券筹资总额，I 表示公司债券年利息，f 表示手续费率（债券发行费用率）。

【例5-6】 某企业以1 100元的价格，溢价发行面值为1 000元、期限5年、票面利率为7%的公司债券一批。每年付息一次，到期一次还本，发行费用率3%，所得税税率25%，该批债券的资本成本率为：

$$K_b = \frac{1\ 000 \times 7\% \times (1-25\%)}{1\ 100 \times (1-3\%)} = 4.92\%$$

考虑时间价值，该项公司债券的资本成本计算如下：

$1\ 100 \times (1-3\%) = 1\ 000 \times 7\% \times (1-25\%) \times (P/A, k_b, 5) + 1\ 000 \times (P/F, k_b, 5)$

按插值法计算，得：$K_b = 3.76\%$

（四）优先股的资本成本率

优先股的资本成本主要是向优先股股东支付的各期股利。对于固定股息率优先股而言，如果各期股利是相等的，优先股的资本成本率按一般模式计算为：

$$K_s = \frac{D}{P_n(1-f)}$$

式中，K_s 表示优先股资本成本率，D 表示优先股年固定股息，P_n 表示优先股发行价格，f 表示筹资费用率。

【例5-7】 某上市公司发行面值100元的优先股，规定的年股息率为9%。该优先股溢价发行，发行价格为120元；发行时筹资费用率为发行价的3%。则该优先股的资本成本率为：

$$K_s = \frac{100 \times 9\%}{120 \times (1-3\%)} = 7.73\%$$

由本例可见，该优先股票面股息率为9%，但实际资本成本率只有7.73%，主要原因是因为该优先股溢价1.2倍发行。

如果是浮动股息率优先股，则优先股的浮动股息率将根据约定的方法计算，并在公司章程中事先明确。由于浮动优先股各期股利是波动的，因此其资本成本率只能按照贴现模式计算，并假定各期股利的变化呈一定的规律性。此类浮动股息率优先股的资本成本率计算方式，与普通股资本成本的股利增长模型法计算方式相同。

（五）普通股的资本成本率

普通股资本成本主要是向股东支付的各期股利。由于各期股利并不一定固定，随企业各期收益波动，因此普通股的资本成本只能按贴现模式计算，并假定各期股利的变化呈一定规律性。如果是上市公司普通股，其资本成本还可以根据该公司股票收益率与市场收益率的相关性，按资本资产定价模型法估计。

1. 股利增长模型法。

假定资本市场有效，股票市场价格与价值相等。设某股票本期支付的股利为 D_0，未来各期股利按 g 速度永续增长。目前股票市场价格为 P_0，则普通股资本成本率为：

$$K_s = \frac{D_0(1+g)}{P_0(1-f)} + g = \frac{D_1}{P_0(1-f)} + g$$

【例5-8】某公司普通股市价为 30 元，筹资费用率为 2%，本年发放现金股利每股 0.6 元，预期股利年增长率为 10%。则：

$$K_s = \frac{0.6 \times (1+10\%)}{30 \times (1-2\%)} + 10\% = 12.24\%$$

2. 资本资产定价模型法。

假定资本市场有效，股票市场价格与价值相等。设无风险收益率为 R_f，市场平均收益率为 R_m，某股票贝塔系数为 β，则普通股资本成本率为：

$$K_s = R_f + \beta(R_m - R_f)$$

【例5-9】某公司普通股 β 系数为 1.5，此时一年期国债利率为 5%，市场平均收益率为 15%，则该普通股资本成本率为：

$$K_s = 5\% + 1.5 \times (15\% - 5\%) = 20\%$$

（六）留存收益的资本成本率

留存收益是由企业税后净利润形成的一种所有者权益，其实质是所有者向企业的追加投资。企业利用留存收益筹资无须发生筹资费用。如果企业将留存收益用于再投资，所获得的收益率低于股东自己进行一项风险相似的投资项目的收益率，企业就应该将其分配给股东。留存收益的资本成本率，表现为股东追加投资要求的收益率，其计算与普通股资本成本相同，也分为股利增长模型法和资本资产定价模型法，不同点在于其不考虑筹资费用。

四、平均资本成本的计算

平均资本成本是指多元化融资方式下的综合资本成本，反映企业资本成本整体水平的高低。在衡量和评价单一融资方案时，需要计算个别资本成本；在衡量和评价企业筹资总体的经济性时，需要计算企业的平均资本成本。平均资本成本用于衡量企业资本成本水平，确立企业理想的资本结构。

企业平均资本成本，是以各项个别资本在企业总资本中的比重为权数，对各项个别资本成本率进行加权平均而得到的总资本成本率。计算公式为：

$$K_W = \sum_{j=1}^{n} K_j W_j$$

式中，K_W 表示平均资本成本，K_j 表示第 j 种个别资本成本率，W_j 表示第 j 种个别资本在全部资本中的比重。

平均资本成本率的计算，存在着权数价值的选择问题，即各项个别资本按什么权数来确定资本比重。通常，可供选择的价值形式有账面价值、市场价值、目标价值等。

（一）账面价值权数

账面价值权数是以各项个别资本的会计报表账面价值为基础来计算资本权数，确定各类资本占总资本的比重。其优点是资料容易取得，可以直接从资产负债表中得到，而且计算结果比较稳定。其缺点是当债券和股票的市价与账面价值差距较大时，导致按账面价值计算出来的资本成本不能反映目前从资本市场上筹集资本的现时机会成本，不适合评价现时的资本结构。

（二）市场价值权数

市场价值权数是以各项个别资本的现行市价为基础来计算资本权数，确定各类资本占总资本的比重。其优点是能够反映现时的资本成本水平，有利于进行资本结构决策。但现行市价处于经常变动之中，不容易取得，而且现行市价反映的只是现时的资本结构，不适用于未来的筹资决策。

（三）目标价值权数

目标价值权数是以各项个别资本预计的未来价值为基础来确定资本权数，确定各类资本占总资本的比重。目标价值是目标资本结构要求下的产物，是公司筹措和使用资金对资本结构的一种要求。对于公司筹措新资金，需要反映期望的资本结构来说，目标价值是有益的，适用于未来的筹资决策，但目标价值的确定难免具有主观性。

以目标价值为基础计算资本权重，能体现决策的相关性。目标价值权数的确定，可以选择未来的市场价值，也可以选择未来的账面价值。选择未来的市场价值，与资本市场现状联系比较紧密，能够与现时的资本市场环境状况结合起来，目标价值权数的确定一般以现时市场价值为依据。但市场价值波动频繁，可行方案是选用市场价值的历史平均值，如 30 日、60 日、120 日均价等。总之，目标价值权数是主观愿望和预期的表现，依赖于财务经理的价值判断和职业经验。

【例 5-10】某公司 2024 年末长期资本账面总额为 1 000 万元，其中：银行长期贷款 400 万元，占 40%；长期债券 150 万元，占 15%；股东权益 450 万元（共 200 万股，每股面值 1 元，市价 8 元），占 45%。个别资本成本分别为：5%、6%、9%。则该公司 2024 年的平均资本成本为：

按账面价值计算：

$$K_W = 5\% \times 40\% + 6\% \times 15\% + 9\% \times 45\% = 6.95\%$$

按市场价值计算：

$$K_W = \frac{5\% \times 400 + 6\% \times 150 + 9\% \times 1\ 600}{400 + 150 + 1\ 600} = \frac{173}{2\ 150} = 8.05\%$$

五、边际资本成本的计算

边际资本成本是企业追加筹资的成本。企业的个别资本成本和平均资本成本，是企业过去筹集的单项资本的成本或目前使用全部资本的成本。然而，企业在追加筹资时，不能仅仅考虑目前所使用资本的成本，还要考虑新筹集资金的成本，即边际资本成本。边际资本成本，是企业进行追加筹资的决策依据。筹资方案组合时，边际资本成本的权数采用目标价值权数。

【例 5 – 11】 某公司设定的目标资本结构为：银行借款 20%、公司债券 15%、股东权益 65%。现拟追加筹资 300 万元，按此资本结构来筹资。个别资本成本率预计分别为：银行借款 7%、公司债券 12%、股东权益 15%。追加筹资 300 万元的边际资本成本如表 5 – 6 所示。

表 5 – 6   边际资本成本计算表

资本种类	目标资本结构（%）	追加筹资额（万元）	个别资本成本率（%）	边际资本成本（%）
银行借款	20	60	7	1.4
公司债券	15	45	12	1.8
股东权益	65	195	15	9.75
合计	100	300	—	12.95

因为边际资本成本 $= \sum\limits_{j=1}^{n} K_j W_j = \sum\limits_{j=1}^{n}$ 第 j 种资本成本率 × 第 j 种资本比重

所以本例边际资本成本 $= 7\% \times 20\% + 12\% \times 15\% + 15\% \times 65\% = 12.95\%$

六、项目资本成本

项目资本成本，也称为投资项目资本成本，是指项目本身所需投资资本的机会成本，即将资本用于本项目投资所放弃的其他投资机会的收益，也可称为项目最低可接受的报酬率。不同投资项目的风险不同，它们要求的最低报酬率也不同。风险高的投资项目要求的报酬率较高，风险低的投资项目要求的报酬率较低。作为投资项目的资本成本，即项目的必要报酬率，其高低取决于投资的具体项目和其筹资来源结构。项目资本成本的估计可以有以下两种方法：使用企业当前综合资本成本作为投资项目资本成本，运用可比公司法估计投资项目资本成本。

（一）使用企业当前综合资本成本作为投资项目资本成本

使用企业当前综合资本成本作为投资项目资本成本，应具备两个条件：项目的风险与企业当前资产的平均风险相同；公司继续采用相同的资本结构为项目筹资。

使用企业当前综合资本成本作为投资项目资本成本，隐含了一个重要假设，即所估计的投资项目的风险与企业现有资产经营风险相同。

企业当前的综合资本成本，通常是根据其当前的数据计算的，包含了资本结构的因素。如果假设市场是完善的，资本结构不改变企业的综合资本成本，而平均资本成本反映了当前资产的平均风险；如果承认市场是不完善的，筹资结构就会改变企业的综合资本成本。因此，当经营风险假设或资本结构不变假设明显不成立时，不能使用企业当前综合资本成本作为投资项目资本成本。

（二）运用可比公司法估计投资项目资本成本

如果估计投资项目的风险与企业当前资产的平均风险显著不同，比如估计的投资项目是个全新项目，企业过去没有类似项目，就不能使用企业当前综合资本成本作为投资项目资本成本，应当估计投资项目的系统风险，进而计算项目的资本成本。

投资项目系统风险的估计，因其项目没有充分的交易市场、没有可靠的市场数据，可运用可比公司法来解决。

可比公司法，是寻找一个经营业务与待估计的投资项目类似的上市公司，以该上市公司的 β 值替代待评估项目的系统风险，这种方法也称为"替代公司法"。

运用可比公司法时，应当注意：如果可比公司的资本结构与估计项目的资本结构不同，则在估计项目的 β 值时，应针对资本结构差异作出相应调整。

调整的基本步骤如下：

1. 卸载可比公司财务杠杆。

根据可比公司市场交易数据估计的 β 值，是含有负债（财务杠杆）的 $\beta_{权益}$。可比公司的资本结构与待估计的投资项目不同，要将资本结构差异排除，确定可比公司不含负债（财务杠杆）的 β 值，即 $\beta_{资产}$。将可比公司的 $\beta_{权益}$ 转换为 $\beta_{资产}$，称为"卸载财务杠杆"。其计算公式为：

$$\beta_{资产} = \frac{\beta_{权益}}{1 + (1 - T) \times \dfrac{负债}{权益}}$$

式中，$\beta_{资产}$ 是假设全部用权益资本融资的 β 值。

上述公式中 "$\dfrac{负债}{权益}$" 是指可比公司的财务杠杆。

2. 加载待估计的投资项目财务杠杆。

根据待估计的投资项目的资本结构调整 $\beta_{权益}$，该过程称为"加载财务杠杆"。

$$\beta_{权益} = \beta_{资产} \times \left[1 + (1 - T) \times \dfrac{负债}{权益} \right]$$

上述公式中"$\dfrac{负债}{权益}$"是指待估计的投资项目的财务杠杆。

3. 根据得出的投资项目 $\beta_{权益}$ 计算股东权益成本。

投资项目股东权益成本采用资本资产定价模型计算。

4. 计算投资项目的资本成本。

投资项目的资本成本，按加权平均方法计算，即综合资本成本。

$$综合资本成本 = 负债利率 \times (1 - 税率) \times \frac{负债}{资本} + 股东权益成本 \times \frac{股东权益}{资本}$$

【例5-12】 某房地产公司计划投资一个保健品项目 A，预计该项目债务资金占 30%，债务资金年利率为 6%。保健品上市公司代表企业为 B 公司，$\beta_{权益}$ 为 0.9，$\dfrac{负债}{权益}$ 为 1，企业所得税税率为 25%。假设无风险报酬率为 6%，市场组合的平均报酬率为 11%。

扫码看讲解

投资项目 A 的资本成本的计算：

（1）将 B 公司 $\beta_{权益}$ 转换为 $\beta_{资产}$：

$\beta_{资产} = 0.9 \div [1 + (1 - 25\%) \times 1] = 0.51$

（2）将 $\beta_{资产}$ 转换为项目 A 的 $\beta_{权益}$：

$\beta_{权益}$（项目A）$= 0.51 \times \left[1 + (1 - 25\%) \times \dfrac{0.3}{0.7}\right] = 0.67$

（3）根据 $\beta_{权益}$ 计算项目 A 的股东权益成本：

股东权益成本 $= 6\% + 0.67 \times (11\% - 6\%) = 9.35\%$

（4）计算项目 A 的资本成本：

项目 A 的资本成本 $= 6\% \times (1 - 25\%) \times \dfrac{30}{100} + 9.35\% \times \dfrac{70}{100} = 7.9\%$

七、金融工具的估值

金融工具（financial instruments）是指在金融市场中可交易的金融资产，用来证明债权债务关系和产权的法律凭证，故称有价证券。债券和股票是最常见的有价证券。当企业发行债券和股票时，无论筹资者还是投资者都需要对该种证券进行估值，决定以何种价格发行或购买证券比较合理。因此，证券估值具有重要的理论意义和实际意义。

（一）债券的估值

1. 债券的概念。

债券是发行者为筹集资金，按照法定程序发行并向债权人承诺于指定日期还本付息的有价证券。债券的基本要素主要包括：

（1）债券面值。债券面值是指债券的票面价值，是发行人对债券持有人在债券到期后应偿还的本金数额，也是发行人向债券持有人按期支付利息的计算依据。债券的面值与债券实际的发行价格未必一致，发行价格大于面值称为溢价发行，小于面值称为折价发行，等于面值称为平价发行。

（2）期限。期限是指债券发行日至到期日之间的时间间隔。

（3）票面利率。票面利率是指债券利息与债券面值的比率，是发行人承诺以后一定时期支付给债券持有人报酬的计算标准。

2. 债券的估值方法。

债券价值是指债券投资者的未来现金流入量（利息与本金）的现值。

（1）典型债券的估值方法。

典型债券是指固定利率、每年计算并支付利息、到期归还本金的债券。

其债券价值计算的基本模型为：

$$V = \frac{I}{(1+i)^1} + \frac{I}{(1+i)^2} + \cdots + \frac{I}{(1+i)^n} + \frac{M}{(1+i)^n} = I \times (P/A, i, n) + M \times (P/F, i, n)$$

上式中，V 为债券价值；I 为每年的利息；M 为面值；i 为贴现率，一般采用当时的市场利率或投资人要求的最低（必要）报酬率；n 为债券到期期限。

【例 5 - 13】某企业发行 5 年期到期还本债券，面值 1 000 元，票面利率为 8%，每年计算并支付一次利息，当时的市场利率为 10%，其价值为：

$V = 1\ 000 \times 8\% \times (P/A, 10\%, 5) + 1\ 000 \times (P/F, 10\%, 5)$

$= 80 \times 3.791 + 1\ 000 \times 0.621 = 924.28$（元）

（2）纯贴现债券的估值方法。

纯贴现债券是指到期按面值兑付的债券。其价值的计算公式如下：

$$V = \frac{M}{(1+i)^n} = M \times (P/F, i, n)$$

【例 5 - 14】某债券面值为 1 000 元，5 年期，纯贴现发行。当时市场利率为 8%，该债券的价值为：

$V = 1\ 000 \times (P/F, 8\%, 5) = 1\ 000 \times 0.681 = 681$（元）

（3）永续债券的估值方法。

永续债券，又称无期债券，没有到期日。若每年的利息相同，则其债券价值的计算公式如下：

$$V = \frac{I}{i}$$

【例 5 - 15】有一永续债券，每年支付利息 50 元，市场利率为 10%，则其价值为：

$V = \dfrac{50}{10\%} = 500$（元）

（二）普通股的估值

普通股是股份有限公司依法发行的具有表决权和剩余索取权的一类股票。普通股价值是指普通股投资者预期的未来现金流入的现值。其未来现金流入包括股利和将来出售股票时的售价。

1. 股票估值的基本模型。

如果股东永远持有股票，只获得股利，这是一个永续的现金流入过程。这个现金流入的现值之和就是股票的价值：

$$V = \frac{D_1}{(1+R)^1} + \frac{D_2}{(1+R)^2} + \cdots + \frac{D_n}{(1+R)^n} = \sum_{t=1}^{n} \frac{D_t}{(1+R)^t}$$

式中，V 为股票的价值；D_t 为第 t 年的股利；R 为贴现率，一般采用该股票的资本成本率或投资该股票的必要报酬率；t 为年份。

如果投资者不打算永久持有该股票，在一段时间后出售，他的现金流入是预期的股利和出售价款，则短期持有、准备出售股票价值的计算公式为：

$$V = \sum_{t=1}^{n} \frac{D_t}{(1+R)^t} + \frac{V_n}{(1+R)^n}$$

式中，V_n 为未来准备出售时预计的股票价格。

2. 零成长股票的估值。

假设股票未来股利不变，其支付过程是一个永续年金，这种股票称为零成长股票，则其价值的计算公式为：

$$V = \frac{D}{R}$$

式中，V 为股票的价值；D 为每年的股利。

【例 5 - 16】 某企业计划购买 A 公司发行的股票，预计必要报酬率为 10%，预计每年股利为每股 1 元，则该股票的价值为：

$$V = \frac{1}{10\%} = 10 \ （元）$$

3. 固定成长股票的估值。

企业的股利通常不是固定不变的，而应当不断成长，其增长率固定时的价值估价即为固定成长股票的估值。

假设某公司今年的股利为 D_0，股利每年的增长率为 g，则第 t 年的股利应为：

$$D_t = D_0 \times (1+g)^t$$

固定成长股票价值的计算公式如下：

$$V = \sum_{t=1}^{n} \frac{D_0 \times (1+g)^t}{(1+R)^t}$$

上式可简化为：

$$V = D_0 \times \frac{1+g}{R-g} = \frac{D_1}{R-g}$$

【例5-17】某公司股票为固定成长股票，年增长率为5%，其必要报酬率为10%，D_0为5元，则该股票的价值为：

$$V = 5 \times \frac{1+5\%}{10\%-5\%} = 105 \text{（元）}$$

（三）优先股的估值

优先股是享有优先权的股票。优先股股东对公司资产、利润分配等享有优先权，但优先股股东对公司事务无表决权，一般也不参与公司分红。优先股股息率事先固定。

优先股价值是指优先股投资者预期的未来现金流入的现值。其未来现金流入为每年固定的股利。优先股估值采用股利的现金流量折现模型。当优先股存续期内采用固定股利率时，每期股息就形成了无限期的年金，即永续年金，则其估值公式为：

$$V = \frac{D_p}{R}$$

式中，V为优先股的价值，D_p为每年的股息，R一般采用该股票的资本成本率或投资该股票的必要报酬率。

【例5-18】某公司的优先股股票，每年每股股利为12元，投资该股票的必要报酬率为10%，则该股票的价值为：

$$V = \frac{12}{10\%} = 120 \text{（元）}$$

第三节 杠杆效应

财务管理中存在着类似于物理学中的杠杆效应，表现为：由于特定固定支出或费用的存在，当某一财务变量以较小幅度变动时，另一相关变量会以较大幅度变动。财务管理中的杠杆效应，包括经营杠杆、财务杠杆和总杠杆三种效应。杠杆效应既可以产生杠杆利益，也可能带来杠杆风险。

一、经营杠杆效应

（一）经营杠杆

经营杠杆，是指由于固定性经营成本的存在，而使得企业的资产收益（息税前利润）变动率大于业务量变动率的现象。经营杠杆反映了资产收益的波动性，用以评价企业的经营风险。用息税前利润（$EBIT$）表示资产总收益，则：

$$EBIT = S - V - F = (P - V_c)Q - F = M - F$$

式中，$EBIT$ 表示息税前利润，S 表示销售额，V 表示变动性经营成本，F 表示固定性经营成本，Q 表示产销业务量，P 表示销售单价，V_c 表示单位变动成本，M 表示边际贡献。

上式中，影响 $EBIT$ 的因素包括产品售价、产品需求、产品成本等因素。当产品成本中存在固定成本时，如果其他条件不变，产销业务量的增加虽然不会改变固定成本总额，但会降低单位产品分摊的固定成本，从而提高单位产品利润，使息税前利润的增长率大于产销业务量的增长率，进而产生经营杠杆效应。当不存在固定性经营成本时，所有成本都是变动性经营成本，边际贡献等于息税前利润，此时息税前利润变动率与产销业务量的变动率完全一致。

（二）经营杠杆系数

只要企业存在固定性经营成本，就存在经营杠杆效应。但以不同产销业务量为基础，其经营杠杆效应的大小程度是不一致的。测算经营杠杆效应程度，常用指标为经营杠杆系数。经营杠杆系数（DOL），是息税前利润变动率与产销业务量变动率的比值，计算公式为：

$$DOL = \frac{\Delta EBIT}{EBIT_0} \Big/ \frac{\Delta Q}{Q_0} = \frac{息税前利润变动率}{产销业务量变动率}$$

式中，DOL 表示经营杠杆系数，$\Delta EBIT$ 表示息税前利润变动额，ΔQ 表示产销业务量变动值。

上式经整理，经营杠杆系数的计算也可以简化为：

$$DOL = \frac{M_0}{M_0 - F_0} = \frac{EBIT_0 + F_0}{EBIT_0} = \frac{基期边际贡献}{基期息税前利润}$$

【例5-19】 某公司产销某种服装，固定成本为 500 万元，变动成本率为 70%。当年产销额为 5 000 万元时，变动成本为 3 500 万元，固定成本为 500 万元，息税前利润为 1 000 万元；当年产销额为 7 000 万元时，变动成本为 4 900 万元，固定成本仍为 500 万元，息税前利润为 1 600 万元。可以看出，该公司产销量增长了 40%，息税前利润增长了 60%，产生了 1.5 倍的经营杠杆效应。

$$DOL = \frac{\Delta EBIT}{EBIT_0} \Big/ \frac{\Delta Q}{Q_0} = \frac{600}{1\ 000} \Big/ \frac{2\ 000}{5\ 000} = 1.5$$

$$或\ DOL = \frac{M_0}{M_0 - F_0} = \frac{5\ 000 \times (1 - 70\%)}{1\ 000} = 1.5$$

（三）经营杠杆与经营风险

经营风险是指企业由于生产经营上的原因而导致的资产收益波动的风险。引起企业经营风险的主要原因是市场需求和生产成本等因素的不确定性，经营杠杆本身并不是资产收益不确定的根源，只是资产收益波动的表现。但是，经营杠杆放大了市场和生产等因素变化对利润波动的影响。经营杠杆系数越高，表明息税前利润受产销量变动的影响程度越大，经营风险也就越大。根据经营杠杆系数的计算公式，有：

$$DOL = \frac{EBIT_0 + F_0}{EBIT_0} = 1 + \frac{基期固定成本}{基期息税前利润}$$

上式表明，在息税前利润为正的前提下，经营杠杆系数最低为1，不会为负数；只要有固定性经营成本存在，经营杠杆系数总是大于1。

从上式可知，影响经营杠杆的因素包括：企业成本结构中的固定成本比重；息税前利润水平。其中，息税前利润水平又受产品销售数量、销售价格、成本水平（单位变动成本和固定成本总额）高低的影响。固定成本比重越高、成本水平越高、产品销售数量和销售价格水平越低，经营杠杆效应越大，反之则相反。

【例5-20】某企业生产A产品，固定成本100万元，变动成本率60%，当销售额分别为1 000万元、500万元、250万元时，经营杠杆系数分别为：

$$DOL_{1\,000} = \frac{1\,000 - 1\,000 \times 60\%}{1\,000 - 1\,000 \times 60\% - 100} = 1.33$$

$$DOL_{500} = \frac{500 - 500 \times 60\%}{500 - 500 \times 60\% - 100} = 2$$

$$DOL_{250} = \frac{250 - 250 \times 60\%}{250 - 250 \times 60\% - 100} \to \infty$$

上例计算结果表明：在其他因素不变的情况下，销售额越小，经营杠杆系数越大，经营风险也就越大，反之则相反。如销售额为1 000万元，DOL为1.33，销售额为500万元，DOL为2，显然后者的不稳定性大于前者，经营风险也大于前者。在销售额处于盈亏临界点250万元时，经营杠杆系数趋于无穷大，此时企业销售额稍有减少便会导致更大的亏损。

二、财务杠杆效应

（一）财务杠杆

财务杠杆，是指由于固定性资本成本的存在，而使得企业的普通股收益（或每股收益）变动率大于息税前利润变动率的现象。财务杠杆反映了权益资本收益的波动性，用以评价企业的财务风险。用普通股收益或每股收益表示普通股权益资本收益，则：

$$TE = (EBIT - I)(1 - T) - D$$

$$EPS = [(EBIT - I)(1 - T) - D]/N$$

式中，TE表示普通股收益，EPS表示每股收益，I表示债务资金利息，D表示优先股股利，T表示所得税税率，N表示普通股股数。

从上述公式可知，影响普通股收益的因素包括资产收益、资本成本、所得税税率等因素。当有利息费用等固定性资本成本存在时，如果其他条件不变，息税前利润的增加虽然不改变固定利息费用总额，但会降低每元息税前利润分摊的利息费用，从而提高每股收益，使得普通股收益的增长率大于息税前利润的增长率，进而产生财务杠杆效应。当不存在固定利息、股息等资本成本时，息税前利润就是利润总额，此时利润总额变动率与息税前利润变动率完全一致。如果两期所得税税率和普通股股数保持不变，每股收益的变动率与利润总额变动率也完全一致，进而与息税前利润变动率一致。

（二）财务杠杆系数

只要企业融资方式中存在固定性资本成本，就存在财务杠杆效应。测算财务杠杆效应程度，常用指标为财务杠杆系数。财务杠杆系数（DFL），是普通股收益变动率与息税前利润变动率的比值，其计算公式为：

$$DFL = \frac{普通股收益变动率}{息税前利润变动率} = \frac{EPS\ 变动率}{EBIT\ 变动率}$$

在不存在优先股股息的情况下，上式经整理，财务杠杆系数的计算也可以简化为：

$$DFL = \frac{基期息税前利润}{基期利润总额} = \frac{EBIT_0}{EBIT_0 - I_0}$$

如果企业既存在固定利息的债务，也存在固定股息的优先股，则财务杠杆系数的计算进一步调整为：

$$DFL = \frac{EBIT_0}{EBIT_0 - I_0 - \dfrac{D_p}{1-T}}$$

上式中，D_p 表示优先股股利，T 表示所得税税率。

【例 5 - 21】 有甲、乙、丙三个公司，资本总额均为 5 000 万元，所得税税率均为 25%，每股面值均为 1 元。甲公司资本全部由普通股组成；乙公司债务资金 2 000 万元（利率 10%），普通股 3 000 万元；丙公司债务资金 2 500 万元（利率 10.8%），普通股 2 500 万元。三个公司 2021 年 EBIT 均为 1 000 万元，2022 年 EBIT 均为 1 500 万元，EBIT 增长了 50%。有关财务指标如表 5 - 7 所示。

表 5 - 7　　　　　　　　　　普通股收益及财务杠杆的计算

利润项目		甲公司	乙公司	丙公司
普通股股数（万股）		5 000	3 000	2 500
利润总额	2021 年（万元）	1 000	800	730
	2022 年（万元）	1 500	1 300	1 230
	增长率（%）	50.00	62.50	68.49
净利润	2021 年（万元）	750	600	547.50
	2022 年（万元）	1 125	975	922.50
	增长率（%）	50.00	62.50	68.49

续表

利润项目		甲公司	乙公司	丙公司
普通股收益	2021 年（万元）	750	600	547.50
	2022 年（万元）	1 125	975	922.50
	增长率（%）	50.00	62.50	68.49
每股收益	2021 年（万元）	0.15	0.20	0.219
	2022 年（万元）	0.225	0.325	0.369
	增长率（%）	50.00	62.50	68.49
财务杠杆系数		1.00	1.25	1.37

$$DFL = \frac{普通股收益变动率}{息税前利润变动率}$$

则甲公司财务杠杆系数为：$50.00\% / 50.00\% = 1.00$

乙公司财务杠杆系数为：$62.50\% / 50.00\% = 1.25$

丙公司财务杠杆系数为：$68.49\% / 50.00\% = 1.37$

可见，资本成本固定型的资本所占比重越高，财务杠杆系数就越大。甲公司由于不存在固定资本成本的资本，没有财务杠杆效应；乙公司存在债务资本，其普通股收益增长幅度是息税前利润增长幅度的 1.25 倍；丙公司不仅存在债务资本，而且债务资本的比重比乙公司高，其普通股收益增长幅度是息税前利润增长幅度的 1.37 倍。

（三）财务杠杆与财务风险

财务风险是指企业由于筹资原因产生的资本成本负担而导致的普通股收益波动的风险。引起企业财务风险的主要原因是资产收益的不利变化和资本成本的固定负担。由于财务杠杆的作用，当企业的息税前利润下降时，企业仍然需要支付固定的资本成本，导致普通股剩余收益以更快的速度下降。

财务杠杆放大了资产收益变化对普通股收益的影响，财务杠杆系数越高，表明普通股收益的波动程度越大，财务风险也就越大。在不存在优先股股息的情况下，根据财务杠杆系数的计算公式，有：

$$DFL = 1 + \frac{基期利息}{基期息税前利润 - 基期利息}$$

上式中，分子是企业筹资产生的固定性资本成本负担，分母是归属于股东的收益。上式表明，在企业有正的税后利润的前提下，财务杠杆系数最低为 1，不会为负数；只要有固定性资本成本存在，财务杠杆系数总是大于 1。

从上式可知，影响财务杠杆的因素包括：企业资本结构中的债务资金比重；普通股收益水平；所得税税率水平。其中，普通股收益水平又受息税前利润、固定性资本成本高低的影响。债务成本比重越高、固定的资本成本支付额越高、息税前利润水平越低，财务杠杆效应越大，反之则相反。

【例5-22】 在〖例5-21〗中，三个公司2022年的财务杠杆系数分别为甲公司1.00；乙公司1.25；丙公司1.37。这意味着，如果EBIT下降，甲公司的EPS与之同步下降，而乙公司和丙公司EPS会以更大的幅度下降。导致各公司EPS不为负数的EBIT最大降幅如表5-8所示。

表5-8 财务杠杆计算表

公司	DFL	EPS降低（%）	EBIT降低（%）
甲	1.00	100	100.00
乙	1.25	100	80.00
丙	1.37	100	72.99

上述结果表明，2022年在2021年的基础上，EBIT的降幅大于72.99%，丙公司普通股收益就会出现亏损；EBIT的降幅大于80.00%，乙公司普通股收益会出现亏损；EBIT的降幅大于100%，甲公司普通股收益会出现亏损。显然，丙公司不能支付利息、不能满足普通股股利要求的财务风险远高于其他公司。

三、总杠杆效应

（一）总杠杆

总杠杆，是指由于固定经营成本和固定资本成本的存在，导致普通股每股收益变动率大于产销业务量变动率的现象。

经营杠杆和财务杠杆可以独自发挥作用，也可以综合发挥作用，总杠杆是用来反映二者之间共同作用结果的，即权益资本收益与产销业务量之间的变动关系。由于固定性经营成本的存在，产生经营杠杆效应，导致产销业务量变动对息税前利润变动有放大作用；同样，由于固定性资本成本的存在，产生了财务杠杆效应，导致息税前利润变动对普通股每股收益变动有放大作用。两种杠杆共同作用，将导致产销业务量稍有变动，就会引起普通股每股收益更大的变动。

（二）总杠杆系数

只要企业同时存在固定性经营成本和固定性资本成本，就存在总杠杆效应。产销量变动通过息税前利润的变动，传导至普通股收益，使得每股收益发生更大的变动。用总杠杆系数（DTL）表示总杠杆效应程度，总杠杆系数是经营杠杆系数和财务杠杆系数的乘积，是普通股收益变动率与产销量变动率的倍数，计算公式为：

$$DTL = \frac{普通股收益变动率}{产销量变动率}$$

在不存在优先股股息的情况下，上式经整理，总杠杆系数的计算也可以简化为：

$$DTL = DOL \times DFL$$

$$= \frac{基期边际贡献}{基期利润总额} = \frac{基期税后边际贡献}{基期税后利润}$$

【例 5 - 23】 丁公司有关资料如表 5 - 9 所示，可以分别计算其经营杠杆系数、财务杠杆系数和总杠杆系数。

表 5 - 9 杠杆效应计算表

项目	2021 年（万元）	2022 年（万元）	变动率（%）
销售额（售价 10 元）	5 000	6 000	20.00
边际贡献（单位 4 元）	2 000	2 400	20.00
固定成本	1 000	1 000	—
息税前利润（EBIT）	1 000	1 400	40.00
利息	250	250	—
利润总额	750	1 150	53.33
净利润（税率 25%）	562.50	862.50	53.33
每股收益（1 000 万股，元）	0.5625	0.8625	53.33

丁公司经营杠杆系数 $= \dfrac{40.00\%}{20.00\%} = 2$

丁公司财务杠杆系数 $= \dfrac{53.33\%}{40.00\%} = 1.33$

丁公司总杠杆系数 $= 2 \times 1.33 = 2.66$

（三）总杠杆与公司风险

公司风险包括经营风险和财务风险，反映其整体风险。总杠杆系数反映了经营杠杆和财务杠杆之间的关系，用以评价企业的整体风险水平。在总杠杆系数一定的情况下，经营杠杆系数与财务杠杆系数此消彼长。总杠杆效应的意义在于：第一，能够说明产销业务量变动对普通股收益的影响，据以预测未来的每股收益水平；第二，揭示了财务管理的风险管理策略，即若要保持一定的风险状况水平，需要维持一定的总杠杆系数，经营杠杆和财务杠杆可以有不同的组合。

一般来说，固定资产比重较大的资本密集型企业，经营杠杆系数高，经营风险大，企业筹资主要依靠权益资本，以保持较小的财务杠杆系数和财务风险；变动成本比重较大的劳动密集型企业，经营杠杆系数低，经营风险小，企业筹资可以主要依靠债务资金，保持较大的财务杠杆系数和财务风险。

在企业初创阶段，产品市场占有率低，产销业务量小，经营杠杆系数大，此时企业筹资主要依靠权益资本，在较低程度上使用财务杠杆；在企业扩张成熟期，产品市场占有率高，产销业务量大，经营杠杆系数小，此时，企业资本结构中可扩大债务资本比重，在较高程度上使用财务杠杆。

第四节　资本结构

资本结构及其管理是企业筹资管理的核心问题。如果企业现有资本结构不合理，应通过筹资活动优化调整资本结构，使其趋于科学合理。

一、资本结构理论概述

（一）资本结构的含义

筹资管理中，资本结构有广义和狭义之分。广义的资本结构是指全部债务与股东权益的构成比例；狭义的资本结构则是指长期负债与股东权益的构成比例。本书所指的资本结构，是指狭义的资本结构。

资本结构是在企业多种筹资方式下筹集资金形成的，各种筹资方式不同的组合决定着企业资本结构及其变化。企业筹资方式虽然很多，但总的来看分为债务资本筹资和权益资本筹资两大类。权益资本是企业必备的基础资本，因此资本结构问题实际上也就是债务资本的比例问题，即债务资本在企业全部资本中所占的比重。

不同的资本结构会给企业带来不同的后果。企业利用债务资本进行举债经营具有双重影响，既可以发挥财务杠杆效应，也可能带来财务风险。因此企业必须权衡财务风险和资本成本的关系，确定最佳的资本结构。评价企业资本结构最佳状态的标准应该是既能够提高股权收益或降低资本成本，又能控制财务风险，最终目的是提升企业价值。

股权收益，表现为净资产收益率或普通股每股收益；资本成本，表现为企业的平均资本成本率。根据资本结构理论，当企业平均资本成本率最低时，企业价值最大。所谓最佳资本结构，是指在一定条件下使企业平均资本成本率最低、企业价值最大的资本结构。资本结构优化的目标，是降低平均资本成本率或提升公司价值。

从理论上讲，最佳资本结构是存在的，但由于企业内部条件和外部环境的经常性变化，动态地保持最佳资本结构十分困难。因此在实践中，目标资本结构通常是企业结合自身实际进行适度负债经营所确立的资本结构，是根据满意化原则确定的资本结构。

（二）资本结构理论

资本结构理论是现代企业财务领域的核心部分，美国学者莫迪格莱尼（Franco Modigliani）与米勒（Mertor Miller）提出了著名的 MM 理论，标志着现代资本结构理论的建立。

1. MM 理论。

最初的 MM 理论是建立在以下基本假设基础上的：（1）企业只有长期债券和普通股

票，债券和股票均在完善的资本市场上交易，不存在交易成本；（2）个人投资者与机构投资者的借款利率与企业的借款利率相同且无借债风险；（3）具有相同经营风险的企业称为风险同类，经营风险可以用息税前利润的方差衡量；（4）每一个投资者对企业未来的收益、风险的预期都相同；（5）所有的现金流量都是永续的，债券也是。

该理论认为，不考虑企业所得税，有无负债不改变企业的价值。因此企业价值不受资本结构的影响。而且，有负债企业的股权成本随着负债程度的增大而增大。

在考虑企业所得税带来的影响后，提出了修正的 MM 理论。该理论认为企业可利用财务杠杆增加企业价值，因负债利息可带来避税利益，企业价值会随着资产负债率的增加而增加。具体而言：有负债企业的价值等于相同风险等级的无负债企业的价值加上赋税节余的价值；有负债企业的股权成本等于相同风险等级的无负债企业的股权成本加上与以市值计算的债务与股权比例成比例的风险收益，且风险收益取决于企业的债务比例以及企业所得税税率。

在此基础上，米勒进一步将个人所得税因素引入修正的 MM 理论，并建立了同时考虑企业所得税和个人所得税的 MM 资本结构理论模型。

2. 权衡理论。

修正的 MM 理论只是接近了现实，在现实经济实践中，各种负债成本随负债比率的增大而上升，当负债比率达到某一程度时，企业负担破产成本的概率会增加。经营良好的企业，通常会维持其债务不超过某一限度。为解释这一现象，权衡理论应运而生。

权衡理论通过放宽 MM 理论完全信息以外的各种假定，考虑在税收、财务困境成本存在的条件下，资本结构如何影响企业市场价值。权衡理论认为，有负债企业的价值等于无负债企业价值加上税赋节约现值，再减去财务困境成本的现值。

3. 代理理论。

代理理论认为企业资本结构会影响经理人员的工作水平和其他行为选择，从而影响企业未来现金收入和企业市场价值。该理论认为，债务筹资有很强的激励作用，并将债务视为一种担保机制。这种机制能够促使经理多努力工作，少个人享受，并且作出更好的投资决策，从而降低由于两权分离而产生的代理成本（股权代理成本）；但是，债务筹资可能带来另一种代理成本，即企业接受债权人监督而产生的成本（债务代理成本）。均衡的企业所有权结构是由股权代理成本和债务代理成本之间的平衡关系来决定的。

4. 优序融资理论。

优序融资理论以非对称信息条件以及交易成本的存在为前提，认为企业外部融资要多支付各种成本，使得投资者可以从对企业资本结构的选择中来判断企业市场价值。企业偏好内部融资，当需要进行外部融资时，债务筹资优于股权筹资。从成熟的证券市场来看，企业的筹资优序模式首先是内部筹资，其次是借款、发行债券、可转换债券，最后是发行新股筹资。但是，该理论显然难以解释现实生活中所有的资本结构规律。

值得一提的是，积极主动地改变企业的资本结构（例如，通过出售或者回购股票或债券）牵涉到交易成本，企业很可能不愿意改变资本结构，除非资本结构严重偏离了最优水平。

二、影响资本结构的因素

资本结构，是一个产权结构问题，是社会资本在企业经济组织形式中的资源配置结果。资本结构的变化，将直接影响社会资本所有者的利益。

（一）企业经营状况的稳定性和成长率

企业产销业务量的稳定程度对资本结构有重要影响：如果产销业务稳定，企业可较多地负担固定财务费用；如果产销业务量和盈余有周期性，则负担固定财务费用将承担较大的财务风险。经营发展能力表现为未来产销业务量的增长率，如果产销业务量能够以较高的水平增长，企业可以采用高负债的资本结构，以提升权益资本的报酬。

（二）企业的财务状况和信用等级

企业财务状况良好，信用等级高，债权人愿意向企业提供信用，企业容易获得债务资金。相反，如果企业财务状况欠佳，信用等级不高，债权人投资风险大，这样会降低企业获得信用的能力，加大债务资金筹资的资本成本。

（三）企业的资产结构

资产结构是企业筹集资本后进行资源配置和使用后的资金占用结构，包括长短期资产构成和比例，以及长短期资产内部的构成和比例。资产结构对企业资本结构的影响主要包括：拥有大量固定资产的企业主要通过发行股票融通资金，拥有较多流动资产的企业更多地依赖流动负债融通资金，资产适用于抵押贷款的企业负债较多，以技术研发为主的企业则负债较少。

（四）企业投资人和管理当局的态度

从企业所有者的角度看，如果企业股权分散，企业可能更多地采用权益资本筹资以分散企业风险。如果企业为少数股东控制，股东通常重视企业控股权问题，为防止控股权稀释，企业一般尽量避免普通股筹资，而是采用优先股或债务筹资方式。从企业管理当局的角度看，高负债资本结构的财务风险高，一旦经营失败或出现财务危机，管理当局将面临市场接管的威胁或者被董事会解聘的风险。因此，稳健的管理当局偏好于选择低负债比例的资本结构。

（五）行业特征和企业发展周期

不同行业的资本结构差异很大。产品市场稳定的成熟产业经营风险低，因此可提高债务资金比重，发挥财务杠杆作用。高新技术企业产品、技术、市场尚不成熟，经营风险高，因此可降低债务资金比重，控制财务杠杆风险。同一企业在不同发展阶段，资本结构安排不同。企业初创阶段，经营风险高，在资本结构安排上应控制负债比例；企业发展成熟阶段，产品产销业务量稳定和持续增长，经营风险低，可适度增加债务资金比重，发挥财务杠杆效应；企业收缩阶段，产品市场占有率下降，经营风险逐步加大，应逐步降低债务资金比重，保证经营现金流量能够偿付到期债务，保持企业持续经营能力，减少破产风险。

（六）经济环境的税务政策和货币政策

资本结构决策必然要研究理财环境因素，特别是宏观经济状况。政府调控经济的手段包括财政税收政策和货币金融政策，当所得税税率较高时，债务资金的抵税作用大，企业应充分利用这种作用以提高企业价值。货币金融政策影响资本供给，从而影响利率水平的变动，当国家执行了紧缩的货币政策时，市场利率较高，企业债务资金成本增大。

三、资本结构优化

资本结构优化，要求企业权衡负债的低资本成本和高财务风险的关系，确定合理的资本结构。资本结构优化的目标，是降低平均资本成本率或提高企业价值。

（一）每股收益分析法

可以用每股收益的变化来判断资本结构是否合理，即能够提高普通股每股收益的资本结构，就是合理的资本结构。在资本结构管理中，利用债务资本筹资的目的之一，就在于债务资本能够带来财务杠杆效应，利用负债筹资的财务杠杆作用来增加股东财富。

每股收益受到经营利润水平、债务资本成本水平等因素的影响，分析每股收益与资本结构的关系，可以找到每股收益无差别点。所谓每股收益无差别点，是指不同筹资方式下每股收益都相等时的息税前利润或业务量水平。根据每股收益无差别点，可以分析判断在什么样的息税前利润水平或产销业务量水平前提下，适于采用何种筹资组合方式，进而确定企业的资本结构安排。

在每股收益无差别点上，无论是采用债务还是股权筹资方案，每股收益都是相等的。当预期息税前利润或业务量水平大于每股收益无差别点时，应当选择债务筹资方案，反之选择股权筹资方案。在每股收益无差别点，不同筹资方案的每股收益是相等的，用公式表示如下：

$$\frac{(\overline{EBIT} - I_1)(1 - T) - DP_1}{N_1} = \frac{(\overline{EBIT} - I_2)(1 - T) - DP_2}{N_2}$$

式中，$\overline{EBIT}$ 表示息税前利润平衡点，即每股收益无差别点；I_1、I_2 分别表示两种筹资方式下的债务利息；DP_1、DP_2 分别表示两种筹资方式下的优先股股利；N_1、N_2 分别表示两种筹资方式下的普通股股数；T 表示所得税税率。

【例 5-24】甲公司目前有债务资金 2 000 万元（年利息 200 万元），普通股股数 3 000 万股。该公司由于有一个较好的新投资项目，需要追加筹资 1 500 万元，有两种筹资方案：

A 方案：增发普通股 300 万股，每股发行价 5 元。

B 方案：向银行取得长期借款 1 500 万元，利息率 10%。

根据财务人员测算，追加筹资后销售额可望达到 6 000 万元，变动成本率为 60%，固定成本为 1 000 万元，企业所得税税率为 25%，不考虑筹资费用因素。

要求：

（1）计算长期债务和普通股筹资方式的每股收益无差别点，并根据每股收益分析法确定甲公司应该选择的方案。

（2）其他条件不变，若追加投资后预期销售额为 9 000 万元，分析企业应该选择哪种方案。

解析

（1）根据上述数据，代入每股收益无差别点状态式：

$$\frac{(\overline{EBIT} - 200) \times (1 - 25\%)}{3\,000 + 300} = \frac{(\overline{EBIT} - 200 - 150) \times (1 - 25\%)}{3\,000}$$

得：$\overline{EBIT} = 1\,850$ 万元

这里，$\overline{EBIT}$ 为 1 850 万元是两个筹资方案的每股收益无差别点。在此点上，两个方案的每股收益相等，均为 0.38 元。

企业追加筹资后预期的 $EBIT$ 为：

6 000 × (1 − 60%) − 1 000 = 1 400（万元），低于无差别点 1 850 万元，因此，企业应该选择 A 方案。在 6 000 万元销售额水平上，A 方案的 EPS 为 0.27 元，B 方案的 EPS 为 0.26 元。

（2）若追加投资后甲公司预期销售额为 9 000 万元，这种情况下 $EBIT$ 为：

9 000 × (1 − 60%) − 1 000 = 2 600（万元），大于每股收益无差别点 1 850 万元，因此，企业应该选择 B 方案。在 9 000 万元销售额水平上，A 方案的 EPS 为 0.55 元，B 方案的 EPS 为 0.56 元。

当企业需要的资本额较大时，可能会采用多种筹资方式组合融资。这时，需要详细比较分析各种组合筹资方式下的资本成本负担及对每股收益的影响，选择每股收益最高的筹资方式。

【例 5 – 25】 乙公司目前有债务资金 4 000 万元（年利息 400 万元）；普通股资本 6 000 万股。该公司由于扩大经营规模，需要追加筹资 8 000 万元，所得税税率为 25%，不考虑筹资费用因素。有三种筹资方案：

扫码看讲解

A 方案：增发普通股 2 000 万股，每股发行价 3 元；同时向银行借款 2 000 万元，利率保持原来的 10%。

B 方案：增发普通股 1 000 万股，每股发行价 3 元；同时溢价发行 5 000 万元面值为 3 000 万元的公司债券，票面利率 15%。

C 方案：不增发普通股，溢价发行 6 000 万元面值为 4 000 万元的公司债券，票面利率 15%；由于受债券发行数额的限制，需要补充向银行借款 2 000 万元，利率 10%。

三种方案各有优劣：增发普通股能够减轻资本成本的固定性支出，但股数增加会摊薄每股收益；采用债务筹资方式能够提高每股收益，但增加了固定性资本成本负担，受到的限制较多。基于上述原因，筹资方案需要两两比较。

A、B 方案的比较：

$$\frac{(\overline{EBIT}-400-200)\times(1-25\%)}{6\,000+2\,000}=\frac{(\overline{EBIT}-400-450)\times(1-25\%)}{6\,000+1\,000}$$

得：$\overline{EBIT}=2\,600$ 万元

B、C 方案的比较：

$$\frac{(\overline{EBIT}-400-450)\times(1-25\%)}{6\,000+1\,000}=\frac{(\overline{EBIT}-400-800)\times(1-25\%)}{6\,000}$$

得：$\overline{EBIT}=3\,300$ 万元

A、C 方案的比较：

$$\frac{(\overline{EBIT}-400-200)\times(1-25\%)}{6\,000+2\,000}=\frac{(\overline{EBIT}-400-800)\times(1-25\%)}{6\,000}$$

得：$\overline{EBIT}=3\,000$ 万元

筹资方案两两比较时，产生了三个筹资分界点，上述分析结果可用图 5-1 表示。从图 5-1 中可以看出：企业 EBIT 预期为 2 600 万元以下时，应当采用 A 方案；EBIT 预期为 2 600 万~3 300 万元时，应当采用 B 方案；EBIT 预期为 3 300 万元以上时，应当采用 C 方案。

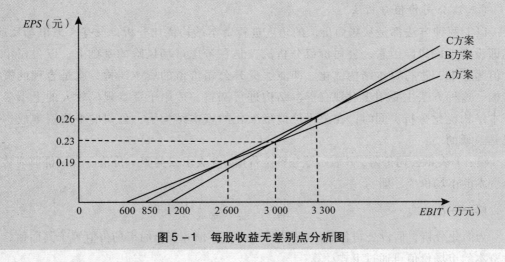

图 5-1　每股收益无差别点分析图

（二）平均资本成本比较法

平均资本成本比较法，是通过计算和比较各种可能的筹资组合方案的平均资本成本，选择平均资本成本率最低的方案。即能够降低平均资本成本的资本结构，就是合理的资本结构。这种方法侧重于从资本投入的角度对筹资方案和资本结构进行优化分析。

【例 5-26】 长达公司需筹集 10 000 万元长期资本，可以利用贷款、发行债券、发行普通股这三种方式筹集，其个别资本成本率已分别测定，有关资料如表 5-10 所示。

表 5-10　　　　　　　　　长达公司资本成本与资本结构数据表　　　　　　　单位：%

筹资方式	资本结构			个别资本成本率
	A 方案	B 方案	C 方案	
贷款	40	30	20	6
债券	10	15	20	8
普通股	50	55	60	9
合计	100	100	100	

首先，分别计算三个方案的综合资本成本 K。

A 方案：$K = 40\% \times 6\% + 10\% \times 8\% + 50\% \times 9\% = 7.7\%$

B 方案：$K = 30\% \times 6\% + 15\% \times 8\% + 55\% \times 9\% = 7.95\%$

C 方案：$K = 20\% \times 6\% + 20\% \times 8\% + 60\% \times 9\% = 8.2\%$

其次，根据企业筹资评价的其他标准，考虑企业的其他因素，对各个方案进行修正，之后，再选择其中成本最低的方案。本例中，我们假设其他因素对方案选择的影响甚小，则 A 方案的综合资本成本最低。这样，该公司筹资的资本结构为贷款 4 000 万元，发行债券 1 000 万元，发行普通股 5 000 万元。

（三）公司价值分析法

以上两种方法都是从账面价值的角度进行资本结构优化分析，没有考虑市场反应，亦即没有考虑风险因素。公司价值分析法，是在考虑市场风险的基础上，以公司市场价值为标准，进行资本结构优化。即能够提升公司价值的资本结构，就是合理的资本结构。这种方法主要用于对现有资本结构进行调整，适用于资本规模较大的上市公司资本结构优化分析。同时，在公司价值最大化的资本结构下，公司的平均资本成本率也是最低的。

设：V 表示公司价值，B 表示债务资金价值，S 表示权益资本价值。公司价值应该等于资本的市场价值，即：

$$V = S + B$$

为简化分析，假设公司各期的 $EBIT$ 保持不变，债务资金的市场价值等于其面值，权益资本的市场价值可通过下式计算：

$$S = \frac{(EBIT - I)(1 - T)}{K_s}$$

且：$K_s = R_f + \beta(R_m - R_f)$

此时：$K_W = K_b \times \dfrac{B}{V} + K_s \times \dfrac{S}{V}$

【例 5-27】某公司息税前利润为 400 万元，资本总额账面价值为 2 000 万元。假设无风险收益率为 6%，证券市场平均收益率为 10%，所得税税率为 25%。债务市场价值等于面值，经测算，不同债务水平下的税前债务利息率和权益资本成本率（假设税前债务利息率等于税前债务资本成本）如表 5 - 11 所示。

表 5 - 11 税前债务利息率和权益资本成本率资料表

债务市场价值 B （万元）	税前债务利息率 （%）	股票 β 系数	权益资本成本率 K_s （%）
0	—	1.50	12.0
200	8.0	1.55	12.2
400	8.5	1.65	12.6
600	9.0	1.80	13.2
800	10.0	2.00	14.0

根据表 5 - 11 资料，可计算出不同资本结构下的公司总价值和平均资本成本率，如表 5 - 12 所示。

表 5 - 12 公司总价值和平均资本成本率

债务市场价值 （万元）	股票市场价值 （万元）	公司总价值 （万元）	税后债务 资本成本 （%）	普通股 资本成本 （%）	平均 资本成本率 （%）
0	2 500	2 500	—	12.0	12.0
200	2 361	2 561	6.00	12.2	11.72
400	2 179	2 579	6.38	12.6	11.64
600	1 966	2 566	6.75	13.2	11.69
800	1 714	2 514	7.50	14.0	11.93

可以看出，在没有债务资本的情况下，公司的总价值等于股票的账面价值。当公司增加一部分债务时，财务杠杆开始发挥作用，公司总价值上升，平均资本成本率下降。在债务资本达到 400 万元时，公司总价值最高，平均资本成本率最低。债务资本超过 400 万元后，随着利息率的不断上升，财务杠杆作用逐步减弱甚至显现负作用，公司总价值下降，平均资本成本率上升。因此，债务资本为 400 万元时的资本结构是该公司的最优资本结构。

四、双重股权结构

双重股权结构，也称 AB 股制度，即同股不同权结构，股票的投票权和分红权相分离。在 AB 股制度下，公司股票分为 A、B 两类，通常，A 类股票 1 股有 1 票投票权，B 类股票 1 股有 N 票投票权。其中，A 类股票通常由投资人和公众股东持有，B 类股票通常由创业团队持有。在这种股权结构下，公司可以实现控制权不流失的目的，降低公司被恶意收购的可能性。

（一）我国双重股权结构产生的背景

双重股权结构在国外运用得较为普遍，过去，同股不同权的中国企业仅能在境外上市，一定程度上导致一批优质科技创新企业的流失。为了留住和吸引科技创新企业在国内上市，促进其高质量发展，2018 年，国家对同股不同权企业的上市逐步放开。2018 年 9 月，国务院出台《国务院关于推动创新创业高质量发展打造"双创"升级版的意见》，明确允许科技企业实行"同股不同权"的股权结构。《上海证券交易所科创板股票上市规则（2024 年修订）》（以下简称《科创板上市规则》）明确同股不同权企业可在科创板上市，并制定了相应的条款。《科创板上市规则》2.1.4 条款规定："发行人具有表决权差异安排的，市值及财务指标应当至少符合下列标准中的一项：（一）预计市值不低于人民币 100 亿元；（二）预计市值不低于人民币 50 亿元，且最近一年营业收入不低于人民币 5 亿元。""本规则所称表决权差异安排，是指发行人依照《公司法》第一百三十一条的规定，在一般规定的普通股份之外，发行拥有特别表决权的股份（以下简称特别表决权股份）。每一特别表决权股份拥有的表决权数量大于每一普通股份拥有的表决权数量，其他股东权利与普通股份相同。"

（二）双重股权结构的运作机理

双重股权结构一般适用于科技创新企业。对于科技创新企业而言，一方面，创始人或管理团队的正确决策非常重要，一旦企业内部因为投票权的问题产生分裂而无法作出决策，对企业的未来发展将产生致命的打击；另一方面，因融资导致股权被稀释，企业创始人或管理团队因此失去对企业的控制权，这是他们所不能接受的。企业控制权与融资需求的矛盾，使科技创新企业的融资问题难以解决。同股不同权制度的实施可较好地解决这个问题：企业引入融资后，企业的创始人或管理团队仍能掌握公司的决策权，有助于保证企业长期的发展；投资者以财务投资者身份享有相应的分红和资本利得。

（三）双重股权结构的优缺点

（1）双重股权结构的优点：同股不同权制度能一定程度上避免企业内部股权纷争，保障企业创始人或管理层对企业的控制权，防止公司被恶意收购；提高企业运行效率，有利于企业的长期发展。（2）双重股权结构的缺点：容易导致管理中独裁行为的发生；控股股东为自己谋利而损害非控股股东的利益，不利于保障非控股股东利益；可能加剧企业治理中实际经营者的道德风险和逆向选择。

本章思考题

1. 资金需要量预测方法有哪些？其各自的适用条件是什么？

2. 资本成本对资本结构管理有何意义？

3. 资本成本中的用资费用和筹资费用有何不同特性？

4. 个别资本成本、平均资本成本、边际资本成本及项目资本成本如何测算？

5. 金融工具价值如何进行评估？

6. 经营杠杆的基本原理及其杠杆系数的测算方法是什么？

7. 财务杠杆的基本原理及其杠杆系数的测算方法是什么？

8. 财务杠杆效应对资本结构管理有何意义？

9. 总杠杆的基本原理及其杠杆系数的测算方法是什么？

10. 资本结构理论有哪些主要观点？

11. 影响资本结构的因素有哪些？

12. 资本结构优化的分析方法有哪些？

13. 每股收益分析法的基本原理和决策标准是什么？

14. 双重股权结构有何特点？

第六章　投资管理

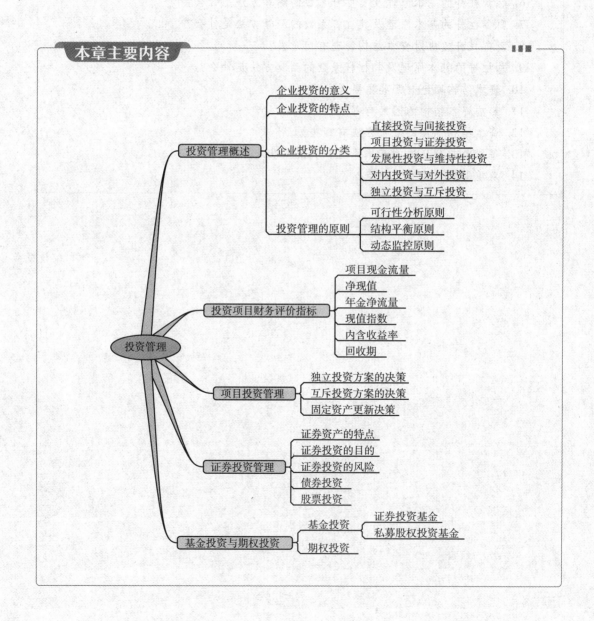

投资管理
- 投资管理概述
  - 企业投资的意义
  - 企业投资的特点
  - 企业投资的分类
    - 直接投资与间接投资
    - 项目投资与证券投资
    - 发展性投资与维持性投资
    - 对内投资与对外投资
    - 独立投资与互斥投资
  - 投资管理的原则
    - 可行性分析原则
    - 结构平衡原则
    - 动态监控原则
- 投资项目财务评价指标
  - 项目现金流量
  - 净现值
  - 年金净流量
  - 现值指数
  - 内含收益率
  - 回收期
- 项目投资管理
  - 独立投资方案的决策
  - 互斥投资方案的决策
  - 固定资产更新决策
- 证券投资管理
  - 证券资产的特点
  - 证券投资的目的
  - 证券投资的风险
  - 债券投资
  - 股票投资
- 基金投资与期权投资
  - 基金投资
    - 证券投资基金
    - 私募股权投资基金
  - 期权投资

第一节 投资管理概述

投资，广义地讲，是指特定经济主体（包括政府、企业和个人）以本金回收并获利为基本目的，将货币、实物资产等作为资本投放于某一个具体对象，以在未来期间内获取预期经济利益的经济行为。企业投资，简言之，是企业为获取未来收益而向一定对象投放资金的经济行为。例如，购建厂房设备，兴建电站，购买股票、债券、基金等经济行为，均属于投资行为。

一、企业投资的意义

企业需要通过投资配置资产，才能形成生产能力，取得未来的经济利益。

（一）投资是企业生存与发展的基本前提

企业的生产经营，就是企业资产的运用和资产形态的转换过程。投资是一种资本性支出行为，通过投资支出，企业购建流动资产和长期资产，形成生产条件和生产能力。实际上，不论是新建一个企业，还是建造一条生产流水线，都是一种投资行为。通过投资，确立企业的经营方向，配置企业的各类资产，并将它们有机地结合起来，形成企业的综合生产经营能力。如果企业想要进军一个新兴行业，或者开发一种新产品，都需要先进行投资。因此，投资决策的正确与否，直接关系到企业的兴衰成败。

（二）投资是企业获取利润的基本前提

企业投资的目的，是要通过支付一定数量的货币或实物形态的资本，购建和配置形成企业的各类资产，从事某类经营活动，获取未来的经济利益。通过投资形成生产经营能力，企业才能开展具体的经营活动，获取经营利润。那些以购买股票、债券等有价证券方式对其他单位的投资，可以通过取得股利或债息来获取投资收益，其投资收益既可能来自取得的股利或债息，也可能来自转让证券获得的资本利得，除购买股票债券外，企业也可通过购买基金的方式获得基金收益。

（三）投资是企业风险控制的重要手段

企业经营面临着各种风险，有来自市场竞争的风险，有资金周转的风险，还有原材料涨价、费用居高不下等成本风险。投资是企业风险控制的重要手段。通过投资，可以将资金投向企业生产经营的薄弱环节，使企业的生产经营能力配套、平衡、协调。通过投资，可以实现多元化经营，将资金投放于经营相关程度较低的不同产品或不同行业，分散风险，稳定收益来源，降低资产的流动性风险，增强资产的安全性。

二、企业投资的特点

企业投资活动与经营活动不同，投资活动对企业经济利益有长期影响。企业投资涉及的资金多、经历的时间长，对企业未来的财务状况和经营活动都有较大的影响。与日常经营活动相比，企业投资的主要特点表现在：

（一）属于企业的战略性决策

企业的投资活动一般涉及企业未来的经营发展方向、生产能力与规模等问题，如厂房设备的新建与更新、新产品的研究与开发、对其他企业的股权控制等。这些投资活动，直接影响本企业未来的经营发展规模和方向，是企业简单再生产得以顺利进行并实现扩大再生产的前提条件。企业的投资活动先于经营活动，这些投资活动往往需要一次性地投入大量资金，并在一段较长时期内发挥作用，对企业经营活动方向产生重大影响。

（二）属于企业的非程序化管理

企业有些经济活动往往不会经常性地重复出现，如新产品开发、设备更新、企业兼并等，也称为非例行性活动。非例行性活动只能针对具体问题，按特定的影响因素、相关条件和具体要求来进行审查和抉择。对这类非重复性特定经济活动进行的管理，称为非程序化管理，而企业投资活动往往属于非程序化管理，体现在涉及资金数额较大、投资项目影响时间较长、涉及企业未来经营发展方向和规模等重大问题。

（三）投资价值的波动性大

由于投资标的物资产的形态不断转换，使得投资活动未来收益的获得具有较强的不确定性，加之外部因素如市场利率、物价等的变化，使其价值具有较强的波动性。因此，企业确定投资管理决策时，要充分考虑投资项目的时间价值和风险价值。

三、企业投资的分类

将企业投资进行科学分类，有利于分清投资的性质，按不同的特点和要求进行投资决策，加强投资管理。

（一）直接投资与间接投资

按投资活动与企业本身生产经营活动的关系，企业投资可以划分为直接投资和间接投资。

直接投资，是指将资金直接投放于形成生产经营能力的实体性资产，直接谋取经营利润的企业投资。通过直接投资，购买并配置劳动力、劳动资料和劳动对象等具体生产要素，开展生产经营活动。

间接投资，是指将资金投放于股票、债券等资产上的企业投资。之所以称为间接投资，是因为股票、债券的发行方，在筹集到资金后，再把这些资金投放于形成生产经营能力的实体性资产，以获取经营利润。间接投资方不直接介入具体生产经营过程，通过股票、债券上所约定的收益分配权利，获取股利或利息收入，分享直接投资的经营利润。基金投资也是一种间接投资，通过投资于股票、债券等的投资组合获取收益。

（二）项目投资与证券投资

按投资对象的存在形态和性质，企业投资可以划分为项目投资和证券投资。

企业可以通过投资，购买具有实质内涵的经营资产，包括有形资产和无形资产，形成具体的生产经营能力，开展实质性的生产经营活动，谋取经营利润。这类投资，称为项目投资。项目投资的目的在于改善生产条件、扩大生产能力，以获取更多的经营利润。项目投资属于直接投资。

企业可以通过投资，购买证券资产，通过证券资产上所赋予的权利，间接控制被投资企业的生产经营活动，获取投资收益。这类投资，称为证券投资，即购买属于综合生产要素的权益性权利资产的企业投资。

证券，是一种金融资产，即以经济合同契约为基本内容、以凭证票据等书面文件为存在形式的权利性资产。如债券投资代表的是未来按契约规定收取债息和收回本金的权利，根据是否有明确的到期日，债券投资分为普通债券投资和永续债投资。股票投资代表的是对发行股票企业的经营控制权、财务控制权、收益分配权、剩余财产追索权等股东权利，根据股东权利和义务的不同，股票投资可分为普通股票投资和优先股票投资。基金投资则代表一种信托关系，是一种收益权。证券投资的目的，在于通过持有证券，获取投资收益，或控制其他企业的财务或经营政策，并不直接从事具体生产经营过程。因此，证券投资属于间接投资。

直接投资与间接投资、项目投资与证券投资，两种投资分类方式的内涵和范围是一致的，只是分类角度不同。直接投资与间接投资强调的是投资的方式，项目投资与证券投资强调的是投资的对象。

（三）发展性投资与维持性投资

按投资活动对企业未来生产经营前景的影响，企业投资可以划分为发展性投资和维持性投资。

发展性投资是指对企业未来的生产经营发展全局有重大影响的企业投资。发展性投资也可以称为战略性投资，如企业间兼并合并的投资、转换新行业和开发新产品投资、大幅度扩大生产规模的投资等。发展性投资项目实施后，往往可以改变企业的经营方向和经营领域，或者明显地提高企业的生产经营能力，或者实现企业的战略重组。

维持性投资是为了维持企业现有的生产经营正常顺利进行，不会改变企业未来生产经营发展全局的企业投资。维持性投资也可以称为战术性投资，如更新替换旧设备的投资、配套流动资金投资等。维持性投资项目所需要的资金不多，对企业生产经营的前景影响不大，投资风险相对也较小。

（四）对内投资与对外投资

按投资活动资金投出的方向，企业投资可以划分为对内投资和对外投资。

对内投资是指在本企业范围内部的资金投放，用于购买和配置各种生产经营所需的经营性资产。对外投资是指向本企业范围以外的其他单位的资金投放。对外投资多以现金、有形资产、无形资产等资产形式，通过联合投资、合作经营、换取股权、购买证券资产等投资方式，向企业外部其他单位投放资金。

对内投资都是直接投资；对外投资可能是间接投资，也可能是直接投资。

（五）独立投资与互斥投资

按投资项目之间的相互关联关系，企业投资可以划分为独立投资和互斥投资。

独立投资是相容性投资，各个投资项目之间互不关联、互不影响，可以同时存在。

例如，建造一个饮料厂和建造一个纺织厂，它们之间并不冲突，可以同时进行。对于一个独立投资项目而言，其他投资项目是否被采纳，对本项目的决策并无显著影响。因此，独立投资项目决策考虑的是方案本身是否满足某种决策标准。例如，可以规定凡提交决策的投资方案，其预期投资收益率都要求达到20%才能被采纳。这里，预期投资收益率达到20%，就是一种预期的决策标准。

互斥投资是非相容性投资，各个投资项目之间相互关联、相互替代，不能同时存在。如对企业现有设备进行更新，购买新设备就必须处置旧设备，它们之间是互斥的。对于一个互斥投资项目而言，其他投资项目是否被采纳或放弃，直接影响本项目的决策，其他项目被采纳，本项目就不能被采纳。因此，互斥投资项目决策考虑的是各方案之间的排斥性，也许每个方案都是可行方案，但互斥决策需要从中选择最优方案。

四、投资管理的原则

投资管理程序包括投资计划制订、可行性分析、实施过程控制、投资后评价等。为了适应投资项目的特点和要求，实现投资管理的目标，作出合理的投资决策，需要制定投资管理的基本原则，据以保证投资活动的顺利进行。

（一）可行性分析原则

投资项目的金额大，资金占用时间长，一旦投资后具有不可逆转性，对企业的财务状况和经营前景影响重大。因此，在进行投资决策时，必须建立严密的投资决策程序，进行科学的可行性分析。投资项目可行性分析是投资管理的重要组成部分，其主要任务是对投资项目实施的可行性进行科学的论证，主要包括环境可行性、技术可行性、市场可行性、财务可行性等方面。通过对项目实施后未来的运行和发展前景进行预测，并进行定性分析和定量分析来比较项目的优劣，为投资决策提供参考。

（二）结构平衡原则

由于投资往往是一个综合性的项目，不仅涉及固定资产等生产能力和生产条件的购建，还涉及使生产能力和生产条件正常发挥作用所需要的流动资产的配置。同时，由于受资金来源的限制，投资也常常会遇到资金需求超过资金供应的矛盾。如何合理配置资源，使有限的资金发挥最大的效用，是投资管理中资金投放所面临的重要问题。投资项目在实施后，资金就较长期地固化在具体项目上，退出和转向都不太容易。只有遵循结构平衡原则，投资项目实施后才能正常顺利地运行，才能避免资源的闲置和浪费。

（三）动态监控原则

投资的动态监控，是指对投资项目实施过程中的进程控制。建设性投资项目应当按工程进度，对分项工程、分步工程、单位工程的完成情况，逐步进行资金拨付和资金结算，控制工程的资金耗费，防止资金浪费。金融资产投资项目则要广泛收集投资对象和资本市场的相关信息，全面了解被投资单位的财务状况和经营成果，动态地估算投资价值，保护自身的投资权益。

第二节　投资项目财务评价指标

投资决策，是对各个可行方案进行分析和评价，并从中选择最优方案的过程。投资项目决策的分析评价，需要采用一些专门的评价指标和方法。常用的财务可行性评价指标有净现值、年金净流量、现值指数、内含收益率和回收期等，围绕这些指标进行投资项目财务评价就产生了净现值法、内含收益率法、回收期法等评价方法。同时，按照是否考虑了货币时间价值来分类，这些评价指标可以分为静态评价指标和动态评价指标。考虑了货币时间价值因素的称为动态评价指标，没有考虑货币时间价值因素的称为静态评价指标。

一、项目现金流量

现金流量是投资项目财务可行性分析的主要分析对象，净现值、内含收益率、回收期等财务评价指标，均是以现金流量为对象进行可行性评价的。利润只是期间财务报告的结果，对于投资方案财务可行性来说，项目的现金流量状况比会计期间盈亏状况更为重要。一个投资项目能否顺利进行，有无经济效益，不一定取决于有无会计期间利润，而在于能否带来正现金流量，即整个项目能否获得超过项目投资的现金回收。

由一项长期投资方案所引起的在未来一定期间所发生的现金收支，叫作现金流量（cash flow）。其中，现金收入称为现金流入量，现金支出称为现金流出量，现金流入量与现金流出量相抵后的余额称为现金净流量（net cash flow，NCF）。

在一般情况下，投资决策中的现金流量通常指现金净流量。这里所谓的现金既指库存现金、银行存款等货币性资产，也可以指相关非货币性资产（如原材料、设备等）的变现价值。

为简化投资项目现金流量的分析，设置如下假设：第一，全投资假设。在确定项目的现金流量时，仅站在投资者立场考虑全部投资的运行情况，而不具体区分自有资金和借入资金等具体形式的现金流量。即使实际存在借入资金，也将其作为自有资金对待（但在计算固定资产原值和投资总额时，还需要考虑借款利息因素）。第二，现金流量时点假设。为便于利用货币时间价值的形式，不论现金流量具体内容所涉及的价值指标实际上是时点指标还是时期指标，均假设按照年初或年末的时点指标处理。其中，假设建设投资在建设期内有关年度的年初或年末发生，流动资金投资则在年初发生；经营期内各年的收入、成本、折旧、摊销、利润、税金等项目的确认均在年末发生；项目最终报废或清理均发生在终结点（但更新改造项目除外）。

投资项目从整个经济寿命周期来看，大致可以分为三个阶段：投资期、营业期、终结期，现金流量的各个项目也可归属于各个阶段之中，如图 6 – 1 所示。

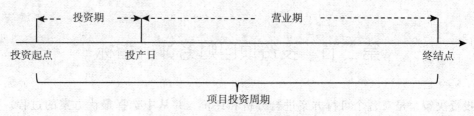

图 6 - 1　项目投资时间轴

（一）投资期的现金流量

投资阶段的现金流量主要是现金流出量，即在该投资项目上的原始投资，包括在长期资产上的投资和垫支的营运资金。如果该项目的筹建费较高，也可作为初始阶段的现金流出量计入递延资产。在一般情况下，初始阶段中固定资产的原始投资通常在年内一次性投入（如购买设备），如果原始投资不是一次性投入（如工程建造），则应把投资归属于不同投入年份之中。

1. 长期资产投资。

长期资产投资包括在固定资产、无形资产、递延资产等长期资产上的购入、建造、运输、安装、试运行等方面所需的现金支出，如购置成本、运输费、安装费等。对于投资实施后导致固定资产性能改进而发生的改良支出，属于固定资产的后期投资。

2. 营运资金垫支。

营运资金垫支是指投资项目形成了生产能力，需要在流动资产上追加的投资。由于提高了企业生产能力，原材料、在产品、产成品等流动资产规模也随之扩大，需要追加投入日常营运资金。同时，企业营业规模扩充后，应付账款等结算性流动负债也随之增加，自动补充了一部分日常营运资金的需要。因此，为该投资垫支的营运资金是追加的流动资产扩大量与结算性流动负债扩大量的净差额。为简化计算，垫支的营运资金在营业期的流入流出过程可忽略不计，只考虑投资期投入与终结期收回对现金流量的影响。

（二）营业期的现金流量

营业阶段是投资项目的主要阶段，该阶段既有现金流入量，也有现金流出量。现金流入量主要是营业期内各年的营业收入，现金流出量主要是营业期内各年的付现营运成本。

另外，营业期内某一年发生的大修理支出，如果会计处理在本年内一次性作为损益性支出，则直接作为该年付现成本；如果跨年摊销处理，则本年作为投资性的现金流出量，摊销年份以非付现成本形式处理。营业期内某一年发生的改良支出是一种投资，应作为该年的现金流出量，以后年份通过折旧收回。

在正常营业阶段，由于营运各年的营业收入和付现营运成本数额比较稳定，如不考虑所得税因素，营业阶段各年现金净流量一般为：

营业现金净流量 = 营业收入 - 付现成本

$\qquad$ = （营业收入 - 付现成本 - 非付现成本） + 非付现成本

$\qquad$ = 营业利润 + 非付现成本

式中，非付现成本主要是固定资产年折旧费用、长期资产摊销费用、资产减值损失等。其中，长期资产摊销费用主要有跨年的大修理摊销费用、改良工程折旧摊销费用、筹建费摊销费用等。

所得税是投资项目的现金支出，即现金流出量。考虑所得税对投资项目现金流量的影响，投资项目正常营运阶段所获得的营业现金净流量，可按下列公式进行测算：

营业现金净流量 = 营业收入 − 付现成本 − 所得税

或：营业现金净流量 = 税后营业利润 + 非付现成本

或：营业现金净流量 = 营业收入 × (1 − 所得税税率) − 付现成本 × (1 − 所得税税率)
+ 非付现成本 × 所得税税率

（三）终结期的现金流量

终结阶段的现金流量主要是现金流入量，包括固定资产变价净收入、固定资产变现净损益抵税和垫支营运资金的收回。

1. 固定资产变价净收入。

投资项目在终结阶段，原有固定资产将退出生产经营，企业对固定资产进行清理处置。固定资产变价净收入，是指固定资产出售或报废时的出售价款或残值收入扣除清理费用后的净额。

2. 固定资产变现净损益对现金净流量的影响。

固定资产变现净损益对现金净流量的影响用公式表示如下：

固定资产变现净损益对现金净流量的影响 = (账面价值 − 变价净收入) × 所得税税率

如果（账面价值 − 变价净收入）> 0，则意味着发生了变现净损失，可以抵税，减少现金流出，增加现金净流量。如果（账面价值 − 变价净收入）< 0，则意味着实现了变现净收益，应该纳税，增加现金流出，减少现金净流量。

变现时固定资产账面价值指的是固定资产账面原值与变现时按照税法规定计提的累计折旧的差额。如果变现时，按照税法的规定，折旧已经全部计提，则变现时固定资产账面价值等于税法规定的净残值；如果变现时，按照税法的规定，折旧没有全部计提，则变现时固定资产账面价值等于税法规定的净残值与剩余的未计提折旧之和。

3. 垫支营运资金的收回。

伴随着固定资产的出售或报废，投资项目的经济寿命结束，企业将与该项目相关的存货出售，应收账款收回，应付账款也随之偿付。营运资金恢复到原有水平，项目开始垫支的营运资金在项目结束时得到回收。

在实务中，对某一投资项目在不同时点上现金流量数额的测算，通常通过编制"投资项目现金流量表"进行。通过该表，能测算出投资项目相关现金流量的时间和数额，以便进一步进行投资项目可行性分析。

【例 6-1】 某投资项目需要 3 年建成，每年年初投入建设资金 90 万元，共投入 270 万元。建成投产之时，需投入营运资金 140 万元，以满足日常经营活动需要。项目投产后，估计每年可获税后营业利润 60 万元。固定资产使用年限为 7 年，使用后第 5 年预计进行一次改良，估计改良支出为 80 万元，分两年平均摊销。资产使用期满后，估计有残值净收入 11 万元，采用使用年限法折旧。项目期满时，垫支营运资金全额收回。

根据以上资料，编制成投资项目现金流量表如表 6-1 所示。

表 6-1　　　　　　　　　　　　投资项目现金流量表　　　　　　　　　　单位：万元

项目	第0年	第1年	第2年	第3年	第4年	第5年	第6年	第7年	第8年	第9年	第10年	总计
固定资产价值	(90)	(90)	(90)									(270)
固定资产折旧					37	37	37	37	37	37	37	259
改良支出									(80)			(80)
改良支出摊销										40	40	80
税后营业利润					60	60	60	60	60	60	60	420
残值净收入											11	11
营运资金				(140)							140	0
总计	(90)	(90)	(90)	(140)	97	97	97	97	17	137	288	420

注：带有括号的为现金流出量，表示负值；没有带括号的为现金流入量，表示正值。本章下同。

在投资项目管理的实践中，由于所得税的影响，营业阶段现金流量的测算比较复杂，需要在所得税基础上考虑税后收入、税后付现成本，以及非付现成本抵税对营业现金流量的影响。

【例 6-2】某公司计划增添一条生产流水线，以扩充生产能力。现有甲、乙两个方案可供选择。甲方案需要投资 500 000元，乙方案需要投资 750 000 元。两方案的预计使用寿命均为 5 年，折旧均采用直线法计提，甲方案预计残值为 20 000 元，乙方案预计残值为 30 000 元。甲方案预计年销售收入为 1 000 000 元，第 1 年付现成本为 660 000 元，以后在此基础上每年增加维修费 10 000 元。乙方案预计年销售收入为 1 400 000 元，年付现成本为 1 050 000 元。项目投入营运时，甲方案需垫支营运资金 200 000 元，乙方案需垫支营运资金 250 000 元。公司所得税税率为 25%。

扫码看讲解

根据上述资料，两方案的现金流量计算如表 6-2 和表 6-3 所示。表 6-2 列示的是甲方案营业期间现金流量的具体测算过程，乙方案营业期间的现金流量比较规则，其现金流量的测算可以用公式直接计算。表 6-3 列示的是甲、乙两方案投资项目每年的现金流量。

表 6-2　　　　　　　　　　　　营业期现金流量计算表　　　　　　　　　　单位：元

项目	第1年	第2年	第3年	第4年	第5年
甲方案：					
销售收入（1）	1 000 000	1 000 000	1 000 000	1 000 000	1 000 000
付现成本（2）	660 000	670 000	680 000	690 000	700 000

项目	第1年	第2年	第3年	第4年	第5年
甲方案:					
折旧（3）	96 000	96 000	96 000	96 000	96 000
营业利润（4）=（1）-（2）-（3）	244 000	234 000	224 000	214 000	204 000
所得税（5）=（4）×25%	61 000	58 500	56 000	53 500	51 000
税后营业利润（6）=（4）-（5）	183 000	175 500	168 000	160 500	153 000
营业现金净流量（7）=（3）+（6）	279 000	271 500	264 000	256 500	249 000

表6-3 投资项目现金流量计算表 单位：元

项目	第0年	第1年	第2年	第3年	第4年	第5年
甲方案:						
固定资产投资	（500 000）					
营运资金垫支	（200 000）					
营业现金净流量		279 000	271 500	264 000	256 500	249 000
固定资产残值						20 000
营运资金回收						200 000
现金流量合计	（700 000）	279 000	271 500	264 000	256 500	469 000
乙方案:						
固定资产投资	（750 000）					
营运资金垫支	（250 000）					
营业现金净流量		298 500	298 500	298 500	298 500	298 500
固定资产残值						30 000
营运资金回收						250 000
现金流量合计	（1 000 000）	298 500	298 500	298 500	298 500	578 500

乙方案非付现成本＝乙方案年折旧额＝（750 000－30 000）÷5＝144 000（元）

乙方案营业现金净流量＝税后营业利润＋非付现成本

＝（1 400 000－1 050 000－144 000）×（1－25%）＋144 000

＝298 500（元）

或：＝收入×（1－所得税税率）－付现成本×（1－所得税税率）

＋非付现成本×所得税税率

＝1 400 000×75%－1 050 000×75%＋144 000×25%

＝298 500（元）

二、净现值

(一) 基本原理

一个投资项目, 其未来现金净流量现值与原始投资额现值之间的差额, 称为净现值 (net present value, NPV)。计算公式为:

净现值 (NPV) = 未来现金净流量现值 - 原始投资额现值

计算净现值时, 要按预定的折现率对投资项目的未来现金流量和原始投资额进行折现。预定折现率是投资者所期望的最低投资收益率。净现值为正, 方案可行, 说明方案的实际收益率高于所要求的收益率; 净现值为负, 方案不可取, 说明方案的实际投资收益率低于所要求的收益率。

当净现值为零时, 说明方案的投资收益刚好达到所要求的投资收益, 方案也可行。所以, 净现值的经济含义是投资方案收益超过基本收益后的剩余收益。其他条件相同时, 净现值越大, 方案越好。采用净现值法来评价投资方案, 一般有以下步骤:

第一, 测定投资方案各年的现金流量, 包括现金流出量和现金流入量, 并计算出各年的现金净流量。

第二, 设定投资方案采用的折现率。

折现率的参考标准可以是:

(1) 以市场利率为标准。资本市场的市场利率是整个社会投资收益率的最低水平, 可以视为一般最低要求收益率。

(2) 以投资者希望获得的预期最低投资收益率为标准。这就考虑了投资项目的风险补偿因素以及通货膨胀因素。

(3) 以企业平均资本成本率为标准。企业投资所需要的资金, 都或多或少地具有资本成本, 企业筹资承担的资本成本率水平, 给投资项目提出了最低收益率要求。

第三, 按设定的折现率, 将各年的现金净流量折算成现值。

第四, 将未来的现金净流量现值与投资额现值进行比较, 若前者大于或等于后者, 方案可行; 若前者小于后者, 方案不可行, 说明方案的实际收益率达不到投资者所要求的收益率。

【例6-3】沿用【例6-2】的资料, 假设折现率为10%, 则:

甲方案的净现值 = $469\,000 \times (P/F, 10\%, 5) + 256\,500 \times (P/F, 10\%, 4)$

$\qquad + 264\,000 \times (P/F, 10\%, 3) + 271\,500 \times (P/F, 10\%, 2)$

$\qquad + 279\,000 \times (P/F, 10\%, 1) - 700\,000$

$\qquad = 469\,000 \times 0.6209 + 256\,500 \times 0.6830 + 264\,000$

$\qquad \times 0.7513 + 271\,500 \times 0.8264 + 279\,000 \times 0.9091 - 700\,000$

$\qquad = 442\,741.30$ (元)

由于甲方案的净现值大于0, 所以, 甲方案可行。

乙方案的净现值 $= 578\,500 \times (P/F，10\%，5) + 298\,500 \times (P/A，10\%，4) - 1\,000\,000$

$= 578\,500 \times 0.6209 + 298\,500 \times 3.1699 - 1\,000\,000$

$= 305\,405.80$（元）

由于乙方案的净现值大于 0，所以，乙方案也可行。

（二）对净现值法的评价

净现值法简便易行，其主要优点包括以下几个方面：

第一，适用性强，能基本满足项目年限相同的互斥投资方案决策。如有 A、B 两个年限相同的互斥项目，资本成本率为 10%，A 项目投资 50 000 元可获净现值 10 000 元，B 项目投资 20 000 元可获净现值 8 000 元。尽管 A 项目投资额大，但在计算净现值时已经考虑了实施该项目所承担的还本付息负担，因此净现值大的 A 项目优于 B 项目。

第二，能灵活地考虑投资风险。净现值法在所设定的折现率中包含投资风险收益率要求，从而能有效地考虑投资风险。例如，某投资项目期限 15 年，资本成本率为 18%，由于投资项目时间长，风险也较大，所以投资者认定，在投资项目的有效期限 15 年中第一个五年期内以 18% 折现，第二个五年期内以 20% 折现，第三个五年期内以 25% 折现，以此来体现投资风险。

净现值法也具有明显的缺陷，主要表现在以下几个方面：

第一，所采用的折现率不易确定。如果两方案采用不同的折现率折现，采用净现值法不能够得出正确结论。同一方案中，如果要考虑投资风险，要求的风险收益率不易确定。

第二，不适用于独立投资方案的比较决策。如果各方案的原始投资额现值不相等，有时无法作出正确决策。独立投资方案，是指两个以上投资项目互不依赖，可以同时并存。如对外投资购买甲股票或购买乙股票，它们之间并不冲突。在独立投资方案比较中，尽管某项目净现值大于其他项目，但所需投资额大，获利能力可能低于其他项目，而该项目与其他项目又是非互斥的，因此只凭净现值大小无法决策。

第三，不能直接用于对寿命期不同的互斥投资方案进行决策。某项目尽管净现值小，但其寿命期短；另一项目尽管净现值大，但它是在较长的寿命期内取得的。两项目由于寿命期不同，因而净现值是不可比的。要采用净现值法对寿命期不同的投资方案进行决策，需要将各方案均转化为相等寿命期进行比较。

三、年金净流量

投资项目的未来现金净流量与原始投资额，构成该项目的全部现金净流量。项目期间内全部现金净流量的总现值或总终值折算为年金形式的现金净流量，称为年金净流量（annul net cash flow，ANCF）。年金净流量的计算公式为：

$$年金净流量 = \frac{现金净流量总现值}{年金现值系数}$$

$$或：\quad = \frac{现金净流量总终值}{年金终值系数}$$

式中，现金净流量总现值即为 NPV。与净现值指标一样，年金净流量指标大于零，说明每年平均的现金流入能抵补现金流出，投资项目的净现值（或净终值）大于零，方案的收益率大于所要求的收益率，方案可行。在两个以上寿命期不同的投资方案比较时，年金净流量越大，方案越好。

【例6-4】 甲、乙两个生产线投资方案，甲方案需一次性投资 10 000 元，可用 8 年，残值 2 000 元，每年取得营业利润 3 500 元；乙方案需一次性投资 10 000 元，可用 5 年，无残值，第 1 年取得营业利润 3 000 元，以后每年递增 10%。

要求：如果资本成本率为 10%，不考虑所得税，应采用哪种方案？

两项目使用年限不同，净现值是不可比的，应考虑它们的年金净流量。根据公式：

营业现金净流量（NCF）= 营业收入 - 付现成本

= 营业利润 + 非付现成本

甲方案营业期每年 NCF = 3 500 + (10 000 - 2 000)/8 = 4 500（元）

乙方案营业期各年 NCF：

第 1 年 = 3 000 + 10 000/5 = 5 000（元）

第 2 年 = 3 000 × (1 + 10%) + 10 000/5 = 5 300（元）

第 3 年 = 3 000 × (1 + 10%)^2 + 10 000/5 = 5 630（元）

第 4 年 = 3 000 × (1 + 10%)^3 + 10 000/5 = 5 993（元）

第 5 年 = 3 000 × (1 + 10%)^4 + 10 000/5 = 6 392.30（元）

甲方案净现值 = 4 500 × 5.335 + 2 000 × 0.467 - 10 000 = 14 941.50（元）

乙方案净现值 = 5 000 × 0.909 + 5 300 × 0.826 + 5 630 × 0.751 + 5 993 × 0.683 + 6 392.30 × 0.621 - 10 000 = 11 213.77（元）

甲方案年金净流量 = 14 941.50/(P/A, 10%, 8) = 2 801（元）

乙方案年金净流量 = 11 213.77/(P/A, 10%, 5) = 2 958（元）

尽管甲方案净现值大于乙方案，但它是 8 年内取得的。而乙方案年金净流量高于甲方案，如果按 8 年计算可取得 15 780.93 元（2 958 × 5.335）的净现值，高于甲方案。因此，乙方案优于甲方案。本例中，用终值进行计算也可得出同样的结果。

从投资收益的角度来看，甲方案投资额为 10 000 元，扣除残值现值 934 元（2 000 × 0.467），按 8 年年金现值系数 5.335 计算，每年应回收 1 699 元（9 066/5.335）。这样，每年现金流量 4 500 元中，扣除投资回收 1 699 元，投资收益为 2 801 元。按同样方法计算，乙方案年投资收益为 2 958 元。所以，年金净流量的本质是各年现金流量中的超额投资收益额。

年金净流量法是净现值法的辅助方法，在各方案寿命期相同时，实质上就是净现值法。因此它适用于期限不同的互斥投资方案决策。但同时，它也具有与净现值法同样的缺点，不便于对原始投资额不相等的独立投资方案进行决策。

四、现值指数

现值指数（present value index，PVI）是投资项目的未来现金净流量现值与原始投资额现值之比。计算公式为：

$$现值指数 = \frac{未来现金净流量现值}{原始投资额现值}$$

从现值指数的计算公式可见，现值指数的计算结果有三种：大于 1、等于 1、小于 1。若现值指数大于或等于 1，方案可行，说明方案实施后的投资收益率高于或等于必要收益率；若现值指数小于 1，方案不可行，说明方案实施后的投资收益率低于必要收益率。现值指数越大，方案越好。

【例 6 - 5】 有两个独立投资方案，有关资料如表 6 - 4 所示。

表 6 - 4　　　　　　　　　　　净现值计算表　　　　　　　　　　单位：元

项目	方案 A	方案 B
原始投资额现值	30 000	3 000
未来现金净流量现值	31 500	4 200
净现值	1 500	1 200

从净现值的绝对数来看，方案 A 大于方案 B，似乎应采用方案 A；但从投资额来看，方案 A 的原始投资额现值大大超过了方案 B。所以，在这种情况下，如果仅用净现值来判断方案的优劣，就难以作出正确的比较和评价。按现值指数法计算：

$$方案 A 现值指数 = \frac{31\,500}{30\,000} = 1.05$$

$$方案 B 现值指数 = \frac{4\,200}{3\,000} = 1.40$$

计算结果表明，方案 B 的现值指数大于方案 A，应当选择方案 B。

现值指数法也是净现值法的辅助方法，在各方案原始投资额现值相同时，实质上等价于净现值法。由于现值指数是未来现金净流量现值与所需投资额现值之比，是一个相对数指标，反映了投资效率，所以，用现值指数指标来评价独立投资方案，可以克服净现值指标不便于对原始投资额现值不同的独立投资方案进行比较和评价的缺点，从而对方案的分析评价更加合理、客观。

五、内含收益率

（一）基本原理

内含收益率（internal rate of return，IRR），是指对投资方案未来的每年现金净流量进行折现，使所得的现值恰好与原始投资额现值相等，从而使净现值等于零时的折现率。

内含收益率法的基本原理是：在计算方案的净现值时，以必要投资收益率作为折现率计算，净现值的结果往往是大于零或小于零，这就说明方案实际可能达到的投资收益率大于或小于必要投资收益率；而当净现值为零时，说明两种收益率相等。根据这个原理，内含收益率法就是要计算出使净现值等于零时的折现率，这个折现率就是投资方案实际可能达到的投资收益率。

1. 未来每年现金净流量相等。

每年现金净流量相等是一种年金形式，通过查年金现值系数表，可计算出未来现金净流量现值，并令其净现值为零，有：

未来每年现金净流量 × 年金现值系数 – 原始投资额现值 = 0

计算出净现值为零时的年金现值系数后，通过查年金现值系数表，利用插值法即可计算出相应的折现率 i，该折现率就是方案的内含收益率。

【例6-6】B 化工厂拟购入一台新型设备，购价为 160 万元，使用年限 10 年，无残值。该方案的最低投资收益率要求为 12%（以此作为折现率）。使用新设备后，估计每年产生现金净流量 30 万元。要求：用内含收益率指标评价该方案是否可行？

令：30 × 年金现值系数 – 160 = 0

得：年金现值系数 = 5.3333

现已知方案的使用年限为 10 年，查年金现值系数表，可查得：时期 10，系数 5.3333 所对应的折现率在 12% ~ 14%。采用插值法求得，该方案的内含收益率为 13.46%，高于最低投资收益率 12%，方案可行。

2. 未来每年现金净流量不相等。

如果投资方案的未来每年现金净流量不相等，各年现金净流量的分布就不是年金形式，不能采用直接查年金现值系数表的方法来计算内含收益率，而需采用逐次测试法。

逐次测试法的具体做法是：根据已知的有关资料，先估计一次折现率，来试算未来现金净流量的现值，并将这个现值与原始投资额现值相比较，如净现值大于零，为正数，表示估计的折现率低于方案实际可能达到的投资收益率，需要重估一个较高的折现率进行试算；如果净现值小于零，为负数，表示估计的折现率高于方案实际可能达到的投资收益率，需要重估一个较低的折现率进行试算。如此反复试算，直到净现值等于零或基本接近于零，这时所估计的折现率就是希望求得的内含收益率。

【例6-7】C 公司有一投资方案，需一次性投资 120 000 元，使用年限为 4 年，每年现金净流量分别为：30 000 元、40 000 元、50 000 元、35 000 元。假定要求的投资收益率不低于 10%。要求：计算该投资方案的内含收益率，并据以评价该方案是否可行。

由于该方案每年的现金净流量不相同，需逐次测试计算方案的内含收益率。测算过程如表 6-5 所示。

表6-5		净现值的逐次测试					金额单位：元	
年限	每年现金净流量	第一次测算8%		第二次测算12%		第三次测算10%		
1	30 000	0.926	27 780	0.893	26 790	0.909	27 270	
2	40 000	0.857	34 280	0.797	31 880	0.826	33 040	
3	50 000	0.794	39 700	0.712	35 600	0.751	37 550	
4	35 000	0.735	25 725	0.636	22 260	0.683	23 905	
未来现金净流量现值合计			127 485		116 530		121 765	
减：原始投资额现值			120 000		120 000		120 000	
净现值			7 485		(3 470)		1 765	

第一次测算，采用折现率8%，净现值为正数，说明方案的内含收益率高于8%。第二次测算，采用折现率12%，净现值为负数，说明方案的内含收益率低于12%。第三次测算，采用折现率10%，净现值仍为正数，但已较接近于零。因而可以估算，方案的内含收益率在10%～12%。进一步运用插值法，得出方案的内含收益率为10.67%，高于要求的投资收益率10%，方案可行。

（二）对内含收益率法的评价

内含收益率法的主要优点包括以下几点：

第一，内含收益率反映了投资项目可能达到的收益率，易于被高层决策人员所理解。

第二，对于独立投资方案的比较决策，如果各方案原始投资额现值或者期限不同，可以通过计算各方案的内含收益率，反映各独立投资方案的获利水平。

内含收益率法的主要缺点在于以下几点：

第一，计算复杂，不易直接考虑投资风险大小。

第二，在互斥投资方案决策时，如果各方案的原始投资额现值不相等，有时无法作出正确的决策。某一方案原始投资额低，净现值小，但内含收益率可能较高；而另一方案原始投资额高、净现值大，但内含收益率可能较低。

六、回收期

回收期（payback period，PP），是指投资项目的未来现金净流量与原始投资额相等时所经历的时间，即原始投资额通过未来现金流量回收所需要的时间。

投资者希望投入的资本能以某种方式尽快地收回来，收回的时间越长，所担风险就越大。因而，投资方案回收期的长短是投资者十分关心的问题，也是评价方案优劣的标准之一。用回收期指标评价方案时，回收期越短越好。

（一）静态回收期

静态回收期没有考虑货币时间价值，直接用未来现金净流量累计到原始投资数额时所经历的时间作为静态回收期。

1. 未来每年现金净流量相等。

这种情况是一种年金形式，因此：

$$静态回收期 = \frac{原始投资额}{每年现金净流量}$$

【例6-8】 大威矿山机械厂准备从甲、乙两种机床中选购一种。甲机床购价为 35 000 元，投入使用后，每年现金净流量为 7 000 元；乙机床购价为 36 000 元，投入使用后，每年现金净流量为 8 000 元。要求：用回收期指标决策该厂应选购哪种机床？

$$甲机床回收期 = \frac{35\ 000}{7\ 000} = 5（年）$$

$$乙机床回收期 = \frac{36\ 000}{8\ 000} = 4.5（年）$$

计算结果表明，乙机床的回收期比甲机床的回收期短，该工厂应选择乙机床。

应该指出，如果上述甲机床在购买后投入使用前还需要垫支营运资金 5 600 元，那么其回收期计算如下：

$$甲机床回收期 = \frac{35\ 000 + 5\ 600}{7\ 000} = 5.8（年）$$

2. 未来每年现金净流量不相等。

在这种情况下，应把未来每年的现金净流量逐年加总，根据累计现金净流量来确定回收期。可依据如下公式进行计算（设 M 是收回原始投资额的前一年）：

静态回收期 = M + 第 M 年的尚未收回额 ÷ 第（M+1）年的现金净流量

【例6-9】 D 公司有一投资项目，需投资 150 000 元，使用年限为 5 年，每年的现金净流量不相等，资本成本率为 5%，有关资料如表 6-6 所示。要求：计算该投资项目的回收期。

表6-6   项目现金流量   单位：元

年限	现金净流量	累计现金净流量	净流量现值	累计现值
1	30 000	30 000	28 560	28 560
2	35 000	65 000	31 745	60 305
8	60 000	125 000	51 840	112 145
4	50 000	175 000	41 150	153 295
5	40 000	215 000	31 360	184 655

从表 6-6 的累计现金净流量栏中可见，该投资项目的回收期在第 3 年与第 4 年之间。为了计算较为准确的回收期，采用以下方法计算：

$$项目回收期 = 3 + \frac{150\ 000 - 125\ 000}{50\ 000} = 3.5（年）$$

（二）动态回收期

动态回收期需要将投资引起的未来现金净流量进行折现，以未来现金净流量的现值等于原始投资额现值时所经历的时间为动态回收期。

1. 未来每年现金净流量相等。

在这种年金形式下，假定动态回收期为 n 年，则：

$$(P/A, i, n) = \frac{原始投资额现值}{每年现金净流量}$$

计算出年金现值系数后，通过查年金现值系数表，利用插值法，即可推算出动态回收期 n。

前述〖例 6 - 8〗中，假定资本成本率为 9%，查表得知当 $i = 9\%$ 时，第 6 年年金现值系数为 4.486，第 7 年年金现值系数为 5.033。这样，由于甲机床的年金现值系数为 5，乙机床的年金现值系数为 4.5，相应的回收期运用插值法计算，得出甲机床动态回收期 $n = 6.94$ 年，乙机床动态回收期 $n = 6.03$ 年。

2. 未来每年现金净流量不相等。

在这种情况下，应把每年的现金净流量逐一折现并加总，根据累计现金流量现值来确定回收期。可依据如下公式进行计算（设 M 是收回原始投资额现值的前一年）：

动态回收期 $= M +$ 第 M 年的尚未收回额的现值 $\div$ 第（$M + 1$）年的现金净流量现值

前述〖例 6 - 9〗中，D 公司投资项目的动态回收期为：

项目回收期 $= 3 + (150\,000 - 112\,145) \div 41\,150 = 3.92$（年）。

回收期法的优点是计算简便，易于理解。这种方法是以回收期的长短来衡量方案的优劣，收回投资所需的时间越短，所冒的风险就越小。可见，回收期法是一种较为保守的方法。

回收期法中静态回收期的不足之处是没有考虑货币的时间价值。

【例 6 - 10】A、B 两个投资方案的相关资料如表 6 - 7 所示。

表 6 - 7 项目现金流量 金额单位：元

项目	年限	方案 A	方案 B
原始投资额	0	（1 000）	（1 000）
现金净流量	1	100	600
	2	300	300
	3	600	100
静态回收期（年）	—	3	3

从表 6 - 7 中的资料看，A、B 两个投资方案的原始投资额相同，回收期也相同，以静态回收期来评价两个方案，似乎并无优劣之分。但如果考虑货币的时间价值，用动态回收期分析，则方案 B 显然要好得多。

静态回收期和动态回收期还有一个共同局限，就是它们计算回收期时只考虑了未来现金净流量（或现值）总和中等于原始投资额（或现值）的部分，没有考虑超过原始投资额（或现值）的部分。显然，回收期长的项目，其超过原始投资额（或现值）的现金流量并不一定比回收期短的项目少。

综上所述，本节共介绍了5种项目投资评价指标。这些指标概括总结如表6－8所示。

表6－8   投资项目评价指标总结

指标名称	计算方式	方法评价
净现值（NPV）	NPV＝未来现金净流量现值－原始投资额现值	优点：适用性强，能灵活考虑投资风险； 缺点：折现率确定困难，不适用于独立投资方案的比较决策，较难对寿命期不同的互斥方案进行直接决策
年金净流量（ANCF）	ANCF＝现金净流量总现（终）值÷年金现（终）值系数	净现值法的辅助方法。 优点：适用于寿命不同的互斥投资方案决策； 缺点：不便于对原始投资额现值不等的独立投资方案进行比较决策
现值指数（PVI）	PVI＝未来现金净流量现值÷原始投资额现值	净现值法的辅助方法。 优点：有助于反映投资效率，便于对初始投资额不同的独立投资方案进行比较决策； 缺点：仅代表获得收益的能力，不能等价于项目本身的实际收益率
内含收益率（IRR）	NPV＝0 时的折现率	优点：反映了项目实际可能的投资报酬率，易于理解，便于对独立投资方案进行比较决策； 缺点：计算复杂
回收期（PP）	静态投资回收期：未来现金流量累计至原始投资额时所用的时间； 动态投资回收期：未来现金流量累计现值等于原始投资额现值所用的时间	优点：计算简单，容易理解； 缺点：未考虑回收期以后的现金流量

第三节　项目投资管理

项目投资，是指将资金直接投放于生产经营实体性资产，以形成生产能力，如购置设备、建造工厂、修建设施等。项目投资一般是企业的对内投资，也包括以实物性资产投资于其他企业的对外投资。

一、独立投资方案的决策

独立投资方案，是指两个或两个以上项目互不依赖，可以同时存在，各方案的决策也是独立的。独立投资方案的决策属于筛分决策，评价各方案本身是否可行，即方案本身是否达到某种要求的可行性标准。独立投资方案之间比较时，决策要解决的问题是如何确定各种可行方案的投资顺序，即各独立方案之间的优先次序。排序分析时，以各独立方案的获利程度作为评价标准，一般采用内含收益率法进行比较决策。

【例 6 - 11】 某企业有足够的资金准备投资于三个独立投资项目。A 项目原始投资额为 10 000 元，期限 5 年；B 项目原始投资额为 18 000 元，期限 5 年；C 项目投资额为 18 000 元，期限 8 年。折现率为 10%，其他有关资料如表 6 - 9 所示。

要求：如何安排投资顺序？

表 6 - 9　　　　　　　　　　独立投资方案的可行性指标

项目	A 项目	B 项目	C 项目
原始投资额（元）	(10 000)	(18 000)	(18 000)
每年 NCF（元）	4 000	6 500	5 000
期限（年）	5	5	8
净现值（NPV）（元）	5 164	6 642	8 675
现值指数（PVI）	1.52	1.37	1.48
内含收益率（IRR）（%）	28.68	23.61	22.28
年金净流量（ANCF）（元）	1 362	1 752	1 626

将上述三个项目的各种决策指标加以对比，见表 6 - 10。从这两个表数据可以看出：

（1）A 项目与 B 项目比较：两项目原始投资额不同但期限相同，尽管 B 项目净现值和年金净流量均大于 A 项目，但 B 项目原始投资额高，获利程度低。因此，应优先安排内含收益率和现值指数较高的 A 项目。

（2）B 项目与 C 项目比较：两项目原始投资额相等但期限不同，尽管 C 项目净现值和现值指数高，但它需要经历 8 年才能获得。B 项目 5 年项目结束后，所收回的投资可以进一步投资于其他后续项目。因此，应该优先安排内含收益率和年金净流量较高的 B 项目。

（3）A 项目与 C 项目比较：两项目的原始投资额和期限都不相同，A 项目内含收益率较高，但净现值和年金净流量都较低。C 项目净现值高，但期限长；C 项目年金净流量也较高，但它是依靠较大的投资额取得的。因此，从获利程度的角度来看，A 项目是优先方案。

表 6 - 10　　　　　　　　　　独立投资方案的比较决策

净现值（NPV）	C > B > A
现值指数（PVI）	A > C > B
内含收益率（IRR）	A > B > C
年金净流量（ANCF）	B > C > A

综上所述，在独立投资方案比较性决策时，内含收益率指标综合反映了各方案的获利程度，在各种情况下的决策结论都是正确的。本例中，投资顺序应该按 A、B、C 顺序实施投资。现值指数指标也反映了方案的获利程度，除了期限不同的情况外，其结论也是正确的。但在项目的原始投资额相同而期限不同的情况下（如 B 项目和 C 项目的比较），现值指数实质上就是净现值的表达形式。至于净现值指标和年金净流量指标，它们反映的是各方案的获利数额，要结合内含收益率指标进行决策。

二、互斥投资方案的决策

互斥投资方案是指，方案之间互相排斥，不能并存，因此决策的实质在于选择最优方案，属于选择决策。选择决策要解决的问题是应该淘汰哪个方案，即选择最优方案。从选定经济效益最大的要求出发，互斥决策以方案的获利数额作为评价标准。因此，一般采用净现值法和年金净流量法进行选优决策。但由于净现值指标受投资项目寿命期的影响，因而在项目资本成本相同时，年金净流量法是互斥方案最恰当的决策方法。

（一）项目的寿命期相等

从〖例 6 - 11〗可知，A、B 两项目寿命期相同，而原始投资额不等；B、C 两项目原始投资额相等而寿命期不同。如果〖例 6 - 11〗这三个项目是互斥投资方案，可以按以下思路对寿命期相同的 A、B 项目进行决策。

A 项目与 B 项目比较，两项目原始投资额不等。尽管 A 项目的内含收益率和现值指数都较高，但互斥方案应考虑获利数额，因此净现值高的 B 项目是最优方案。两项目的期限是相同的，年金净流量指标的决策结论与净现值指标的决策结论是一致的。

B 项目比 A 项目投资额多 8 000 元，按 10% 的折现率水平要求，分 5 年按年金形式回收，每年应回收 2 110 元（8 000/3.7908）。B 项目每年现金净流量比 A 项目也多取得 2 500 元，扣除增加的回收额 2 110 元后，每年还可以多获得投资收益 390 元。这个差额，正是两项目年金净流量指标值的差额（1 752 元 – 1 362 元）。所以，在原始投资额不等、寿命期相同的情况下，净现值与年金净流量指标的决策结论一致，应采用年金净流量较大的 B 项目。

事实上，互斥方案的选优决策，各方案本身都是可行的，均有正的净现值，表明各方案均收回了原始投资，并有超额收益。进一步在互斥方案中选优，方案的获利数额成为选优的评价标准。当项目的寿命期相等时，不论方案的原始投资额大小如何，能够获得更大的获利数额即净现值的，即为最优方案。所以，在项目寿命期相等的互斥投资方案的选优决策中，原始投资额的大小并不影响决策的结论，无须考虑原始投资额的大小。

（二）项目的寿命期不相等

如果〖例 6 - 11〗是互斥投资方案决策，B 项目与 C 项目比较，寿命期不等。尽管 C 项目净现值较大，但它是 8 年内取得的。按每年平均的获利数额来看，B 项目的年金净流量（1 752 元）高于 C 项目（1 626 元），如果 B 项目 5 年寿命期届满后，所收回的投资重新投入原有方案，达到与 C 项目同样的投资年限，取得的经济效益也高于 C 项目。

在两个寿命期不等的互斥投资项目比较时，可采用以下方法：方法一，共同年限法。因为按照持续经营假设，寿命期短的项目，收回的投资将重新进行投资。针对各项目寿命期不等的情况，可以找出各项目寿命期的最小公倍数，作为共同的有效寿命期。原理为假设投资项目在终止时进行重置，通过重置使两个项目达到相等的年限，然后应用项目寿命期相等时的决策方法进行比较，即比较两者的净现值大小。方法二，年金净流量法。用该方案的净现值除以对应的年金现值系数，当两项目资本成本相同时，优先选取年金净流量较大者；当两项目资本成本不同时，还需进一步计算永续净现值，即用年金净流量除以各自对应的资本成本。

【例6-12】 现有甲、乙两个机床购置方案，所要求的最低投资收益率为10%。甲机床投资额10 000元，可用2年，无残值，每年产生8 000元现金净流量。乙机床投资额20 000元，可用3年，无残值，每年产生10 000元现金净流量。

要求：两方案何者为优？

两方案的相关评价指标如表6-11所示。

表6-11　　　　　　　　　　互斥投资方案的选优决策

项目	甲机床	乙机床
净现值（NPV）（元）	3 888	4 870
年金净流量（ANCF）（元）	2 238	1 958
内含收益率（IRR）（%）	38	23.39

尽管甲方案净现值低于乙方案，但年金净流量和内含收益率均高于乙方案。

方法一：共同年限法。

按两方案期限的最小公倍数6年测算，甲方案经历了3次投资循环，乙方案经历了2次投资循环。各方案的相关评价指标为：

（1）甲方案：

$$净现值 = 8\ 000 \times (P/A,\ 10\%,\ 6) - 10\ 000 \times (P/F,\ 10\%,\ 4) - 10\ 000$$
$$\times (P/F,\ 10\%,\ 2) - 10\ 000$$
$$= 8\ 000 \times 4.3553 - 10\ 000 \times 0.6830 - 10\ 000 \times 0.8264 - 10\ 000$$
$$= 9\ 748（元）$$

（2）乙方案：

$$净现值 = 10\ 000 \times (P/A,\ 10\%,\ 6) - 20\ 000 \times (P/F,\ 10\%,\ 3) - 20\ 000$$
$$= 10\ 000 \times 4.3553 - 20\ 000 \times 0.7513 - 20\ 000$$
$$= 8\ 527（元）$$

上述计算说明，延长寿命期后，两方案投资期限相等，甲方案的净现值9 748元高于乙方案的净现值8 527元，故甲方案优于乙方案。

方法二：年金净流量法。

（1）甲方案：

年金净流量 = 2 238 元

（2）乙方案：

年金净流量 = 1 958 元

从表 6 - 11 中数据可得甲方案的年金净流量 2 238 元高于乙方案的 1 958 元，因此甲方案优于乙方案。

至于内含收益率指标，可以测算出：当 $i = 38\%$ 时，甲方案净现值 = 0；当 $i = 23.39\%$ 时，乙方案净现值 = 0。这说明，只要方案的现金流量状态不变，按公倍数年限延长寿命后，方案的内含收益率并不会变化。

同样，只要方案的现金流量状态不变，按最小公倍数年限延长寿命后，方案的年金净流量指标也不会改变。甲方案仍为 2 238 元（9 748/4.3553），乙方案仍为 1 958 元（8 527/4.3553）。由于寿命期不同的项目，换算为最小公倍数年限比较麻烦，而按各方案本身期限计算的年金净流量与换算最小公倍数期限后的结果一致。因此，实务中对于期限不等的互斥方案比较，无须换算寿命期限，直接按原始期限的年金净流量指标决策。

综上所述，互斥投资方案的选优决策中，在项目资本成本相同时，年金净流量全面反映了各方案的获利数额，是最佳的决策指标。净现值指标在寿命期不同的情况下，需要按各方案最小公倍数期限调整计算，在其余情况下的决策结论也是正确的。因此，在互斥方案决策的方法选择上，项目寿命期相同时可采用净现值法，项目寿命期不同时主要采用年金净流量法。

三、固定资产更新决策

固定资产反映了企业的生产经营能力，固定资产更新决策是项目投资决策的重要组成部分。从决策性质上看，固定资产更新决策属于互斥投资方案的决策类型。因此，固定资产更新决策所采用的决策方法是净现值法和年金净流量法，一般不采用内含收益率法。

（一）寿命期相同的设备重置决策

一般来说，用新设备来替换旧设备如果不改变企业的生产能力，就不会增加企业的营业收入，即使有少量的残值变价收入，也不是实质性收入增加。因此，大部分以旧换新形式的设备重置都属于替换重置。在替换重置方案中，所发生的现金流量主要是现金流出量。如果购入的新设备性能提高，扩大了企业的生产能力，这种设备重置属于扩建重置。

【例 6 - 13】 A 公司现有一台旧机床是 3 年前购进的，目前准备用一台新机床替换。该公司所得税税率为 25%，资本成本率为 10%，其余资料如表 6 - 12 所示。

扫码看讲解

表6-12　　　　　　　　　　新旧设备资料

项目	旧设备	新设备
原价（元）	84 000	76 500
税法残值（元）	4 000	4 500
税法使用年限（年）	8	6
已使用年限（年）	3	0
尚可使用年限（年）	6	6
垫支营运资金（元）	10 000	11 000
大修理支出（元）	18 000（第2年年末）	9 000（第4年年末）
每年折旧费（直线法）（元）	10 000	12 000
每年营运成本（元）	13 000	7 000
目前变现价值（元）	40 000	76 500
最终报废残值（元）	5 500	6 000

本例中，两机床的尚可使用年限均为6年，可采用净现值法决策。将两个方案的有关现金流量资料整理后，列出分析表见表6-13和表6-14。

表6-13和表6-14结果说明：在两方案营业收入一致的情况下，新设备现金流出总现值为92 515.88元，旧设备现金流出总现值为89 089.13元。因此，继续使用旧设备比较经济。本例中有几个特殊问题应注意：

（1）两机床尚可使用年限相等，均为6年。如果尚可使用年限不等时，不能用净现值法决策。另外，新机床购入后，并未扩大企业营业收入。

表6-13　　　　　　　　　　保留旧机床方案

项目	现金流量（元）	年数	现值系数	现值（元）
每年营运成本	13 000×(1-25%)=(9 750)	1~6	4.355	(42 461.25)
每年折旧抵税	10 000×25%=2 500	1~5	3.791	9 477.50
大修理费	18 000×(1-25%)=(13 500)	2	0.826	(11 151)
残值变价收入	5 500	6	0.565	3 107.50
残值净收益纳税	(5 500-4 000)×25%=(375)	6	0.565	(211.88)
营运资金收回	10 000	6	0.565	5 650
目前变价收入	(40 000)	0	1	(40 000)
变现净损失减税	(54 000-40 000)×25%=(3 500)	0	1	(3 500)
垫支营运资金	(10 000)	0	1	(10 000)
净现值	—	—	—	(89 089.13)

表 6 – 14　　　　　　　　　　　　　购买新机床方案

项目	现金流量（元）	年数	现值系数	现值（元）
设备投资	(76 500)	0	1	(76 500)
垫支营运资金	(11 000)	0	1	(11 000)
每年营运成本	7 000 × (1 − 25%) = (5 250)	1 ~ 6	4.355	(22 863.75)
每年折旧抵税	12 000 × 25% = 3 000	1 ~ 6	4.355	13 065
大修理费	9 000 × (1 − 25%) = (6 750)	4	0.683	(4 610.25)
残值变价收入	6 000	6	0.565	3 390
残值净收益纳税	(6 000 − 4 500) × 25% = (375)	6	0.565	(211.88)
营运资金收回	11 000	6	0.565	6 215
净现值	—	—	—	(92 515.88)

（2）垫支营运资金时，尽管是现金流出，但不是本期成本费用，不存在纳税调整问题。营运资金收回时，按存货等资产账面价值出售，无出售净收益，也不存在纳税调整问题。如果营运资金收回时，存货等资产变价收入与账面价值不一致，需要进行纳税调整。

（3）本题中大修理支出是确保固定资产正常工作状态的支出，在发生时计入当期损益，不影响固定资产后续期间账面价值。如果涉及固定资产的改扩建支出等需资本化的后续支出，则需考虑对固定资产价值的影响以及后续期间折旧抵税额等相关现金流量的变化。

【例 6 – 14】　某城市二环路已不适应交通需要，市政府决定加以改造。现有两种方案可供选择：A 方案是在现有基础上拓宽，需一次性投资 3 000 万元，以后每年需投入维护费 60 万元，每 5 年年末翻新路面一次需投资 300 万元，永久使用；B 方案是全部重建，需一次性投资 7 000 万元，以后每年需投入维护费 70 万元，每 8 年年末翻新路面一次需投资 420 万元，永久使用，原有旧路面设施残料收入 2 500 万元。

要求：在折现率为 14% 时，哪种方案为优？

这是一种永久性方案，可按永续年金形式进行决策。由于永续年金现值为：

永续年金现值 = 年金/折现率 = A/i

因此，两方案现金流出总现值分别为：

A 方案 $P_A = 3\ 000 + 60/14\% + \dfrac{300/(F/A,\ 14\%,\ 5)}{14\%} = 3\ 752.76$（万元）

B 方案 $P_B = (7\ 000 − 2\ 500) + 70/14\% + \dfrac{420/(F/A,\ 14\%,\ 8)}{14\%}$

$= 5\ 226.71$（万元）

显然，A 方案 $P_A <$ B 方案 P_B，拓宽方案为优。

（二）寿命期不同的设备重置决策

寿命期不同的设备重置方案，用净现值指标可能无法得出正确决策结果，应当采用年金净流量法决策。寿命期不同的设备重置方案，在决策时有如下特点：

第一，扩建重置的设备更新后会引起营业现金流入与流出的变动，应考虑年金净流量最大的方案。替换重置的设备更新一般不改变生产能力，营业现金流入不会增加，只需比较各方案的年金流出量即可，年金流出量最小的方案最优。

第二，如果不考虑各方案的营业现金流入量变动，只比较各方案的现金流出量，我们把按年金净流量原理计算的等额年金流出量称为年金成本。替换重置方案的决策标准，是要求年金成本最低。扩建重置方案所增加或减少的营业现金流入也可以作为现金流出量的抵减，并据此比较各方案的年金成本。

第三，设备重置方案运用年金成本方式决策时，应考虑的现金流量主要有：（1）新旧设备目前的市场价值。对于新设备而言，目前市场价格就是新设备的购价，即原始投资额；对于旧设备而言，目前市场价值就是旧设备的重置成本或变现价值。（2）新旧设备残值变价收入。残值变价收入应作为现金流出的抵减。原始投资额与残值变价收入现值的差额，称为投资净额。（3）新旧设备的年营运成本，即年付现成本。如果考虑每年的营业现金流入，应作为每年营运成本的抵减。

第四，年金成本可在特定条件下（无所得税因素、原始投资额一次性投入），按如下公式计算：

$$年金成本 = \frac{\sum（各项目现金净流出现值）}{年金现值系数}$$

$$= \frac{原始投资额 - 残值收入 \times 复利现值系数 + \sum（年营运成本现值）}{年金现值系数}$$

$$= \frac{原始投资额 - 残值收入}{年金现值系数} + 残值收入 \times 折现率 + \frac{\sum（年营运成本现值）}{年金现值系数}$$

【例6-15】 安保公司现有旧设备一台，由于节能减排的需要，准备予以更新。当期折现率为15%，假设不考虑所得税因素的影响，其他有关资料如表6-15所示。

表6-15 安保公司新旧设备资料

项目	旧设备	新设备
原价（元）	35 000	36 000
预计使用年限（年）	10	10
已经使用年限（年）	4	0
税法残值（元）	5 000	4 000
最终报废残值（元）	3 500	4 200
目前变现价值（元）	10 000	36 000

项目	旧设备	新设备
每年折旧费（直线法）（元）	3 000	3 200
每年营运成本（元）	10 500	8 000

由于两设备的剩余使用年限不同且不考虑营业现金流入量因素，因此比较各方案的年金成本。按不同方式计算如下：

$$旧设备年金成本 = \frac{10\ 000 - 3\ 500 \times (P/F,\ 15\%,\ 6)}{(P/A,\ 15\%,\ 6)} + 10\ 500$$

或：
$$= \frac{10\ 000 - 3\ 500}{(P/A,\ 15\%,\ 6)} + 3\ 500 \times 15\% + 10\ 500$$

$$= 12\ 742.76\ （元）$$

$$新设备年金成本 = \frac{36\ 000 - 4\ 200 \times (P/F,\ 15\%,\ 10)}{(P/A,\ 15\%,\ 10)} + 8\ 000$$

或：
$$= \frac{36\ 000 - 4\ 200}{(P/A,\ 15\%,\ 10)} + 4\ 200 \times 15\% + 8\ 000$$

$$= 14\ 965.92\ （元）$$

上述计算表明，继续使用旧设备的年金成本为 12 742.76 元，低于购买新设备的年金成本 14 965.92 元，每年可以节约 2 223.16 元，应当继续使用旧设备。

【例 6－16】 承【例 6－15】，假定企业所得税税率为 25%，则应考虑所得税对现金流量的影响。

（1）新设备。

每年折旧费为 3 200 元，每年营运成本为 8 000 元，因此：

每年折旧抵税 = 3 200 × 25% = 800（元）

每年税后营运成本 = 8 000 × (1 - 25%) = 6 000（元）

新设备的购价为 36 000 元，报废时残值收入为 4 200 元，报废时账面残值为 4 000 元，因此：

税后残值收入 = 4 200 - (4 200 - 4 000) × 25% = 4 150（元）

每年税后投资净额 = (36 000 - 4 150)/(P/A, 15%, 10) + 4 150 × 15%

$$= 31\ 850/5.018 + 622.5$$

$$= 6\ 969.65\ （元）$$

综上可得：

新设备年金成本 = 6 969.65 + 6 000 - 800 = 12 169.65（元）

（2）旧设备。

每年折旧费为 3 000 元，每年营运成本为 10 500 元，因此：

每年折旧抵税 = 3 000 × 25% = 750（元）

每年税后营运成本 = 10 500 × (1 − 25%) = 7 875（元）

旧设备目前变现价值为 10 000 元，目前账面净值为 23 000 元（35 000 − 3 000 × 4），资产报废损失为 13 000 元，可抵税 3 250 元（13 000 × 25%）。同样，旧设备最终报废时残值收入为 3 500 元，账面残值为 5 000 元，报废损失 1 500 元可抵税 375 元（1 500 × 25%）。因此：

旧设备投资额 = 10 000 + (23 000 − 10 000) × 25% = 13 250（元）

旧设备税后残值收入 = 3 500 + (5 000 − 3 500) × 25% = 3 875（元）

每年税后投资净额 = (13 250 − 3 875)/(P/A, 15%, 6) + 3 875 × 15%

= 9 375/3.784 + 581.25

= 3 058.79（元）

综上可得：

旧设备年金成本 = 3 058.79 + 7 875 − 750 = 10 183.79（元）

上述计算表明，继续使用旧设备的年金成本为 10 183.79 元，低于购买新设备的年金成本 12 169.65 元，应采用继续使用旧设备方案。

【例 6 − 17】 格力公司目前有一台在用 A 设备，重置成本为 3 000 元，还可以使用 5 年。现计划更新设备，有两个方案可供选择：方案一，5 年后 A 设备报废时购进 B 设备替代 A 设备，B 设备可用 10 年；方案二，目前由 C 设备立即替代 A 设备，假定 A 设备报废无残值，C 设备可用 12 年。折现率为 10%，有关资料如表 6 − 16 所示。

表 6 − 16　　　　　　　　　　格力公司设备更换相关资料

项目	A 设备	B 设备	C 设备
购价（元）	3 000	11 270	10 000
年使用费（元）	1 200	900	1 000
最终残值（元）	0	0	500
可使用年限（年）	5	10	12

根据上述资料，两个方案的年金成本分别为：

方案一的年金成本 = [3 000 + 1 200 × (P/A, 10%, 5) + 11 270 × (P/F, 10%, 5) + 900 × (P/A, 10%, 10) × (P/F, 10%, 5)]/(P/A, 10%, 15) = (3 000 + 1 200 × 3.790 8 + 11 270 × 0.620 9 + 900 × 6.144 6 × 0.620 9)/7.606 1 = 2 363.91（元）

方案二的年金成本 = [10 000 + 1 000 × (P/A, 10%, 12) − 500 × (P/F, 10%, 12)]/(P/A, 10%, 12) = (10 000 + 1 000 × 6.813 7 − 500 × 0.318 6)/6.813 7 = 2 444.25（元）

由于方案一的年金成本低于方案二，所以，应该继续使用 A 设备。

第四节　证券投资管理

证券资产是企业进行金融投资所形成的资产。证券投资不同于项目投资，项目投资的对象是实体性经营资产，经营资产是直接为企业生产经营服务的资产，如固定资产、无形资产等，它们往往是一种服务能力递减的消耗性资产。证券投资的对象是金融资产，金融资产是一种以凭证、票据或者合同合约形式存在的权利性资产，如股票、债券、基金及其衍生证券等。在我国，证券投资通常分为场外交易与场内交易。场外交易一般由证券商组织，在证券商柜台进行，是分散和零散的证券交易；场内交易则是在交易所进行的集中和连续的证券交易。目前中国大陆共计三家证券交易所，分别为 1990 年 12 月正式营业的上海证券交易所（以下简称上交所）、1991 年 7 月正式营业的深圳证券交易所（以下简称深交所）以及 2021 年 9 月注册成立的北京证券交易所（以下简称北交所）。上交所与深交所已发展成为拥有股票、债券、基金、衍生品等证券交易品种，主板、创业板、科创板多层次市场结构的大型证券交易所。正在发展之中的北京证券交易所则牢牢坚持服务创新型中小企业的市场定位，尊重创新型中小企业发展规律和成长阶段，提升制度包容性和精准性，与其他交易所或股权市场实现错位发展、互联互通，尤其为"新三板"挂牌的优质企业上市交易提供了平台。

一、证券资产的特点

（一）价值虚拟性

证券资产不能脱离实体资产而完全独立存在，但证券资产的价值不完全由实体资本的现实生产经营活动决定，而是取决于契约性权利所能带来的未来现金流量，是一种未来现金流量折现的资本化价值。如债券投资代表的是未来按合同规定收取债息和收回本金的权利，股票投资代表的是对发行股票企业的经营控制权、财务控制权、收益分配权、剩余财产追索权等股东权利，基金投资则代表一种信托关系，是一种收益权。证券资产的服务能力在于它能带来未来的现金流量，按未来现金流量折现即资本化价值，是证券资产价值的统一表达。

（二）可分割性

实体项目投资的经营资产一般具有整体性要求，如购建新的生产能力，往往是厂房、设备、配套流动资产的结合。证券资产可以分割为一个最小的投资单位，如一股股票、一份债券、一份基金，这就决定了证券资产投资的现金流量比较单一，往往由原始投资、未来收益或资本利得、本金回收所构成。

（三）持有目的多元性

实体项目投资的经营资产往往是为消耗而持有，为流动资产的加工提供生产条件。证券资产的持有目的是多元的，既可能是为未来积累现金即为未来变现而持有的，也可能是为谋取资本利得即为销售而持有的，还有可能是为取得对其他企业的控制权而持有的。

（四）强流动性

证券资产具有很强的流动性，其流动性表现在以下几个方面：（1）变现能力强。证券资产往往都是上市证券，一般都有活跃的交易市场可供及时转让。（2）持有目的可以相互转换。当企业急需现金时，可以立即将为其他目的而持有的证券资产变现。证券资产本身的变现能力虽然较强，但其实际周转速度取决于企业对证券资产的持有目的。当企业将证券资产作为长期投资持有时，一次周转一般都会经历一个会计年度以上。

（五）高风险性

证券资产是一种虚拟资产，会受到公司风险和市场风险的双重影响，不仅发行证券资产的公司业绩影响着它的投资收益率，资本市场的市场平均收益率变化也会给证券资产带来直接的市场风险。一般来说，股票投资相比债券投资具有更高的风险，而证券投资基金作为对股票或债券的组合投资方式，其风险水平视构成资产的具体情况而定。

二、证券投资的目的

（一）分散资金投向，降低投资风险

投资分散化，即将资金投资于多个相关程度较低的项目，实行多元化经营，能够有效地分散投资风险。当某个项目因经营不景气而利润下降甚至出现亏损时，其他项目可能会获取较高的收益。将企业的资金分成内部经营投资和对外证券投资两个部分，实现了企业投资的多元化。而且，与对内投资相比，对外证券投资不受地域和经营范围的限制，投资选择面非常广，投资资金的退出和收回也比较容易，是多元化投资的主要方式。

（二）利用闲置资金，增加企业收益

企业在生产经营过程中，由于各种原因有时会出现资金闲置、现金结余较多的情况。这些闲置的资金可以投资于股票、债券、基金等有价证券，谋取投资收益，这些投资收益主要表现在股利收入、债息收入、证券买卖差价、基金收益等方面。同时，有时企业资金的闲置是暂时性的，可以投资于在资本市场上流通性和变现能力较强的有价证券，这类证券能够随时变卖，收回资金。

（三）稳定客户关系，保障生产经营

企业生产经营环节中，供应和销售是企业与市场相联系的重要通道。没有稳定的原材料供应来源，没有稳定的销售客户，都会使企业的生产经营中断。为了保持与供销客户良好而稳定的业务关系，可以对业务关系链的供销企业进行投资，购买其债券或股票，甚至达到控制。这样，能够通过债权或股权对关联企业的生产经营施加影响和控制，保障本企业的生产经营顺利进行。

（四）提高资产流动性，增强偿债能力

资产流动性强弱是影响企业财务安全性的主要因素。除现金等货币资产外，有价证券投资是企业流动性最强的资产，是企业速动资产的主要构成部分。在企业需要支付大量现金，而现有现金储备又不足时，可以通过变卖有价证券迅速取得大量现金，保证企业的及时支付。

三、证券投资的风险

由于证券资产的市价波动频繁，证券投资的风险往往较大。获取投资收益是证券投资的主要目的，证券投资的风险是投资者无法获得预期投资收益的可能性。按风险性质划分，证券投资的风险分为系统性风险和非系统性风险两大类别。

（一）系统性风险

证券投资的系统性风险，是指由于外部经济环境因素变化引起整个资本市场不确定性加强，从而对所有证券都产生影响的共同性风险。系统性风险影响到资本市场上的所有证券，无法通过投资多元化的组合而加以避免，也称为不可分散风险。

系统性风险波及所有证券资产，最终会反映在资本市场平均利率的提高上，所有的系统性风险几乎都可以归结为利率风险。利率风险是由于市场利率变动引起证券资产价值变化的可能性。市场利率反映了社会平均收益率，投资者对证券资产投资收益率的预期总是在市场利率的基础上进行的，只有当证券资产投资收益率大于市场利率时，证券资产的价值才会高于其市场价格。一旦市场利率提高，就会引起证券资产价值的下降，投资者就不易得到超过社会平均收益率的超额收益。市场利率的变动会造成证券资产价格的普遍波动，两者呈反向变化：市场利率上升，证券资产价格下跌；市场利率下降，证券资产价格上升。

1. 价格风险。

价格风险是指由于市场利率上升，而使证券资产价格具有普遍下跌的可能性。价格风险来自资本市场买卖双方资本供求关系的不平衡，资本需求量增加，市场利率上升；资本供应量增加，市场利率下降。

资本需求量增加，引起市场利率上升，也意味着证券资产发行量的增加，引起整个资本市场所有证券资产价格的普遍下降。需要说明的是，这里的证券资产价格波动并不是指证券资产发行者的经营业绩变化引起的个别证券资产的价格波动，而是资本供应关系引起的全部证券资产的价格波动。

当证券资产持有期间的市场利率上升，证券资产价格就会下跌，证券资产期限越长，投资者遭受的损失越大。到期风险附加率，就是对投资者承担利率变动风险的一种补偿，期限越长的证券资产，要求的到期风险附加率就越大。

2. 再投资风险。

再投资风险是由于市场利率下降所造成的无法通过再投资而实现预期收益的可能性。根据流动性偏好理论，长期证券资产的收益率应当高于短期证券资产，这是因为：（1）期限越长，不确定性就越强。证券资产投资者一般喜欢持有短期证券资产，因为它们较易变现而收回本金。因此，投资者愿意接受短期证券资产的低收益率。（2）证券资产发行者一般喜欢发行长期证券资产，因为长期证券资产可以筹集到长期资金，而不必经常面临筹集不到资金的困境。因此，证券资产发行者愿意为长期证券资产支付较高的收益率。

为了避免市场利率上升的价格风险，投资者可能会投资于短期证券资产，但短期证券资产又会面临市场利率下降的再投资风险，即无法按预定收益率进行再投资而实现所要求的预期收益。

3. 购买力风险。

购买力风险是指由于通货膨胀而使货币购买力下降的可能性。在持续而剧烈的物价波动环境下，货币性资产会产生购买力损益：当物价持续上涨时，货币性资产会遭受购买力损失；当物价持续下跌时，货币性资产会带来购买力收益。

证券资产是一种货币性资产，通货膨胀会使证券资产投资的本金和收益贬值，名义收益率不变而实际收益率降低。购买力风险对具有收款权利性质的资产影响很大，债券投资的购买力风险远大于股票投资。如果通货膨胀长期延续，投资者会把资本投向实体性资产以求保值，对证券资产的需求量减少，引起证券资产价格下跌。

（二）非系统性风险

证券资产的非系统性风险，是指由特定经营环境或特定事件变化引起的不确定性，从而对个别证券资产产生影响的特有风险。非系统性风险源于每个公司自身特有的营业活动和财务活动，与某个具体的证券资产相关联，同整个证券资产市场无关。非系统性风险可以通过持有证券资产的多元化来抵消，也称为可分散风险。

非系统性风险是公司特有风险，公司特有风险是以违约风险、变现风险、破产风险等形式表现出来的，具体见表6-17。

表6-17 非系统风险

名称	概念	进一步解释
违约风险	证券资产发行者无法按时兑付证券资产利息和偿还本金的可能性	有价证券资产本身就是一种契约性权利资产，经济合同的任何一方违约都会给另一方造成损失，多发生于债券投资中。违约风险产生的原因可能是证券发行公司产品经销不善，也可能是公司现金周转不灵等
变现风险	证券资产持有者无法在市场上以正常的价格平仓出货的可能性	持有证券资产的投资者，可能会在证券资产持有期限内出售现有证券资产，投资于另一项目，但在短期内找不到愿意出合理价格的买主，投资者就会丧失新的投资机会或面临降价出售的损失
破产风险	在证券资产发行者破产清算时投资者无法收回应得权益的可能性	当证券资产发行者难以持续经营时，可能会申请破产保护。破产保护会导致债务清偿的豁免、有限责任的退资，使得投资者无法取得应得的投资收益，甚至无法收回投资的本金

四、债券投资

（一）债券的价值

将未来在债券投资上收取的利息和收回的本金折为现值，即可得到债券的内在价值。

债券的内在价值也称为债券的理论价格，只有债券价值大于其购买价格时，该债券才值得投资。

1. 债券估值基本模型。

本教材第五章中从筹资管理视角讲解了债券估值方法。投资者对于债券价值的估算与之相同，从债券价值基本估值模型中可以看出，债券面值、债券期限、票面利率、市场利率是影响债券价值的基本因素。

【例6-18】某债券面值1 000元，期限20年，每年支付一次利息，到期归还本金，以市场利率作为评估债券价值的折现率，目前的市场利率为10%，如果票面利率分别为8%、10%和12%，债券价值 V_b 分别为：

$$V_b = 80 \times (P/A, 10\%, 20) + 1\,000 \times (P/F, 10\%, 20) = 829.69 \text{ （元）}$$

$$V_b = 100 \times (P/A, 10\%, 20) + 1\,000 \times (P/F, 10\%, 20) = 999.96 \text{ （元）}$$

$$V_b = 120 \times (P/A, 10\%, 20) + 1\,000 \times (P/F, 10\%, 20) = 1\,170.23 \text{ （元）}$$

综上可知，债券的票面利率可能小于、等于或大于市场利率，债券价值就可能小于、等于或大于债券票面价值，因此在债券实际发行时就要折价、平价或溢价发行。折价发行是对投资者未来少获利息而给予的必要补偿；平价发行是因为票面利率与市场利率相等，此时票面价值和债券价值是一致的，所以不存在补偿问题；溢价发行是为了对债券发行者未来多付利息而给予的必要补偿。

2. 债券价值对债券期限的敏感性。

选择长期债券还是短期债券，是公司财务经理经常面临的投资选择问题。由于票面利率的不同，当债券期限发生变化时，债券的价值也会随之波动。

【例6-19】假定市场利率为10%，面值为1 000元，每年支付一次利息，到期归还本金，票面利率分别为8%、10%和12%的三种债券，在债券到期日发生变化时的债券价值如表6-18所示。

表6-18　　　　　　　　　　债券期限变化的敏感性　　　　　　　　　金额单位：元

债券期限（年）	债券价值				
	票面利率10%	票面利率8%	环比差异（%）	票面利率12%	环比差异（%）
0	1 000	1 000	—	1 000	—
1	1 000	981.72	-18.28	1 018.08	+18.08
2	1 000	964.88	-16.84	1 034.32	+16.24
5	1 000	924.28	-40.60	1 075.92	+41.60

续表

债券期限（年）	债券价值				
	票面利率10%	票面利率8%	环比差异（%）	票面利率12%	环比差异（%）
10	1 000	877.60	−46.68	1 123.40	+47.48
15	1 000	847.48	−30.12	1 151.72	+28.32
20	1 000	830.12	−17.36	1 170.68	+18.96

表 6 – 18 中债券期限与债券价值的函数关系可以用图 6 – 2 示意，结合表 6 – 18 的数据，可以得出如下结论：

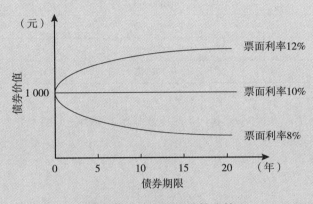

图 6 – 2 债券期限的敏感性

（1）引起债券价值随债券期限的变化而波动的原因，是债券票面利率与市场利率的不一致。如果债券票面利率与市场利率之间没有差异，债券期限的变化不会引起债券价值的变动。也就是说，只有溢价债券或折价债券，才产生不同期限下债券价值有所不同的现象。

（2）债券期限越短，债券票面利率对债券价值的影响越小。不论是溢价债券还是折价债券，当债券期限较短时，票面利率与市场利率的差异，不会使债券的价值过于偏离债券的面值。

（3）在票面利率偏离市场利率的情况下，债券期限越长，债券价值越偏离于债券面值。但这种偏离的变化幅度最终会趋于平稳。或者说，超长期债券的期限差异，对债券价值的影响不大。

3. 债券价值对市场利率的敏感性。

债券一旦发行，其面值、期限、票面利率都相对固定了，市场利率成为债券持有期间影响债券价值的主要因素。市场利率是决定债券价值的折现率，市场利率的变化会造成系统性的利率风险。

【例6-20】 假定现有面值为1 000元、票面利率为15%的2年期和20年期两种债券，每年付息一次，到期归还本金。当市场利率发生变化时的债券价值如表6-19所示。

表6-19　　　　　　　　　市场利率变化的敏感性

市场利率（%）	债券价值（元）	
	2年期债券	20年期债券
5	1 185.85	2 246.30
10	1 086.40	1 426.10
15	1 000.00	1 000.00
20	923.20	756.50
25	856.00	605.10
30	796.15	502.40

将表6-19中债券价值对市场利率的函数描述在图6-3中，并结合表6-19的数据，可以得出如下结论：

（1）市场利率的上升会导致债券价值的下降，市场利率的下降会导致债券价值的上升。

（2）长期债券对市场利率的敏感性会大于短期债券，在市场利率较低时，长期债券的价值远高于短期债券；在市场利率较高时，长期债券的价值远低于短期债券。

（3）市场利率低于票面利率时，债券价值对市场利率的变化较为敏感，市场利率稍有变动，债券价值就会发生剧烈的波动；市场利率超过票面利率后，债券价值对市场利率变化的敏感性减弱，市场利率的提高，不会使债券价值过分降低。

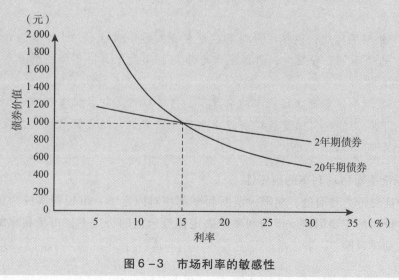

图6-3　市场利率的敏感性

　　根据上述分析得出结论，财务经理在债券投资决策中应当注意：长期债券的价值波动较大，特别是票面利率高于市场利率的长期溢价债券，容易获取投资收益但安全性较低，利率风险较大。如果市场利率波动频繁，利用长期债券来储备现金显然是不明智的，将为较高的收益率而付出安全性的代价。

　　（二）债券投资的收益率

　　1. 债券收益的来源。

　　债券投资的收益是投资于债券所获得的全部投资收益，这些投资收益来源于三个方面：

　　（1）名义利息收益。债券各期的名义利息收益是其面值与票面利率的乘积。

　　（2）利息再投资收益。债券投资评价时，有两个重要的假定：第一，债券本金是到期收回的，而债券利息是分期收取的；第二，将分期收到的利息重新投资于同一项目，并取得与本金同等的利息收益率。

　　例如，某 5 年期债券面值 1 000 元，票面利率 12%，如果每期的利息不进行再投资，5 年共获利息收益 600 元。如果将每期利息进行再投资，第 1 年获利息 120 元；第 2 年 1 000 元本金获利息 120 元，第 1 年的利息 120 元在第 2 年又获利息收益 14.4 元，第 2 年共获利息收益 134.4 元；以此类推，到第 5 年年末累计获利息 762.34 元。事实上，按 12% 的利率水平，1 000 元本金在第 5 年年末的复利终值为 1 762.34 元，按货币时间价值的原理计算债券投资收益，就已经考虑了再投资因素。在取得再投资收益的同时，承担着再投资风险。

　　（3）价差收益。它指债券尚未到期时投资者中途转让债券，在卖价和买价之间的价差上所获得的收益，也称为资本利得收益。

　　2. 债券的内部收益率。

　　债券的内部收益率，是指按当前市场价格购买债券并持有至到期日或转让日所产生的预期收益率，也就是债券投资项目的内含收益率。在债券价值估价基本模型中，如果用债券的购买价格 P_0 代替内在价值 V_b，就能求出债券的内部收益率。也就是说，用该内部收益率折现所决定的债券内在价值，刚好等于债券的目前购买价格。

　　债券真正的内在价值是按市场利率折现所决定的，当按市场利率折现所计算的内在价值大于按内部收益率折现所计算的内在价值时，债券的内部收益率才会大于市场利率，这正是投资者所期望的。

　　【例 6 - 21】假定投资者目前以 1 075.92 元的价格购买一份面值为 1 000 元、每年付息一次、到期归还本金、票面利率为 12% 的 5 年期债券，投资者将该债券持有至到期日，则有：

　　$1\ 075.92 = 120 \times (P/A, R, 5) + 1\ 000 \times (P/F, R, 5)$

　　解之得：内部收益率 $R = 10\%$

　　同样原理，如果债券目前购买价格为 1 000 元或 899.24 元，则有：

　　内部收益率 $R = 12\%$

　　或：内部收益率 $R = 15\%$

可见，溢价债券的内部收益率低于票面利率，折价债券的内部收益率高于票面利率，平价债券的内部收益率等于票面利率。

通常，也可以用简便算法对债券投资收益率近似估算，其公式为：

$$R = \frac{I + (B - P)/N}{(B + P)/2} \times 100\%$$

式中，P 表示债券的当前购买价格，B 表示债券面值，N 表示债券持有期限，分母是平均资金占用，分子是平均收益。将〖例 6–21〗数据代入：

$$R = \frac{120 + (1\ 000 - 1\ 075.92)/5}{(1\ 000 + 1\ 075.92)/2} \times 100\% = 10.10\%$$

五、股票投资

（一）股票的价值

投资于股票预期获得的未来现金流量的现值，即为股票的价值或内在价值、理论价格。股票是一种权利凭证，它之所以有价值，是因为它能给持有者带来未来的收益，这种未来的收益包括各期获得的股利、转让股票获得的价差收益、股份公司的清算收益等。价格小于内在价值的股票，是值得投资者投资购买的。股份公司的净利润是决定股票价值的基础。股票给持有者带来未来的收益一般是以股利形式出现的，因此可以通过股利计算确定股票价值。

第五章从筹资管理视角对股票估值进行了阐述，包括股票估值的基本模型、零成长股票估值、固定成长股票估值以及优先股价值估值等。投资者在进行股票估值时同样根据股票特征采用上述模型进行价值评估，来判断股票是否值得投资。

（二）股票投资的收益率

1. 股票收益的来源。

股票投资的收益由股利收益、股利再投资收益、转让价差收益三部分构成。并且，只要按货币时间价值的原理计算股票投资收益，就无须单独考虑再投资收益的因素。

2. 股票的内部收益率。

股票的内部收益率，是使得股票未来现金流量折现值等于目前的购买价格时的折现率，也就是股票投资项目的内含收益率。股票的内部收益率高于投资者所要求的最低收益率时，投资者才愿意购买该股票。第五章学习的固定成长股票估值简化模型为：$V = D_1/(R - g)$，用股票的购买价格 P_0 代替内在价值 V，则有：

$$R = \frac{D_1}{P_0} + g$$

从上式可以看出，股票投资内部收益率由两部分构成：一部分是预期股利收益率 D_1/P_0；另一部分是股利增长率 g。

如果投资者不打算长期持有股票，而将股票转让出去，则股票投资的收益由股利收益和资本利得（转让价差收益）构成。这时，股票内部收益率 R 是使股票投资净现值为零时的折现率，则有：

$$NPV = \sum_{t=1}^{n} \frac{D_t}{(1+R)^t} + \frac{P_n}{(1+R)^n} - P_0 = 0$$

【例 6 – 22】 某投资者 2020 年 5 月购入 A 公司股票 1 000 股，每股购价 3.2 元；A 公司 2021 年、2022 年、2023 年分别分派现金股利 0.25 元/股、0.32 元/股、0.45 元/股；该投资者 2023 年 5 月以每股 3.5 元的价格售出该股票，则 A 股票内部收益率的计算为：

$$NPV = \frac{0.25}{1+R} + \frac{0.32}{(1+R)^2} + \frac{0.45}{(1+R)^3} + \frac{3.5}{(1+R)^3} - 3.2 = 0$$

当 $R = 12\%$ 时，$NPV = 0.0898$

当 $R = 14\%$ 时，$NPV = -0.0682$

用插值法计算：$R = 12\% + 2\% \times \dfrac{0.0898}{0.0898 + 0.0682} = 13.14\%$

第五节　基金投资与期权投资

一、基金投资

基金投资是一种集合投资方式，投资者通过购买基金份额，将众多资金集中起来，由专业的投资者即基金管理人进行管理，通过投资组合的方式进行投资，实现利益共享、风险共担。基金投资的投资对象包括证券投资基金和另类投资基金。证券投资基金主要投资于证券交易所或银行间市场上公开交易的有价证券，如股票、债券等；另类投资基金包括私募股权基金（private equity fund）、风险投资基金（venture capital fund）、对冲基金（hedge fund）以及投资于实物资产如房地产、大宗商品、基础设施等的基金。企业可以选择投资于上述基金获取投资收益。为更好地进行投资管理，企业有必要了解以上投资对象的特征与运作方式。

（一）证券投资基金

证券投资基金以股票、债券等金融证券为投资对象，基金投资者通过购买基金份额的方式间接进行证券投资，由基金管理人进行专业化投资决策，由基金托管人对资金进行托管，基金托管人往往为商业银行或其他金融机构。如果说股票反映了所有权关系，债券反映了债权债务关系，那么基金则反映了一种信托关系，它是一种受益凭证，投资者购买基金份额则成为基金的受益人。具体运作模式如图 6 – 4 所示。

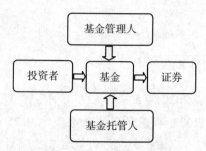

图6-4 证券投资基金运作模式

1. 证券投资基金的特点。

（1）集合理财实现专业化管理。

基金将投资者资金集合起来，通过基金管理人进行投资，实现了集合理财。基金管理人具有更加专业的投资技能与丰富的投资经验，将集中起来的资金交由基金管理人进行管理，对于中小投资者来说可以获得更加专业化的投资服务。

（2）通过组合投资实现分散风险的目的。

资金量较小时无法通过购买多种证券实现分散投资风险的目的，而基于基金投资集合理财的特点可以同时购买多种证券，投资者可以通过购买基金份额从而用较少的资金购买"一揽子"证券，实现分散风险的目的。

（3）投资者利益共享且风险共担。

基金投资者可以获取的收益等于基金投资收益减去基金应当承担的相关费用，各投资者依据所持有的份额比例进行分配，当收益上升或下降时，各基金投资者获取的收益也按照其持有比例上升或下降相应的金额。参与基金运作的基金管理人和基金托管人仅按照约定的比例收取管理费用和托管费用，无权参与基金收益的分配。

（4）权力隔离的运作机制。

参与基金运作的参与方包括基金投资者、托管人、管理人，基金管理人只负责基金的投资工作，而基金财产则交与基金托管人，基金操作权力与资金管理权力相互隔离，形成了互相监督、互相制约的机制，从而有效地保障基金投资者的利益。

（5）严格的监管制度。

我国基金监管机构依据《证券投资基金法》及其他相关管理办法对基金行业进行严格监管，严厉打击侵害投资者利益的违法行为。我国的基金业监管采取法定监管机构与自律性组织相结合的监管模式。中国证监会是我国政府的基金监管机构，采取检查、调查取证、限制交易、行政处罚等措施对基金市场进行监管；基金业协会为行业自律性组织，负责制定行业标准、业务规范、从业人员教育、业内交流等工作；证券交易所是证券市场的自律管理者，依据《证券投资基金监管职责分工协作指引》的规定，负责对在交易所进行的基金投资行为进行监管，同时负责基金的信息披露工作。

2. 证券投资基金的分类。

基金的分类方式较多，在此介绍六种主要的分类方式。

（1）依据法律形式的分类。

依据法律形式的不同，基金分为契约型基金与公司型基金。契约型基金依据基金管理人、基金托管人之间签署的基金合同设立，合同规定了参与基金运作各方的权利与义务。基金投资者通过购买基金份额成为基金合同当事人，享受合同规定的权利，也需承担相应的义务。

公司型基金则为独立法人，依据基金公司章程设立，基金投资者是基金公司的股东，按持有股份比例承担有限责任，分享投资收益。与一般股份有限公司类似，也有董事会这种行使股东权力的机构，虽然公司型基金在形式上类似于一般股份公司，但不同于一般股份公司的是，它委托基金管理公司作为专业的投资顾问来经营与管理基金资产。

（2）依据运作方式的分类。

依据运作方式的不同，可以将基金分为封闭式基金与开放式基金。封闭式基金的基金份额持有人不得在基金约定的运作期内赎回基金，即基金份额在合同期限内固定不变。开放式基金则可以在合同约定的时间和场所对基金进行申购或赎回，即基金份额不固定。封闭式基金适合资金可进行长期投资的投资者，开放式基金则更适合强调流动资金管理的投资者。

（3）依据投资对象的分类。

依据投资对象可以将基金分为股票基金、债券基金、货币市场基金和混合基金等。根据中国证监会对基金类别的分类标准，股票基金为基金资产80%以上投资于股票的基金。债券基金为基金资产80%以上投资于债券的基金，仅投资于货币市场工具的为货币市场基金。混合基金是指投资于股票、债券和货币市场工具，但股票投资和债券投资的比例不符合股票基金、债券基金规定的基金。依据投资对象对基金进行分类有助于投资者建立对基金风险与收益的初步认识。

（4）依据投资目标的分类。

依据投资目标可以将基金分为增长型基金、收入型基金和平衡型基金。增长型基金主要投资于具有较好增长潜力的股票，投资目标为获得资本增值，较少考虑当期收入。收入型基金则更加关注能否取得稳定的经常性收入，投资对象集中于风险较低的蓝筹股、公司及政府债券等。平衡型基金则集合了上述两种基金投资的目标，既关注是否能够获得资本增值，也关注收入问题。三者在风险与收益的关系上往往表现为：增长型基金风险＞平衡型基金风险＞收入型基金风险；增长型基金收益＞平衡型基金收益＞收入型基金收益。投资目标的差异引发了基金投向和策略的差异，投资者可以根据自身的投资目标选择适合的基金种类。

（5）依据投资理念的分类。

依据投资理念可以将基金分为主动型基金和被动型基金。主动型基金是指由基金经理主动操盘寻找超越基准组合表现的投资组合进行投资。被动型基金则期望通过复制指数的表现，选取特定的指数成分股作为投资对象，不期望能够超越基准组合，只求能够与所复制的指数表现同步。目前的被动型基金除完全复制指数成分股的投资策略外，也有指数增强型基金，即在复制的基础上根据市场变化做适当调整，以期获得超跟踪指数的收益。

（6）依据募集方式的分类。

依据募集方式可以将基金分为私募证券投资基金和公募证券投资基金。私募证券投资基金采取非公开方式发售，面向特定的投资者，他们往往风险承受能力较高，单个投资者涉及的资金量较大。公募证券投资基金可以面向社会公众公开发售，募集对象不确定，投资金额较低，适合中小投资者，由于公募基金涉及的投资者数量较多，因此受到更加严格的监管并要求更高的信息透明度。

3. 证券投资基金业绩评价。

基金投资后，投资者需要关注的重要问题是基金的业绩如何。在投资时仅仅了解投资产品实现的回报率是不够的，只有通过完备的投资业绩评估，投资者才有足够的信息来了解自己的投资状况，进行基金投资决策。进行业绩评价时需要考虑以下因素。

（1）投资目标与范围。

两种投资目标与范围不同的基金不具有可比性，不能作为基金投资决策的选择标准。例如，被动型基金主要以指数成分股作为投资标的，其投资目的为获得与指数表现同步的收益；货币基金则是依据其投资范围进行性质判定，主要投资于货币市场，获得稳定但较少的收益，同时承担着较低风险。被动型基金与货币基金之间并不具备可比性。因此在进行业绩比较时需考虑投资目标与范围的差异，从而为投资决策提供正确的依据。

（2）风险水平。

根据财务学的基本理论，风险与收益之间存在正相关关系，风险增加时必然要求更高的收益进行补偿，所以以单纯比较收益水平会导致业绩评价结果存在偏差，应当关注收益背后的风险水平。因此在基金业绩评价时应当以风险调整后的收益为评价指标，已有的调整模型包括夏普比率、特雷诺比率、詹森 α 等。

（3）基金规模。

与产品生产的固定成本类似，基金也存在研究费用、信息获取费用等固定成本，随着基金规模的增加，基金的平均固定成本会下降。另外，非系统性风险也会随着基金规模的增加而降低。当然，这里不是一味肯定基金规模增大的好处，因为基金规模过大也会对投资对象选择以及被投资对象流动性产生不利影响。

（4）时间区间。

在比较不同的基金业绩时需要注意是否处在同样的业绩计算期，不同的业绩比较起止时间下基金业绩可能存在较大差异。为提高业绩比较结果的准确性，可以采用多个时间段的业绩进行比较，比如选择近一个月、近三个月或者近一年等。

投资者在考虑上述业绩评价因素的基础上，可以运用以下系统的基金业绩评估指标对基金业绩进行评估。

一种为绝对收益指标。基金绝对收益指标不关注与业绩基准之间的差异，测量的是证券或投资组合的增值或贬值，在一定时期内获得的回报情况，一般用百分比形式的收益率衡量。绝对收益的计算涉及如下指标。

①持有期间收益率。基金持有期间所获得的收益通常来源于所投资证券的资产回报和收入回报两部分。资产回报是指股票、债券等资产价格的增加，收入回报为股票或债券的分红、利息等。计算公式如下：

持有期间收益率 = (期末资产价格 – 期初资产价格 + 持有期间红利收入) ÷ 期初资产价格 × 100%

②现金流和时间加权收益率。基金投资的收益率计算需要考虑多重因素的变化，一方面在基金投资过程中会不断地有投资者进行申购赎回等操作，引发资金变动；另一方面基金是众多证券的投资组合，证券发放红利或利息的时间存在差异。因此，在全球投资业绩标准（GIPS）的基本要求中往往采用现金流和时间的加权收益率。该方法将收益率计算区间划分为若干个子区间，每个子区间以现金流发生时间划分，以各个子区间收益率为基础计算整个期间的绝对收益水平。例如，某股票基金 2019 年 5 月 1 日有大客户进行了申购，9 月 1 日进行了分红，上述两个时点即为现金流发生的时点。因此，将2019 年以上述两个时点划分为三个阶段，假设三个阶段的收益率分别为 – 6%、5%、4%，则该基金当年的现金流和时间加权收益率为 2.65%，即（ 1 – 6% ）×（ 1 + 5% ）×（ 1 + 4% ） – 1 = 2.65%。

③平均收益率。基金的平均收益率根据计算方法不同可分为算术平均收益率和几何平均收益率。其中，算术平均收益率即计算各期收益率的算术平均值。算术平均收益率（R_A）的计算公式为：

$$R_A = \frac{\sum_{t=1}^{n} R_t}{n} \times 100\%$$

式中，R_t 表示 t 期收益率，n 表示期数。

几何平均收益率（R_G）的计算公式为：

$$R_G = \left[\sqrt[n]{\prod_{i=1}^{n} (1 + R_i)} - 1 \right] \times 100\%$$

式中，R_i 表示 i 期收益率，n 表示期数。

几何平均收益率相比算术平均收益率考虑了货币时间价值。一般来说，收益率波动越明显，算术平均收益率相比几何平均收益率越大。

【例 6 – 23】 某基金近三年的收益率分别为 6%、8%、10%，分别计算其三年的算术平均收益率与几何平均收益率。

算术平均收益率 $R_A = (6\% + 8\% + 10\%) \div 3 \times 100\% = 8\%$

几何平均收益率 $R_G = \left[\sqrt[3]{(1 + 6\%)(1 + 8\%)(1 + 10\%)} - 1 \right] \times 100\% = 7.99\%$

另一种为相对收益指标。基金的相对收益，是基金相对于一定业绩比较基准的收益。根据基金投资的目标选取对应的行业或市场指数，例如沪深 300 指数、上证 50 指数等，以此指数成分股股票收益率作为业绩比较基准,求解相对收益。例如,某基金以沪深300指数作为业绩比较基准,当沪深300指数收益率为8%,该基金收益率为6%时,从绝对收益来看确实盈利了,但其相对收益为−2%。这样的收益计算方式可以使投资者通过比较基金与比较基准的收益差异对基金经营业绩有更深入的认识,该业绩比较基准也为基金经理提供了投资参考。

（二）私募股权投资基金

在前面投资基金概念的叙述中,提到另类投资基金包括私募股权基金、风险投资基金等,其中私募股权基金与风险投资基金均属于股权投资基金,投资对象往往为私人股权,包括未上市企业和上市企业非公开发行和交易的普通股、依法可转换为普通股的优先股和可转换债券。目前我国的股权投资基金只能以非公开方式募集,因此我国的股权投资可理解为私募类私人股权投资基金,或称其为私募股权投资基金。

1. 私募股权投资基金的特点。

（1）具有较长的投资周期。

私募股权投资基金的投资对象一般为未上市企业的股权或非公开交易的股权,尤其对于未上市企业的投资,往往需要数年时间才能实现退出并获利,存在较长的封闭期。在清算前,基金份额转让和投资者退出较为困难,流动性较差。

（2）较大的投资收益波动性。

较差的流动性与超长的投资周期,使得私募股权投资基金具有高风险、高期望收益的特征,不同投资项目收益率差异较大。有的项目可能会发生严重的本金亏损,有的项目则可能取得巨大收益,如知名投资机构高瓴资本对京东的投资。

（3）对投资决策与管理的专业要求较高,投资后需进行非财务资源注入。

私募股权投资基金投资过程中可能涉及财务、法律、企业运营、资本市场运作等多个方面,同时要求决策者具有非常高的投资敏锐度与优秀的判断能力,要善于发现具有潜在投资价值的项目和赛道,同创始人及其管理层一同对企业进行管理与决策。从事私募股权投资基金运作的人员往往具有多领域的经验与知识储备,团队体现出较高的智力密集型特征。私募股权投资基金在投资后会向被投资方提供商业资源与管理支持,并进行有效监督,帮助被投资企业快速发展,为自己寻找退出获利的机会。

2. 私募股权投资基金的退出。

私募股权投资基金主要通过退出项目实现收益,选择恰当的时机,将被投资企业股权变现。其退出方式主要有三种。

（1）股份上市转让或挂牌转让。

首次公开发行上市（IPO）是私募股权投资基金优先考虑的退出方式,在被投资方经营达到较为良好的状态且满足资本市场 IPO 条件时,股权投资基金将通过推动被投资方上市,采用公开发行股票的方式,使所持有的股权从不可流通股份转换为可流通股份,获得价值增值与变现机会。另外,2012 年成立的全国中小企业股份转让系统（也称新三板）也为私募股权投资退出提供了通道,可选择在新三板挂牌退出。

（2）股权转让。

股权转让也是私募股权投资基金的重要退出途径之一，主要指在企业未上市时，作为企业股东的私募股权投资基金依法将自己的股份让渡给他人，从而退出企业。对于有限责任公司，可以向现有股东转让股份，称之为内部转让，也可向现有股东以外的人转让股份，称之为外部转让。外部转让需得到半数股东同意，且现有股东放弃优先购买权。

（3）清算退出。

清算退出主要针对项目投资失败的情况，被投资方结束经营，私募股权投资基金作为股东，通过被投资方清算实现退出。主要有两种情形：一种为破产清算，即公司被依法宣告破产，由法院依照相关规定组织清算组进行清算；另一种为解散清算，即股东主动启动清算程序解散公司。

3. 私募股权基金和风险投资基金。

在我国经济发展过程中，私募股权基金和风险投资基金受到较高关注。从投资阶段看，私募股权基金主要投资拟上市公司，被投资方业务已进入发展阶段，而风险投资基金则更关注初创型企业，公司经营可能刚刚起步，投资标的以高新技术企业或项目为主。但从目前风险投资基金机构的投资取向看，也不排除中后期的投资活动。风险投资基金愿意承担更高的投资风险，但同时也期望有更高的投资报酬率。在目前的投资过程中，私募股权基金与风险投资基金仅做概念上的区分，其投资对象可能重合，实际经营中并不存在严格的界限。

股权投资基金对我国经济发展具有重要意义，作为一种直接融资模式，为处于初创期或发展期的中小科技企业提供了财务资源与非财务资源的多维度支持。中小科技企业存在信息不对称、无形资产占比高、融资需求动态变化等特征，使其较难获得包括银行在内的债务融资。股权投资基金很好地弥补了企业的融资缺口，通过与企业共同成长，在承担较高投资风险的同时获取高额收益。股权投资基金的投资思路与我国促进企业高质量发展的思路较为一致，对于推动创新型国家建设具有重要价值。

二、期权投资

（一）期权合约的概念

衍生工具是一种衍生类合约，其价值取决于一种或多种基础资产。这些基础资产通常被称作合约标的资产。合约标的资产可以是股票、债券、货币等金融资产，也可以是黄金、原油等大宗商品或贵金属。投资上述衍生工具的投资活动称之为金融衍生品投资。依据合约特点，可以将衍生工具分类为远期合约、期货合约、期权合约以及互换合约。本部分将主要对其中的期权合约进行介绍。

期权合约，又称选择权合约，是指合约持有人可以选择在某一特定时期或该日期之前的任何时间以约定价格买入或者卖出标的资产的合约，即期权合约购买方既可以选择行权也可以选择不行权。该合约允许买方从市场的变动中受益，但市场朝反方向变动时也不会遭受损失，即期权的买方和卖方获利与损失的机会并不均等，期权的买方通过支付期权合约的购买费用获得了一项仅有权利而没有义务的合约，买方与卖方进行的是零和博弈，两者盈亏正好相反。具体构成要素如表6-20所示。

表6-20 期权合约的构成要素

要素名称	含义
标的资产	标的资产指期权合约中约定交易的资产，包括商品、金融资产、利率、汇率或综合价格指数等
期权买方	买方通过支付费用获取期权合约规定的权利，也称为期权的多头
期权卖方	卖出期权的一方通过获得买方支付的合约购买费用，承担在规定时间内履行期权合约义务的责任，也称为期权的空头
执行价格	或称之为协议价格，指依据合约规定，期权买方在行权时所实际执行的价格
期权费用	期权买方为获取期权合约所赋予的权利而向卖方支付的费用，一旦支付，无论买方是否选择行权，费用不予退回。期权费用对于买方而言是该项投资的成本，对于卖方而言，是一项回报
通知日与到期日	通知日为预先确定的交货日之前的某一天，以便做好准备。到期日为期权合约必须履行的时间点

（二）期权合约的分类

按照期权执行时间的不同，可以分为欧式期权和美式期权。欧式期权指买方仅能在到期日执行期权，不可推迟或提前，欧式期权的卖方有权拒绝提前执行合约，如果推迟执行则合约作废。美式期权允许买方在期权到期前的任何时间执行期权合约，包括到期日当天，但如果超过到期日则同样作废。由于美式期权的行权更加自由，因此在同样条件下，美式期权的费用也较高。

按照期权买方权利的不同，可以分为看涨期权与看跌期权。看涨期权赋予了期权买方在到期日或到期日之前，以固定价格购买标的资产的权利，也称为买入期权。看跌期权赋予了期权买方在到期日或到期日之前，以固定价格卖出标的资产的权利，也称为卖出期权。

（三）期权到期日价值与净损益的计算

看涨期权或看跌期权赋予了期权买方在到期日或到期日之前以固定价格买入或卖出标的资产的权利，期权卖方在获得期权费用后则需依据合约内容履行相应义务。市场上的投资者既可能成为期权买方，也可能成为期权卖方。对于投资者来说，其目的是通过买卖期权对冲投资风险，提升投资收益，因此评估期权的价值尤为重要。期权买卖双方约定的固定价格又称为执行价格或协议价格。期权到期日价值取决于标的资产到期日的市场价格与期权合约约定的执行价格。其中执行价格在买卖期权合约时相当于已知条件，但标的资产到期日的市场价格对于投资者而言并不确定。因此投资者需要结合自身对资产未来价格的预期，审慎进行期权买卖决策。

期权的到期日价值是到期时期权行权取得的净收入，如未行权，则该值为零。期权净损益则指在到期日价值基础上考虑期权费用后的损益值。为简化分析，在此假设下提及的期权均未提前执行，即持有至到期，并忽略其他各项交易成本。

1. 买入和卖出看涨期权合约。

投资者买入看涨期权，即投资者预测在期权到期日时，标的资产市场价格 A_m 将高于执行价格 X，此时投资者拥有低价购入该项资产的权利，有助于规避标的资产价格上涨的风险。

如果到期日 A_m 大于 X 时，投资者将选择行权，本需要 A_m 价格购入的资产，现仅需 X 即可购入。此时看涨期权到期日价值为资产市场价格 A_m 减去期权执行价格 X。如果到期日 A_m 小于 X，即不符合投资者对于资产价格走势的预测，行权不能提升获利空间，投资者将放弃行权，此时该看涨期权到期日价值为零。可以看到，买入看涨期权到期日价值是 "$A_m - X$" 与 "0" 中的较大值。

投资者买入看涨期权时，向期权卖方支付了期权费用。对于买入方而言，该项期权净损益等于到期日价值扣减期权费用。买入看涨期权的投资者净损失最多为期权费用，而净收益没有上限，取决于到期日资产市场价格高出执行价格的程度。

其到期日价值和净损益如表 6 – 21 所示。

表 6 –21　　　　　　　　　　买入看涨期权合约到期日价值与净损益

项目	计算公式
期权到期日价值（V）	$V = \max(A_m - X,\ 0)$ 当 $A_m > X$ 时，期权买方将选择行权，期权到期日价值为 $A_m - X$； 当 $A_m < X$ 时，期权买方不会行权，期权到期价值为 0
期权净损益（P）	$P = V - $ 期权费用 买入看涨期权方的净损失最大为期权费用，净收益没有上限

卖出看涨期权的投资者主要通过赚取期权费用获益，这些投资者预期看涨期权的买方不会行权，即预期 A_m 将低于执行价格 X。

如果到期日 A_m 大于 X，期权买方将选择行权，作为期权卖出方则需要按照约定的执行价格，向期权买方出售资产，即市场价格为 A_m 的资产仅能以价格 X 卖出。此时对于卖出看涨期权的投资者而言，期权到期日价值为 "$-(A_m - X)$"。如果到期日 A_m 低于 X，看涨期权买方不会行权，则期权卖方无须按照执行价格向期权买方出售资产，此时期权到期日价值为零。可以看到，卖出看涨期权到期日价值是 "$A_m - X$" 与 "0" 中较大值的相反数。

投资者卖出看涨期权时向买方收取了期权费用，对于卖出期权方而言，该项期权净损益等于到期日价值加上期权费用。卖出看涨期权的投资者净收益最多为期权费用，而净损失没有下限，取决于到期日资产市场价格高出执行价格的程度。

看涨期权卖方与买方为零和博弈，买方获取的收益即为卖方的损失。

其到期日价值和净损益如表 6 – 22 所示。

表 6 –22 卖出看涨期权合约到期日价值与净损益

项目	计算公式
期权到期日价值（V）	$V = -\max(A_m - X,\ 0)$ 当 $A_m > X$ 时，期权买方将选择行权，对于卖方而言，期权到期价值为 $-(A_m - X)$； 当 $A_m < X$ 时，期权买方不会行权，对于卖方而言，期权到期价值为 0
期权净损益（P）	$P = V +$ 期权费用 卖出看涨期权方的净损失没有下限，净收益最大为期权费用

2. 买入和卖出看跌期权合约。

投资者买入看跌期权，即投资者预测在期权到期日时，标的资产市场价格 A_m 将低于执行价格 X，此时投资者拥有高价出售标的资产的权利，有助于规避标的资产价格下跌的风险。

当到期日 A_m 小于 X 时，投资者将选择行权，仅能以价格 A_m 卖出的资产，可以卖到价格 X。此时看跌期权到期日价值即为期权执行价格 X 减去资产市场价格 A_m。当到期日 A_m 大于 X 时，即不符合投资者对于资产价格走势的预测，行权不会提升获利空间，投资者将放弃行权，此时该看跌期权到期日价值为零。可以看到，买入看跌期权到期日价值是 "$X - A_m$" 与 "0" 中的较大值。

投资者买入看跌期权时，向卖出方支付了期权费用。对于买入方而言，该项期权净损益等于从到期日价值中扣减期权费用。买入看跌期权的投资者净损失最大为期权费用，净收益最大为执行价格减去期权费用，即到期日标的资产市场价格为零时。

其到期日价值和净损益如表 6 – 23 所示。

表 6 –23 买入看跌期权合约到期日价值与净损益

项目	计算公式
期权到期日价值（V）	$V = \max(X - A_m,\ 0)$ 当 $A_m < X$ 时，期权买方将选择行权，期权到期价值为 $X - A_m$； 当 $A_m > X$ 时，期权买方不会行权，期权到期价值为 0
期权净损益（P）	$P = V -$ 期权费用 买入看跌期权方的净损失最大为期权费用，净收益上限为 $X -$ 期权费用，即标的资产市场价格 A_m 降至 0

卖出看跌期权的投资者主要通过赚取期权费用获益，预期看跌期权的买方不会行权，

即预期到期日市场价格 A_m 将高于执行价格 X。

如果到期日 A_m 小于 X，期权买方将选择行权，作为期权卖出方则需要按照约定的执行价格 X，从期权买方购入资产，即市场价格为 A_m 的资产需要以较高价格 X 买入。此时对于卖出看跌期权的投资者而言，期权到期日价值为"$-(X-A_m)$"。如果到期日 A_m 大于 X，看涨期权买方不会行权，则期权卖方无须按照执行价格向期权买方购入资产，此时期权到期日价值为零。可以看到，卖出看跌期权到期日价值是"$X-A_m$"与"0"中较大值的相反数。

投资者卖出看跌期权时向买方收取了期权费用，对于卖出期权方而言，该项期权净损益等于到期日价值加上期权费用。卖出看跌期权的投资者净收益最多为期权费用，净损失最大为执行价格减去期权费用，即到期日标的资产市场价格为零时。

看跌期权卖方与买方为零和博弈，买方获取的收益即为卖方的损失。

其到期日价值和净损益如表 6-24 所示。

表 6-24　　　　　　　　　　　卖出看跌期权合约到期日价值与净损益

项目	计算公式
期权到期日价值（V）	$V = -\max(X-A_m, 0)$ 当 $A_m < X$ 时，期权买方将选择行权，对于卖方而言，期权到期价值为 $-(X-A_m)$； 当 $A_m > X$ 时，期权买方不会行权，对于卖方而言，期权到期价值为 0
期权净损益（P）	$P = V + $ 期权费用 卖出看跌期权方的净收益最大为期权费用，净损失最大为 $X-$ 期权费用，即标的资产市场价格 A_m 降至 0

【例 6-24】 某期权交易所在 2023 年 3 月 2 日给出了一份期权报价，标的资产为 1 股 A 公司股票，该期权的到期日为 6 月 2 日，期权合约规定的标的股票执行价格为每股 27 元，一份看涨期权价格为 2.5 元，一份看跌期权价格为 6.4 元。该股票在期权到期日时的市场价格为每股 37 元。

（1）如果甲买入看涨期权，每份期权到期日价值和净损益为多少？

甲购买了看涨期权，到期日市场价格高于执行价格，因此甲会选择行权，这样可以以 27 元的价格买入市价为 37 元的股票。此时：

期权到期日价值 = 37 - 27 = 10（元）

期权净收益 = 10 - 2.5 = 7.5（元）

（2）如果甲卖出看涨期权，每份期权到期日价值和净损益为多少？

甲卖出看涨期权，到期日市场价格高于执行价格，期权买方将选择行权，甲需要以 27 元的价格将市价为 37 元的股票出售给期权买方。此时，每份期权到期日价值为 -10 元，期权净损失为 7.5 元。

（3）如果甲买入看跌期权，每份期权到期日价值和净损益为多少？

甲购买了看跌期权，到期日市场价格高于执行价格，甲将选择放弃行权。此时，每份期权到期日价值为0，期权净损失为6.4元。

（4）如果甲卖出看跌期权，每份期权到期日价值和净损益为多少？

当甲卖出看跌期权时，由于到期日市场价格高于执行价格，看跌期权的买方不会行权，对于卖方甲而言，每份期权到期日价值为0，期权净收益为赚取的期权费用6.4元。

本章思考题

1. 项目投资的投资期、营业期、终结期，分别涉及哪些可能的现金流项目？
2. 请梳理比较各项目投资评价指标的优缺点。
3. 如何进行项目寿命期不等的互斥投资方案决策？
4. 证券投资的风险有哪些？
5. 如何计算买入和卖出看涨期权时的净损益？

第七章　营运资金管理

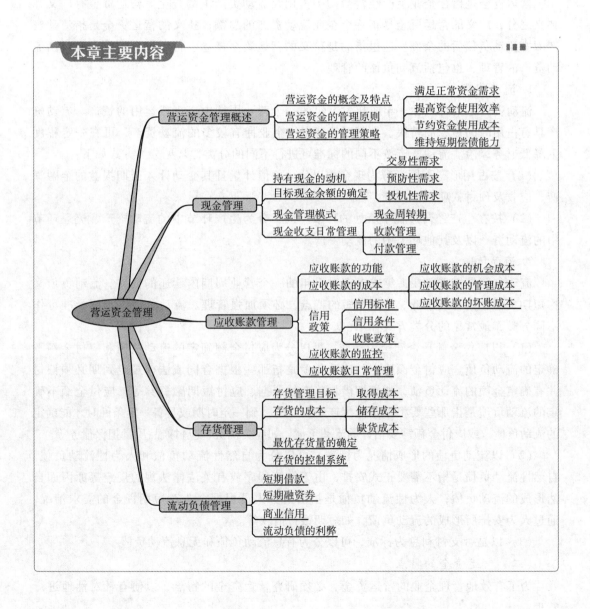

营运资金管理概述
- 营运资金的概念及特点
- 营运资金的管理原则
- 营运资金的管理策略
  - 满足正常资金需求
  - 提高资金使用效率
  - 节约资金使用成本
  - 维持短期偿债能力

现金管理
- 持有现金的动机
  - 交易性需求
  - 预防性需求
  - 投机性需求
- 目标现金余额的确定
- 现金管理模式
- 现金收支日常管理
  - 现金周转期
  - 收款管理
  - 付款管理

营运资金管理

应收账款管理
- 应收账款的功能
- 应收账款的成本
  - 应收账款的机会成本
  - 应收账款的管理成本
  - 应收账款的坏账成本
- 信用政策
  - 信用标准
  - 信用条件
  - 收账政策
- 应收账款的监控
- 应收账款日常管理

存货管理
- 存货管理目标
- 存货的成本
  - 取得成本
  - 储存成本
  - 缺货成本
- 最优存货量的确定
- 存货的控制系统

流动负债管理
- 短期借款
- 短期融资券
- 商业信用
- 流动负债的利弊

第一节　营运资金管理概述

一、营运资金的概念及特点

（一）营运资金的概念

营运资金是指在企业生产经营活动中占用在流动资产上的资金。营运资金有广义和狭义之分，广义的营运资金是指一个企业流动资产的总额；狭义的营运资金是指流动资产减去流动负债后的余额。这里指的是狭义的营运资金概念。营运资金的管理既包括流动资产的管理，也包括流动负债的管理。

1. 流动资产。

流动资产是指可以在 1 年或超过 1 年的一个营业周期内变现或运用的资产。流动资产具有占用时间短、周转快、易变现等特点。企业拥有较多的流动资产，可在一定程度上降低财务风险。流动资产按不同的标准可进行不同的分类，常见分类方式如下：

（1）按占用形态不同，分为现金、以公允价值计量且其变动计入当期损益的金融资产、应收及预付款项和存货等。

（2）按在生产经营过程中所处的环节不同，分为生产环节中的流动资产、流通环节中的流动资产以及其他环节中的流动资产。

2. 流动负债。

流动负债是指需要在 1 年或者超过 1 年的一个营业周期内偿还的债务。流动负债又称短期负债，具有成本低、偿还期短的特点，必须加强管理。流动负债按不同标准可作不同分类，最常见的分类方式如下：

（1）以应付金额是否确定为标准，可以分为应付金额确定的流动负债和应付金额不确定的流动负债。应付金额确定的流动负债是指那些根据合同或法律规定到期必须偿付并有确定金额的流动负债，如短期借款、应付票据、应付短期融资券等；应付金额不确定的流动负债是指那些要根据企业生产经营状况，到一定时期或具备一定条件时才能确定的流动负债，或应付金额需要估计的流动负债，如应交税费、应付产品质量担保债务等。

（2）以流动负债的形成情况为标准，可以分为自然性流动负债和人为性流动负债。自然性流动负债是指不需要正式安排，由于结算程序或有关法律法规的规定等原因而自然形成的流动负债；人为性流动负债是指由财务人员根据企业对短期资金的需求情况，通过人为安排所形成的流动负债，如短期银行借款等。

（3）以是否支付利息为标准，可以分为有息流动负债和无息流动负债。

（二）营运资金的特点

为了有效地管理企业的营运资金，必须研究营运资金的特点，以便有针对性地进行管理。

营运资金一般具有如下特点。

1. 营运资金的来源具有多样性。

企业筹集长期资金的方式一般较少，只有吸收直接投资、发行股票、发行债券等方式。与筹集长期资金的方式相比，企业筹集营运资金的方式较为灵活多样，通常有银行短期借款、短期融资券、商业信用、应交税费、应付股利、应付职工薪酬等多种内外部融资方式。

2. 营运资金的数量具有波动性。

流动资产的数量会随企业内外条件的变化而变化，时高时低，波动很大。季节性企业如此，非季节性企业也是如此。随着流动资产数量的变动，流动负债的数量也会相应发生变动。

3. 营运资金的周转具有短期性。

企业占用在流动资产上的资金，通常会在1年或超过1年的一个营业周期内收回，对企业影响的时间比较短。根据这一特点，营运资金可以用商业信用、银行短期借款等短期筹资方式来加以解决。

4. 营运资金的实物形态具有变动性和易变现性。

企业营运资金的占用形态是经常变化的，营运资金的每次循环都要经过采购、生产、销售等过程，一般按照现金、材料、在产品、产成品、应收账款、现金的顺序转化。为此，在进行流动资产管理时，必须在各项流动资产上合理配置资金数额，做到结构合理，以促进资金周转顺利进行。同时，以公允价值计量且其变动计入当期损益的金融资产、应收账款、存货等流动资产一般具有较强的变现能力，如果遇到意外情况，企业出现资金周转不灵、现金短缺时，便可迅速变卖这些资产，以获取现金，这对财务上应付临时性资金需求具有重要意义。

二、营运资金的管理原则

企业的营运资金在全部资金中占有相当大的比重，而且周转期短，形态易变，因此，营运资金管理是企业财务管理工作的一项重要内容。企业进行营运资金管理，应遵循以下原则。

（一）满足正常资金需求

企业应认真分析生产经营状况，合理确定营运资金的需求数量。企业营运资金的需求数量与企业生产经营活动有直接关系。一般情况下，当企业产销两旺时，流动资产会不断增加，流动负债也会相应增加；而当企业产销量不断减少时，流动资产和流动负债也会相应减少。因此，企业财务人员应认真分析生产经营状况，采用一定方法预测营运资金的需求数量，营运资金的管理必须把满足正常合理的资金需求作为首要任务。

（二）提高资金使用效率

营运资金的周转是指企业的营运资金从现金投入生产经营开始，到最终转化为现金的过程。加速资金周转是提高资金使用效率的主要手段之一。提高营运资金使用效率的关键是采取得力措施，缩短营业周期，加速变现过程，加快营运资金周转。因此，企业要千方百计地加速存货、应收账款等流动资产的周转，以便用有限的资金服务于更大的产业规模，为企业取得更优的经济效益提供条件。

（三）节约资金使用成本

在营运资金管理中，必须正确处理保证生产经营需要和节约资金使用成本两者之间的关系。要在保证生产经营需要的前提下，尽力降低资金使用成本。一方面，要挖掘资金潜力，加速资金周转，精打细算地使用资金；另一方面，积极拓展融资渠道，合理配置资源，筹措低成本资金，服务于生产经营。

（四）维持短期偿债能力

偿债能力是企业财务风险高低的标志之一。合理安排流动资产与流动负债的比例关系，保持流动资产结构与流动负债结构的适配性，保证企业有足够的短期偿债能力是营运资金管理的重要原则之一。流动资产、流动负债以及两者之间的关系能较好地反映企业的短期偿债能力。流动负债是在短期内需要偿还的债务，而流动资产则是在短期内可以转化为现金的资产。因此，如果一个企业的流动资产比较多，流动负债比较少，说明企业的短期偿债能力较强；反之，则说明短期偿债能力较弱。但如果企业的流动资产太多，流动负债太少，也不是正常现象，这可能是因流动资产闲置或流动负债利用不足所致。

三、营运资金的管理策略

企业需要评估营运资金管理中的风险与收益，制定流动资产的投资策略和融资策略。实际上，财务管理人员在营运资金管理方面必须做两项决策：一是需要拥有多少流动资产；二是如何为需要的流动资产融资。在实践中，这两项决策一般同时进行，且相互影响。

（一）流动资产的投资策略

由于销售水平、成本、生产时间、存货补给时从订货到交货的时间、顾客服务水平、收款和支付期限等方面存在不确定性，流动资产的投资决策至关重要。企业经营的不确定性和风险忍受程度决定了流动资产的存量水平，表现为在流动资产账户上的投资水平。需要说明的是，这里的流动资产通常只包括生产经营过程中产生的存货、应收款项以及现金等生产性流动资产，而不包括股票、债券等金融性流动资产。

流动资产账户通常随着销售额的变化而立即变化，销售额的稳定性和可预测性反映了流动资产投资的风险程度，二者间的相互作用非常重要。如果销售额既稳定又可预测，则只需将流动资产投资维持在较低水平；如果销售额不稳定，但可预测（如季节性变化），那么不存在显著风险，将流动资产投资控制在合理水平即可；然而，如果销售量不稳定且难以预测（如石油和天然气的开采以及许多建筑企业），就会存在显著的风险，从而必须维持一个较高的流动资产存量水平。

一个企业必须选择与其业务需要和管理风格相符合的流动资产投资策略。如果企业管理政策趋于保守，就会保持较高的流动资产与销售收入比率，保证更高的流动性（安全性），但盈利能力也更低；如果管理者偏向于为了更高的盈利能力而愿意承担风险，那么将保持一个低水平的流动资产与销售收入比率。

流动资产的投资策略有两种基本类型。

1. 紧缩的流动资产投资策略。

在紧缩的流动资产投资策略下，企业维持低水平的流动资产与销售收入比率。

紧缩的流动资产投资策略可以节约流动资产的持有成本，例如节约持有资金的机会成本。与此同时可能伴随着更高风险，这些风险表现为更紧的应收账款信用政策和较低的存货占用水平，以及缺乏现金用于偿还应付账款等。但是，只要不可预见的事件没有损坏企业的流动性而导致严重的问题发生，紧缩的流动资产投资策略就会提高企业效益。

采用紧缩的流动资产投资策略，无疑对企业的管理水平有较高的要求。因为一旦管理失控，流动资产的短缺会对企业的经营活动产生重大影响。根据最近几年的研究，美国、日本等一些发达国家的流动资产与销售收入比率呈现越来越小的趋势。但是这并不意味着企业对流动性的要求越来越低，而主要是因为在流动资产管理方面，尤其是应收账款与存货管理方面，取得了一些重大进展。本章第四节存货的控制系统中，适时制库存控制系统（just in time，JIT），便是其中一个突出代表。

2. 宽松的流动资产投资策略。

在宽松的流动资产投资策略下，企业通常会维持高水平的流动资产与销售收入比率。也就是说，企业将保持高水平的现金和有价证券、高水平的应收账款（通常给予客户宽松的付款条件）和高水平的存货（通常源于补给原材料或不愿意因为产成品存货不足而失去销售）。在这种策略下，由于较高的流动性，企业的财务与经营风险较小。但是，过多的流动资产投资，无疑会承担较大的流动资产持有成本，提高企业的资金成本，降低企业的收益水平。

制定流动资产投资策略时，首先，需要权衡的是资产的收益性与风险性。增加流动资产投资会增加流动资产的持有成本，降低资产的收益性，但会提高资产的流动性。反之，减少流动资产投资会降低流动资产的持有成本，增加资产的收益性，但资产的流动性会降低，短缺成本会增加。因此，从理论上来说，最优的流动资产投资应该是使流动资产的持有成本与短缺成本之和最低。

其次，制定流动资产投资策略时还应充分考虑企业经营的内外部环境。通常，银行和其他借款人对企业流动性水平非常重视，因为流动性是这些债权人确定信用额度和借款利率的主要依据之一。他们还会考虑应收账款和存货的质量，尤其是当这些资产被用来当作一项贷款的抵押品时。有些企业因为融资困难，通常采用紧缩的流动资产投资策略。

此外，一个企业的流动资产投资策略可能还受产业因素的影响。在销售边际毛利较高的产业，如果从额外销售中获得的利润超过额外应收账款所增加的成本，宽松的信用政策可能为企业带来更为可观的收益。流动资产占用具有明显的行业特征。在机械行业，存货居于流动资产项目中的主要位置，通常占用全部流动资产的50%左右。其他行业的流动资产占用往往与机械行业会有很大不同。比如，在商业零售行业中，其流动资产占用要超过机械行业。

流动资产投资策略的另一个影响因素是那些影响企业政策的决策者。保守的决策者更倾向于宽松的流动资产投资策略，而风险承受能力较强的决策者则倾向于紧缩的流动资产投资策略。生产经理通常喜欢高水平的原材料持有量，以便满足生产所需。销售经理喜欢高水平的产成品存货以便满足顾客的需要，而且喜欢宽松的信用政策以便刺激销售。相反，财务管理人员喜欢使存货和应收账款最小化，以便使流动资产融资的成本最低。

（二）流动资产的融资策略

一个企业对流动资产的需求数量，一般会随着产品销售的变化而变化。例如，产品销售季节性很强的企业，当销售处于旺季时，流动资产的需求一般会更旺盛，可能是平时的几倍；当销售处于淡季时，流动资产需求一般会减弱，可能是平时的几分之一；即使当销售处于最低水平时，也存在对流动资产最基本的需求。在企业经营状况不发生大的变化的情况下，流动资产最基本的需求具有一定的刚性和相对稳定性，我们可以将其界定为流动资产的永久性水平。当销售发生季节性变化时，流动资产将会在永久性水平的基础上增加。因此，流动资产可以被分解为两部分：永久性部分和波动性部分。永久性流动资产是指满足企业长期最低需求的流动资产，其占有量通常相对稳定；波动性流动资产或称临时性流动资产，是指那些由于季节性或临时性的原因而形成的流动资产，其占用量随当时的需求而波动。与流动资产的分类相对应，流动负债也可以分为临时性负债和自发性负债。一般来说，临时性负债，又称为筹资性流动负债，是指为了满足临时性流动资金需要所发生的负债，如商业零售企业春节前为满足节日销售需要，超量购入货物而举借的短期银行借款。临时性负债一般只能供企业短期使用。自发性负债，又称为经营性流动负债，是指直接产生于企业持续经营中的负债，如商业信用筹资和日常运营中产生的其他应付款，以及应付职工薪酬、应付利息、应交税费等。自发性流动负债虽然属于流动负债，但是旧的自发性流动负债消失之后，随着经营活动的进行，又会产生新的自发性流动负债，所以属于长期来源，可供企业长期使用。

一般来说，永久性流动资产的水平具有相对稳定性，需要通过长期来源解决；而波动性部分的融资则相对灵活，最经济的办法是通过低成本的短期融资解决，如采用1年期以内的短期借款或发行短期融资券等融资方式。

融资决策主要取决于管理者的风险导向，此外它还受短期、中期、长期负债的利率差异的影响。根据资产的期限结构与资金来源的期限结构的匹配程度差异，流动资产的融资策略可以划分为：匹配融资策略、保守融资策略和激进融资策略三种基本类型，这些分析方法如图7-1所示。图中的顶端方框将流动资产分为永久性和波动性两类，剩下的方框描述了短期融资和长期融资的这三种策略的混合。任何一种方法在特定的时间都可能是合适的，这取决于收益曲线的形状、利率的变化、未来利率的预测等，尤其是管理者的风险承受力。图7-1中融资的长期来源包括自发性流动负债、长期负债以及股东权益资本；短期来源主要是指临时性流动负债，例如短期银行借款。

图 7-1 可供选择的流动资产融资策略

1. 匹配融资策略。

在匹配融资策略中，永久性流动资产和非流动资产以长期融资方式（负债或股东权益）融通，波动性流动资产用短期来源融通。这意味着，在给定的时间，企业的短期融资数量反映了当时的波动性流动资产的数量。当波动性流动资产扩张时，信贷额度也会增加，以便支持企业的扩张；当波动性流动资产收缩时，就会释放出资金，以偿付短期借款。

资金来源的有效期与资产的有效期的匹配，只是一种战略性的观念匹配，而不要求实际金额完全匹配。实际上，企业也做不到完全匹配。其原因是：（1）企业不可能为每一项资产按其有效期配置单独的资金来源，只能分为短期来源和长期来源两大类来统筹安排筹资。（2）企业必须有所有者权益筹资，它是无限期的资本来源，而资产总是有期限的，不可能完全匹配。（3）资产的实际有效期是不确定的，而还款期是确定的，必然会出现不匹配。

2. 保守融资策略。

在保守融资策略中，长期融资支持非流动资产、永久性流动资产和部分波动性流动资产。企业通常以长期融资来源为波动性流动资产的平均水平融资，短期融资仅用于融通剩余的波动性流动资产，融资风险较低。这种策略通常最小限度地使用短期融资，但由于长期负债成本高于短期负债成本，就会导致融资成本较高，收益较低。

如果长期负债以固定利率为基础，而短期融资方式以浮动或可变利率为基础，则利率风险可能降低。因此，这是一种风险低、成本高的融资策略。

3. 激进融资策略。

在激进融资策略中，企业以长期负债、自发性负债和股东权益资本为所有的非流动资产融资，仅对一部分永久性流动资产使用长期融资方式融资。短期融资方式支持剩下的永久性流动资产和所有的临时性流动资产。这种策略观念下，通常使用更多的短期融资。

短期融资方式通常比长期融资方式具有更低的成本。然而，过多地使用短期融资会导致较低的流动比率和较高的流动性风险。比如，由于经济衰退、企业竞争环境的变化以及其他因素，企业必须面对业绩惨淡的经营年度。当销售下跌时，存货将不会那么快就能转换成现金，这将导致现金短缺。曾经及时支付的顾客可能会延迟支付，这进一步加剧了现金短缺。企业可能会发现它对应付账款的支付已经超过信用期限。由于销售下降，会计利润将降低。

在这种环境下，企业需要与银行重新签订短期融资协议，但此时企业对于银行来说似乎很危险。银行可能会向企业索要更高的利率，从而导致企业在关键时刻筹集不到急需的资金。

因此，采用激进融资策略的企业往往依靠大量的短期负债来解决目前的困境，这会导致企业每年都必须更新短期负债协议进而产生更多的风险。但有些协议可以弱化这种风险。例如，多年期（通常 3～5 年）滚动信贷协议，这种协议允许企业以短期为基础进行借款。这种类型的借款协议不像传统的短期借款那样会降低流动比率。

第二节 现金管理

现金有广义、狭义之分。广义的现金是指在生产经营过程中以货币形态存在的资金，包括库存现金、银行存款和其他货币资金等。狭义的现金仅指库存现金。这里所讲的现金是指广义的现金。现金是变现能力最强的资产，代表着企业直接的支付能力和应变能力，可以用来满足生产经营的各种需要，也是还本付息和履行纳税义务的保证。

有价证券是企业现金的一种转换形式。有价证券的变现能力强，可以随时兑换成现金。企业有多余现金时，常将现金兑换成有价证券；现金流出量大于流入量，即需要补充现金时，再出让有价证券换回现金。在这种情况下，有价证券就成了现金的替代品。

一、持有现金的动机

持有现金是出于三种需求：交易性需求、预防性需求和投机性需求。

（一）交易性需求

交易性需求是指企业需要持有一定量的现金，以维持日常周转及正常商业活动。企业每天发生许多支出和收入，这些支出和收入在数额上不相等，在时间上不匹配，企业需要持有一定现金来调节，以使生产经营活动能继续进行。

在许多情况下，企业向客户提供的商业信用条件和它从供应商那里获得的信用条件不同，使企业必须持有现金。如供应商提供的信用条件是 30 天付款，而企业迫于竞争压力，则向顾客提供 45 天的信用期，这样，企业必须筹集满足 15 天正常运营的资金来维持企业运转。

另外，企业业务的季节性，要求企业逐渐增加存货以等待季节性的销售高潮。这时，一般会发生季节性的现金支出，企业现金余额下降，随后又随着销售高潮到来，存货减少，现金又逐渐恢复到原来的水平。

（二）预防性需求

预防性需求是指企业需要持有一定量的现金，以应付突发事件。这种突发事件可能是社会经济环境变化，也可能是企业的某大客户违约导致企业突发性偿付等。尽管财务人员试图利用各种手段来较准确地估算企业需要的现金数额，但这些突发事件会使原本很好的财务计划失去效果。因此，企业为了应付突发事件，有必要维持比日常正常运转所需金额更多的现金。

确定预防性需求的现金数额时，需要考虑以下因素：（1）企业愿冒现金短缺风险的程度。（2）企业预测现金收支可靠的程度。（3）企业临时融资的能力。希望尽可能减少风险的企业倾向于保留大量的现金余额，以应付其交易性需求和大部分预防性资金需求。现金收支预测可靠性程度较高，信誉良好，与银行关系良好的企业，预防性需求的现金持有量一般较低。

（三）投机性需求

投机性需求是企业需要持有一定量的现金以抓住突然出现的获利机会。这种机会大多是一闪即逝的，如证券价格的突然下跌，企业若没有用于投机的现金，就会错过这一机会。

企业的现金持有量一般小于上述三种需求下的现金持有量之和，因为为某一需求持有的现金可以用于满足其他需求。

二、目标现金余额的确定

（一）成本分析模型

成本分析模型强调的是，持有现金是有成本的，最优的现金持有量是使得现金持有成本最小化的持有量。成本分析模型考虑的现金持有总成本包括如下项目。

1. 机会成本。

现金的机会成本是指企业因持有一定现金余额丧失的再投资收益。再投资收益是企业不能同时用该现金进行有价证券投资所产生的机会成本，这种成本在数额上等于资金成本。例如，某企业的资本成本为10%，年均持有现金50万元，则该企业每年持有现金的机会成本为5万元（50×10%）。放弃的再投资收益即机会成本属于变动成本，它与现金持有量的多少密切相关，即现金持有量越大，机会成本越大，反之就越小。

2. 管理成本。

现金的管理成本是指企业因持有一定数量的现金而发生的管理费用。例如，管理人员工资、安全措施费用等。一般认为这是一种固定成本，这种固定成本在一定范围内和现金持有量之间没有明显的比例关系。

3. 短缺成本。

现金的短缺成本是指在现金持有量不足，又无法及时通过有价证券变现加以补充所给企业造成的损失，包括直接损失与间接损失。现金的短缺成本随现金持有量的增加而下降，随现金持有量的减少而上升，即与现金持有量负相关。

成本分析模式是根据持有现金的各项成本，分析预测其总成本最低时现金持有量的一种方法。其计算公式为：

最佳现金持有量下的现金持有总成本 = min（机会成本 + 管理成本 + 短缺成本）

其中，机会成本是正相关成本，管理成本属于固定成本，短缺成本是负相关成本。

因此，成本分析模式是要找到机会成本、管理成本和短缺成本所组成的总成本曲线中最低点所对应的现金持有量，把它作为最佳现金持有量，可用图7-2表示。

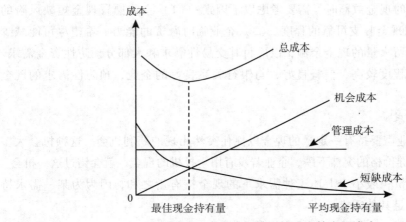

图7-2 成本分析模型的现金持有总成本

在实际工作中运用成本分析模式确定最佳现金持有量的具体步骤为：

（1）根据不同现金持有量测算并确定现金成本数值。

（2）按照不同现金持有量及其相关成本资料编制最佳现金持有量测算表。

（3）在测算表中找出现金持有总成本最低时的现金持有量，即最佳现金持有量。

【例7-1】 某企业有四种现金持有方案，它们各自的持有量（平均）、管理成本、短缺成本如表7-1所示。假设现金的机会成本率为12%。要求确定现金最佳持有量。

表7-1 现金持有方案 单位：元

项目	甲方案	乙方案	丙方案	丁方案
现金持有量	25 000	50 000	75 000	100 000
管理成本	20 000	20 000	20 000	20 000
短缺成本	12 000	6 750	2 500	0

这四种方案的现金持有总成本计算结果如表7-2所示。

表7-2 现金持有总成本 单位：元

项目	甲方案	乙方案	丙方案	丁方案
机会成本	3 000	6 000	9 000	12 000
管理成本	20 000	20 000	20 000	20 000

续表

项目	甲方案	乙方案	丙方案	丁方案
短缺成本	12 000	6 750	2 500	0
总成本	35 000	32 750	31 500	32 000

将以上各方案的总成本加以比较可知，丙方案的总成本最低，故 75 000 元是该企业的最佳现金持有量。

（二）存货模型

企业平时持有较多的现金，会降低现金的短缺成本，但也会增加现金占用的机会成本；平时持有较少的现金，则会增加现金的短缺成本，却能减少现金占用的机会成本。如果企业平时只持有较少的现金，在有现金需要时（如手头的现金用尽），通过出售有价证券换回现金（或从银行借入现金），既能满足现金的需要，避免短缺成本，又能减少机会成本。因此，适当的现金与有价证券之间的转换，是企业提高资金使用效率的有效途径。这与企业奉行的营运资金政策有关。采用宽松的流动资产投资政策时，保留较多的现金则转换次数少。如果经常进行大量的有价证券与现金的转换，则会加大转换交易成本，因此，如何确定有价证券与现金的每次转换量，是一个需要研究的问题，这可以应用现金持有量的存货模式解决。

有价证券转换回现金所付出的代价（如支付手续费用），被称为现金的交易成本。现金的交易成本与现金转换次数、每次的转换量有关。假定现金每次的交易成本是固定的，在企业一定时期现金使用量确定的前提下，每次以有价证券转换回现金的金额越大，企业平时持有的现金量便越高，转换的次数便越少，现金的交易成本便越低；反之，每次转换回现金的金额越低，企业平时持有的现金量便越低，转换的次数会越多，现金的交易成本就越高。可见，现金交易成本与持有量成反比。现金的交易成本与现金的机会成本所组成的现金持有总成本曲线，如图 7 - 3 所示。

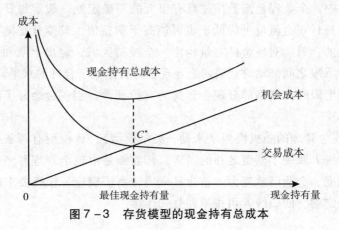

图 7 - 3　存货模型的现金持有总成本

在图 7 - 3 中，现金的机会成本和交易成本是两条随现金持有量呈不同方向发展的曲线，两条线交叉点对应的现金持有量，即相关总成本最低的现金持有量。

于是，企业需要合理地确定现金持有量 C，以使现金的相关总成本最低。解决这一问题先要明确以下三点。

（1）一定期间的现金需求量，用 T 表示。

（2）每次出售有价证券以补充现金所需的交易成本，用 F 表示；一定时期内出售有价证券的总交易成本为：

$$交易成本 = (T/C) \times F$$

（3）持有现金的机会成本率，用 K 表示；一定时期内持有现金的总机会成本表示为：

$$机会成本 = (C/2) \times K$$

则：现金持有总成本 = 机会成本 + 交易成本 = $(C/2) \times K + (T/C) \times F$

从图 7 - 3 可知，最佳现金持有量 C^* 是机会成本线与交易成本线交叉点所对应的现金持有量（数学推理过程与本章"经济订货基本模型"中经济订货批量的计算一致），因此 C^* 应当满足：机会成本 = 交易成本，即 $(C^*/2) \times K = (T/C^*) \times F$，整理可知：

$$C^* = \sqrt{(2T \times F)/K}$$

【例 7 - 2】 某企业每年现金需求总量为 5 200 000 元，每次现金转换的成本为 1 000 元，持有现金的机会成本率约为 10%，则该企业的最佳现金持有量可以计算如下：

$$C^* = \sqrt{(2 \times 5\ 200\ 000 \times 1\ 000)/10\%} = 322\ 490\ （元）$$

该企业最佳现金持有量为 322 490 元，持有超过 322 490 元则会降低现金的投资收益率，低于 322 490 元则会加大企业正常现金支付的风险。

（三）随机模型

在实际工作中，企业现金流量往往具有很大的不确定性。假定每日现金流量的分布接近正态分布，每日现金流量可能低于也可能高于期望值，其变化是随机的。由于现金流量波动是随机的，只能对现金持有量确定一个控制区域，定出上限和下限。当企业现金余额在上限和下限之间波动时，表明企业现金持有量处于合理的水平，无须进行调整。当现金余额达到上限时，则将部分现金转换为有价证券；当现金余额下降到下限时，则卖出部分证券。

图 7 - 4 是现金管理的随机模型（米勒—奥尔模型），该模型有两条控制线和一条回归线。最低控制线 L 取决于模型之外的因素，其数额是由现金管理部经理在综合考虑短缺现金的风险程度、企业借款能力、企业日常周转所需资金、银行要求的补偿性余额等因素的基础上确定的。回归线 R 可按下列公式计算：

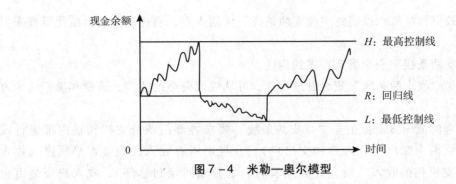

图 7 - 4 米勒—奥尔模型

$$R = \sqrt[3]{\frac{3b \times \delta^2}{4i}} + L$$

式中，b 表示证券转换为现金或现金转换为证券的成本，δ 表示企业每日现金流量变动的标准差，i 表示以日为基础计算的现金机会成本。

最高控制线 H 的计算公式为：

$$H = 3R - 2L$$

【例 7 - 3】 假设某企业现金部经理决定 L 值应为 10 000 元，估计企业现金流量标准差 δ 为 1 000 元，持有现金的年机会成本率为 14.04%，换算为 i 值是 0.00039，$b =$ 150 元。根据该模型，可求得：

$$R = \sqrt[3]{\frac{3 \times 150 \times 1\,000^2}{4 \times 0.00039}} + 10\,000 = 16\,607 \text{（元）}$$

$$H = 3 \times 16\,607 - 2 \times 10\,000 = 29\,821 \text{（元）}$$

该企业目标现金余额为 16 607 元。若现金持有额达到 29 821 元，则买进 13 214 元的证券；若现金持有额降至 10 000 元，则卖出 6 607 元的证券。

运用随机模型求现金最佳持有量体现的是随机思想，即企业现金支出是随机的，收入是无法预知的，所以，适用于所有企业现金最佳持有量的测算。另外，随机模型建立在企业的现金未来需求总量和收支不可预测的前提下，计算出来的现金持有量比较保守。

三、现金管理模式

（一）"收支两条线"的管理模式

"收支两条线"原本是政府为了加强财政管理和整顿财政秩序对财政资金采取的一种管理模式。当前，企业，特别是大型集团企业，也纷纷采用"收支两条线"资金管理模式。

1. 企业实行"收支两条线"管理模式的目的。

第一，对企业范围内的现金进行集中管理，减少现金持有成本，加速资金周转，提高资金使用效率；第二，以实施"收支两条线"为切入点，通过高效的价值化管理来提高企业效益。

2. "收支两条线"资金管理模式的构建。

构建企业"收支两条线"资金管理模式，可从规范资金的流向、流量和流程三个方面入手：

（1）资金的流向方面：企业"收支两条线"要求各部门或分支机构在内部银行或当地银行设立两个账户（收入户和支出户），并规定所有收入的现金都必须进入收入户（外地分支机构的收入户资金还必须及时、足额地回笼到总部），收入户资金由企业资金管理部门（内部银行或财务结算中心）统一管理，而所有的货币性支出都必须从支出户里支付，支出户里的资金只能根据一定的程序由收入户划拨而来，严禁现金坐支。

（2）资金的流量方面：在收入环节上要确保所有收入的资金都进入收入户，不允许有私设的"账外小金库"。另外，还要加快资金的结算速度，尽量压缩资金在结算环节的沉淀量；在调度环节上，通过动态的现金流量预算和资金收支计划实现对资金的精确调度；在支出环节上，根据"以收定支"和"最低限额资金占用"的原则从收入户按照支出预算安排将资金定期划拨到支出户，支出户平均资金占用额应压缩到最低限度。有效的资金流量管理将有助于确保及时、足额地收入资金，合理控制各项费用支出和有效调剂内部资金。

（3）资金的流程方面：资金流程是指与资金流动有关的程序和规定。它是"收支两条线"内部控制体系的重要组成部分，主要包括以下几个部分：①关于账户管理、货币资金安全性等规定；②收入资金管理与控制；③支出资金管理与控制；④资金内部结算和信贷管理与控制；⑤"收支两条线"的组织保障等。

需要说明的是，企业在构建"收支两条线"管理模式时，一定要注意与自己的实际相结合，以管理有效性为导向。

（二）集团企业资金集中管理模式

企业集团下属机构多，地域分布广，如果分子公司多头开户，资金存放分散，会大大降低资金的使用效率。通过资金的集中管理、统一筹集、合理分配、有序调度，能够降低融资成本，提高资金使用效率，确保集团战略目标的实现，实现整体利益的最大化。

资金集中管理，也称司库制度，是指集团企业借助商业银行网上银行功能及其他信息技术手段，将分散在集团各所属企业的资金集中到总部，由总部统一调度、统一管理和统一运用。目前，资金集中管理模式逐渐被我国企业集团所采用。

现行的资金集中管理模式大致可以分为以下几种。

1. 统收统支模式。

在该模式下，企业的一切现金收入都集中在集团总部的财务部门，各分支机构或子企业不单独设立账号，一切现金支出都通过集团总部财务部门付出，现金收支的批准权高度集中。统收统支模式有利于企业集团实现全面收支平衡，提高资金的周转效率，减少资金沉淀，监控现金收支，降低资金成本。但是该模式不利于调动成员企业开源节流的积极性，影响成员企业经营的灵活性，以致降低整个集团经营活动和财务活动的效率，而且在制度管理上欠缺一定的合理性，大大增加了总部财务部门的工作量。因此，这种模式通常适用于规模比较小的企业。

2. 拨付备用金模式。

拨付备用金模式是指集团按照一定的期限统拨给所有分支机构或子企业备其使用的一定数额的现金。各分支机构或子企业发生现金支出后，持有关凭证到集团财务部门报销以补足备用金。拨付备用金模式相比统收统支模式具有一定的灵活性，但这种模式也通常适用于那些经营规模比较小的企业。

3. 结算中心模式。

结算中心是企业集团发展到一定阶段，应企业内部资金管理需求而生的一个内部资金管理机构，通常设于财务部门。该机构通过为成员企业办理现金收付和往来结算业务，降低了企业成本，提高了资金使用效率。结算中心帮助企业集中管理各分子公司的现金收入和支出。分子公司收到现金后就直接转账存入结算中心在银行开立的账户。当需要资金的时候，再进行统一的拨付，有助于企业监控资金的流向。

4. 内部银行模式。

内部银行是将社会银行的基本职能与管理方式引入企业内部管理机制而建立起来的一种内部资金管理机构，它将"企业管理""金融信贷""财务管理"三者融为一体，一般是将企业的自有资金和商业银行的信贷资金统筹运作，在内部银行统一调剂、融通运用。通过吸纳企业下属各单位闲散资金，调剂余缺，减少资金占用，活化与加速资金周转速度，提高资金使用效率、效益。内部银行通常具有三大职能：结算、融资信贷和监督控制。内部银行一般适用于具有较多责任中心的企事业单位。

5. 财务公司模式。

财务公司是一种经营部分银行业务的非银行金融机构，它一般是集团公司发展到一定水平后，需要经过中国人民银行审核批准才能设立的。其主要职责是开展集团内部资金集中结算，同时为集团成员企业提供包括存贷款、融资租赁、担保、信用鉴证、债券承销、财务顾问等在内的全方位金融服务。集团设立财务公司是把一种市场化的企业关系或银企关系引入集团资金管理中，使得集团各子公司具有完全独立的财权，可以自行经营自身的现金，对现金的使用行使决策权。另外集团对各子公司的现金控制是通过财务公司进行的，财务公司对集团各子公司进行专门约束，而且这种约束是建立在各自具有独立的经济利益基础上的。

四、现金收支日常管理

（一）现金周转期

企业的经营周期是指从取得存货开始到销售存货并收回现金为止的时期。其中，从收到原材料，加工原材料，形成产成品，到将产成品卖出的这一时期，称为存货周转期；产品卖出后到收到顾客支付的货款的这一时期，称为应收账款周转期或收账期。

但是企业购买原材料并不用立即付款，这一延迟的付款时间段就是应付账款周转期或收账期。现金周转期，是指介于企业支付现金与收到现金之间的时间段，它等于经营周期减去应付账款周转期。具体循环过程如图 7-5 所示。

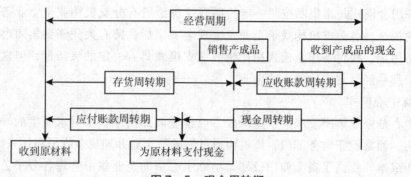

图 7-5 现金周转期

上述周转过程用公式来表示就是：

经营周期 = 存货周转期 + 应收账款周转期

现金周转期 = 经营周期 - 应付账款周转期

其中：

存货周转期 = 存货平均余额/每天的销货成本

应收账款周转期 = 应收账款平均余额/每天的销货收入

应付账款周转期 = 应付账款平均余额/每天的购货成本

所以，如果要减少现金周转期，可以从以下方面着手：加快制造与销售产成品来减少存货周转期；加速应收账款的回收来减少应收账款周转期；减缓支付应付账款来延长应付账款周转期。

（二）收款管理

1. 收款系统。

一个高效率的收款系统能够使收款成本和收款浮动期达到最小，同时能够保证与客户汇款及其他现金流入来源相关的信息质量。信息包括收款方得到的付款人的姓名，付款的内容和付款时间。信息要求及时、准确地到达收款人一方，以便收款人及时处理资金，作出发货的安排。

（1）收款成本。收款成本包括浮动期成本、管理收款系统的相关费用（如银行手续费）及第三方处理费用或清算相关费用。在获得资金之前，收款在途项目使企业无法利用这些资金，也会产生机会成本。

（2）收款浮动期。收款浮动期是指从支付开始到企业收到资金的时间间隔。收款浮动期主要是由纸基（或称纸质）支付工具导致的，有下列三种类型。

①邮寄浮动期：是指从付款人寄出支票到收款人或收款人的处理系统收到支票的时

间间隔。

②处理浮动期：是指支票的接受方处理支票和将支票存入银行以收回现金所花的时间。

③结算浮动期：是指通过银行系统进行支票结算所需的时间。

2. 收款方式的改善。

电子支付方式对比纸基支付方式是一种改进。电子支付方式提供了如下好处：

（1）结算时间和资金可用性可以预计。

（2）向任何一个账户或任何金融机构的支付具有灵活性，不受人工干扰。

（3）客户的汇款信息可与支付同时传送，更容易更新应收账款。

（4）客户的汇款从纸基方式转向电子方式，减少或消除了收款浮动期，降低了收款成本，收款过程更容易控制，并且提高了预测精度。

（三）付款管理

现金支出管理的主要任务是尽可能延缓现金的支出时间。当然，这种延缓必须是合理合法的。控制现金支出的目标是在不损害企业信誉条件下，尽可能推迟现金的支出。

1. 使用现金浮游量。

现金浮游量是指由于企业提高收款效率和延长付款时间所产生的企业账户上的现金余额和银行账户上的企业存款余额之间的差额。

2. 推迟应付款的支付。

推迟应付款的支付是指企业在不影响自己信誉的前提下，充分运用供货方所提供的信用优惠，尽可能地推迟应付款的支付期。

3. 汇票代替支票。

汇票分为商业承兑汇票和银行承兑汇票，与支票不同的是，承兑汇票并不是见票即付，因此可以推迟企业调入资金支付汇票的实际所需时间。这样企业就只需在银行中保持较少的现金余额。然而某些供应商可能并不喜欢用汇票付款，银行也不喜欢处理汇票，它们通常需要耗费更多的人力。同支票相比，银行会收取较高的手续费。

4. 透支。

企业开出支票的金额大于活期存款余额。它实际上是银行向企业提供的信用。透支的限额，由银行和企业共同商定。

5. 争取现金流出与现金流入同步。

企业应尽量使现金流出与流入同步，这样，就可以降低交易性现金余额，同时可以减少有价证券转换为现金的次数，提高现金的利用效率，节约转换成本。

6. 使用零余额账户。

即企业与银行合作，保持一个主账户和一系列子账户。企业只在主账户保持一定的安全储备，而在一系列子账户不需要保持安全储备。当从某个子账户签发的支票需要现金时，所需要的资金立即从主账户划拨过来，从而使更多的资金可以用作他用。

第三节　应收账款管理

一、应收账款的功能

企业通过提供商业信用，采取赊销、分期付款等方式可以扩大销售，增强竞争力，获得利润。应收账款作为企业为扩大销售和盈利的一项投资，也会发生一定的成本，所以企业需要在应收账款所增加的盈利和所增加的成本之间作出权衡。应收账款管理就是分析赊销的条件，使赊销带来的盈利增加大于应收账款投资产生的成本费用增加，最终使企业利润增加，企业价值上升。

应收账款的功能指其在生产经营中的作用，主要有以下两方面。

1. 增加销售的功能。

在激烈的市场竞争中，通过提供赊销可有效地促进销售。因为企业提供赊销不仅向顾客提供了商品，也在一定时间内向顾客提供了购买该商品的资金，顾客将从赊销中得到好处。所以赊销会带来企业销售收入和利润的增加，特别是在企业销售新产品、开拓新市场时，赊销更具有重要的意义。

提供赊销所增加的产品一般不增加固定成本，因此，赊销所增加的收益等于增加的销售量与单位边际贡献的乘积，计算公式如下：

增加的收益 = 增加的销售量 × 单位边际贡献

2. 减少存货的功能。

企业持有一定产成品存货会相应地占用资金，形成仓储费用、管理费用等，产生成本；而赊销则可避免这些成本的产生。所以，无论是季节性生产企业还是非季节性生产企业，当产成品存货较多时，一般会采用优惠的信用条件进行赊销，将存货转化为应收账款，减少产成品存货，存货资金占用成本、仓储费用与管理费用等会相应减少，从而提高企业收益。

二、应收账款的成本

应收账款作为企业为增加销售和盈利进行的投资，会发生一定的成本。应收账款的成本主要有：

1. 应收账款的机会成本。

应收账款会占用企业一定量的资金，而企业若不把这部分资金投放于应收账款，便可以用于其他投资并可能获得收益，例如投资债券获得利息收入。这种因投放于应收账款而放弃其他投资所带来的收益，即为应收账款的机会成本。其计算公式如下：

应收账款平均余额 = 日销售额 × 平均收现期

应收账款占用资金 = 应收账款平均余额 × 变动成本率

应收账款占用资金的应计利息（即机会成本）

= 应收账款占用资金 × 资本成本

= 应收账款平均余额 × 变动成本率 × 资本成本

= 日销售额 × 平均收现期 × 变动成本率 × 资本成本

= 全年销售额/360 × 平均收现期 × 变动成本率 × 资本成本

= （全年销售额 × 变动成本率）/360 × 平均收现期 × 资本成本

= 全年变动成本/360 × 平均收现期 × 资本成本

式中，平均收现期为各种收现期的加权平均数。

2. 应收账款的管理成本。

应收账款的管理成本主要是指在进行应收账款管理时，所增加的费用。主要包括：调查顾客信用状况的费用、收集各种信息的费用、账簿的记录费用、收账费用、数据处理成本、相关管理人员成本和从第三方购买信用信息的成本等。

3. 应收账款的坏账成本。

在赊销交易中，债务人由于种种原因无力偿还债务，债权人就有可能因无法收回应收账款而发生损失，这种损失就是坏账成本。可以说，企业发生坏账成本是不可避免的，而此项成本一般与应收账款发生的数量成正比。

坏账成本一般用下列公式测算：

应收账款的坏账成本 = 赊销额 × 预计坏账损失率

三、信用政策

有许多因素会影响企业的信用政策。在许多行业，信用条件和政策已经成为标准化的惯例，因此，某一家企业很难采取与其竞争对手不同的信用条件。企业还必须考虑提供商业信用对现有贷款契约的影响。因为应收账款的变化可能会影响流动比率，可能会导致违反贷款契约中有关流动比率的约定。

企业的信用条件、销售额和收账方式决定了其应收账款的水平。应收账款的占用必须要有相应的资金来源，因此，企业对客户提供信用的能力与其自身的借款能力相关。不适当地管理应收账款可能会导致顾客延期付款进而引发流动性问题。然而，当应收账款被用于抵押贷款或作为债务担保工具出售时，应收账款也可以成为流动性的来源。

信用政策包括信用标准、信用条件和收账政策三个方面。

（一）信用标准

信用标准是指信用申请者获得企业提供信用所必须达到的最低信用水平，通常以预期的坏账损失率作为判别标准。如果企业执行的信用标准过于严格，可能会降低对符合可接受信用风险标准客户的赊销额，减少坏账损失，减少应收账款的机会成本，但不利于扩大企业销售量甚至会因此限制企业的销售机会；如果企业执行的信用标准过于宽松，可能会对不符合可接受信用风险标准的客户提供赊销，因此，会增加随后还款的风险并增加应收账款的管理成本与坏账成本。

1. 信息来源。

企业进行信用分析时，必须考虑信息的类型、数量和成本。信息既可以从企业内部收集，也可以从企业外部收集。无论信用信息从哪里收集，都必须将成本与预期的收益进行对比。企业内部产生的最重要的信用信息来源是信用申请人执行信用申请（协议）的情况和企业自己保存的有关信用申请人还款历史的记录。

企业可以使用各种外部信息来帮助其确定申请人的信誉。申请人的财务报表是该种信息的主要来源之一，由于可以将这些财务报表及其相关比率与行业平均数进行对比，因此，它们都提供了有关信用申请人的重要信息。获得申请人付款状况的第二个信息来源是一些商业参考资料或申请人过去获得赊购的供货商。另外，银行或其他贷款机构（如商业贷款机构或租赁公司）可以提供申请人财务状况和可使用信用额度方面的标准化信息。最后，一些地方性和全国性的信用评级机构收集、评价和报告有关申请人信用状况的历史信息。这些信用报告包括诸如以下内容的信息：还款历史、财务信息、最高信用额度、可获得的最长信用期限和所有未了结的债务诉讼。

2. 信用的定性分析。

信用的定性分析是对申请人"质"的分析。常用的信用定性分析法是5C信用评价系统，即评估申请人信用品质的五个方面：品质、能力、资本、抵押和条件。

（1）品质（character）：是指个人或企业申请人的诚实和正直表现，反映了申请人在过去还款中体现出的还款意图和愿望，是5C中最重要的因素。企业必须设法了解申请人过去的付款记录，看其是否有按期如数付款的一贯做法。

（2）能力（capacity）：是指申请人的偿债能力。企业应着重了解申请人流动资产的数量、质量以及流动比率的高低，必要时还可实地考察申请人的日常运营状况。

（3）资本（capital）：是指如果申请人当期的现金流不足以还债，申请人在短期和长期内可以使用的财务资源，反映对于负债的保障程度。企业资本雄厚，说明企业具有强大的物质基础和抗风险能力。

（4）抵押（collateral）：是指当申请人不能满足还款条款时，可以用作债务担保的资产或其他担保物。信用分析必须分析担保抵押手续是否齐备、抵押品的估值和出售有无问题、担保人的信誉是否可靠等。

（5）条件（condition）：是指影响申请人还款能力和意愿的各种外在因素。

3. 信用的定量分析。

进行商业信用的定量分析可以从考察信用申请人的财务报表开始。通常使用比率分析法评价顾客的财务状况。常用的指标有：流动性和营运资本比率（如流动比率、速动比率以及现金对负债总额比率）、债务管理和支付比率（利息保障倍数、长期债务对资本比率、带息债务对资产总额比率，以及负债总额对资产总额比率）和盈利能力指标（销售回报率、总资产回报率和净资产收益率）。

将这些指标和信用评级机构及其他协会发布的行业标准进行比较，可以观察申请人的信用状况。

（二）信用条件

信用条件是销货企业要求赊购客户支付货款的条件，由信用期限、折扣期限和现金折扣三个要素组成，折扣期限和现金折扣构成折扣条件。

1. 信用期限。

信用期限是企业允许顾客从购货到付款之间的时间，或者说是企业给予顾客的最长付款时间，一般简称为信用期。

信用期的确定，主要是分析改变现行信用期对收入和成本的影响。延长信用期，会使销售额增加，产生有利影响；与此同时，应收账款、收账费用和坏账损失增加，会产生不利影响。当前者大于后者时，可以延长信用期，否则不宜延长。如果缩短信用期，情况则与此相反。

【例7-4】 某公司目前采用30天按发票金额（即无现金折扣）付款的信用政策，拟将信用期间放宽至60天，仍按发票金额付款。假设同等风险的投资的最低收益率为15%，其他有关数据如表7-3所示。

扫码看讲解

表7-3 信用期决策数据

项目	信用期间（30天）	信用期间（60天）
全年销售量（件）	100 000	120 000
全年销售额（单价5万元）（万元）	500 000	600 000
变动成本（每件4万元）（万元）	400 000	480 000
固定成本（万元）	50 000	52 000
可能发生的收账费用（万元）	3 000	4 000
可能发生的坏账损失（万元）	5 000	9 000

在分析时，先计算放宽信用期带来的盈利增加，然后计算增加应收账款投资产生的成本费用增加，最后计算放宽信用期增加的税前损益，并作出判断。

（1）计算增加的盈利：

增加的盈利＝增加的边际贡献－增加的固定成本

$$＝（120\,000－100\,000）×（5－4）－（52\,000－50\,000）$$

$$＝18\,000（万元）$$

（2）计算增加的成本费用：

①计算增加的应收账款机会成本。

变动成本率＝4÷5×100%＝80%

改变信用期间增加的机会成本

＝60天信用期应计利息－30天信用期应计利息

$$＝600\,000÷360×60×80%×15%－500\,000÷360×30×80%×15%$$

$$＝7\,000（万元）$$

②计算增加的收账费用和坏账损失。

增加的收账费用 = 4 000 - 3 000 = 1 000（万元）

增加的坏账损失 = 9 000 - 5 000 = 4 000（万元）

（3）计算增加的税前损益：

$$放宽信用期增加的税前损益 = 盈利增加 - 成本费用增加$$
$$= 18\ 000 - 7\ 000 - 1\ 000 - 4\ 000$$
$$= 6\ 000（万元）$$

由于放宽信用期增加的税前损益大于0，故应放宽信用期，即采用60天信用期。

上述信用期分析的方法比较简便，可以满足一般制定信用政策的需要。如有必要，也可以进行更细致的分析，如进一步考虑销售增加引起存货增加而占用的资金。

【例7-5】 沿用〖例7-4〗数据，假设上述30天信用期变为60天后，因销售量增加，年平均存货水平从9 000件上升到20 000件，每件存货按变动成本3.8万元计算，其他情况不变。

由于增添了新的存货增加因素，需要在原来分析的基础上，再考虑存货增加而多占资金所带来的影响，重新计算放宽信用期增加的税前损益。

存货增加占用资金的应计利息 = （20 000 - 9 000）× 3.8 × 15% = 6 270（万元）

放宽信用期增加的税前损益 = 6 000 - 6 270 = -270（万元）

因为放宽信用期增加的税前损益小于0，所以考虑增加平均存货这个因素后，不应该采用60天的信用期。

更进一步分析，还应考虑存货增加引起的应付账款的增加。这种负债的增加会节约企业的资金占用，减少资金占用的"应计利息"。因此，信用期变动的分析，一方面要考虑对损益表的影响（包括收入、成本和费用）；另一方面要考虑对资产负债表的影响（包括应收账款、存货、应付账款），并且要将对资金占用的影响由"资本成本"转化为"应计利息"，以便进行统一的得失比较。

2. 折扣条件。

折扣条件包括折扣期限和现金折扣两个方面。折扣期限是为顾客规定的可享受现金折扣的付款时间。现金折扣是在顾客提前付款时给予的优惠。如果企业给顾客提供现金折扣，那么顾客在折扣期付款时少付的金额所产生的"成本"将影响企业收益。当顾客利用了企业提供的现金折扣，而现金折扣又没有促使销售额增长时，企业的净收益则会下降。当然上述收入方面的损失可能会全部或部分地由应收账款持有成本的下降所补偿。

向顾客提供现金折扣的主要目的在于吸引顾客为享受优惠而提前付款，缩短企业的平均收款期。另外，现金折扣也能招揽一些视折扣为减价出售的顾客前来购货，借此扩大销售量。

现金折扣的表示常用如"5/10、3/20、N/30"这样的符号。这三个符号的含义为：5/10表示10天内付款，可享受5%的价格优惠，即只需支付原价的95%，如原价为10 000元，只支付9 500元；3/20表示20天内付款，可享受3%的价格优惠，即只需支付原价的 97%，若原价为 10 000 元，则只需支付 9 700 元；N/30 表示付款的最后期限为 30 天，此时付款无优惠。

企业采用什么程度的现金折扣，要与信用期限结合起来考虑。例如，要求顾客最迟不超过 30 天付款，若希望顾客 20 天、10 天付款，能给予多大折扣？或者给予 5%、3% 的折扣，能吸引顾客在多少天内付款？不论是信用期限还是现金折扣，都可能给企业带来收益，但也会增加成本。现金折扣带给企业的好处在前面已经讲过，它使企业增加的成本，则指的是价格折扣损失。当企业给予顾客某种现金折扣时，应当考虑折扣所能带来的收益与成本孰高孰低，权衡利弊。

因为现金折扣是与信用期限结合使用的，所以确定折扣程度的方法与程序实际上与前述确定信用期间的方法与程序一致，只不过要把所提供的延期付款时间和折扣综合起来，计算各方案的延期与折扣能取得多大的收益增量，再计算各方案带来的成本变化，最终确定最佳方案。

【例 7 – 6】 沿用【例 7 – 4】数据，假设该企业在放宽信用期的同时，为了吸引顾客尽早付款，提出了 0.8/30，N/60 的现金折扣条件，估计会有一半的顾客（按 60 天信用期所能实现的销售量计算）将享受现金折扣优惠。

（1）计算增加的盈利。

增加的盈利 =（120 000 – 100 000）×（5 – 4）–（52 000 – 50 000）
        = 18 000（万元）

（2）计算增加的应计利息。

30 天信用期应计利息 = 500 000 ÷ 360 × 30 × 80% × 15% = 5 000（万元）

提供现金折扣的平均收现期 = 30 × 50% + 60 × 50% = 45（天）

提供现金折扣的应计利息 = 600 000 ÷ 360 × 45 × 80% × 15% = 9 000（万元）

增加的应计利息 = 9 000 – 5 000 = 4 000（万元）

（3）计算增加的收账费用和坏账损失。

增加的收账费用 = 4 000 – 3 000 = 1 000（万元）

增加的坏账费用 = 9 000 – 5 000 = 4 000（万元）

（4）计算增加的现金折扣成本。

增加的现金折扣成本 = 新的销售水平 × 享受现金折扣的顾客比例 × 新的现金折扣率
        – 旧的销售水平 × 享受现金折扣的顾客比例 × 旧的现金折扣率
        = 600 000 × 50% × 0.8% – 500 000 × 0 × 0
        = 2 400（万元）

（5）计算增加的税前损益。

增加的税前损益 = 盈利增加 – 成本费用增加
        = 18 000 –（4 000 + 1 000 + 4 000 + 2 400）
        = 6 600（万元）

由于增加的税前损益大于 0，故应当放宽信用期并提供现金折扣。

（三）收账政策

收账政策是指信用条件被违反时，企业采取的收账策略。企业如果采取较积极的收账政策，可能会减少应收账款投资，减少坏账损失，但要增加收账成本。如果采用较消极的收账政策，则可能会增加应收账款投资，增加坏账损失，但会减少收账费用。企业需要作出适当的权衡。一般来说，可以参照评价信用标准、信用条件的方法来评价收账政策。

四、应收账款的监控

实施信用政策时，企业需监督和控制每一笔应收账款和应收账款总额。例如，可以运用应收账款周转天数衡量企业需要多长时间收回应收账款，可以通过账龄分析表追踪每一笔应收账款，可以采用 ABC 分析法来确定重点监控的对象等。监督每一笔应收账款的理由是：第一，在开票或收款过程中可能会发生错误或延迟；第二，有些客户可能故意拖欠到企业采取追款行动才付款；第三，客户财务状况的变化可能会改变其按时付款的能力，并且需要缩减该客户未来的赊销额度。

企业也必须对应收账款的总体水平加以监督，因为应收账款的增加会影响企业的流动性，还可能导致额外融资的需要。此外，应收账款总体水平的显著变化可能表明业务方面发生了改变，这可能影响企业的融资需要和现金水平。企业管理部门需要分析这些变化以确定其起因并采取纠正措施。可能引起重大变化的事件包括销售量的变化、季节性、信用政策的修改、经济状况的波动以及竞争对手采取的促销等行动。最后，对应收账款总额进行分析还有助于预测未来现金流入的金额和时间。

（一）应收账款周转天数

应收账款周转天数或平均收账期是衡量应收账款管理状况的一个指标。将企业当前的应收账款周转天数与规定的信用期限、历史趋势以及行业正常水平进行比较，可以反映企业整体的收款效率。然而，应收账款周转天数可能会被销售量的变动趋势和剧烈的销售季节性所破坏。

【例7-7】某公司2024年第一季度应收账款平均余额为285 000元，信用条件为在60天内按全额付清款项，3个月的销售情况为：

1月份：90 000元。

2月份：105 000元。

3月份：115 000元。

应收账款周转天数的计算：

平均日销售额 = (90 000 + 105 000 + 115 000)/90 = 3 444.44（元）

应收账款周转天数 = 应收账款平均余额/平均日销售额 = 285 000/3 444.44 = 82.74（天）

平均逾期天数的计算：

平均逾期天数 = 应收账款周转天数 − 平均信用期天数 = 82.74 − 60 = 22.74（天）

（二）账龄分析表

账龄分析表将应收账款划分为未到信用期的应收账款和以 30 天为间隔的逾期应收账款，这是衡量应收账款管理状况的另外一种方法。企业既可以按照应收账款总额进行账龄分析，也可以分顾客进行账龄分析。账龄分析法可以确定逾期应收账款，随着逾期时间的增加，应收账款收回的可能性变小。假定信用期限为 30 天，表 7 - 4 中的账龄分析反映出 30% 的应收账款为逾期账款。

表 7 - 4　　　　　　　　　　　　　　　账龄分析表

账龄（天）	应收账款金额（元）	占应收账款总额的百分比（%）
0 ~ 30	1 750 000	70
31 ~ 60	375 000	15
61 ~ 90	250 000	10
91 以上	125 000	5
合计	2 500 000	100

账龄分析表比计算应收账款周转天数更能揭示应收账款变化趋势，因为账龄分析表给出了应收账款分布的模式，而不仅仅是一个平均数。应收账款周转天数有可能与信用期限相一致，但是有一些账户可能拖欠很严重。因此，应收账款周转天数不能明确地表现出账款拖欠情况。当各个月之间的销售额变化很大时，账龄分析表和应收账款周转天数都可能发出类似的错误信号。

（三）应收账款账户余额的模式

账龄分析表可以用于进一步建立应收账款账户余额的模式，这是重要的现金流预测工具。应收账款账户余额的模式反映一定期间（如 1 个月）的赊销额，在发生赊销的当月月末及随后的各月仍未偿还的百分比。企业收款的历史决定了其正常的应收账款余额的模式，企业管理部门通过将当前的模式和过去的模式进行对比来评价应收账款余额模式的任何变化。企业还可以运用应收账款账户余额的模式来计划应收账款金额水平，衡量应收账款的收账效率以及预测未来的现金流。

【例 7 - 8】 下面的例子说明 1 月份的销售在 3 月末的在外（未收回）应收账款为 50 000 元，如表 7 - 5 所示。

表 7 - 5　　　　　　　　　　各月份销售及收款情况　　　　　　　　　　单位：元

1 月份销售：		250 000
1 月份收款（销售额的 5%）	0.05 × 250 000	12 500
2 月份收款（销售额的 40%）	0.40 × 250 000	100 000
3 月份收款（销售额的 35%）	0.35 × 250 000	87 500
收款合计：		200 000
1 月份的销售仍未收回的应收账款	250 000 - 200 000	50 000

计算未收回应收账款的另外一个方法是将销售 3 个月后未收回销售额的百分比（20%）乘以销售额（250 000 元），即：

20% × 250 000 = 50 000 （元）

上述例子假设能按时收回应收账款。然而，在现实中，有一定比例的应收账款会逾期或者会发生坏账，对应收账款账户余额的模式稍作调整可以反映这些项目。

【例 7 - 9】 下面提供一个应收账款账户余额模式的例子，如表 7 - 6 所示。为了简便体现，该例假设没有坏账费用。假定收款模式如下：

（1）销售的当月收回销售额的 5%。

（2）销售后的第一个月收回销售额的 40%。

（3）销售后的第二个月收回销售额的 35%。

（4）销售后的第三个月收回销售额的 20%。

表 7 - 6　　　　　　　　　　各月份应收账款账户余额模式

月份	销售额（元）	月销售中于 3 月底未收回的金额（元）	月销售中于 3 月底仍未收回的百分比（%）
1	250 000	50 000	20
2	300 000	165 000	55
3	400 000	380 000	95
4	500 000		

3 月底未收回应收账款余额合计为：

50 000 + 165 000 + 380 000 = 595 000 （元）

4 月份现金流入估计 = 4 月份销售额的 5% + 3 月份销售额的 40% + 2 月份销售额的 35% + 1 月份销售额的 20%

估计的 4 月份现金流入 = (5% × 500 000) + (40% × 400 000)
　　　　　　　　　　 + (35% × 300 000) + (20% × 250 000)
　　　　　　　　　　 = 340 000 （元）

（四）ABC 分析法

ABC 分析法是现代经济管理中广泛应用的一种"抓重点、照顾一般"的管理方法，又称重点管理法。它是将企业的所有欠款客户按其金额的多少进行分类排队，然后分别采用不同的收账策略的一种方法。它一方面能加快应收账款收回，另一方面能将收账费用与预期收益联系起来。

例如，某公司应收账款逾期金额为 260 万元，为了及时收回逾期货款，该公司采用 ABC 分析法来加强应收账款回收的监控。具体数据如表 7 - 7 所示。

表 7 –7 应收账款 ABC 分析法（共 50 家客户）

顾客	逾期金额（万元）	逾期期限	逾期金额所占比重（％）	类别
A	85	4 个月	32. 69	A
B	46	6 个月	17. 69	
C	34	3 个月	13. 08	
小计	165	—	63. 46	
D	24	2 个月	9. 23	B
E	19	3 个月	7. 31	
F	15. 5	2 个月	5. 96	
G	11. 5	55 天	4. 42	
H	10	40 天	3. 85	
小计	80	—	30. 77	
I	6	30 天	2. 31	C
J	4	28 天	1. 54	
……	……	……		
小计	15		5. 77	
合计	260		100	

先按所有客户应收账款逾期金额的多少分类排队，并计算出逾期金额所占比重。从表 7 –7 中可以看出，应收账款逾期金额在 25 万元以上的有 3 家，占客户总数的 6％，逾期总额为 165 万元，占应收账款逾期金额总额的 63. 46％，我们将其划入 A 类，这类客户是催款的重点对象。应收账款逾期金额在 10 万 ~ 25 万元的客户有 5 家，占客户总数的 10％，其逾期金额占应收账款逾期金额总数的 30. 77％，我们将其划入 B 类。欠款在 10 万元以下的客户有 42 家，占客户总数的 84％，但其逾期金额仅占应收账款逾期金额总额的 5. 77％，我们将其划入 C 类。

对这三类不同的客户，应采取不同的收款策略。例如，对 A 类客户，可以发出措辞较为严厉的信件催收，或派专人催收，或委托收款代理机构处理，甚至可通过法律解决；对 B 类客户则可以多发几封信函催收，或打电话催收；对 C 类客户只需要发出通知其付款的信函即可。

五、应收账款日常管理

应收账款的管理难度比较大，在确定合理的信用政策之后，还要做好应收账款的日常管理工作，包括对客户的信用调查和分析评价、应收账款的催收工作等。

（一）调查客户信用

信用调查是指收集和整理反映客户信用状况有关资料的工作。信用调查是企业应收账款日常管理的基础，是正确评价客户信用的前提条件。企业对顾客进行信用调查主要通过两种方法。

1. 直接调查。

直接调查是指调查人员与被调查单位进行直接接触，通过当面采访、询问、观看等方式获取信用资料的一种方法。直接调查可以保证收集资料的准确性和及时性，但也有一定的局限，获得的往往是感性资料，此外若不能得到被调查单位的合作，则会使调查工作难以开展。

2. 间接调查。

间接调查是以被调查单位以及其他单位保存的有关原始记录和核算资料为基础，通过加工整理获得被调查单位信用资料的一种方法。这些资料主要来自以下几个方面。

（1）财务报表。通过财务报表分析，可以基本掌握一个企业的财务状况和信用状况。

（2）信用评估机构。专门的信用评估部门，因为它们的评估方法先进，评估调查细致，评估程序合理，所以可信度较高。在我国，目前的信用评估机构有三种形式：第一种是独立的社会评级机构，它们只根据自身的业务吸收有关专家参加，不受行政干预和集团利益的牵制，独立自主地开办信用评估业务；第二种是政策性银行、政策性保险公司负责组织的评估机构，一般由银行、保险公司有关人员和各部门专家进行评估；第三种是由商业银行、商业性保险公司组织的评估机构，由商业性银行、商业性保险公司组织专家对其客户进行评估。

（3）银行。银行是信用资料的一个重要来源，许多银行都设有信用部，为其顾客服务，并负责对其顾客信用状况进行记录、评估。但银行的资料一般仅愿意在内部及同行间进行交流，而不愿向其他单位提供。

（4）其他途径。如财税部门、工商管理部门、消费者协会等机构都可能提供相关的信用状况资料。

（二）评估客户信用

收集好信用资料以后，就需要对这些资料进行分析、评价。企业一般采用"5C"系统来评价，并对客户信用进行等级划分。在信用等级方面，目前主要有两种：一种是三类九等，即将企业的信用状况分为 AAA、AA、A、BBB、BB、B、CCC、CC、C 九等，其中 AAA 为信用最优等级，C 为信用最低等级。另一种是三级制，即分为 AAA、AA、A 三个信用等级。

（三）收账的日常管理

应收账款发生后，企业应采取各种措施，尽量争取按期收回款项，否则会因拖欠时间过长而发生坏账，使企业蒙受损失。因此，企业必须在对收账的收益与成本进行比较分析的基础上，制定切实可行的收账政策。通常企业可以采取寄发账单、电话催收、派人上门催收、法律诉讼等方式进行催收应收账款，然而催收账款要发生费用，某些催款方式的费用还会很高。一般来说，收账的花费越大，收账措施越有力，可收回的账款应越多，坏账损失也就越小。因此制定收账政策，又要在收账费用和所减少坏账损失之间作出权衡。根据应收账款总成本最小化的原则，可以通过比较各收账方案成本的大小对其加以选择。

（四）应收账款保理

保理又称托收保付，是指卖方（供应商或出口商）与保理商间存在的一种契约关系。根据契约，卖方将其现在或将来的基于其与买方（债务人）订立的货物销售（服务）合同所产生的应收账款转让给保理商，由保理商提供下列服务中的至少两项：贸易融资、销售账户管理、应收账款的催收、信用风险控制与坏账担保。可见，保理是一项综合性的金融服务方式，其同单纯的融资或收账管理有本质区别。

应收账款保理是企业将赊销形成的未到期应收账款，在满足一定条件的情况下转让给保理商，以获得流动资金，加快资金的周转。保理可以分为有追索权保理（非买断型）和无追索权保理（买断型）、明保理和暗保理、折扣保理和到期保理。

有追索权保理指供应商将债权转让给保理商，供应商向保理商融通货币资金后，如果购货商拒绝付款或无力付款，保理商有权向供应商要求偿还预付的货币资金，如购货商破产或无力支付，只要有关款项到期未能收回，保理商都有权向供应商进行追索，因而保理商具有全部"追索权"，这种保理方式在我国采用较多。无追索权保理是指保理商将销售合同完全买断，并承担全部的收款风险。

明保理是指保理商和供应商需要将销售合同被转让的情况通知购货商，并签订保理商、供应商、购货商之间的三方合同。暗保理是指供应商为了避免让客户知道自己因流动资金不足而转让应收账款，并不将债权转让情况通知客户，货款到期时仍由供应商出面催款，再向银行偿还借款。

折扣保理又称为融资保理，即在销售合同到期前，保理商将剩余未收款部分先预付给销售商，一般不超过全部合同额的 70%～90%。到期保理是指保理商并不提供预付账款融资，而是在赊销到期时才支付，届时不管货款是否收到，保理商都必须向销售商支付货款。

应收账款保理对于企业而言，其财务管理作用主要体现在以下方面。

（1）融资功能。应收账款保理，其实质是一种将未到期应收账款作为抵押从而获得短期借款的融资方式。对于那些规模小、创立时间短的企业来说，向银行贷款将会受到很大的限制，通过保理业务进行融资可能是企业较为明智的选择。

（2）减轻企业应收账款的管理负担。推行保理业务体现了市场分工思想，能够使企业从应收账款的管理中解脱出来。专业的保理企业具备专业技术人员和业务运行机制，能够对销售客户的信用状况进行详细调查，建立有效的收款政策，有助于及时收回账款，帮助企业减轻财务管理负担，提高财务管理效率。

（3）减少坏账损失、降低经营风险。企业只要有应收账款就有发生坏账的可能性，以往应收账款的风险都是由企业单独承担，而采用应收账款保理后，一方面可以获得信用风险控制与坏账担保，减少由客户违约带来的损失；另一方面可以借助专业的保理商去催收账款，能够在很大程度上降低坏账发生的可能性，有效地控制坏账风险。

（4）改善企业的财务结构。应收账款保理业务是将企业的应收账款与货币资金进行置换。企业通过出售应收账款，将流动性稍弱的应收账款置换为具有高度流动性的货币资金，增强了企业资产的流动性，提高了企业的债务清偿能力。

【例 7 - 10】 H 公司主要生产和销售冰箱、中央空调和液晶电视。2022 年全年实现的销售收入为 14.44 亿元。公司 2022 年有关应收账款具体情况如表 7 - 8 所示。

表 7 - 8　　　　　　　　　　H 公司 2022 年应收账款账龄分析表　　　　　　　单位：亿元

应收账款	冰箱	中央空调	液晶电视	合计
年初应收账款总额	2.93	2.09	3.52	8.54
年末应收账款：				
(1) 6 个月以内	1.46	0.80	0.58	2.84
(2) 6～12 个月	1.26	1.56	1.04	3.86
(3) 1～2 年	0.20	0.24	3.26	3.70
(4) 2～3 年	0.08	0.12	0.63	0.83
(5) 3 年以上	0.06	0.08	0.09	0.23
年末应收账款总额	3.06	2.80	5.60	11.46

上述应收账款中，冰箱的欠款单位主要是机关和大型事业单位的后勤部门；中央空调的欠款单位均是国内知名厂家；液晶电视的主要欠款单位是美国 Y 公司。

2023 年 H 公司销售收入预算为 18 亿元，有 6 亿元资金缺口。为了加快资金周转速度，决定对应收账款采取以下措施：

(1) 较大幅度提高现金折扣率，在其他条件不变的情况下，预计可使应收账款周转率由 2022 年的 1.44 次提高至 2023 年的 1.74 次，从而加快回收应收账款。

(2) 成立专门催收机构，加大应收账款催收力度，预计可提前收回资金 0.4 亿元。

(3) 将 6～12 个月应收账款转售给有关银行，提前获得周转所需货币资金。据分析，H 公司销售冰箱和中央空调发生的 6～12 个月应收账款可平均以 9.2 折转售银行（且可无追索权）；销售液晶电视发生的 6～12 个月应收账款可平均以 9 折转售银行（但必须附追索权）。

(4) 2023 年以前，H 公司给予 Y 公司一年期的信用政策；2023 年，Y 公司要求将信用期限延长至 2 年。考虑到 Y 公司信誉好，且 H 公司资金紧张时应收账款可转售银行（但必须附追索权），为了扩大外销，H 公司接受了 Y 公司的条件。

根据上述资料，可以计算分析如下：

首先，2023 年末应收账款：(18÷1.74)×2 - 11.46 = 9.23（亿元）。

采取第 (1) 项措施 2023 年收回的资金数额：11.46 - 9.23 = 2.23（亿元）。

其次，采取第 (3) 项措施 2023 年收回的资金数额：(1.26 + 1.56)×0.92 + 1.04×0.9 = 3.53（亿元）。

再次，采取 (1)～(3) 项措施预计 2023 年收回的资金总额：2.23 + 0.4 + 3.53 = 6.16（亿元）。

最后，对 H 公司 2023 年所采取的各项措施评价：

（1）大幅度提高现金折扣，虽然可以提高公司货款回收速度，但也可能导致企业盈利水平降低甚至使企业陷入亏损。因此，公司应当在仔细分析计算后，确定适当的现金折扣水平。

（2）成立专门机构催款，必须充分考虑成本效益原则，防止得不偿失。

（3）公司选择将收账期在 1 年以内、销售冰箱和中央空调的应收账款出售给有关银行，提前获得企业周转所需货币资金，应考虑折扣水平的高低，同时注意防范所附追索权带来的风险。

（4）销售液晶电视的账款，虽可转售银行，但由于必须附追索权，风险仍然无法控制或转移，因此，应尽量避免以延长信用期限方式进行销售。

第四节 存货管理

一、存货管理目标

存货是指企业在生产经营过程中为销售或者耗用而储备的物资，包括原材料、燃料、低值易耗品、在产品、半成品、协作件、外购商品等。

企业持有存货一方面是为了保证生产或销售的经营需要，另一方面是出自价格的考虑，零购物资的价格往往较高，而整批购买通常能取得价格优惠。但是，过多的存货要占用较多资金，并且会增加包括仓储费、保险费、维护费、管理人员工资在内的各项开支。因此，存货管理的目标，就是在保证生产或销售需要的前提下，最大限度地降低存货成本。具体包括以下几个方面。

（一）保证生产正常进行

生产过程中需要的原材料和在产品，是生产的物质保证。一定量的存货储备，可以有效避免生产中断、停工待料的发生，保证生产的正常进行。

（二）提高销售机动性

一定数量的存货储备能够增加企业适应市场变化的能力，防止在市场需求量激增时，因产品储备不足失去销售良机。同时，由于顾客为节约采购成本和其他费用，一般倾向于成批采购；企业为了达到运输上的最优批量也会组织成批发运，所以保持一定量的存货有利于市场销售。

（三）维持均衡生产，降低产品生产成本

针对季节性产品或需求波动大的产品，若根据需求组织生产，可能导致生产能力有时得不到充分利用，有时又超负荷，使得生产成本上升。一定量的原材料和产成品储备可以有效缓解这一问题，实现均衡生产，降低生产成本。

（四）降低存货取得成本

企业大批量集中进货，可以减少订货次数，更容易享受价格折扣，降低购置成本和订货成本，从而使总的进货成本降低。

（五）防止意外事件发生

企业在采购、运输、生产和销售过程中，都可能发生意料之外的事故，保持必要的存货保险储备，可以避免或减少意外事件带来的损失。

二、存货的成本

（一）取得成本

取得成本是指为取得某种存货而支出的成本，通常用 TC_a 来表示，其又分为订货成本和购置成本。

1. 订货成本。

订货成本是指取得订单的成本，如办公费、差旅费、邮资、电话费、运输费等支出。订货成本中有一部分与订货次数无关，如常设采购机构的基本开支等，称为订货的固定成本，用 F_1 表示；另一部分与订货次数有关，如差旅费、邮资等，称为订货的变动成本，每次订货的变动成本用 K 表示；订货次数等于存货年需要量 D 与每次进货量 Q 之商。订货成本的计算公式为：

$$订货成本 = F_1 + \frac{D}{Q}K$$

2. 购置成本。

购置成本是指为购买存货本身所支出的成本，即存货本身的价值，经常用数量与单价的乘积来确定。年需要量用 D 表示，单价用 U 表示，于是购置成本为 DU。

订货成本加上购置成本，就等于存货的取得成本。其公式可表达为：

$$取得成本 = 订货成本 + 购置成本$$
$$= 订货固定成本 + 订货变动成本 + 购置成本$$

$$TC_a = F_1 + \frac{D}{Q}K + DU$$

（二）储存成本

储存成本是指为保持存货而发生的成本，包括存货占用资金所应计的利息、仓库费用、保险费用、存货破损和变质损失等，通常用 TC_c 来表示。

储存成本也分为固定成本和变动成本。固定储存成本与存货数量的多少无关，如仓库折旧、仓库职工的固定工资等，常用 F_2 表示。变动储存成本与存货的数量有关，如存货占用资金的应计利息、存货的破损和变质损失、存货的保险费用等，单位变动储存成本用 K_c 来表示。用公式表达的储存成本为：

$$储存成本 = 固定储存成本 + 变动储存成本$$

时补充相同。

2. 存货陆续供应和使用模型。

经济订货基本模型是建立在存货一次全部入库的假设之上的。事实上，各批存货一般都是陆续入库，库存量陆续增加。特别是产成品入库和在产品转移，几乎总是陆续供应和陆续耗用的。在这种情况下，需要对经济订货的基本模型做一些修正。

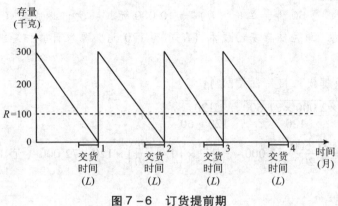

图 7 – 6　订货提前期

假设每批订货数为 Q，每日送货量为 p，则该批货全部送达所需日数即送货期为：

$$送货期 = \frac{Q}{p}$$

假设每日耗用量为 d，则送货期内的全部耗用量为：

$$送货期耗用量 = \frac{Q}{p} \times d$$

由于零件边送边用，所以每批送完时，送货期内平均库存量为：

$$送货期内平均库存量 = \frac{1}{2} \times \left(Q - \frac{Q}{p} \times d \right)$$

假设存货年需用量为 D，每次订货费用为 K，单位变动储存成本为 K_c，则与批量有关的总成本为：

$$TC(Q) = \frac{D}{Q}K + \frac{1}{2} \times \left(Q - \frac{Q}{p} \times d \right) \times K_c$$
$$= \frac{D}{Q}K + \frac{Q}{2} \times \left(1 - \frac{d}{p} \right) \times K_c$$

在订货变动成本与储存变动成本相等时，$TC(Q)$ 有最小值，故存货陆续供应和使用的经济订货量公式为：

$$\frac{D}{Q}K = \frac{Q}{2}\left(1 - \frac{d}{p} \right) \times K_c$$

$$EOQ = \sqrt{\frac{2KD}{K_c} \times \frac{p}{p - d}}$$

将这一公式代入上述 $TC(Q)$ 公式，可得出存货陆续供应和使用的经济订货量相关总成本公式为：

$$TC(EOQ) = \sqrt{2KDK_c \times \left(1 - \frac{d}{p}\right)}$$

【例7-12】 某零件年需用量（D）为21 600件，每日送货量（p）为120件，每日耗用量（d）为60件，单价（U）为10 000元，一次订货成本（生产准备成本）（K）为2 000元，单位储存变动成本（K_c）为120元。要求计算该零件的经济订货量和相关总成本。

将例题中数据代入相关公式，则：

$$EOQ = \sqrt{\frac{2 \times 2\,000 \times 21\,600}{120} \times \frac{120}{120 - 60}} = 1\,200 \text{（件）}$$

$$TC(EOQ) = \frac{21\,600}{1\,200} \times 2\,000 + \frac{1\,200}{2} \times \left(1 - \frac{60}{120}\right) \times 120 = 72\,000 \text{（元）}$$

（三）保险储备

前面讨论的经济订货量是以供需稳定为前提的。但实际情况并非完全如此，企业对存货的需求量可能发生变化，交货时间也可能会延误。在交货期内，如果发生需求量增大或交货时间延误，就会发生缺货。为避免由此造成的损失，企业应有一定的保险储备。图7-7显示了在具有保险储备时的存货水平。图7-7中，在再订货点，企业按 EOQ 订货。在交货期内，如果对存货的需求量很大，或交货时间由于某种原因被延误，企业可能发生缺货。为防止存货中断，再订货点应等于交货期内的预计需求与保险储备之和。即：

再订货点 = 预计交货期内的需求 + 保险储备

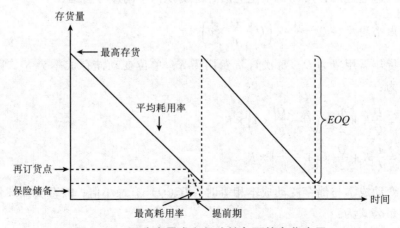

图7-7 不确定需求和保险储备下的存货水平

企业应保持多少保险储备才合适？这取决于存货中断的概率和存货中断的损失。较高的保险储备可降低缺货损失，但也增加了存货的储存成本。因此，最佳的保险储备应该是使缺货损失和保险储备的储存成本之和达到最低。

【例7-13】 某公司计划年度耗用某材料100 000千克，材料单价50元，经济订货量25 000千克，全年订货4次（100 000/25 000），预计交货期内的需求为1 200千克。单位材料年储存成本为材料单价的25%，单位材料缺货损失24元。在交货期内，生产需要量及其概率如表7-9所示。

表7-9　　　　　　　　　　　　生产需要量及其概率

生产需要量（千克）	概率
1 000	0.1
1 100	0.2
1 200	0.4
1 300	0.2
1 400	0.1

该公司最佳保险储备的计算如表7-10所示。

表7-10　　　　　　　　　　　　保险储备分析

保险储备量（千克）	缺货量（千克）	缺货概率	缺货损失（元）	保险储备的储存成本（元）	总成本（元）
0	0	0.1	0		
	0	0.2	0		
	0	0.4	0		
	100	0.2	4×100×0.2×24＝1 920		
	200	0.1	4×200×0.1×24＝1 920		
			缺货损失期望值＝3 840	0	3 840
100	0	0.1	0		
	0	0.2	0		
	0	0.4	0		
	0	0.2	0		
	100	0.1	4×100×0.1×24＝960		
			缺货损失期望值＝960	100×50×0.25＝1 250	2 210
200	0	0.1	0		
	0	0.2	0		
	0	0.4	0		

续表

保险储备量 （千克）	缺货量 （千克）	缺货概率	缺货损失（元）	保险储备的储存成本 （元）	总成本 （元）
0	0.2	0			
0	0.1	0			
			缺货损失期望值 = 0	200 × 50 × 0.25 = 2 500	2 500

注：缺货损失 = 每年订货次数 × 缺货数量 × 缺货概率 × 单位缺货损失。

从表 7 - 10 可以看出，当保险储备为 100 千克时，缺货损失与储存成本之和最低。因此，该公司保险储备量为 100 千克比较合适。

【例 7 - 13】说明了考虑交货期间生产需要量时的最佳保险储备量的确定方法。至于因延误供货引起的缺货，可以通过估计延误时间和平均每日耗用量来计算应增加的保险储备量。

四、存货的控制系统

存货管理不仅需要各种模型帮助确定适当的存货水平，还需要建立相应的存货控制系统。传统的存货控制系统有定量控制系统和定时控制系统两种。定量控制系统是指当存货下降到一定水平时即发出订货单，订货数量是固定的和事先决定的。定时控制系统是每隔一固定时期，无论现有存货水平多少，即发出订货申请。这两种系统都较简单和易于理解，但不够精确。现在许多大型企业都已采用计算机存货控制系统，利用计算机对存货数量的变化进行追踪。当存货下降到订货点时，计算机自动发出订单，保证存货量维持在适当水平。在大型企业中，存货种类数以十万计，计算机系统能够同时对众多库存变化作出迅速有效的反应，及时调整存货水平，避免出现缺货或浪费现象。

伴随着业务流程重组的兴起以及计算机行业的发展，存货管理系统也得到了很大的发展。从 MRP（物料资源规划）发展到 MRP - Ⅱ（制造资源规划），再到 ERP（企业资源规划），以及后来的柔性制造和供应链管理，甚至是外包（outsourcing）等管理方法的快速发展，都大大地提高了企业存货管理方法的发展。这些新的生产方式把信息技术革命和管理进步融为一体，提高了企业的整体运作效率。以下将对两个典型的存货控制系统进行介绍。

（一）ABC 控制系统

ABC 控制系统就是把企业种类繁多的存货，依据其重要程度、价值大小或者资金占用等标准分为三大类：A 类高价值存货，品种数量占整个存货的 10% ~ 15%，但价值占全部存货的 50% ~ 70%；B 类中等价值存货，品种数量占整个存货的 20% ~ 25%，价值占全部存货的 15% ~ 20%；C 类低价值存货，品种数量多，占整个存货的 60% ~ 70%，价值占全部存货的 10% ~ 35%。针对不同类别的存货分别采用不同的管理方法，A 类存货应作为管理的重点，实行重点控制、严格管理；而对 B 类和 C 类存货的重视程度则可依次降低，采取一般管理。

（二）适时制库存控制系统

适时制库存控制系统又称零库存管理、看板管理系统。它最早由丰田公司提出并将其应用于实践，是指制造企业事先和供应商及客户协调好：只有当制造企业在生产过程中需要原料或零件时，供应商才会将原料或零件送来；每当产品生产出来就被客户拉走。显然，适时制库存控制系统需要的是稳定而标准的生产程序以及诚信的供应商，否则，任何一环出现差错都将导致整个生产线的停止。目前，已有越来越多的企业利用适时制库存控制系统减少甚至消除对存货的需求，即实行零库存管理，如沃尔玛、海尔等。适时制库存控制系统经过进一步的发展，被应用于企业整个生产管理的过程中——集开发、生产、库存和分销于一体，大大提高了企业运营管理效率。

第五节　流动负债管理

流动负债有三种主要来源：短期借款、短期融资券和商业信用，各种来源具有不同的获取速度、灵活性、成本和风险。

一、短期借款

企业的借款通常按其流动性或偿还时间的长短，划分为短期借款和长期借款。短期借款是指企业向银行或其他金融机构借入的期限在 1 年以内（含 1 年）的各种借款。

目前，我国短期借款按照目的和用途分为生产周转借款、临时借款、结算借款、票据贴现借款等。按照国际惯例，短期借款往往按偿还方式不同分为一次性偿还借款和分期偿还借款；按利息支付方式不同分为收款法借款、贴现法借款和加息法借款；按有无担保分为抵押借款和信用借款。

短期借款可以随企业的需要安排，便于灵活使用，但其突出的缺点是短期内要归还，且可能会附带很多附加条件。

（一）短期借款的信用条件

银行等金融机构对企业贷款时，通常会附带一定的信用条件。短期借款所附带的一些信用条件主要有：

1. 信贷额度。

信贷额度亦即贷款限额，是借款企业与银行在协议中规定的借款最高限额，信贷额度的有限期限通常为 1 年。一般情况下，在信贷额度内，企业可以随时按需要支用借款。但是，银行并不承担必须支付全部信贷数额的义务。如果企业信誉恶化，即使在信贷限额内，企业也可能得不到借款。此时，银行不会承担法律责任。

2. 周转信贷协定。

周转信贷协定是银行具有法律义务地承诺提供不超过某一最高限额的贷款协定。在协定的有效期内，只要企业借款总额未超过最高限额，银行就必须满足企业在任何时候提出的借款要求。企业要享用周转信贷协定，通常要对贷款限额的未使用部分付给银行一笔承诺费用。

【例7-14】 某公司与银行商定的周转信贷额度为5 000万元，年度内实际使用了2 800万元，承诺费率为0.5%，该公司应向银行支付的承诺费为：

信贷承诺费 = (5 000 - 2 800) × 0.5% = 11（万元）

周转信贷协定的有效期通常超过1年，但实际上贷款每几个月发放一次，所以这种信贷具有短期借款和长期借款的双重特点。

3. 补偿性余额。

补偿性余额是银行要求借款企业在银行中保持按贷款限额或实际借用额一定比例（通常为10% ~ 20%）计算的最低存款余额。对于银行来说，补偿性余额有助于降低贷款风险，补偿其可能遭受的风险损失；对借款企业来说，补偿性余额则提高了借款的实际利率，加重了企业负担。

【例7-15】 某公司向银行借款800万元，利率为6%，银行要求保留10%的补偿性余额，则该公司实际可动用的贷款为720万元，该借款的实际利率为：

$$借款实际利率 = \frac{800 \times 6\%}{720} = \frac{6\%}{1 - 10\%} = 6.67\%$$

4. 借款抵押。

为了降低风险，银行发放贷款时往往需要有抵押品担保。短期借款的抵押品主要有应收账款、存货、应收票据、债券等。银行将根据抵押品面值的30% ~ 90%发放贷款，具体比例取决于抵押品的变现能力和银行对风险的态度。

5. 偿还条件。

贷款的偿还有到期一次偿还和在贷款期内定期（每月或每季）等额偿还两种方式。一般来讲，企业不希望采用后一种偿还方式，因为这会提高借款的实际年利率；而银行不希望采用前一种偿还方式，是因为这会加重企业的财务负担，增加企业的拒付风险，同时会降低实际贷款利率。

6. 其他承诺。

银行有时还会要求企业为取得贷款而作出其他承诺，如及时提供财务报表、保持适当的财务水平（如特定的流动比率）等。如企业违背所作出的承诺，银行可要求企业立即偿还全部贷款。

（二）短期借款的成本

短期借款的成本主要包括利息、手续费等。短期借款成本的高低主要取决于借款利率的高低和利息的支付方式。

1. 借款利率。

借款利率分为优惠利率、浮动优惠利率和非优惠利率三种。

（1）优惠利率。优惠利率是银行向财力雄厚、经营状况良好的企业贷款时采用的利率，为贷款利率的最低限。

（2）浮动优惠利率。浮动优惠利率是一种随其他短期利率的变动而浮动的优惠利率，即随市场条件的变化而随时调整变化的优惠利率。

（3）非优惠利率。非优惠利率是银行贷款给一般企业时收取的高于优惠利率的利率。这种利率通常在优惠利率的基础上加一定的百分比。非优惠利率与优惠利率之间差距的大小，由借款企业的信誉、与银行的往来关系及当时的信贷状况所决定。

2. 短期借款利息的支付方式。

短期借款利息的支付方式有收款法、贴现法和加息法三种，付息方式不同，短期借款成本计算也有所不同。

（1）收款法。收款法是在借款到期时向银行支付利息的方法。银行向企业贷款一般都是采用这种方法收取利息。采用收款法时，短期贷款的实际利率就是名义利率。

（2）贴现法。贴现法又称折价法，是指银行向企业发放贷款时，先从本金中扣除利息部分，到期时借款企业偿还全部贷款本金的一种利息支付方法。在这种利息支付方式下，企业可以利用的贷款只是本金减去利息部分后的差额。因此，贷款的实际利率要高于名义利率。

【例7-16】 某公司从银行取得借款200万元，期限1年，利率6%，利息12万元。按贴现法付息，该公司实际可动用的贷款为188万元，该借款的实际利率为：

$$借款实际利率 = \frac{200 \times 6\%}{188} = \frac{6\%}{1 - 6\%} = 6.38\%$$

（3）加息法。加息法是银行发放分期等额偿还贷款时采用的利息收取方法。在分期等额偿还贷款情况下，银行将根据名义利率计算的利息加到贷款本金上，计算出贷款的本息和，要求企业在贷款期内分期偿还本息之和。由于贷款本金分期均衡偿还，借款企业实际上只大约平均使用了贷款本金的一半，却支付了全额利息。这样企业所负担的实际利率便要高于名义利率大约1倍。

【例7-17】 某公司借入（名义）年利率为12%的贷款20 000元，分12个月等额偿还本息。该项借款的实际年利率为：

$$实际年利率 = \frac{20\ 000 \times 12\%}{20\ 000/2} = 24\%$$

二、短期融资券

短期融资券是由企业依法发行的无担保短期本票。在我国，短期融资券是指企业依照《银行间债券市场非金融企业债务融资工具管理办法》的条件和程序，在银行间债券市场发行和交易并约定在一定期限内还本付息的有价证券，是企业筹措短期（1年以内）资金的直接融资方式。

（一）发行短期融资券的相关规定

（1）发行人为非金融企业，发行企业均应经过在中国境内通过工商注册且具备债评级能力的评级机构的信用评级，并将评级结果向银行间债券市场公示。

（2）发行和交易的对象是银行间债券市场的机构投资者，不向社会公众发行和交易。

（3）融资券的发行由符合条件的金融机构承销，企业不得自行销售融资券，发行融资券募集的资金用于本企业的生产经营。

（4）融资券采用实名记账方式在中央国债登记结算有限责任公司（以下简称中央结算公司）登记托管，中央结算公司负责提供有关服务。

（5）债务融资工具发行利率、发行价格和所涉费率以市场化方式确定，任何商业机构不得以欺诈、操纵市场等行为获取不正当利益。

（二）短期融资券的种类

（1）按发行人分类，短期融资券分为金融企业的融资券和非金融企业的融资券。在我国，目前发行和交易的是非金融企业的融资券。

（2）按发行方式分类，短期融资券分为经纪人承销的融资券和直接销售的融资券。非金融企业发行融资券一般采用间接承销方式进行，金融企业发行融资券一般采用直接发行方式进行。

（三）短期融资券的筹资特点

（1）短期融资券的筹资成本较低。相对于发行企业债券筹资而言，发行短期融资券的筹资成本较低。

（2）短期融资券筹资数额比较大。相对于银行借款筹资而言，短期融资券一次性的筹资数额比较大。

（3）发行短期融资券的条件比较严格。只有具备一定的信用等级的实力强的企业，才能发行短期融资券筹资。

三、商业信用

商业信用是指企业在商品或劳务交易中，以延期付款或预收货款方式进行购销活动而形成的借贷关系，是企业之间的直接信用行为，也是企业短期资金的重要来源。商业信用产生于企业生产经营的商品、劳务交易之中，是一种"自动性筹资"。

（一）商业信用的形式

1. 应付账款。

应付账款是供应商给企业提供的一种商业信用。由于购买者往往在到货一段时间后才付款，商业信用就成为企业短期资金来源。如企业规定对所有账单均见票后若干日付款，商业信用就成为随生产周转而变化的一项内在的资金来源。当企业扩大生产规模时，其进货和应付账款相应增长，商业信用就提供了增产需要的部分资金。

商业信用条件通常包括以下两种：第一，有信用期，但无现金折扣，如"N/30"表示 30 天内按发票金额全数支付。第二，有信用期和现金折扣，如"2/10，N/30"表示 10 天内付款享受现金折扣 2%，若买方放弃折扣，30 天内必须付清款项。供应商在信用条件中规定有现金折扣，目的主要在于加速资金回收。企业在决定是否享受现金折扣时，应仔细考虑。通常，放弃现金折扣的成本是很高的。

（1）放弃现金折扣的信用成本。倘若买方企业购买货物后在卖方规定的折扣期内付款，可以获得免费信用，这种情况下企业没有因为取得延期付款信用而付出代价。例如，某应付账款规定付款信用条件为"2/10，*N*/30"，是指买方在 10 天内付款，可获得 2% 的付款折扣；若在 10 ~ 30 天内付款，则无折扣；允许买方付款期限最长为 30 天。

> **【例 7 - 18】** 某公司按"2/10，*N*/30"的付款条件购入货物 60 万元。如果在 10 天以后付款，便放弃了现金折扣 1.2 万元（60 × 2%），信用额为 58.8 万元（60 - 1.2）。放弃现金折扣的信用成本率为：
>
> $$放弃折扣的信用成本率 = \frac{折扣（\%）}{1 - 折扣（\%）} \times \frac{360 天}{付款期 - 折扣期} = \frac{2\%}{1 - 2\%} \times \frac{360}{30 - 10} = 36.73\%$$

公式表明，放弃现金折扣的信用成本率与折扣百分比大小、折扣期长短和付款期长短有关系，与货款额和折扣额没有关系。企业在放弃折扣的情况下，推迟付款的时间越长，其信用成本便会越小，但展期信用的结果是企业信誉恶化导致信用度的严重下降，日后可能招致更加苛刻的信用条件。

（2）放弃现金折扣的信用决策。企业放弃应付账款现金折扣的原因，可能是企业资金暂时的缺乏，也可能是基于将应付的账款用于临时性短期投资，以获得更高的投资收益。如果企业将应付账款额用于短期投资，所获得的投资收益率高于放弃折扣的信用成本率，则应当放弃现金折扣。

> **【例 7 - 19】** 某公司采购一批材料，供应商报价为 10 000 元，付款条件为：3/10，2.5/30，1.8/50，*N*/90。目前，该公司用于支付账款的资金需要在 90 天时才能周转回来，在 90 天内付款，只能通过银行借款解决。如果银行利率为 12%，确定该公司材料采购款的付款时间和价格。
>
>
> 扫码看讲解
>
> 　　根据放弃折扣的信用成本率计算公式，10 天付款方案，放弃折扣的信用成本率为 13.92%；30 天付款方案，放弃折扣的信用成本率为 15.38%；50 天付款方案，放弃折扣的信用成本率为 16.50%。由于各种方案放弃折扣的信用成本率均高于借款利息率，因此初步结论是要取得现金折扣，应借入银行借款以偿还货款。
>
> 　　10 天付款方案，得折扣 300 元，用资 9 700 元，借款 80 天，利息 258.67 元，净收益 41.33 元；
>
> 　　30 天付款方案，得折扣 250 元，用资 9 750 元，借款 60 天，利息 195 元，净收益 55 元；
>
> 　　50 天付款方案，得折扣 180 元，用资 9 820 元，借款 40 天，利息 130.93 元，净收益 49.07 元。
>
> 　　结论：第 30 天付款是最佳方案，其净收益最大。

2. 应付票据。

应付票据是指企业在商品购销活动和对工程价款进行结算中，因采用商业汇票结算方式而产生的商业信用。商业汇票是指由付款人或存款人（或承兑申请人）签发，由承兑人承兑，并于到期日向收款人或被背书人支付款项的一种票据，包括商业承兑汇票和银行承兑汇票。应付票据可以带息，也可以不带息，其利率一般低于银行贷款利率。

3. 预收货款。

预收货款是指销货单位按照合同和协议规定，在发出货物之前向购货单位预先收取部分或全部货款的信用行为。购买单位对于紧俏商品往往乐于采用这种方式购货；销货方对于生产周期长、造价较高的商品，往往采用预收货款方式销货，以缓和本企业资金占用过多的矛盾。

4. 应计未付款。

应计未付款是指企业在生产经营和利润分配过程中已经计提但尚未以货币支付的款项。主要包括应付职工薪酬、应交税费、应付利润或应付股利等。以应付职工薪酬为例，企业通常以半月或月为单位支付职工薪酬，在应付职工薪酬已计但未付的这段时间，就会形成应计未付款。它相当于职工给企业的一个信用。应交税费、应付利润或应付股利也有类似的性质。应计未付款随着企业规模扩大而增加，企业使用这些自然形成的资金无须付出任何代价。但企业不是总能控制这些款项，因为其支付是有一定时间的，企业不能总拖欠这些款项。所以，企业尽管可以充分利用应计未付款项，但并不能控制这些账目的水平。

（二）商业信用筹资的优缺点

1. 商业信用筹资的优点。

（1）商业信用容易获得。商业信用的载体是商品购销行为，企业总有一批既有供需关系又有相互信用基础的客户，所以对大多数企业而言，应付账款和预收账款是自然的、持续的信贷形式。商业信用的提供方一般不会对企业的经营状况和风险作严格的考量，企业无须办理像银行借款那样复杂的手续便可取得商业信用，有利于应对企业生产经营之急需。

（2）企业有较大的机动权。企业能够根据需要，选择决定筹资的金额大小和期限长短，甚至如果在期限内不能付款或交货时，一般还可以通过与客户的协商，请求延长时限。

（3）企业一般不用提供担保。通常，商业信用筹资不需要第三方担保，也不会要求筹资企业用资产进行抵押。这样，在出现逾期付款或交货的情况时，可以避免像银行借款那样面临抵押资产被处置的风险，企业的生产经营能力在相当长的一段时间内不会受到限制。

2. 商业信用筹资的缺点。

（1）商业信用筹资成本高。在附有现金折扣条件的应付账款融资方式下，其筹资成本与银行信用相比较高。

（2）容易恶化企业的信用水平。商业信用的期限短，还款压力大，对企业现金流量管理的要求很高。如果长期和经常性地拖欠账款，会造成企业的信誉恶化。

（3）受外部环境影响较大。商业信用筹资受外部环境影响较大，稳定性较差，即使不考虑机会成本，也是不能无限利用的。一是受商品市场的影响，如当求大于供时，卖方可能停止提供信用。二是受资金市场的影响，当市场资金供应紧张或有更好的投资方向时，商业信用筹资就可能遇到障碍。

四、流动负债的利弊

(一) 流动负债的经营优势

理解流动负债和长期负债的优势和劣势相当重要。除了成本和风险的不同外，流动资产融资时使用短期负债和长期负债还存在经营上的不同。

流动负债的主要经营优势包括：容易获得，具有灵活性，能够有效满足企业季节性信贷需求。这创造了需要融资和获得融资之间的同步性。另外，短期借款一般比长期借款具有更少的约束性条款。如果仅在一个短期内需要资金，以短期为基础进行借款可以使企业维持未来借款决策的灵活性。如果一个企业签订了长期借款协议，该协议具有约束性条款、大量的预付成本和（或）信贷合约的初始费用，那么流动负债所具有的灵活性通常不适用。

流动负债的一个主要作用是为季节性行业的流动资产进行融资。为了满足增长的需要，一个季节性企业必须增加存货和（或）应收账款。流动负债是为流动资产中的临时性的、季节性的增长进行融资的主要工具。

(二) 流动负债的经营劣势

流动负债的一个经营劣势是需要持续地重新谈判或滚动安排负债。贷款人由于企业财务状况的变化，或整体经济环境的变化，可能在到期日不愿滚动贷款，或重新设定信贷额度。而且，提供信贷额度的贷款人一般要求，用于为短期营运资金缺口而筹集的贷款，必须每年支付至少 1~3 个月的全额款项，这 1~3 个月被称为结清期。贷款人之所以这么做，是为了确认企业是否在长期负债是合适的融资来源时仍然使用流动负债。许多企业的实践证明，使用短期贷款为永久性流动资产融资是一件危险的事情。

本章思考题

1. 什么是营运资金？营运资金有哪些特点？
2. 营运资金的管理策略有哪些？
3. 目标现金余额的确定方法有哪些？
4. 现金管理和现金收支日常管理包含哪些内容？
5. 信用政策包含哪些内容？
6. 应收账款日常管理的方法有哪些？
7. 最优存货量的确定方法有哪些？
8. 企业的流动负债包含哪些内容？

第八章 成本管理

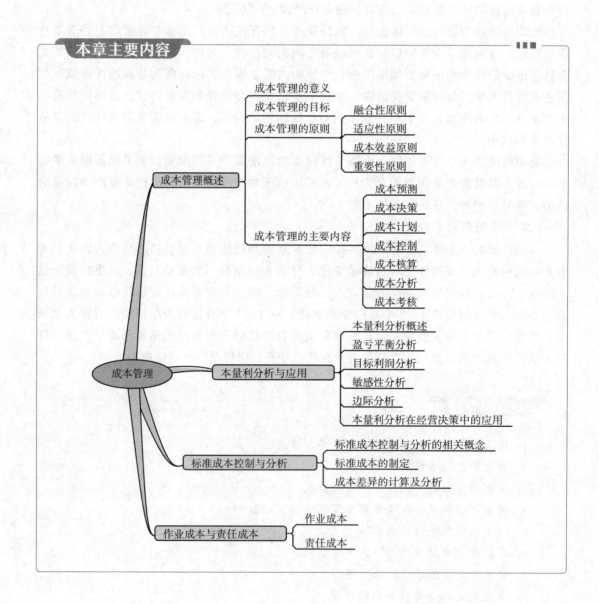

第一节　成本管理概述

成本是营运过程中的一种耗费，属于商品经济中的一个价值范畴。它是企业为生产商品或提供劳务等所耗费的必要劳动价值的货币表现，是企业再生产过程中的价值补偿。简单来说，成本就是为了获得某种利益或达到一定目标所发生的耗费或支出。

成本管理，是指企业在营运过程中实施成本预测、成本决策、成本计划、成本控制、成本核算、成本分析和成本考核等一系列管理活动的总称。它的目的是充分组织企业全体人员，对营运过程的各个环节进行科学管理，力求以最少的生产耗费取得最多的生产成果。

一、成本管理的意义

成本管理是企业日常经营管理的一项中心工作，对企业营运有着重要的意义。销售收入首先必须能够补偿成本耗费，这样才不至于影响再生产的进行。换言之，在一定的产品数量和销售价格条件下，产品成本水平高，不仅影响简单再生产、威胁企业的生存，还可能影响企业扩大再生产、制约企业的发展。企业在努力提高收入的同时，降低成本同样有助于实现目标利润。成本管理的意义主要体现在以下几个方面：

（一）通过成本管理降低成本，为企业扩大再生产创造条件

降低成本一般通过两个阶段来实现。第一，在既定的经济规模、技术水平、质量标准等前提条件下，通过合理的组织管理提高生产效率、降低消耗；第二，当成本降低到这些条件许可的极限时，通过改变成本发生的基础条件，如采用新技术设备、新工艺流程、新产品设计、新材料等，使影响成本的结构性因素得到改善，为成本的进一步降低提供新的空间，使原来难以降低的成本在新的基础上进一步降低。

（二）通过成本管理增加企业利润，提高企业经济效益

利润是收入与成本费用匹配后的结果。成本降低与收入增加一样，都是提高企业效益的重要源泉。当成本变动与其他因素的变动相关联时，如何在成本降低与营运需要之间作出权衡取舍，是企业成本管理者无法回避的困难抉择。单纯以成本的降低为标准容易形成误区，成本管理要利用成本、质量、价格、销量等因素之间的相互关系，满足企业为维系质量、调整价格、扩大市场份额等对成本的需要，从而帮助企业最大限度地提高经济效益。

（三）通过成本管理帮助企业取得竞争优势，增强企业的竞争能力和抗风险能力

在竞争激烈的市场环境中，企业为了取得竞争优势，抵抗内外部风险，往往会制定和实施相应的发展战略，常见的有低成本战略和差异化战略。如果实施低成本战略，则通过成本管理降低单位产品成本，能明显且直接提高企业在市场上的主动性和话语权，提升企业的核心竞争力；如果实施差异化战略，则通过成本管理规范成本形成过程，适

时进行流程优化或流程再造，在资源既定的前提下，生产出满足客户需求的产品。这些战略措施通常需要成本管理予以配合，不同发展战略下的成本管理需求与企业目标保持高度的一致性。

二、成本管理的目标

从成本管理活动所涉及的层面来看，成本管理的目标可以分为总体目标和具体目标两个方面。

（一）总体目标

成本管理的总体目标服从于企业的整体经营目标。在竞争性经济环境中，成本管理的总体目标主要依据企业竞争战略制定：成本领先战略中，成本管理的总体目标是追求成本水平的绝对降低；差异化战略中，成本管理的总体目标则是在保证实现产品、服务等方面差异化的前提下，对产品全生命周期成本进行管理，实现成本的持续降低。

（二）具体目标

成本管理的具体目标是对总体目标的进一步细分，主要包括成本计算的目标和成本控制的目标。

成本计算的目标是为所有内、外部信息使用者提供成本信息。外部信息使用者关注的信息主要是资产价值和盈亏情况。因此，成本计算的目标之一是确定存货等资产价值和企业盈亏状况，即按照成本会计制度的规定计算成本，满足编制会计报表的需要。内部信息使用者使用成本信息，除了了解资产价值及盈亏情况外，重点用于经营管理。因此，成本计算的目标又包括：通过向管理人员提供成本信息，提高人们的成本意识；通过成本差异分析，评价管理人员的业绩，促进管理人员采取改善措施；通过盈亏平衡分析等方法，提供成本管理信息，有效地满足现代经营决策对成本信息的需求。

成本控制的目标是降低成本水平。在成本管理的发展过程中，成本控制目标经历了通过提高工作效率和减少浪费来降低成本，通过提高成本效益比来降低成本和通过保持竞争优势来降低成本等阶段。在竞争性经济环境中，成本控制目标因竞争战略的不同而有所差异。实施成本领先战略的企业中，成本控制的目标是在保证一定产品质量和服务的前提下，最大限度地降低企业内部成本，表现为对生产成本和经营费用的控制。实施差异化战略的企业中，成本控制的目标则是在保证企业实现差异化战略的前提下，降低产品全生命周期成本，实现持续性的成本节省，表现为对产品所处生命周期不同阶段发生成本的控制，如对研发成本、供应商成本和消费成本等的控制。

三、成本管理的原则

企业进行成本管理，一般应遵循以下原则：

（一）融合性原则

成本管理应以企业业务模式为基础，将成本管理嵌入业务的各领域、各层次、各环节，实现成本管理责任到人、控制到位、考核严格、目标落实。

（二）适应性原则

成本管理应与企业生产经营特点和目标相适应，尤其要与企业发展战略或竞争战略相适应。

（三）成本效益原则

成本管理在应用相关工具方法时，应权衡其为企业带来的收益和付出的成本，避免获得的收益小于其投入的成本。

（四）重要性原则

成本管理应重点关注对成本具有重大影响的项目，对于不具有重要性的项目可以适当简化处理。

四、成本管理的主要内容

企业应用成本管理工具方法，一般按照事前管理、事中管理、事后管理等程序进行，其中事前成本管理阶段，主要是对未来成本水平及其发展趋势所进行的预测与规划，一般包括成本预测、成本决策和成本计划等步骤；事中成本管理阶段，主要是对营运过程中发生的成本进行监督和控制，并根据实际情况对成本预算进行必要的修正，即成本控制步骤；事后成本管理阶段，主要是在成本发生之后进行的核算、分析和考核，一般包括成本核算、成本分析和成本考核等步骤。因此，成本管理具体包括成本预测、成本决策、成本计划、成本控制、成本核算、成本分析和成本考核等七项内容。

（一）成本预测

成本预测是以现有条件为前提，在历史成本资料的基础上，根据未来可能发生的变化，利用科学的方法，对未来成本水平及其发展趋势进行描述和判断的成本管理活动。成本预测是进行成本管理的第一步，也是组织成本决策和编制成本计划的前提。通过成本预测，掌握未来的成本水平及其变动趋势，有助于把未知因素转化为已知因素，帮助管理者提高自觉性，减少盲目性；对营运活动中可能出现的有利与不利情况进行全面和系统的分析，避免成本决策的片面性和局限性。

（二）成本决策

成本决策是在成本预测及有关成本资料的基础上，综合经济效益、质量、效率和规模等指标，运用定性和定量的方法对各个成本方案进行分析并选择最优方案的成本管理活动。成本决策不仅是成本管理的重要职能，还是企业营运决策体系中的重要组成部分。由于成本决策所考虑的是价值问题，更具体地讲是资金耗费的经济合理性问题，因而成本决策具有较强的综合性，对其他营运决策起着指导和约束作用。

（三）成本计划

成本计划是以营运计划和有关成本数据、资料为基础，根据成本决策所确定的目标，通过一定的程序，运用一定的方法，针对计划期企业的生产耗费和成本水平进行的具有约束力的成本筹划管理活动。成本计划属于成本的事前管理，是企业营运管理的重要组成部分，通过对成本的计划与控制，分析实际成本与计划成本之间的差异，指出有待加强控制和改进的领域，以此评价有关部门的业绩，推动增产节约，从而促进企业发展。

（四）成本控制

成本控制是成本管理者根据预定的目标，对成本发生和形成过程以及影响成本的各种因素条件施加主动的影响或干预，把实际成本控制在预期目标内的成本管理活动。成本控制的关键是选取适用于本企业的成本控制方法，它决定着成本控制的效果。传统的成本控制基本上采用经济手段，通过实际成本与标准成本之间的差异分析来进行，如标准成本法等；现代成本控制则突破了经济手段的限制，使用包括技术手段和组织手段在内的所有可能的控制手段，如目标成本法、作业成本法以及责任成本法等。

（五）成本核算

成本核算是根据成本核算对象，按照国家统一的会计制度和企业管理要求，对营运过程中实际发生的各种耗费按照规定的成本项目进行归集、分配和结转，取得不同成本核算对象的总成本和单位成本，向有关使用者提供成本信息的成本管理活动。

成本核算分为财务成本核算和管理成本核算。财务成本核算采用历史成本计量，而管理成本核算既可以采用历史成本，又可以采用现值、公允价值等计量。成本核算的关键是核算方法的选择。财务成本核算方法包括品种法等基本方法和其他一些辅助方法，企业可以灵活选择；管理成本核算可以直接利用财务成本核算的结果，或者选择变动成本法、作业成本法等方法来单独核算。目前，两种核算模式所提供的相关信息与企业管理的需求差距都比较大。此外，成本核算的精度与企业发展战略相关，成本领先战略对成本核算精度的要求比差异化战略要高。

（六）成本分析

成本分析是成本管理的重要组成部分，是利用成本核算提供的成本信息及其他有关资料，分析成本水平与构成的变动情况，查明影响成本变动的各种因素和产生的原因，并采取有效措施控制成本的管理活动。通过成本分析，可以深入了解成本变动的规律，寻求成本降低的途径，为有关人员进行成本规划和经营决策提供依据。

成本分析的方法主要有对比分析法、连环替代法和相关分析法等。其中：对比分析法是对成本指标在不同时期（或不同情况）的数据进行对比来揭露矛盾，具体包括绝对数比较、增减数比较和指数比较三种形式；连环替代法是确定引起某经济指标变动的各个因素影响程度的一种方法，适用于几个相互联系的因素共同影响某一指标的情况；相关分析法主要利用数学方法对具有依存关系的各种指标进行相关分析，从而找出有关经济指标之间的规律性联系。

（七）成本考核

成本考核是对成本计划及其有关指标实际完成情况进行定期总结和评价，并根据考核结果和责任制的落实情况，进行相应奖励和惩罚，以监督和促进企业加强成本管理责任制，提高成本管理水平的成本管理活动。其目的在于改进原有的成本控制活动并激励约束员工和团体的成本行为，更好地履行经济责任，提高企业成本管理水平。成本考核的关键是评价指标体系的选择和评价结果与约束激励机制的衔接。考核指标可以是财务指标，也可以是非财务指标，例如，实施成本领先战略的企业应主要选用财务指标，而实施差异化战略的企业则大多选用非财务指标。

上述七项活动中，成本分析贯穿于成本管理的全过程，成本预测、成本决策与成本计划在战略上对成本控制、成本核算、成本分析和成本考核进行指导，成本预测、成本决策与成本计划的变动是企业外部经济环境和企业内部竞争战略变动的结果，而成本控制、成本核算、成本分析和成本考核则通过成本信息的流动互相联系。

第二节　本量利分析与应用

一、本量利分析概述

利润是企业某一时期内经营成果的一个重要衡量指标，而企业利润的高低取决于成本和收入的多少，其中收入主要由售价和销售量决定。企业想获得更多利润，必须尽可能地降低成本，提高售价，增加销售量。显而易见，成本、业务量和利润三者之间存在着密切关系。为了获得最大利润，必须客观分析这三者之间的内在规律，寻找三者之间的均衡点，为企业经营决策和目标控制提供有效的管理信息。

（一）本量利分析的含义

本量利分析（cost volume profit analysis），简称 CVP 分析，是指以成本性态分析和变动成本法为基础，运用数学模型和图式，对成本、利润、业务量与单价等因素之间的依存关系进行分析，发现变动的规律性，为企业进行预测、决策、计划和控制等活动提供支持的一种方法。其中，"本"是指成本，包括固定成本和变动成本；"量"是指业务量，一般指销售量；"利"是指利润，一般指息税前利润。本量利分析主要包括盈亏平衡分析、目标利润分析、敏感性分析、边际分析等内容。

本量利分析作为一种完整的方法体系，在企业经营管理工作中应用十分广泛。运用本量利分析可以预测在盈亏平衡、保利条件下应实现的销售量或销售额；与风险分析相结合，可以为企业提供降低经营风险的方法和手段，以保证企业实现既定目标；与决策分析相联系，可以用于企业进行有关的生产决策、定价决策和投资项目的可行性分析，为全面预算、成本控制、责任会计应用等提供理论依据。

（二）本量利分析的基本假设

在本量利分析中，成本、业务量和利润之间的数量关系是建立在一系列假设基础上的。这些假设一方面有助于建立简单数学模型来反映成本、业务量和利润之间的关系；另一方面也使得本量利分析方法在实际运用中具有一定的局限性。一般来说，本量利分析主要基于以下四个假设前提：

1. 总成本由变动成本和固定成本两部分组成。

该假设要求企业所发生的全部成本可以按其性态区分为变动成本和固定成本，并且变动成本总额与业务量呈正比例变动，固定成本总额保持不变。在进行本量利分析时，通常是依据业务量来规划目标利润。因为影响利润的诸因素中，除业务量外，销售单价通常受市场供求关系的影响，而成本则是企业内部可以控制的因素。在相关范围内，固定成本总额和单位变动成本通常是与业务量大小无关的。因此，按成本性态划分成本是本量利分析的基本前提条件，否则，便无法判断成本的升降是由于业务量规模变动引起的还是由于成本水平本身升降引起的。

2. 销售收入与业务量呈完全线性关系。

该假设要求销售收入必须随业务量的变化而变化，两者之间应保持完全线性关系。因此，当销售量在相关范围内变化时，产品的单价不会发生变化。而在现实中，销售收入是随着销售量的增长而增长的，但是随着销售量的进一步增长，销售收入的增长速度会放慢。这主要是因为扩大销售量，通常需要通过降价才能实现。

3. 产销平衡。

假设当期产品的生产量与业务量相一致，不考虑存货变动对利润的影响。即假定每期生产的产品总量总是能在当期全部售出，产销平衡。假设产销平衡，主要是为了在盈亏平衡分析时不考虑存货的影响。因为盈亏平衡分析是一种短期决策，仅仅考虑特定时期全部成本的收回，而存货中包含了以前时期的成本，所以不在考虑范围之内。

4. 产品产销结构稳定。

假设同时生产销售多种产品的企业，其销售产品的品种结构不变。即在一个生产与销售多种产品的企业，以价值形式表现的产品的产销总量发生变化时，原来各产品的产销额在全部产品的产销额中所占的比重不会发生变化。这是因为在产销多种产品的情况下，盈亏平衡点会受到多种产品贡献和产销结构的影响，只有在产销结构不变的基础上进行的盈亏平衡分析才是有效的。

（三）本量利分析的基本原理

本量利分析所考虑的相关因素主要包括销售量、单价、单位变动成本、固定成本、息税前利润等。这些因素之间的关系可以用下列基本公式来反映：

利润 = 销售收入 − 总成本

= 销售收入 −（变动成本 + 固定成本）

= 销售量 × 单价 − 销售量 × 单位变动成本 − 固定成本

= 销售量 ×（单价 − 单位变动成本）− 固定成本

这个公式是明确表达本量利之间数量关系的基本关系式，它含有五个相互联系的变量，给定其中四个变量，便可求出另外一个变量的值。本量利分析的基本原理就是在假设单价、单位变动成本和固定成本为常量以及产销一致的基础上，将利润、销售量分别作为因变量与自变量，给定销售量，便可以求出其利润，或者给定目标利润，计算出目标销售量。

（四）本量利分析的优缺点

本量利分析的主要优点在于，可以广泛应用于规划企业经济活动和营运决策等方面，简便易行、通俗易懂且容易掌握；主要缺点在于，本量利分析仅考虑单因素变化的影响，是一种静态分析方法，且对成本性态较为依赖。

二、盈亏平衡分析

所谓盈亏平衡分析（也称保本分析），是指分析、测定盈亏平衡点，以及有关因素变动对盈亏平衡点的影响等，是本量利分析的核心内容。盈亏平衡分析的原理是，通过计算企业在利润为零时处于盈亏平衡的业务量，分析项目对市场需求变化的适应能力等。当企业的业务量等于盈亏平衡点的业务量时，企业处于盈亏平衡状态；当企业的业务量高于盈亏平衡点的业务量时，企业处于盈利状态；当企业的业务量低于盈亏平衡点的业务量时，企业处于亏损状态。通常，盈亏平衡分析包括单一产品的盈亏平衡分析和产品组合的盈亏平衡分析。

（一）单一产品盈亏平衡分析

1. 盈亏平衡点。

盈亏平衡分析的关键是盈亏平衡点的确定。盈亏平衡点（又称保本点），是指企业达到盈亏平衡状态的业务量或销售额，即企业一定时期的总收入等于总成本、利润为零时的业务量或销售额。

单一产品的盈亏平衡点有两种表现形式：一种是以实物量来表现，称为盈亏平衡点的业务量（也称保本销售量）；另一种是以货币单位表示，称为盈亏平衡点的销售额（也称保本销售额）。根据本量利分析基本关系式：

利润 = 销售量 × 单价 − 销售量 × 单位变动成本 − 固定成本

或：利润 = 销售量 × （单价 − 单位变动成本） − 固定成本

当利润为零时，求出的销售量就是盈亏平衡点的业务量，即：

$$盈亏平衡点的业务量 = \frac{固定成本}{单价 − 单位变动成本} = \frac{固定成本}{单位边际贡献}$$

若用销售额来表示，则盈亏平衡点的销售额计算公式为：

盈亏平衡点的销售额 = 盈亏平衡点的业务量 × 单价

$$或：盈亏平衡点的销售额 = \frac{固定成本}{1 − 变动成本率}$$

$$或：盈亏平衡点的销售额 = \frac{固定成本}{边际贡献率}$$

盈亏平衡分析的主要作用在于使企业管理者在经营活动发生之前，对该项经营活动的盈亏临界情况做到心中有数。企业经营管理者总是希望企业的盈亏平衡点越低越好，因为盈亏平衡点越低，企业的经营风险就越小。从盈亏平衡点的计算公式可以看出，降低盈亏平衡点的途径主要有以下三个：

一是降低固定成本总额。在其他因素不变时，盈亏平衡点的降低幅度与固定成本的降低幅度相同。

二是降低单位变动成本。在其他因素不变时，可以通过降低单位变动成本来降低盈亏平衡点，但两者降低的幅度并不一致。

三是提高销售单价。在其他因素不变时，可以通过提高单价来降低盈亏平衡点，同降低单位变动成本一样，销售单价与盈亏平衡点的变动幅度也不一致。

【例8-1】 某企业销售甲产品，单价为100元/件，单位变动成本为50元，固定成本为130 000元，要求：计算甲产品的边际贡献率、盈亏平衡点的业务量及盈亏平衡点的销售额。

边际贡献率＝单位边际贡献÷单价×100%＝（100－50）÷100×100%＝50%

盈亏平衡点的业务量＝固定成本÷（单价－单位变动成本）＝130 000÷（100－50）
＝2 600（件）

盈亏平衡点的销售额＝固定成本÷边际贡献率＝130 000÷50%＝260 000（元）

或：盈亏平衡点的销售额＝盈亏平衡点的业务量×单价＝2 600×100＝260 000（元）

2. 盈亏平衡作业率。

以盈亏平衡点为基础，还可以得到另一个辅助性指标，即盈亏平衡作业率，或称为保本作业率。盈亏平衡作业率是指盈亏平衡点的业务量（或销售额）占正常经营情况下的业务量（或销售额）的百分比，或者是盈亏平衡点的业务量（或销售额）占实际或预计业务量（或销售额）的百分比。其计算公式为：

$$盈亏平衡作业率 = \frac{盈亏平衡点的业务量}{正常经营业务量（实际业务量或预计业务量）} \times 100\%$$

$$= \frac{盈亏平衡点的销售额}{正常经营销售额（实际销售额或预计销售额）} \times 100\%$$

由于企业通常应该按照正常的销售量来安排产品的生产，在合理库存的条件下，产品生产量与正常的销售量应该大体相同。所以，该指标也可以反映企业在盈亏平衡状态下对生产能力利用程度的要求。

【例8-2】 沿用【例8-1】的资料及有关计算结果，并假定该企业正常经营条件下的销售量为5 000件。要求：计算该企业的盈亏平衡作业率。

盈亏平衡作业率＝2 600÷5 000×100%＝52%

或：盈亏平衡作业率＝260 000÷（5 000×100）×100%＝52%

计算结果表明，该企业盈亏平衡作业率为52%，即正常销售量的52%用于盈亏平衡，也即企业的生产能力利用程度必须达到52%，方可达到盈亏平衡。

3. 本量利关系图。

在进行本量利分析时，不仅可以通过数据计算出达到盈亏平衡状态时的销售量与销售额，还可以通过绘制本量利关系图的方法进行分析。在本量利关系图上，可以描绘出影响利润的因素：单价、销售量、单位变动成本、固定成本。因此，借助本量利关系图不仅可以得出达到盈亏平衡状态的销售量和销售额，还可以一目了然地观察到相关因素变动对利润的影响，从而有助于管理者进行各种短期经营决策。根据数据信息的差异和分析目的不同，本量利关系图有多种表现形式，按照数据的特征和目的可以分为传统式、边际贡献式和利量式三种。

（1）传统式本量利关系图。传统式本量利关系图是最基本、最常见的本量利关系图形。在直角坐标系中，以横轴表示销售量，以纵轴表示销售收入或成本，在纵轴上找出固定成本数值，即以 a（0，固定成本数值）为起点，绘制一条与横轴平行的固定成本线，以 a（0，固定成本数值）为起点，以单位变动成本为斜率，绘制总成本线；总成本线和销售收入线的交点就是盈亏平衡点 E，如图 8–1 所示。

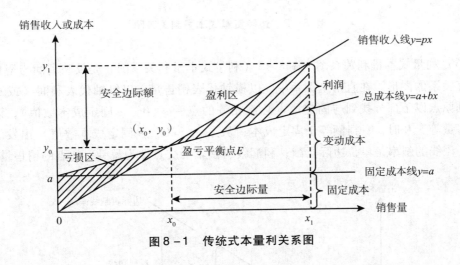

图 8–1　传统式本量利关系图

传统式本量利关系图表达的意义有：

第一，固定成本与横轴之间的区域为固定成本值，它不因产量增减而变动，总成本线与固定成本线之间的区域为变动成本，与产量呈正比例变化。

第二，销售收入线与总成本线的交点是盈亏平衡点，通过图 8–1 可以直观地看出盈亏平衡点的销售量和盈亏平衡点的销售额。如〖例 8–1〗中甲产品的盈亏平衡点的销售量为 2 600 件，盈亏平衡点的销售额为 260 000 元。

第三，在盈亏平衡点以上的销售收入线与总成本线相夹的区域为盈利区，盈亏平衡点以下的销售收入线与总成本线相夹的区域为亏损区。因此，只要知道销售数量或销售金额信息，就可以在图 8–1 上判明该销售状态下的结果是亏损还是盈利，直观方便、易于理解。

（2）边际贡献式本量利关系图。图 8–2 主要反映销售收入减去变动成本后形成的边际贡献，而边际贡献在弥补固定成本后形成利润。此图的主要优点是可以表示边际贡献的数值。边际贡献随销量增加而扩大，当其达到固定成本值时（即在盈亏平衡点），企业处于盈亏平衡状态；当边际贡献超过固定成本后企业进入盈利状态。

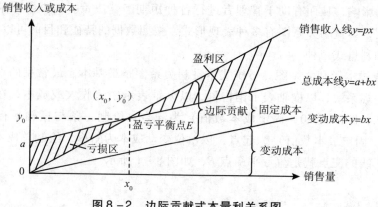

图 8-2 边际贡献式本量利关系图

（3）利量式本量利关系图。图 8-3（利量式本量利关系图）是反映利润与销售量之间依存关系的图形。在直角坐标系中，以横轴代表销售量，以纵轴代表利润（或亏损）。在纵轴原点以下部分找到与固定成本总额相等的点 $-a$（0，－固定成本数值），该点表示销售量等于 0 时，亏损额等于固定成本；从点 $-a$（0，－固定成本数值）出发画出利润线，该线的斜率是单位边际贡献；利润线与横轴的交点即为盈亏平衡点的销售量。

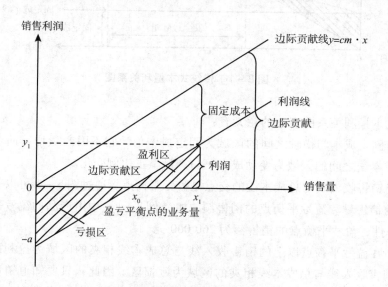

图 8-3 利量式本量利关系图

（二）产品组合盈亏平衡分析

在市场经济环境下，大多数企业都同时进行着多种产品的生产和经营。由于各种产品的销售单价、单位变动成本、固定成本不一样，从而造成各种产品的边际贡献或边际贡献率不一致。因此，对多种产品进行盈亏平衡分析，在遵循单一产品的盈亏平衡分析的基础上，应根据不同情况采用相应的具体方法来确定。目前，进行多种产品盈亏平衡分析的方法包括加权平均法、联合单位法、分算法、主要产品法等。

1. 加权平均法。

加权平均法，是指在掌握每种单一产品的边际贡献率的基础上，按各种产品销售额的比重进行加权平均，据以计算综合边际贡献率，从而确定多产品组合的盈亏平衡点。采用加权平均法计算多种产品盈亏平衡点的销售额的关键，是根据各种产品的销售单价、单位变动成本和销售数量计算出一个加权平均的边际贡献率，然后根据固定成本总额和加权平均的边际贡献率计算出综合盈亏平衡点的销售额。其计算公式如下：

某种产品的销售额权重＝该产品的销售额÷各种产品的销售额合计

综合边际贡献率＝$\sum$（某种产品的销售额权重×该种产品的边际贡献率）

综合盈亏平衡点的销售额＝固定成本÷综合边际贡献率

综合边际贡献率＝1－综合变动成本率

某种产品盈亏平衡点的销售额＝综合盈亏平衡点的销售额×某种产品的销售额权重

2. 联合单位法。

联合单位法，是指在事先确定各种产品间产销实物量比例的基础上，将各种产品产销实物量的最小比例作为一个联合单位，确定每一联合单位的单价、单位变动成本后，进行本量利分析的一种分析方法。

所谓联合单位，是指固定实物比例构成的一组产品。例如，企业同时生产甲、乙、丙三种产品，且三种产品之间的产销量长期保持固定的比例关系，产销量比为1:2:3。那么，1件甲产品、2件乙产品和3件丙产品就构成一组产品，简称一个联合单位。该方法将多种产品盈亏平衡点的计算问题转换为单一产品盈亏平衡点的计算问题。根据存在稳定比例关系的产销量比，可以计算出每一联合单位的联合单价和联合单位变动成本，并以此计算整个企业的联合盈亏平衡点的业务量以及各产品的联合盈亏平衡点的业务量。其计算公式为：

$$联合盈亏平衡点的业务量 = \frac{固定成本总额}{联合单价 - 联合单位变动成本}$$

上式中，联合单价等于一个联合单位的全部收入，联合单位变动成本等于一个联合单位的全部变动成本。在此基础上，计算出每种产品的盈亏平衡点的业务量。其计算公式如下：

某产品盈亏平衡点的业务量＝联合盈亏平衡点的业务量×一个联合单位中包含的该产品的数量

3. 分算法。

分算法，是在一定条件下，将全部固定成本按一定标准在各种产品之间进行合理分配，确定每种产品应补偿的固定成本数额，然后再对每一种产品按单一品种条件下的情况分别进行本量利分析的方法。

该方法的关键是要合理地进行固定成本的分配。在分配固定成本时，对于专属于某种产品的固定成本应直接计入该产品的固定成本；对于应由多种产品共同负担的公共性固定成本，则应选择适当的分配标准在各产品之间进行分配。

4. 主要产品法。

在企业产品品种较多的情况下，如果存在一种产品是主要产品，它提供的边际贡献占企业边际贡献总额的比重较大，则可以按该主要品种的有关资料进行本量利分析，与单一品种的本量利分析相同。确定主要品种应以边际贡献为标准，并只能选择一种主要产品，固定成本应主要由该产品负担。这样分析的结果往往存在一些误差，但只要在合理的范围内就不会影响决策的正确性。

【例 8 - 3】某公司生产销售 A、B、C 三种产品，销售单价分别为 20 元、30 元、40 元；预计销售量分别为 30 000 件、20 000 件、10 000 件；预计各产品的单位变动成本分别为 12 元、24 元、28 元；预计固定成本总额为 180 000 元（见表 8 - 1）。要求：按加权平均法、联合单位法、分算法等分析方法进行多种产品的本量利分析。

表 8 - 1　　　　　　　　　　产品数据资料

项目	销售量（件）①	单价（元）②	单位变动成本（元）③	销售收入（元）④ = ① × ②	各产品的销售比重（%）⑤ = ④ ÷ ∑ ④	边际贡献（元）⑥ = ① ×（② - ③）	边际贡献率（%）⑦ = ⑥ ÷ ④
A 产品	30 000	20	12	600 000	37.5	240 000	40
B 产品	20 000	30	24	600 000	37.5	120 000	20
C 产品	10 000	40	28	400 000	25	120 000	30
合计				1 600 000	100	480 000	30

1. 加权平均法。

从表 8 - 1 中第⑦栏可知，A、B、C 三种产品边际贡献率分别为 40%、20% 和 30%。

A 产品的销售比重 = 600 000 ÷ 1 600 000 × 100% = 37.5%

B 产品的销售比重 = 600 000 ÷ 1 600 000 × 100% = 37.5%

C 产品的销售比重 = 400 000 ÷ 1 600 000 × 100% = 25%

综合边际贡献率 = 40% × 37.5% + 20% × 37.5% + 30% × 25% = 30%

综合盈亏平衡点的销售额 = 180 000 ÷ 30% = 600 000（元）

A 产品盈亏平衡点的销售额 = 600 000 × 37.5% = 225 000（元）

B 产品盈亏平衡点的销售额 = 600 000 × 37.5% = 225 000（元）

C 产品盈亏平衡点的销售额 = 600 000 × 25% = 150 000（元）

用每种产品的盈亏平衡点的销售额分别除以该产品的单价，就可以求出盈亏平衡点的业务量：

A 产品盈亏平衡点的业务量 = 225 000 ÷ 20 = 11 250（件）

B 产品盈亏平衡点的业务量 = 225 000 ÷ 30 = 7 500（件）

C 产品盈亏平衡点的业务量 = 150 000 ÷ 40 = 3 750（件）

2. 联合单位法。

产品销量比 = A : B : C = 3 : 2 : 1

联合单价 = 20×3 + 30×2 + 40×1 = 160（元）

联合单位变动成本 = 12×3 + 24×2 + 28×1 = 112（元）

联合盈亏平衡点的业务量 = 180 000÷(160−112) = 3 750（联合单位）

各种产品盈亏平衡点的业务量计算：

A 产品盈亏平衡点的业务量 = 3 750×3 = 11 250（件）

B 产品盈亏平衡点的业务量 = 3 750×2 = 7 500（件）

C 产品盈亏平衡点的业务量 = 3 750×1 = 3 750（件）

各种产品盈亏平衡点的销售额计算：

A 产品盈亏平衡点的销售额 = 11 250×20 = 225 000（元）

B 产品盈亏平衡点的销售额 = 7 500×30 = 225 000（元）

C 产品盈亏平衡点的销售额 = 3 750×40 = 150 000（元）

3. 分算法。

假设固定成本按边际贡献的比重分配：

固定成本分配率 = 180 000÷480 000 = 0.375

分配给 A 产品的固定成本 = 240 000×0.375 = 90 000（元）

分配给 B 产品的固定成本 = 120 000×0.375 = 45 000（元）

分配给 C 产品的固定成本 = 120 000×0.375 = 45 000（元）

A 产品的盈亏平衡点的业务量 = 90 000÷(20−12) = 11 250（件）

A 产品的盈亏平衡点的销售额 = 11 250×20 = 225 000（元）

同理，B 产品和 C 产品的盈亏平衡点的业务量分别为 7 500 件和 3 750 件，它们的盈亏平衡点的销售额分别为 225 000 元和 150 000 元。

三、目标利润分析

盈亏平衡分析是假定企业在盈亏平衡、利润为零的状态下进行的本量利分析。虽然它有助于简化本量利分析的过程，了解企业最低生产条件以及评价企业经营的安全程度，并且为企业的经营决策提供有用的信息，但盈亏平衡并不是企业经营的最终目的。在竞争的市场经济中，企业经营目的是追求利润最大化，在不断盈利中扩大自身规模，求生存空间、求发展机会。因此，企业不会满足于利润为零的盈亏平衡分析，而是更加注重于盈利条件下的本量利分析。

（一）目标利润分析基本原理

目标利润分析是在本量利分析方法的基础上，计算为达到目标利润所需的业务量、收入和成本的一种利润规划方法，该方法应反映市场的变化趋势、企业战略规划目标以及管理层需求等。如果企业在经营活动开始之前，根据有关收支状况确定了目标利润，就可以计算为实现目标利润而必须达到的销售量和销售额。计算公式为：

目标利润 = (单价 - 单位变动成本) × 销售量 - 固定成本

实现目标利润销售量 = (固定成本 + 目标利润) ÷ (单价 - 单位变动成本)

实现目标利润销售额 = (固定成本 + 目标利润) ÷ 边际贡献率

或：实现目标利润销售额 = 实现目标利润销售量 × 单价

【例 8 - 4 】 某企业生产和销售单一产品，产品的单价为 50 元，单位变动成本为 25 元，固定成本为 50 000 元。如果将目标利润定为 40 000 元，则有：

实现目标利润的销售量 = (50 000 + 40 000) ÷ (50 - 25) = 3 600 （件）

边际贡献率 = (50 - 25) ÷ 50 × 100% = 50%

实现目标利润的销售额 = (50 000 + 40 000) ÷ 50% = 180 000 （元）

应该注意的是，目标利润销售量公式只能用于单种产品的目标利润管理；而目标利润销售额既可用于单种产品的目标利润管理，又可用于多种产品的目标利润管理。产品组合的目标利润分析通常采用以下方法。

在单一产品的目标利润分析基础上，依据分析结果进行优化调整，寻找最优的产品组合。基本分析公式如下：

实现目标利润的销售额 = (综合目标利润 + 固定成本) ÷ (1 - 综合变动成本率)

实现目标利润率的销售额 = 固定成本 ÷ (1 - 综合变动成本率 - 综合目标利润率)

企业在应用该工具方法进行优化产品产量结构的策略分析时，在既定的生产能力基础上，可以提高具有较高边际贡献率的产品产量。

还应注意的是，上述公式中的目标利润一般是指息税前利润。其实，从税后利润来进行目标利润的规划和分析，更符合企业营运的需要。如果企业预测的目标利润是税后利润，则上述公式应作如下调整。

由于：税后利润 = (息税前利润 - 利息) × (1 - 所得税税率)

因此，

$$实现目标利润的销售量 = \frac{固定成本 + \dfrac{税后目标利润}{1 - 所得税税率} + 利息}{单位边际贡献}$$

$$实现目标利润的销售额 = \frac{固定成本 + \dfrac{税后目标利润}{1 - 所得税税率} + 利息}{边际贡献率}$$

【例 8 - 5 】 沿用〖例 8 - 4〗的资料，现在假定该公司将目标税后利润定为 30 000 元，不存在利息费用，企业所得税税率为 25%。问：实现目标利润的销售量和实现目标利润的销售额。

$$实现目标利润的销售量 = \left(50\,000 + \frac{30\,000}{1 - 25\%} \right) ÷ (50 - 25) = 3\,600 （件）$$

$$实现目标利润的销售额 = \left(50\,000 + \frac{30\,000}{1 - 25\%} \right) ÷ 50\% = 180\,000 （元）$$

（二）实现目标利润的措施

目标利润是本量利分析的核心要素，它既是企业经营的动力和目标，也是本量利分析的中心。如果企业在经营中根据实际情况规划了目标利润，那么为了保证目标利润的实现，需要对其他因素作出相应调整。通常情况下，企业要实现目标利润，在其他因素不变时，应当提高销售量或销售价格，或降低固定成本或单位变动成本。

> 【例8-6】沿用〖例8-4〗的资料，现在假定该公司将目标利润定为58 000元，问：从单个因素来看，影响目标利润的四个基本要素该做怎样的调整？
>
> 调整措施可选择如下方案中的任意一种：
>
> （1）实现目标利润的销售量 =（固定成本 + 目标利润）÷ 单位边际贡献
> $$=（50\ 000 + 58\ 000）÷（50 - 25）$$
> $$= 4\ 320（件）$$
>
> （2）实现目标利润的单位变动成本 = 单价 -（固定成本 + 目标利润）÷ 销售量
> $$= 50 -（50\ 000 + 58\ 000）÷ 3\ 600$$
> $$= 20（元）$$
>
> （3）实现目标利润的固定成本 = 边际贡献 - 目标利润
> $$=（50 - 25）× 3\ 600 - 58\ 000$$
> $$= 32\ 000（元）$$
>
> （4）实现目标利润的单价 = 单位变动成本 +（固定成本 + 目标利润）÷ 销售量
> $$= 25 +（50\ 000 + 58\ 000）÷ 3\ 600$$
> $$= 55（元）$$
>
> 计算结果表明，该公司目标利润定为58 000元，比原来的目标利润增加18 000元。为确保现行目标利润的实现，从单个因素来看：销售数量应提高到4 320件，比原来的销售数量增加720件；或单位变动成本下降到20元，比原来的单位变动成本降低5元；或固定成本下降到32 000元，比原来的固定成本降低18 000元；或销售单价上升为55元，比原来的售价增加5元。

四、敏感性分析

在计算盈亏平衡点时，假定单价、固定成本、单位变动成本等诸多因素均不变，但实际上，这种静态平衡不可能维持很久，这些因素也往往会发生变化，如价格波动、成本升降等。所谓敏感性分析，就是研究本量利分析中影响利润的诸因素发生微小变化时，对利润的影响方向和程度。敏感性分析的主要优点在于，简单易行，分析结果易于理解，能为企业的规划、控制和决策提供参考，但敏感性分析对决策模型和预测数据具有依赖性，决策模型的可靠程度和数据的合理性会影响敏感性分析的可靠性。

本量利分析的基本内容是确定企业的盈亏平衡点，并规划目标利润。因此，基于本量利分析的利润敏感性分析主要应解决两个问题：一是各因素的变化对最终利润变化的影响程度；二是当目标利润要求变化时允许各因素的升降幅度。

（一）各因素对利润的影响程度

各相关因素变化都会引起利润的变化，但其影响程度各不相同。如有些因素虽然只发生了较小的变动，却导致利润产生较大的变动，利润对这些因素的变化十分敏感，这些因素称为敏感因素。与此相反，有些因素虽然变动幅度较大，却有可能只对利润产生较小的影响，这些因素则称为不敏感因素。反映各因素对利润敏感程度的指标为利润的敏感系数，其计算公式为：

敏感系数 = 利润变动百分比 ÷ 因素变动百分比

【例8-7】 某企业生产和销售单一产品，计划年度内有关数据预测如下：销售量100 000件，单价30元，单位变动成本为20元，固定成本为200 000元。假设销售量、单价、单位变动成本和固定成本均分别增长了10%。要求：计算各因素的敏感系数。

预计的目标利润 = （30 - 20）× 100 000 - 200 000 = 800 000（元）

（1）销售量的敏感程度。

销售量 = 100 000 × （1 + 10%）= 110 000（件）

利润 = （30 - 20）× 110 000 - 200 000 = 900 000（元）

利润变动百分比 = （900 000 - 800 000）÷ 800 000 × 100% = 12.5%

销售量的敏感系数 = 12.5% ÷ 10% = 1.25

可见，销售变动10%，利润就会变动12.5%，当销售量增长时，利润会以更大的幅度增长，这是由于企业固定成本的存在而导致的。对销售量进行敏感性分析，实质上就是分析经营杠杆现象，利润对销售量的敏感系数其实就是经营杠杆系数。

（2）销售单价的敏感程度。

单价 = 30 × （1 + 10%）= 33（元）

利润 = （33 - 20）× 100 000 - 200 000 = 1 100 000（元）

利润变化的百分比 = （1 100 000 - 800 000）÷ 800 000 × 100% = 37.5%

单价的敏感系数 = 37.5% ÷ 10% = 3.75

可见，单价对利润的影响很大，从百分比来看，利润以3.75倍的速率随单价变化。涨价是提高盈利的有效手段，反之，价格下跌也将对企业构成很大威胁。经营者根据敏感系数分析可知，每降价1%，企业将失去3.75%的利润，必须格外予以重视。

（3）单位变动成本的敏感程度。

单位变动成本 = 20 × （1 + 10%）= 22（元）

利润 = （30 - 22）× 100 000 - 200 000 = 600 000（元）

利润变化的百分比 = （600 000 - 800 000）÷ 800 000 × 100% = -25%

单位变动成本的敏感系数 = -25% ÷ 10% = -2.5

由此可见，单位变动成本对利润的影响比单价对利润的影响小，单位变动成本每上升1%，利润将减少2.5%。但是，敏感系数绝对值大于1，说明单位变动成本的变化会造成利润更大的变化，仍属于敏感因素。

（4）固定成本的敏感程度。

固定成本 = 200 000 × (1 + 10%) = 220 000 （元）

利润 = (30 - 20) × 100 000 - 220 000 = 780 000 （元）

利润变化的百分比 = (780 000 - 800 000) ÷ 800 000 × 100% = -2.5%

固定成本的敏感系数 = -2.5% ÷ 10% = -0.25

这说明固定成本每上升1%，利润将减少0.25%。

由〖例8-7〗可以看出，将四个因素按敏感系数的绝对值排列，其顺序依次是单价、单位变动成本、销售量、固定成本。也就是说，对利润影响程度最大的因素是单价，然后是单位变动成本、销售量和固定成本。上述各因素敏感系数的排序是在例题所设定的条件下得到的，如果条件发生变化，各因素敏感系数的排序也可能发生变化。

（二）目标利润要求变化时允许各因素的升降幅度

当目标利润有所变化时，只有通过调整各因素现有水平才能达到目标利润变动的要求。因此，对各因素允许升降幅度的分析，实质上是各因素对利润影响程度分析的反向推算，在计算上等于敏感系数的倒数乘以目标利润变动百分比。

五、边际分析

边际分析，是指分析某可变因素的变动引起其他相关可变因素变动程度的方法，以评价既定产品或项目的获利水平，判断盈亏平衡点，提示营运风险，支持营运决策。企业在营运管理中，通常在进行本量利分析、敏感性分析的同时运用边际分析工具方法。边际分析工具方法主要包括边际贡献分析和安全边际分析两种类型。

（一）边际贡献分析

边际贡献，又称为边际利润、贡献毛益等。边际贡献分析，是指通过分析销售收入减去变动成本总额之后的差额，衡量产品为企业贡献利润的能力。边际贡献分析主要包括边际贡献和边际贡献率两个指标。边际贡献总额是产品的销售收入扣除变动成本总额后给企业带来的贡献，进一步扣除企业的固定成本总额后，剩余部分就是企业的利润，相关计算公式如下：

边际贡献总额 = 销售收入 - 变动成本总额

　　　　　　 = 销售量 × 单位边际贡献

　　　　　　 = 销售收入 × 边际贡献率

单位边际贡献 = 单价 - 单位变动成本

　　　　　　 = 单价 × 边际贡献率

边际贡献率，是指边际贡献在销售收入中所占的百分比，表示每1元销售收入中边际贡献所占的比重。

$$边际贡献率 = \frac{边际贡献总额}{销售收入} \times 100\%$$

$$= \frac{单位边际贡献}{单价} \times 100\%$$

另外，还可以根据变动成本率计算边际贡献率：

$$变动成本率 = \frac{变动成本总额}{销售收入} \times 100\%$$

$$边际贡献率 = 1 - 变动成本率$$

根据本量利基本关系，利润、边际贡献及固定成本之间的关系可以表示为：

$$利润 = 边际贡献 - 固定成本$$

$$= 销售量 \times 单位边际贡献 - 固定成本$$

$$= 销售收入 \times 边际贡献率 - 固定成本$$

从上述公式可以看出，企业的边际贡献与营业利润有着密切的关系：边际贡献首先用于补偿企业的固定成本，只有当边际贡献大于固定成本时才能为企业创造利润，否则企业将亏损。

【例8-8】某企业生产甲产品，售价为60元/件，单位变动成本24元，固定成本总额100 000元，当年产销量20 000件。试计算单位边际贡献、边际贡献总额、边际贡献率及利润。

单位边际贡献 = 单价 - 单位变动成本 = 60 - 24 = 36（元）

边际贡献总额 = 产销量 × 单位边际贡献 = 20 000 × 36 = 720 000（元）

边际贡献率 = 36 ÷ 60 × 100% = 60%

或：边际贡献率 = 720 000 ÷（20 000 × 60）× 100% = 60%

利润 = 720 000 - 100 000 = 620 000（元）

企业面临资源约束，需要对多个产品线或多种产品进行优化决策或对多种待选新产品进行投产决策时，可以通过计算边际贡献以及边际贡献率，评价待选产品的盈利性，优化产品组合。

企业进行单一产品决策时，评价标准如下：

（1）当边际贡献总额大于固定成本时，利润大于0，表明企业盈利。

（2）当边际贡献总额小于固定成本时，利润小于0，表明企业亏损。

（3）当边际贡献总额等于固定成本时，利润等于0，表明企业保本。

当进行多产品决策时，边际贡献与变动成本之间存在如下关系：

综合边际贡献率 = 1 - 综合变动成本率

综合边际贡献率反映了多产品组合给企业作出贡献的能力，该指标通常越大越好。企业可以通过边际分析对现有产品组合进行有关优化决策，如计算现有各条产品线或各种产品的边际贡献并进行比较，增加边际贡献或边际贡献率高的产品组合，减少边际贡献或边际贡献率低的产品组合。

（二）安全边际分析

盈亏平衡点是企业经营成果允许下降的下限，作为经营者，总是希望企业在盈亏平衡的基础上获取更多利润。在企业经营活动开始前，根据企业的具体条件，通过分析制定出实现目标利润的销售量（销售额），形成安全边际。安全边际是指实际销售量（销售额）或预期销售量（销售额）超过盈亏平衡点销售量（销售额）的差额，体现企业营运的安全程度。它表明销售量、销售额下降多少，企业仍不至于亏损。

安全边际分析，是指通过分析正常销售量（销售额）超过盈亏平衡点销售量（销售额）的差额，衡量企业在盈亏平衡的前提下，能够承受因销售量（销售额）下降带来的不利影响的程度和企业抵御营运风险的能力。安全边际分析主要包括安全边际和安全边际率两个指标。有关公式如下：

安全边际＝实际销售量(销售额)或预期销售量(销售额)－盈亏平衡点的销售量(销售额)

安全边际率，是指安全边际与实际销售量（销售额）或预期销售量（销售额）的比值，公式如下：

$$安全边际率＝\frac{安全边际量（安全边际额）}{实际销售量（销售额）或预期销售量（销售额）}×100\%$$

安全边际主要用于衡量企业承受营运风险的能力，尤其是销售量（销售额）下降时承受风险的能力，也可以用于盈利预测。一般来讲，安全边际体现了企业在营运中的风险程度大小。由于盈亏平衡点是下限，所以，预期销售量（销售额）或实际销售量（销售额）与盈亏平衡点的销售量（销售额）差距越大，安全边际或安全边际率的数值越大，企业发生亏损的可能性越小，抵御营运风险的能力越强，盈利能力越大；反之则相反。

通常采用安全边际率这一指标来评价企业经营是否安全。表8－2为安全边际率与评价企业经营安全程度的一般性标准，该标准可以作为企业评价经营安全与否的参考。

表8－2　　　　　　　　企业经营安全程度一般性标准

安全边际率	40%以上	30%~40%	20%~30%	10%~20%	10%以下
经营安全程度	很安全	安全	较安全	值得注意	危险

【例8－9】 沿用〖例8－2〗的资料，计算甲产品的安全边际及安全边际率。

安全边际量＝实际销售量－盈亏平衡点的销售量＝5 000－2 600＝2 400（件）

安全边际额＝实际销售额－盈亏平衡点的销售额＝5 000×100－260 000

＝240 000（元）

安全边际率＝安全边际量÷实际或预期销售量×100%＝2 400÷5 000×100%

＝48%

或：安全边际率＝安全边际额÷实际或预期销售额×100%＝240 000÷（5 000×100）×100%＝48%

（三）盈亏平衡作业率与安全边际率的关系

盈亏平衡作业率与安全边际率的关系可用图 8 - 4 表示。

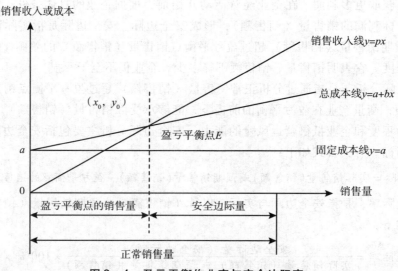

图 8 - 4　盈亏平衡作业率与安全边际率

根据图 8 - 4 可以看出，盈亏平衡点把销售量分为两部分：一部分是盈亏平衡点的销售量；另一部分是安全边际量。即：

盈亏平衡点的销售量 + 安全边际量 = 实际销售量

上述公式两端同时除以销售量，可得到：

盈亏平衡作业率 + 安全边际率 = 1

根据图 8 - 4 可以看出，只有安全边际才能为企业提供利润，而盈亏平衡点的销售额扣除变动成本后只能为企业收回固定成本。安全边际销售额减去其自身变动成本后成为企业利润，即安全边际中的边际贡献等于企业利润。这个结论可以通过下式推出：

利润 = 边际贡献 - 固定成本

　　 = 销售收入 × 边际贡献率 - 盈亏平衡点的销售额 × 边际贡献率

所以：

利润 = 安全边际额 × 边际贡献率

若将上式两端同时除以销售收入，可得到：

销售利润率 = 安全边际率 × 边际贡献率

从上述关系式可以看出，要提高企业的销售利润率水平主要有两种途径：一是扩大现有销售水平，提高安全边际率；二是降低变动成本水平，提高边际贡献率。

（四）边际分析法的优缺点

边际分析法的主要优点：可有效地分析业务量、变动成本和利润之间的关系，通过定量分析，直观地反映企业营运风险，促进提高企业营运效益。

边际分析法的主要缺点：决策变量与相关结果之间关系较为复杂，所选取的变量直接影响边际分析的实际应用效果。

六、本量利分析在经营决策中的应用

本量利分析在经营决策中得到大量的应用。它可以根据各个备选方案的成本、业务量与利润三者之间的相互依存关系，在特定情况下确定最优决策方案。

（一）产品生产和定价策略

任何一个企业为了预测利润，从而把目标利润确定下来，首先要预测盈亏平衡点，超过盈亏平衡点再扩大销售量或增加销售额才谈得上利润，盈亏平衡分析在产品生产和定价策略中经常用到，例如计算盈亏平衡点业务量或者可接受最低售价等。

【例 8-10】 某企业生产 A 产品，每月固定成本为 150 000 元，销售单价为 300 元，变动成本为 60 元，假设每月正常销售量为 700 件。要求：（1）若计划销售 800 件，计算预期的利润；（2）计算该企业目前的单位边际贡献和盈亏平衡点销售量；（3）计算目前的安全边际额；（4）其他条件不变下，计算目标利润为 50 000 元时的固定成本；（5）计算单位变动成本的敏感系数；（6）如果计划目标税前利润达到 200 000 元且销售量达到 1 000 件，计算可接受的最低售价。

（1）预期利润 $= 800 \times (300 - 60) - 150\,000 = 42\,000$（元）

（2）单位边际贡献 $= 300 - 60 = 240$（元）

盈亏平衡点销售量 $= 150\,000 \div 240 = 625$（件）

（3）安全边际量 $= 700 - 625 = 75$（件）

安全边际额 $= 75 \times 300 = 22\,500$（元）

（4）目标利润下的固定成本 $= 700 \times (300 - 60) - 50\,000 = 118\,000$（元）

（5）正常的利润 $= 700 \times (300 - 60) - 150\,000 = 18\,000$（元）

设单位变动成本增长 10% 时，利润 $= 700 \times (300 - 60 \times 1.1) - 150\,000$
$$= 13\,800 \text{（元）}$$

利润变动百分比 $= (13\,800 - 18\,000) \div 18\,000 = -23.33\%$

单位变动成本的敏感系数 $= -23.33\% \div 10\% = -2.33$

（6）可接受的最低售价 $= (200\,000 + 150\,000) \div 1\,000 + 60 = 410$（元）

（二）生产工艺设备的选择

企业进行营运活动的最终目的是获取利润，企业管理者的各种经营决策也应围绕着这个目标，在分析时应考虑哪个方案能够为企业提供更多的边际贡献，最大程度上弥补发生的固定成本，从而使企业获得更多利润。

【例8-11】 某公司在原有生产线使用年限到期之后，面临着更换生产线的选择。可以选择购买与原来一样的生产线，也可以购买一条自动化程度较高的生产线。原有生产线的价格为 150 000 元，而新的生产线的价格为 300 000 元，两种生产线的使用年限均为 5 年，无残值。两种生产线生产出来的产品型号、质量相同，市场售价均为 50 元/件。有关数据资料如表 8-3 所示，计算分析过程如表 8-4 所示。

扫码看讲解

表8-3　　　　　　　　　　　两条生产线成本费用数据资料

项目		原生产线	新生产线
直接材料（元/件）		15	15
直接人工（元/件）		12	10
变动制造费用（元/件）		10	10
固定制造费用（假设只包括折旧）（元）		30 000	60 000
年销售费用	固定部分（元）	10 000	
	变动部分（元/件）	5	
年管理费用（假设全部为固定费用）（元）		10 000	

表8-4　　　　　　　　　　　两条生产线盈亏平衡点的计算分析过程

项目	原生产线	新生产线
单位产品售价（元）	50	50
单位变动成本（元）	15 + 12 + 10 + 5 = 42	15 + 10 + 10 + 5 = 40
单位边际贡献（元）	8	10
年固定成本（元）	30 000 + 10 000 + 10 000 = 50 000	60 000 + 10 000 + 10 000 = 80 000
盈亏平衡点（件）	6 250	8 000

假设年产销量为 X，则两种生产方式下的年利润分别为：

原生产线利润 $= 8X - 50\,000$

新生产线利润 $= 10X - 80\,000$

由 $8X - 50\,000 = 10X - 80\,000$，得到 $X = 15\,000$ 件。

这说明当年产销量为 15 000 件时，使用两种生产线的年利润相等；当年产销量低于 15 000 件时，采用原来的生产线所获得利润较多；当年产销量高于 15 000 件时，采用新的生产线所获得的利润较多。虽然采用新的生产线后，盈亏平衡点变大了，风险增加了，但是如果年产销量能够超过 15 000 件，采用新的生产线会比使用原来的生产线创造更多的利润。因此，如何选择取决于对产销量的估计。

（三）新产品投产的选择

【例 8-12】 沿用〖例 8-11〗的资料，假设该公司通过对产销量的估计决定采用新的生产线，并对原有的产品进行了研发，开发出新产品 A 和新产品 B。原有产品的产销量为 20 000 件。企业面临投产决策，有以下三种方案可供选择：

扫码看讲解

方案一：投产新产品 A，A 产品将达到 9 000 件的产销量，并使原有产品的产销量减少 20%。

方案二：投产新产品 B，B 产品将达到 4 000 件的产销量，并使原有产品的产销量减少 15%。

方案三：A、B 两种新产品一起投产，由于相互之间的影响，产销量将分别为 10 000 件和 2 000 件，并使原有产品的产销量减少 50%。

另外，投产新产品 B 还需要增加额外的辅助生产设备，这将导致每年的固定成本增加 10 000 元。其他相关资料如表 8-5 所示，分析过程如表 8-6 所示。

表 8-5　　　　　　　　　　　　企业成本计算表

项目	原有产品	新产品 A	新产品 B
年销售量（件）	20 000	9 000	4 000
单价（元）	50	60	75
单位变动成本（元）	40	45	50
单位边际贡献（元）	10	15	25
年固定成本（元）	80 000	—	10 000

表 8-6　　　　　　　　　　　　计算分析过程

项目	投产新产品 A	投产新产品 B	投产新产品 A 和新产品 B（视为联合单位，A 和 B 的比为 5∶1）
年销售量（件）	9 000	4 000	2 000
单位边际贡献（元）	15	25	100
边际贡献总额（元）	135 000	100 000	200 000
原有产品减产损失（元）	40 000	30 000	100 000
增加的固定成本（元）	0	10 000	10 000
投产新产品增加的息税前利润（元）	95 000	60 000	90 000

因为新产品的投产将减少原有产品的产销量，所以原有产品因此而减少的边际贡献为投产新产品的机会成本，在决策时应予以考虑。

方案一：若投产 A 产品原有产品减产损失 $= 20\,000 \times 10 \times 20\% = 40\,000$（元）。

方案二：若投产 B 产品原有产品减产损失 = 20 000 × 10 × 15% = 30 000（元）。

方案三：若两种产品一起投产原有产品减产损失 = 20 000 × 10 × 50%

$$= 100\ 000（元）。$$

由表 8 - 6 可知，只投产新产品 A 带来的利润较多，因此，该公司应选择投产 A 产品。

第三节　标准成本控制与分析

一、标准成本控制与分析的相关概念

（一）标准成本及其分类

标准成本，是指在正常的生产技术水平和有效的经营管理条件下，企业经过努力应达到的产品成本水平。企业在确定标准成本时，可以根据自身的技术条件和经营水平，在以下类型中进行选择：

一是理想标准成本，这是一种理论标准，它是指在现有条件下所能达到的最优成本水平，即在生产过程无浪费、机器无故障、人员无闲置、产品无废品等假设条件下制定的成本标准。

二是正常标准成本，是指在正常情况下，企业经过努力可以达到的成本标准，这一标准考虑了生产过程中不可避免的损失、故障、偏差等。

通常来说，理想标准成本小于正常标准成本。由于理想标准成本要求异常严格，一般很难达到，而正常标准成本具有客观性、现实性、激励性等特点，所以，正常标准成本在实践中得到广泛应用。

标准成本法，是指企业以预先制定的标准成本为基础，通过比较标准成本与实际成本，核算和分析成本差异、揭示成本差异动因、实施成本控制、评价成本管理业绩的一种成本管理方法。企业应用标准成本法的主要目标，是通过标准成本与实际成本的比较，揭示与分析标准成本和实际成本之间的差异，并按照例外管理的原则，对不利差异予以纠正，以提高工作效率，不断降低产品成本。

（二）标准成本控制与分析

标准成本控制与分析，又称标准成本管理，是以标准成本为基础，将实际成本与标准成本进行对比，揭示成本差异形成的原因和责任，进而采取措施，对成本进行有效控制的管理方法。标准成本法的流程一般应包括如下五个步骤：确定应用对象、制定标准成本、实施过程控制、成本差异计算与动因分析以及标准成本的修订与改进。标准成本控制与分析流程如图 8 - 5 所示。

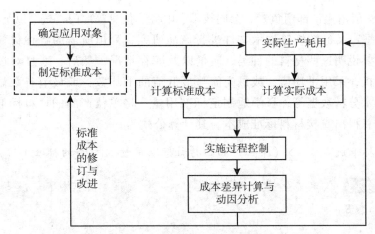

图 8 - 5　标准成本控制与分析流程

（三）标准成本法的优缺点

标准成本法的主要优点：一是能够及时反馈各成本项目不同性质的差异，有利于考核相关部门及人员的业绩；二是标准成本的制定及其差异和动因的信息可以使企业预算编制更为科学和可行，有助于企业的经营决策。

标准成本法的主要缺点：一是要求企业产品的成本标准比较准确、稳定，在使用条件上存在一定的局限性；二是对标准管理要求较高，系统维护成本较高；三是标准成本需要根据市场价格波动频繁更新，导致成本差异可能缺乏可靠性，降低成本控制效果。

二、标准成本的制定

制定标准成本时，企业需要设立由采购、生产、技术、营销、财务、人事、信息等有关部门组成的跨部门临时性组织，采用"自上而下，自下而上"的模式，经由企业管理层审批后，制定出产品的标准成本。在制定标准成本时，企业一般应结合经验数据、行业标杆或实地测算的结果，运用统计分析、工程试验等方法。首先，就不同的成本或费用项目，分别确定消耗量标准和价格标准；其次，确定每一成本或费用项目的标准成本；最后，汇总不同成本项目的标准成本，确定产品的标准成本。

产品标准成本通常由直接材料标准成本、直接人工标准成本和制造费用标准成本构成。每一成本项目的标准成本应分为用量标准（包括单位产品消耗量、单位产品人工小时等）和价格标准（包括原材料单价、小时工资率、小时制造费用分配率等）。其计算公式为：

产品的标准成本 = 直接材料标准成本 + 直接人工标准成本 + 制造费用标准成本

（一）直接材料标准成本的制定

直接材料标准成本，是指直接用于产品生产的材料标准成本，包括标准单价和标准用量两方面。直接材料的标准单价通常采用企业编制的计划价格，它通常是以订货合同的价格为基础，并考虑到未来物价、供求等各种变动因素后按材料种类分别计算的。直接材料的标准用量，一般由生产部门负责，会同技术、财务、信息等部门，按照以下步骤进行：

首先，根据产品的图纸等技术文件进行产品研究，列出所需的各种材料以及可能的代用材料，并要说明这些材料的种类、质量以及库存情况；然后，通过对过去用料的经验记录进行分析，采用平均值，或最高值与最低值的平均数，或最节省数量，或实际测定数据，或技术分析数据等，科学地制定标准用量。将单位产品的材料标准用量与材料的标准单价汇总得出直接材料标准成本。其计算公式为：

直接材料标准成本 $= \sum$（单位产品的材料标准用量 × 材料的标准单价）

【例 8 - 13】 假定某企业 A 产品耗用甲、乙、丙三种直接材料，其直接材料标准成本的计算如表 8 - 7 所示。

表 8 - 7　　　　　　　　　　　　　　A 产品直接材料标准成本

项目	标准		
	甲材料	乙材料	丙材料
标准单价①	45 元/千克	15 元/千克	30 元/千克
标准用量②	3 千克/件	6 千克/件	9 千克/件
标准成本③ = ② × ①	135 元/件	90 元/件	270 元/件
单位产品直接材料标准成本④ = $\sum$③	495 元		

（二）直接人工标准成本的制定

直接人工标准成本，是指直接用于产品生产的人工标准成本，包括标准工时和标准工资率。直接人工的标准工时，一般由生产部门负责，会同技术、财务、信息等部门，在对产品生产所需作业、工序、流程、工时进行技术测定的基础上，考虑正常的工作间隙，并适当考虑生产条件的变化，生产工序、操作技术的改善，以及相关工作人员主观能动性的充分发挥等因素，合理确定单位产品的工时标准。

直接人工的标准工资率，一般由人事部门负责，根据企业薪酬制度以及国家有关职工薪酬制度改革的相关规定等制定。直接人工标准成本的计算公式如下：

直接人工标准成本 = 单位产品的标准工时 × 小时标准工资率

小时标准工资率 = 标准工资总额 ÷ 标准总工时

【例 8 - 14】 沿用〖例 8 - 13〗中的资料，A 产品直接人工标准成本的计算如表 8 - 8 所示。

表 8 - 8　　　　　　　　　　　　　　A 产品直接人工标准成本

项目	标准
月标准总工时①	15 600 小时
月标准工资②	468 000 元

续表

项目	标准
小时标准工资率③ = ② ÷ ①	30 元/小时
单位产品工时用量标准④	1.5 小时/件
直接人工标准成本⑤ = ④ × ③	45 元/件

（三）制造费用标准成本的制定

制造费用的用量标准，即工时用量标准，其含义与直接人工用量标准相同。制造费用价格标准，即制造费用的分配率标准。其计算公式为：

标准制造费用分配率 = 标准制造费用总额 ÷ 标准总工时

制造费用标准成本 = 工时用量标准 × 标准制造费用分配率

制造费用的标准成本应区分变动制造费用项目和固定制造费用项目分别进行。前者随着产量的变动而变动；后者相对固定，不随产量波动。所以，制定制造费用标准时，也应分别制定变动制造费用和固定制造费用的标准成本。

变动制造费用，是指通常随产量变化而呈正比例变化的制造费用。变动制造费用项目的标准成本包括标准用量和标准价格。

变动制造费用的标准用量可以是单位产量的燃料、动力、辅助材料等标准用量，也可以是产品的直接人工标准工时，或者是单位产品的标准机器工时。标准用量的选择需要考虑用量与成本的相关性，制定方法与直接材料的标准用量以及直接人工的标准工时类似。

变动制造费用的标准价格可以是燃料、动力、辅助材料等的标准价格，也可以是小时标准工资率等。制定方法与直接材料的价格标准以及直接人工的标准工资率类似。变动制造费用的计算公式如下：

变动制造费用项目标准成本 = 变动制造费用项目的标准用量 × 变动制造费用项目的标准价格

固定制造费用，是指在一定产量范围内，其费用总额不会随产量变化而变化，始终保持固定不变的制造费用。固定制造费用一般按照费用的构成项目实行总量控制；也可以根据需要，通过计算标准分配率，将固定制造费用分配至单位产品，形成固定制造费用的标准成本。固定制造费用标准，一般由财务部门负责，会同采购、生产、技术、营销、财务、人事、信息等有关部门制定，按照以下步骤进行：

（1）依据固定制造费用的不同构成项目的特性，充分考虑产品的现有生产能力、管理部门的决策以及费用预算等，测算确定各固定制造费用构成项目的标准成本。

（2）通过汇总各固定制造费用项目的标准成本，得到固定制造费用的标准总成本。

（3）确定固定制造费用的标准分配率，标准分配率可根据固定制造费用标准总成本与预算总工时的比率进行确定。

其中，预算总工时，是指由预算产量和单位工时标准确定的总工时，可以依据相关性原则在直接人工工时或者机器工时之间作出选择。固定制造费用项目标准成本的计算顺序及公式如下：

固定制造费用项目标准成本＝固定制造费用项目预算

固定制造费用总成本 ＝ $\sum$ 固定制造费用项目标准成本

固定制造费用标准分配率＝固定制造费用标准总成本÷预算总工时

固定制造费用标准成本＝单位产品工时标准×固定制造费用标准分配率

【例8－15】 沿用〖例8－14〗中的资料，A产品制造费用的标准成本计算如表8－9所示。

表8－9   A产品制造费用标准成本

项目		标准
工时	月标准总工时①	15 600 小时
	单位产品工时标准②	1.5 小时/件
变动制造费用	标准变动制造费用总额③	56 160 元
	标准变动制造费用分配率④＝③÷①	3.6 元/小时
	变动制造费用标准成本⑤＝②×④	5.4 元/件
固定制造费用	标准固定制造费用总额⑥	187 200 元
	标准固定制造费用分配率⑦＝⑥÷①	12 元/小时
	固定制造费用标准成本⑧＝②×⑦	18 元/件
单位产品制造费用标准成本⑨＝⑤＋⑧		23.4 元

三、成本差异的计算及分析

成本差异，是指实际成本与相应标准成本之间的差额。当实际成本高于标准成本时，形成超支差异；当实际成本低于标准成本时，形成节约差异。企业应定期将实际成本与标准成本进行比较和分析，确定差异数额及性质，揭示差异形成的动因，落实到责任中心，寻求可行的改进途径和措施。

从标准成本的制定过程可以看出，任何一项费用的标准成本都是由用量标准和价格标准两个因素决定的。因此，差异分析就应该从这两个方面进行。总差异的计算公式为：

总差异＝实际产量下实际成本－实际产量下标准成本

　　　＝实际用量×实际价格－实际产量下标准用量×标准价格

　　　＝（实际用量－实际产量下标准用量）×标准价格＋实际用量

　　　　×（实际价格－标准价格）

　　　＝用量差异＋价格差异

用量差异 =（实际用量 – 实际产量下标准用量）× 标准价格

价格差异 = 实际用量 ×（实际价格 – 标准价格）

（一）直接材料成本差异的计算分析

直接材料成本差异是指直接材料实际成本与标准成本之间的差额，该项差异可分解为直接材料数量差异和直接材料价格差异。直接材料数量差异，是指在产品生产过程中，直接材料实际耗用量脱离标准消耗量所形成的差异；直接材料价格差异，是指在采购过程中，直接材料实际价格脱离标准价格所形成的差异。有关计算公式如下：

直接材料成本差异 = 实际成本 – 标准成本

　　　　　　　　 = 实际用量 × 实际单价 – 实际产量下标准用量 × 标准单价

　　　　　　　　 = 直接材料数量差异 + 直接材料价格差异

直接材料数量差异 =（实际用量 – 实际产量下标准用量）× 标准单价

直接材料价格差异 = 实际用量 ×（实际单价 – 标准单价）

直接材料的耗用量差异形成的原因是多方面的，有生产部门原因，也有非生产部门原因。如产品设计结构、原料质量、工人的技术熟练程度、废品率的高低等，都会导致材料耗用量的差异。材料耗用量差异的责任需要通过具体分析才能确定，但主要应由生产部门承担。

材料价格差异的形成受各种主客观因素的影响，较为复杂，如市场价格、供货厂商、运输方式、采购批量等的变动，都可能导致材料的价格差异。但由于它与采购部门的关系更为密切，所以其差异应主要由采购部门承担责任。

【例8-16】 沿用〖例8-13〗中的资料，A产品甲材料的标准单价为45元/千克，标准用量为3千克/件。假定企业本月投产A产品8 000件，领用甲材料32 000千克，其实际价格为40元/千克。其直接材料成本差异计算如下：

直接材料成本差异 = 32 000 × 40 – 8 000 × 3 × 45 = 200 000（元）（超支）

其中：材料耗用量差异 =（32 000 – 8 000 × 3）× 45 = 360 000（元）（超支）

材料价格差异 = 32 000 ×（40 – 45）= –160 000（元）（节约）

通过以上计算可以看出，A产品本月耗用甲材料发生200 000元超支差异。由于生产部门耗用材料超过标准，导致超支360 000元，应该查明材料耗用量超标的具体原因，以便改进工作，节约材料。从材料价格而言，由于材料价格降低节约了160 000元，从而抵销了一部分由于材料超标耗用而形成的成本超支。这是材料采购部门的工作成绩，应深入分析经验，巩固现有成果，提升工作成效。

（二）直接人工成本差异的计算分析

直接人工成本差异是指直接人工实际成本与标准成本之间的差额，该差异可分解为人工效率差异和工资率差异。

人工效率差异，是指实际工时脱离标准工时形成的差异，计算时按标准工资率计算确定；工资率差异，是指实际工资率脱离标准工资率形成的差异，计算时按实际工时计算确定。有关计算公式如下：

$$直接人工成本差异 = 实际成本 - 标准成本$$
$$= 实际工时 \times 实际工资率 - 实际产量下标准工时 \times 标准工资率$$
$$= 直接人工工资率差异 + 直接人工效率差异$$
$$直接人工效率差异 = (实际工时 - 实际产量下标准工时) \times 标准工资率$$
$$直接人工工资率差异 = 实际工时 \times (实际工资率 - 标准工资率)$$

直接人工效率差异是用量差异，其形成原因也是多方面的，工人技术状况、工作环境和设备条件的好坏等，都会影响效率的高低，但其主要责任还是在生产部门。

工资率差异是价格差异，其形成原因比较复杂，工资制度的变动、工人的升降级、加班或临时工的增减等都将导致工资率差异。因此，这种差异的责任应由劳动人事部门承担。

【例 8 – 17】 沿用〖例 8 – 14〗中的资料，A 产品标准工资率为 30 元/小时，标准工时为 1.5 小时/件，工资标准为 45 元/件。假定企业本月实际生产 A 产品 8 000 件，用工 10 000 小时，实际应付直接人工工资 350 000 元。其直接人工差异计算如下：

$$直接人工成本差异 = 350\,000 - 8\,000 \times 45 = -10\,000（元）（节约）$$
$$其中：直接人工效率差异 = (10\,000 - 8\,000 \times 1.5) \times 30 = -60\,000（元）（节约）$$
$$直接人工工资率差异 = 10\,000 \times (350\,000 \div 10\,000 - 30) = 50\,000（元）（超支）$$

（三）变动制造费用成本差异的计算分析

变动制造费用项目的差异是指变动制造费用项目的实际发生额与变动制造费用项目的标准成本之间的差额，该差异可分解为变动制造费用项目的数量差异和价格差异。变动制造费用项目的数量差异，是指燃料、动力、辅助材料等变动制造费用项目的实际消耗量脱离标准用量的差异；变动制造费用项目的价格差异，是指燃料、动力、辅助材料等变动制造费用项目的实际价格脱离标准价格的差异。变动制造费用项目成本差异的计算和分析原理与直接材料和直接人工成本差异的计算和分析相同。它可以分解为耗费差异和效率差异两部分。其计算公式如下：

$$变动制造费用成本差异 = 总变动制造费用 - 标准变动制造费用$$
$$= 实际工时 \times 实际变动制造费用分配率$$
$$- 实际产量下标准工时 \times 标准变动制造费用分配率$$
$$= 变动制造费用耗费差异 + 变动制造费用效率差异$$
$$变动制造费用效率差异 = (实际工时 - 实际产量下标准工时) \times 变动制造费用标准分配率$$
$$变动制造费用耗费差异 = 实际工时 \times (变动制造费用实际分配率 - 变动制造费用标准分配率)$$

其中，效率差异是用量差异，耗费差异属于价格差异。变动制造费用效率差异的形成原因与直接人工效率差异的形成原因基本相同。

【例8-18】 沿用〖例8-15〗中的资料，A产品变动制造费用标准分配率为3.6元/小时，标准工时为1.5小时/件。假定企业本月实际生产A产品8 000件，用工10 000小时，实际发生变动制造费用40 000元。其变动制造费用成本差异计算如下：

变动制造费用项目成本差异=40 000-8 000×1.5×3.6=-3 200（元）（节约）

其中：变动制造费用效率差异=（10 000-8 000×1.5）×3.6=-7 200（元）（节约）

变动制造费用耗费差异=10 000×（40 000÷10 000-3.6）=4 000（元）（超支）

通过以上计算可以看出，A产品变动制造费用节约3 200元，这是由于提高效率，工时由12 000小时（8 000×1.5）降为10 000小时的结果。由于费用分配率由3.6元提高到4元（40 000÷10 000），使变动制造费用发生超支，从而抵销了一部分变动制造费用的节约额。应该查明费用分配率提高的具体原因。

（四）固定制造费用成本差异的计算分析

固定制造费用项目成本差异是指固定制造费用项目实际成本与其标准成本之间的差额。其计算公式为：

固定制造费用项目成本差异=固定制造费用项目实际成本

－固定制造费用项目标准成本（预算）

=实际工时×实际分配率－实际产量下标准工时×标准分配率

标准分配率=固定制造费用标准成本总额（预算总额）÷预算总工时

由于固定制造费用相对固定，实际产量与预算产量的差异会对单位产品所应承担的固定制造费用产生影响，所以，固定制造费用成本差异的分析有其特殊性，分为两差异分析法和三差异分析法。

1. 两差异分析法。

两差异分析法是指将总差异分为耗费差异和能量差异两部分。其中，耗费差异是指实际固定制造费用与预算产量下标准固定制造费用之间的差额；而能量差异则是指预算产量下标准固定制造费用与实际产量下标准固定制造费用之间的差额。计算公式如下：

耗费差异=实际固定制造费用－预算产量下标准固定制造费用

=实际固定制造费用－标准工时×预算产量×标准分配率

能量差异=预算产量下标准固定制造费用－实际产量下标准固定制造费用

=预算产量下标准工时×标准分配率－实际产量下标准工时×标准分配率

=（预算产量下标准工时－实际产量下标准工时）×标准分配率

【例8-19】 沿用〖例8-15〗中的资料，A 产品固定制造费用标准分配率为12元/小时，标准工时为1.5小时/件。假定企业 A 产品预算产量为10 400件，实际生产 A 产品8 000件，用工10 000小时，实际发生固定制造费用190 000元。其固定制造费用的成本差异计算如下：

固定制造费用成本差异 = 190 000 - 8 000 × 1.5 × 12 = 46 000（元）（超支）

其中：耗费差异 = 190 000 - 10 400 × 1.5 × 12 = 2 800（元）（超支）

能量差异 = (10 400 × 1.5 - 8 000 × 1.5) × 12 = 43 200（元）（超支）

通过以上计算可以看出，该企业 A 产品固定制造费用超支46 000元。这主要是生产能力利用不足，实际产量低于预算产量所致。

2. 三差异分析法。

三差异分析法是将两差异分析法下的能量差异进一步分解为产量差异和效率差异，即将固定制造费用成本差异分为耗费差异、产量差异和效率差异三个部分。其中耗费差异的概念和计算与两差异分析法下一致。计算公式如下：

耗费差异 = 实际固定制造费用 - 预算产量下标准固定制造费用

= 实际固定制造费用 - 预算产量 × 标准工时 × 标准分配率

= 实际固定制造费用 - 预算产量下标准工时 × 标准分配率

产量差异 = (预算产量下标准工时 - 实际产量下实际工时) × 标准分配率

效率差异 = (实际产量下实际工时 - 实际产量下标准工时) × 标准分配率

【例8-20】 沿用〖例8-19〗中的资料，计算其固定制造费用的成本差异如下：

固定制造费用成本差异 = 190 000 - 8 000 × 1.5 × 12 = 46 000（元）（超支）

其中：耗费差异 = 190 000 - 10 400 × 1.5 × 12 = 2 800（元）（超支）

产量差异 = (10 400 × 1.5 - 10 000) × 12 = 67 200（元）（超支）

效率差异 = (10 000 - 8 000 × 1.5) × 12 = -24 000（元）（节约）

通过上述计算可以看出，采用三差异分析法，能够更好地说明生产能力利用程度和生产效率高低所导致的成本差异情况，便于分清责任。

（五）分析结果的反馈

标准成本差异分析是企业规划与控制的重要手段。在成本差异的分析过程中，企业应关注各项成本差异的规模、趋势及其可控性。对于反复发生的大额差异，企业应进行重点分析与处理。通过差异分析，企业管理人员可以进一步揭示实际执行结果与标准不同的深层次原因。企业可将生成的成本差异信息汇总，定期形成标准成本差异分析报告，并针对性地提供成本改进措施。为保证标准成本的科学性、合理性与可行性，企业应及时对标准成本进行修订与改进。一般情况下，标准成本的修订工作由标准成本的制定机构负责。企业应至少每年对标准成本进行一次定期测试，通过编制成本差异分析报表，确认是否存在因标准成本不准确而形成的成本差异。当该类差异较大时，企业应按照标准成本的制定程序，对标准成本进行修订。除定期测试外，当组织机构、外部市场、产品品种、生产工艺等内外部环境发生较大变化时，企业也应该及时对标准成本进行修订与补充。

第四节 作业成本与责任成本

一、作业成本

（一）作业成本法的相关概念

作业成本法不仅是一种成本计算方法，更是成本计算与成本管理的有机结合。作业成本法以"作业消耗资源、产出消耗作业"为原则，按照资源动因将资源费用追溯或分配至各项作业，计算出作业成本，然后再根据作业动因，将作业成本追溯或分配至各成本对象，最终完成成本计算的过程。企业每完成一项作业活动，就有一定的资源被消耗，同时通过一定量的产出转移到下一作业，如此逐一进行，直至最终形成产品。因此，作业成本法基于资源耗用的因果关系进行成本分配：根据作业活动耗用资源的情况，将资源耗费分配给作业；再依照成本对象消耗作业的情况，把作业成本分配给成本对象。作业成本法的基本原理如图 8 - 6 所示。

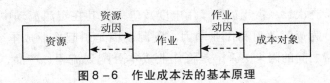

图 8 - 6 作业成本法的基本原理

在作业成本法下，成本分配时，首先根据作业中心的资源耗费情况，将资源耗费的成本分配到作业中心去，然后再将分配到作业中心的成本，依据作业活动的数量分配到各成本对象。要正确理解作业成本法，需要明确以下几个概念。

1. 资源费用。

资源是指在作业进行中被运用或使用的经济要素，所有进入企业作业系统的人力、财力、物力等都属于资源范畴，它是企业生产耗费的最原始形态。资源费用，是指企业在一定期间内开展经济活动所发生的各项资源耗费，也就是计入产品成本的各种费用。资源费用既包括各种房屋及建筑物、设备、材料、商品等各种有形资源的耗费，也包括信息、知识产权、土地使用权等各种无形资源的耗费，还包括人力资源耗费以及其他各种税费支出等。

2. 作业。

作业是指企业基于特定目的重复执行的任务或活动，是连接资源和成本对象的桥梁。一项作业既可以是一项非常具体的任务或活动，也可以泛指一类任务或活动。例如，产品设计、材料搬运、包装、订单处理、设备调试、采购、设备运行以及质量检验等均为不同的作业。作业具有以下特征：作业是投入产出因果联动的实体；作业贯穿产品生产经营的全过程，从产品设计、原材料采购、生产加工，直至产品的发运销售。在这一过程中，每个环节、每道工序都可以视为一项作业，包括企业内部和连接企业外部的各种作业；作业应当可量化。

按消耗对象不同，作业可分为主要作业和次要作业。主要作业是指被产品、服务或顾客等最终成本对象消耗的作业。次要作业是指被原材料、主要作业等介于中间地位的成本对象消耗的作业。例如，做馒头的工序中，发面工序是为制作馒头做准备的工作，是介于中间地位的成本对象消耗的作业，即次要作业；在生产书柜、桌子和椅子的企业中，木材断成木板和切割剥离均属于次要作业，是为后续的生产书柜、桌子和椅子等不同的产品对象做的准备工作。从作业对企业价值创造的作用看，作业可分为增值作业和非增值作业两大类，后者因与价值增值无关而应被企业避免或消除。

3. 成本对象。

成本对象是指企业追溯或分配资源费用、计算成本的对象物，是成本的承担者，是可分配费用的对象。成本对象可以是工艺、流程、零部件、产品、服务、分销渠道、客户、作业、作业链等需要计量和分配成本的项目。

4. 成本动因。

成本动因也称成本驱动因素，是指诱导成本发生的原因，是成本对象与其直接关联的作业和最终关联的资源之间的中介。成本动因通常选择作业活动耗费资源的计量标准来计量，如质量检查次数、占用面积、用电度数等。按其在资源流动中所处的位置和作用，成本动因可分为资源动因和作业动因。资源动因是引起作业成本变动的驱动因素，反映作业量与耗费之间的因果关系，是将作业成本分配到流程、产品、分销渠道、客户等成本对象的依据。

资源动因被用来计量各项作业对资源的耗用，根据资源动因可以将资源成本分配给各有关作业。按照作业成本计算法，作业量的多少决定着资源的耗用量，但资源耗用量的高低与最终的产品数量没有直接关系。

作业动因是引起产品成本变动的驱动因素，反映产品产量与作业成本之间的因果关系。作业动因计量各种产品对作业耗用的情况，并被用来当作作业成本的分配基础，是沟通资源消耗与最终产出的中介。例如，材料搬运作业的衡量标准是搬运的零件数量，生产调度作业的衡量标准是生产订单数量，加工作业的衡量标准是直接人工工时，自动化设备作业的衡量标准是机器作业小时数等。

5. 作业中心。

作业中心又称成本库，是指构成一个业务过程的相互联系的作业集合，用来汇集业务过程及其产出的成本。换言之，按照统一的作业动因，将各种资源耗费项目归结在一起，便形成了作业中心。作业中心有助于企业更明晰地分析一组相关的作业，以便进行作业管理以及企业组织机构和责任中心的设计与考核。

作业成本法一般适用于具备以下特征的企业：作业类型较多且作业链较长；同一生

产线生产多种产品；企业规模较大且管理层对产品成本准确性要求较高；产品、客户和生产过程多样化程度较高；间接或辅助资源费用所占比重较大等。

（二）作业成本法的应用目标

作业成本法的应用目标包括：通过追踪所有资源费用到作业，然后再到流程、产品、分销渠道或客户等成本对象，提供全口径、多维度的更加准确的成本信息；通过作业认定、成本动因分析以及对作业效率、质量和时间的计量，更真实地揭示资源、作业和成本之间的联动关系，为资源的合理配置以及作业、流程和作业链（或价值链）的持续优化提供依据；通过作业成本法提供的信息及其分析，为企业更有效地开展规划、决策、控制、评价等各种管理活动奠定了坚实基础。

（三）作业成本法的应用程序

企业应用作业成本法，一般按照资源识别及资源费用的确认与计量、成本对象选择、作业认定、作业中心设计、资源动因选择与计量、作业成本汇集、作业动因选择与计量、作业成本分配、作业成本信息报告等程序进行。

1. 资源识别及资源费用的确认与计量。

资源识别及资源费用的确认与计量，是指识别出由企业拥有或控制的所有资源，遵循相关会计制度的规定，合理选择会计政策，确认和计量全部资源费用，编制资源费用清单，为资源费用的追溯或分配奠定基础。

资源识别及资源费用的确认与计量应由企业的财务部门负责，在基础设施管理、人力资源管理、研究与开发、采购、生产、技术、营销、服务、信息等部门的配合下完成，并编制资源费用清单，为资源费用的追溯或分配奠定基础。资源费用清单一般应分部门列示当期发生的所有资源费用，其内容要素一般包括发生部门、费用性质、所属类别、受益对象等。

2. 成本对象的选择。

在作业成本法下，企业应将当期所有的资源费用，遵循因果关系和受益原则，根据资源动因和作业动因，分项目经由作业追溯或分配至相关的成本对象，确定成本对象的成本。企业应根据财务会计制度的相关规定并考虑预算控制、成本管理、营运管理、业绩评价以及经济决策等方面的要求确定成本对象。

3. 作业认定。

作业认定是指企业识别由间接或辅助资源执行的作业集，确认每一项作业完成的工作以及执行该作业所耗费的资源费用，并据以编制作业清单的过程。作业认定的内容主要包括对企业每项消耗资源的作业进行识别、定义和划分，确定每项作业在生产经营活动中的作用、同其他作业的区别以及每项作业与耗用资源之间的关系。作业认定有以下两种形式：第一，根据企业生产流程，自上而下进行分解；第二，通过与企业每一部门负责人和一般员工进行交流，自下而上确定他们所做的工作，并逐一认定各项作业。

作业认定的具体方法一般包括调查表法和座谈法。调查表法，是指通过向企业全体员工发放调查表，并通过分析调查表来识别和确定作业的方法；座谈法，是指通过与企业员工的面对面交谈，来识别和确定作业的方法。

企业对认定的作业应加以分析和归类，按顺序列出作业清单或编制出作业字典。作业清单或作业字典一般应当包括作业名称、作业内容、作业类别、所属作业中心等内容。

4. 作业中心设计。

作业中心设计，是指企业将认定的所有作业按照一定的标准进行分类，形成不同的作业中心，作为资源费用的追溯或分配对象的过程。作业中心可以是某一项具体的作业，也可以是由若干个相互联系的能够实现某种特定功能的作业的集合。企业可按照受益对象、层次和重要性，将作业分为以下五类，并分别设计相应的作业中心。

（1）产量级作业，是指明确地为个别产品（或服务）实施的、使单个产品（或服务）受益的作业。该类作业的数量与产品（或服务）的数量呈正比例变动。包括产品加工、检验等。

（2）批别级作业，是指为一组（或一批）产品（或服务）实施的、使该组（该批）产品（或服务）受益的作业。该类作业的发生是由生产的批量数而不是单个产品（或服务）引起的，其数量与产品（或服务）的批量数呈正比例变动。包括设备调试、生产准备等。

（3）品种级作业，是指为生产和销售某种产品（或服务）实施的、使该种产品（或服务）的每个单位都受益的作业。该类作业用于产品（或服务）的生产或销售，但独立于实际产量或批量，其数量与品种的多少呈正比例变动。包括新产品设计、现有产品质量与功能改进、生产流程监控、工艺变换需要的流程设计、产品广告等。

（4）顾客级作业，是指为服务特定客户所实施的作业。该类作业保证企业将产品（或服务）销售给个别客户，但作业本身与产品（或服务）数量独立。包括向个别客户提供的技术支持活动、咨询活动、独特包装等。

（5）设施级作业，是指为提供生产产品（或服务）的基本能力而实施的作业。该类作业是开展业务的基本条件，其使所有产品（或服务）都受益，但与产量或销量无关。包括管理作业、针对企业整体的广告活动等。

5. 资源动因的选择与计量。

资源动因是引起资源耗用的成本动因，它反映了资源耗用与作业量之间的因果关系。资源动因选择与计量为将各项资源费用归集到作业中心提供了依据。企业应识别当期发生的每一项资源消耗，分析资源耗用与作业中心作业量之间的因果关系，选择并计量资源动因。企业一般应选择那些与资源费用总额呈正比例关系变动的资源动因作为资源费用分配的依据。首先，企业应根据不同的资源，选择合适的资源动因。如电力资源可以选择"消耗的电力度数"作为资源动因。然后，根据各项作业所消耗的资源动因数，将各资源库的价值分配到各作业中心。如"产品质量检验"作业消耗了 1 000 度电，而每度电的成本为 0.55 元。那么，"产品质量检验"作业中所含的"电力成本"为 550 元。当然，该项作业还会消耗其他资源，将该作业所消耗的所有资源的价值，按照相应的资源动因，分别分配到该作业中心，汇总后就会得到该作业的成本。如果某项作业所消耗的资源具有专属性，那么该作业所消耗的资源部分的价值可直接计入该作业的作业中心。如"产品质量检验"作业中检验人员的工资、专用设备的折旧费等成本，一般可以直接归属于检验作业。

6. 作业成本归集。

作业成本归集，是指企业根据资源耗用与作业之间的因果关系，将所有的资源成本直接追溯或按资源动因分配至各作业中心，计算各作业总成本的过程。作业成本归集应遵循以下基本原则：（1）对于为执行某种作业直接消耗的资源，应直接追溯至该作业中心；（2）对于为执行两种或两种以上作业共同消耗的资源，应按照各种作业中心的资源动因量比例分配至各作业中心。

7. 作业动因的选择与计量。

作业动因是引起作业耗用的成本动因，它反映了作业耗用与最终产出的因果关系，是将作业成本分配到流程、产品、分销渠道、客户等成本对象的依据。当作业中心仅包含一种作业的情况下，所选择的作业动因应该是引起该作业耗用的成本动因；当作业中心由若干个作业集合而成的情况下，企业可采用回归分析法或分析判断法，分析比较各具体作业动因与该作业中心成本之间的相关性，选择相关性最大的作业动因，即代表性作业动因，作为作业成本分配的基础。

作业动因需要在交易动因、持续时间动因和强度动因间进行选择。其中，交易动因，是指用执行频率或次数计量的成本动因，包括接受或发出订单数、处理收据数等；持续时间动因，是指用执行时间计量的成本动因，包括产品安装时间、检查小时等；强度动因，是指不易按照频率、次数或执行时间进行分配而需要直接衡量每次执行所需资源的成本动因，包括特别复杂产品的安装、质量检验等。企业如果每次执行所需要的资源数量相同或接近，应选择交易动因；如果每次执行所需要的时间存在显著差异，应选择持续时间动因；如果作业的执行比较特殊或复杂，应选择强度动因。对于选择的作业动因，企业应采用相应的方法和手段进行计量，以取得作业动因量的可靠数据。

8. 作业成本分配。

作业成本分配，是指企业将各作业中心的作业成本按作业动因分配至产品等成本对象，并结合直接追溯的资源费用，计算出各成本对象的总成本和单位成本的过程。主要作业是指被产品、服务或顾客等最终成本对象消耗的作业。次要作业是指被原材料、主要作业等介于中间地位的成本对象消耗的作业。

作业成本分配一般按照以下两个步骤进行：

（1）分配次要作业成本至主要作业，计算主要作业的总成本和单位成本。企业应按照各主要作业耗用每一次要作业的作业动因量，将次要作业的总成本分配至各主要作业，并结合直接追溯至主要作业的资源费用，计算各主要作业的总成本和单位成本。有关计算公式如下：

次要作业成本分配率＝次要作业总成本÷该作业动因总量

某主要作业分配的次要作业成本＝该主要作业耗用的次要作业动因量×该次要作业成本分配率

主要作业总成本＝直接追溯至该作业的资源费用＋分配至该主要作业的次要作业成本之和

主要作业单位成本＝主要作业总成本÷该主要作业动因总量

（2）分配主要作业成本至成本对象，计算各成本对象的总成本和单位成本。企业应按照各成本对象耗用每一主要作业的作业动因量，将主要作业成本分配至各成本对象，并结合直接追溯至成本对象的单位水平资源费用，计算各成本对象的总成本和单位成本。有关计算公式如下：

某成本对象分配的主要作业成本＝该成本对象耗用的主要作业成本动因量×主要作业单位成本

某成本对象总成本＝直接追溯至该成本对象的资源费用＋分配至该成本对象的主要作业成本之和

某成本对象单位成本＝该成本对象总成本÷该成本对象的产出量

【例8－21】假设某企业主要生产书柜、桌子和椅子，生产工艺流程如图8－7所示，作业成本汇集如表8－10所示。

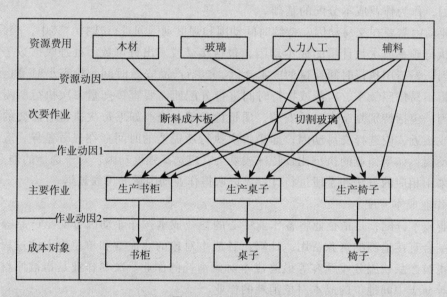

图8－7 作业流程

表8－10 作业成本汇集

作业中心	消耗的资源费用或次要作业	作业类别
断料成木板	木材、人力人工	次要作业
切割玻璃	玻璃、人力人工	次要作业
生产书柜	木板、切割的玻璃、人力人工、辅料	主要作业
生产桌子	木板、人力人工、辅料	主要作业
生产椅子	木板、人力人工、辅料	主要作业

假设该厂商消耗木材总额 100 000 元，发生人工总成本为 250 000 元，假设各个作业平均分摊人工费用，将原木材断料成为木板以用于生产书柜、桌子和椅子，共获得 2 000 立方米木板，其中 1 000 立方米木板用于生产书柜、600 立方米木板用于生产桌子、400 立方米木板用于生产椅子，共生产出 500 把椅子（假定本题中辅料成本忽略不计）。

以生产椅子为例，作业成本的分配具体如表 8 – 11 所示。

表 8 – 11　　　　　　　　　　　　　作业成本计算分配表

第一步：次要作业成本分配至主要作业成本	第二步：主要作业成本分配至成本对象
（1）断料作业成本分配率 = 次要作业总成本 ÷ 该作业动因量 =（100 000 + 50 000）÷ 2 000 = 75（元/立方米）	（1）根据第一步可知生产椅子作业单位成本为 160 元
（2）生产椅子消耗的断料成本 = 生产椅子耗用的次要作业动因量 × 断料作业成本分配率 = 400 × 75 = 30 000（元）	（2）椅子消耗的生产椅子作业的成本 = 500 × 160 = 80 000（元）
（3）生产椅子作业的总成本 = 生产椅子直接耗用的人工成本 + 生产椅子的断料成本 = 50 000 + 30 000 = 80 000（元）	（3）椅子总成本为 80 000 元
（4）生产椅子的作业单位成本 = 80 000 ÷ 500 = 160（元）	（4）椅子单位成本 = 80 000 ÷ 500 = 160（元）

9. 作业成本信息报告。

作业成本信息报告的目的，是通过设计、编制和报送具有特定内容和格式要求的作业成本报表，向企业内部各有关部门和人员提供其所需要的作业成本及其他相关信息。作业成本报表的内容和格式应根据企业内部管理需要确定。作业成本报表提供的信息一般应包括以下内容：企业拥有的资源及其分布以及当期发生的资源费用总额及其具体构成的信息；每一成本对象总成本、单位成本及其消耗的作业类型、数量及单位作业成本的信息，以及产品盈利性分析的信息；每一作业或作业中心的资源消耗及其数量、成本以及作业总成本与单位成本的信息；与资源成本分配所依据的资源动因以及作业成本分配所依据的作业动因相关的信息；资源费用、作业成本以及成本对象成本的预算完成情况及其原因分析的信息；有助于作业、流程、作业链（或价值链）持续优化的作业效率、时间和质量等方面的非财务信息；有助于促进客户价值创造的有关增值作业与非增值作业的成本信息及其他信息；有助于业绩评价与考核的作业成本信息及其相关信息；上述各类信息的历史或同行业比较信息。

（四）作业成本法的优缺点

作业成本法的主要优点：一是能够提供更加准确的各维度成本信息，有助于企业提高产品定价、作业与流程改进、客户服务等决策的准确性；二是改善和强化成本控制，促进绩效管理的改进和完善；三是推进作业基础预算，提高作业、流程、作业链（或价值链）管理的能力。

作业成本法的主要缺点：部分作业的识别、划分、合并与认定，成本动因的选择以及成本动因计量方法的选择等均存在较大的主观性，操作较为复杂，开发和维护费用较高。

（五）作业成本管理

作业成本管理是基于作业成本法，以提高客户价值、增加企业利润为目的的一种新型管理方法。它通过对作业及作业成本的确认、计量，最终计算产品成本，同时将成本计算深入到作业层次，对企业所有作业活动进行追踪并动态反映。此外，还要进行成本链分析，包括动因分析、作业分析等，从而为企业决策提供准确的信息，指导企业有效地执行必要的作业，消除和精简不能创造价值的作业，以达到降低成本、提高效率的目的。作业成本管理是一种符合战略管理思想要求的现代成本计算和管理模式。它既是精确的成本计算系统，也是改进业绩的工具。作业成本管理包含两个维度的含义：成本分配观和流程观，如图8-8所示。

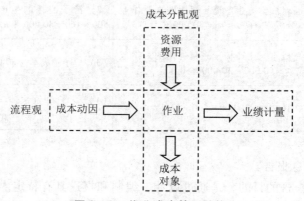

图8-8　作业成本管理结构

图8-8中垂直部分反映了成本分配观，它说明成本对象引起作业需求，而作业需求又引起资源的需求。因此，成本分配是从资源到作业，再从作业到成本对象，而这一流程正是作业成本计算的核心。

图8-8中水平部分反映了流程观，它为企业提供引起作业的原因（成本动因）以及作业完成情况（业绩计量）的信息。流程观关注的是确认作业成本的根源、评价已经完成的工作和已实现的结果。企业利用这些信息，可以改进作业链，提高从外部顾客获得的价值。

流程价值分析关心的是作业的责任，包括成本动因分析、作业分析和业绩考核三个部分。其基本思想是，以作业来识别资源，将作业分为增值作业和非增值作业，并把作业和流程联系起来，确认流程的成本动因，计量流程的业绩，从而促进流程的持续改进。

1. 成本动因分析。

要进行作业成本管理，必须找出导致作业成本发生的动因。每项作业都有投入和产出，作业投入是为取得产出而由作业消耗的资源，而作业产出则是一项作业的结果或产品。比如说，原料搬运，搬运到指定地点的材料数量，是该"搬运"作业的产出量，也可以称为作业动因。然而，产出量指标不一定是作业成本发生的根本原因，必须进一步进行动因分析，找出形成作业成本的根本原因。例如，搬运材料的根本原因，可能是车间布局不合理造成的。一旦得知了根本原因，就可以采取相应的措施改善作业，如改善车间布局，减少搬运成本。

2. 作业分析。

作业分析的主要目标是认识企业的作业过程，以便从中发现持续改善的机会及途径。分析和评价作业、改进作业和消除非增值作业构成了流程价值分析与管理的基本内容。按照对顾客价值的贡献，作业可以分为增值作业和非增值作业。改进流程首先需要将每一项作业分为增值作业或非增值作业，明确增值成本和非增值成本，然后再进一步确定如何将非增值成本减至最小。

所谓增值作业，就是那些顾客认为可以增加其购买的产品或服务的有用性，有必要保留在企业中的作业。一项作业必须同时满足下列三个条件才可断定为增值作业：

（1）该作业导致了状态的改变。

（2）该状态的变化不能由其他作业来完成。

（3）该作业使其他作业得以进行。

例如，印刷厂的最后装订工序是先裁边再装订，裁边作业使所有纸张整齐划一，从而改变了原来的状态。这种状态之前的印刷或其他作业均不能实现该目的，而且只有裁边以后，才能进行后续的装订作业。裁边作业符合上述全部条件，因此，为增值作业。增值作业又可分为高效作业和低效作业。增值成本是指那些以完美效率执行增值作业所发生的成本，或者说，是高效增值作业产生的成本，而那些增值作业中因为低效率所发生的成本则属于非增值成本。

非增值作业，是指即便消除也不会影响产品对顾客服务的潜能，不必要的或可消除的作业。如果一项作业不能同时满足增值作业的三个条件，就可断定其为非增值作业。例如，检验作业，只能说明产品是否符合标准，而不能改变其形态，不符合第一个条件；次品返工作业是重复作业，在其之前的加工作业本就应提供符合标准的产品。因此，二者都属于非增值作业。执行非增值作业发生的成本全部是非增值成本。持续改进和流程再造的目标就是寻找非增值作业，将非增值成本降至最低。

在区分了增值成本与非增值成本之后，企业要尽量消除或减少非增值成本，最大化利用增值作业，以减少不必要的耗费，提升经营效率。作业成本管理中进行成本节约的途径，主要有以下四种形式：

（1）作业消除，是指消除非增值作业或不必要的作业，降低非增值成本。如将原材料从集中保管的仓库搬运到生产部门，将某部门生产的零件搬运到下一个生产部门都是非增值作业。如果条件许可，将原料供应商的交货方式改变为直接送达原料使用部门，将功能性的工厂布局转变为单元制造式布局，就可以缩短运输距离，削减甚至消除非增值作业。

（2）作业选择，是指对所有能够达到同样目的的不同作业，选取其中最佳的方案。不同的策略经常产生不同的作业，如不同的产品销售策略会产生不同的销售作业，而作业引发成本。因此，不同的产品销售策略引发不同的作业成本。在其他条件不变的情况下，选择作业成本最低的销售策略，可以降低成本。

（3）作业减少，是指以不断改进的方式降低作业消耗的资源或时间。如减少整备次数，就可以改善整备作业及其成本。

（4）作业共享，是指利用规模经济来提高增值作业的效率。如新产品在设计时，如果考虑到充分利用现有其他产品使用的零件，就可以免除新产品零件的设计作业，从而降低新产品的生产成本。

作业分析是流程价值分析的核心。通过对作业的分析研究，进而采取措施，消除非增值作业，改善低效作业，优化作业链，对于削减成本、提高效益具有非常重要的意义。

3. 作业业绩考核。

实施作业成本管理，其目的在于找出并消除所有非增值作业，提高增值作业的效率。当利用作业成本计算系统识别出流程中的非增值作业及其成本动因后，就为业绩改善指明了方向。若要评价作业和流程的执行情况，必须建立业绩指标，可以是财务指标，也可以是非财务指标，以此来评价是否改善了流程。财务指标主要集中在增值成本和非增值成本上，可以提供增值与非增值报告，以及作业成本趋势报告。而非财务指标主要体现在效率、质量和时间三个方面，如投入产出比、次品率、生产周期等。

二、责任成本

（一）责任成本管理的含义

责任成本管理，是指将企业内部划分成不同的责任中心，明确责任成本，并根据各责任中心的权、责、利关系来考核其工作业绩的一种成本管理模式。其中，责任中心也叫责任单位，是指企业内部具有一定权力并承担相应工作责任的部门或管理层次。责任成本管理的流程如图 8-9 所示。

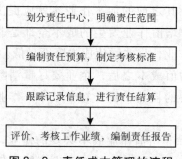

图 8-9　责任成本管理的流程

（二）责任中心及其考核

责任中心，是指企业内部独立提供产品（或服务）、资金等的责任主体。按照企业内部责任中心的权责范围以及业务活动的不同特点，责任中心一般可以划分为成本中心、利润中心和投资中心三类。每一类责任中心均对应着不同的决策权力及不同的业绩评价指标。

1. 成本中心。

成本中心是指有权发生并控制成本的单位。成本中心一般不会产生收入，通常只计量考核发生的成本。成本中心是责任中心中应用最为广泛的一种形式，只要是对成本的发生负有责任的单位或个人都可以成为成本中心。例如，负责生产产品的车间、工段、班组等生产部门或确定费用标准的管理部门等。成本中心具有以下特点：

（1）成本中心不考核收入，只考核成本。一般情况下，成本中心不能形成真正意义上的收入，故只需衡量投入，而不衡量产出，这是成本中心的首要特点。

（2）成本中心只对可控成本负责，不负责不可控成本。可控成本是指成本中心可以控制的各种耗费，它应具备三个条件：第一，该成本的发生是成本中心可以预见的；第二，该成本是成本中心可以计量的；第三，该成本是成本中心可以调节和控制的。

凡不同时符合上述三个条件的成本都是不可控成本。可控成本和不可控成本的划分是相对的。它们与成本中心所处的管理层级别、管理权限与控制范围大小有关。对于一个独立企业而言，几乎所有的成本都是可控的。

（3）责任成本是成本中心考核和控制的主要内容。成本中心当期发生的所有可控成本之和就是其责任成本。

成本中心考核和控制主要使用的指标包括预算成本节约额和预算成本节约率。计算公式为：

预算成本节约额 = 实际产量预算责任成本 - 实际责任成本

预算成本节约率 = 预算成本节约额 ÷ 实际产量预算责任成本 × 100%

【例 8 - 22】 某企业内部某车间为成本中心，生产甲产品，预算产量 3 500 件，单位预算成本 150 元，实际产量 4 000 件，单位实际成本 145.5 元，那么，该成本中心的考核指标计算为：

预算成本节约额 = 4 000 × 150 - 4 000 × 145.5 = 18 000（元）

预算成本节约率 = 18 000 ÷（150 × 4 000）× 100% = 3%

结果表明，该成本中心的预算成本节约额为 18 000 元，预算成本节约率为 3%。

2. 利润中心。

利润中心是指既能控制成本，又能控制收入和利润的责任单位。它不但有成本发生，而且还有收入发生。因此，它要同时对成本、收入以及收入成本的差额即利润负责。利润中心有两种形式：一是自然利润中心，它是自然形成的，直接对外提供劳务或销售产品以取得收入的责任中心；二是人为利润中心，它是人为设定的，通过企业内部各责任中心之间使用内部结算价格结算半成品内部销售收入的责任中心。利润中心往往处于企业内部的较高层次，如分店或分厂等。利润中心与成本中心相比，其权利和责任都相对较大，它不仅要降低绝对成本，更要寻求收入的增长使之超过成本的增长，即更要强调相对成本的降低。

在通常情况下，利润中心采用利润作为业绩考核指标，分为边际贡献、可控边际贡献和部门边际贡献。相关公式为：

边际贡献 = 销售收入总额 – 变动成本总额

可控边际贡献 = 边际贡献 – 该中心负责人可控固定成本

部门边际贡献 = 可控边际贡献 – 该中心负责人不可控固定成本

其中，边际贡献是将收入减去随生产能力的使用而变化的成本，反映了该利润中心的盈利能力，但它对业绩评价没有太大的作用。

可控边际贡献，也称部门经理边际贡献，它衡量了部门经理有效运用其控制下的资源的能力，是评价利润中心管理者业绩的理想指标。但是，该指标有一个很大的局限，即难以区分可控和不可控的与生产能力相关的成本。如果该中心有权处置固定资产，那么相关的折旧费用是可控成本；反之，相关的折旧费用就是不可控成本。可控边际贡献忽略了应追溯但又不可控的生产能力成本，不能全面反映该利润中心对整个公司所做的经济贡献。

部门边际贡献，又称部门毛利，它扣除了利润中心管理者不可控的间接成本，因为对于公司最高层来说，所有成本都是可控的。部门边际贡献反映了部门为企业利润和弥补与生产能力有关的成本所做的贡献，它更多地用于评价部门业绩而不是利润中心管理者的业绩。

【例8-23】某企业内部乙车间是人为利润中心，本期实现内部销售收入200万元，变动成本为120万元，该中心负责人可控固定成本为20万元，不可控但应由该中心负担的固定成本为10万元。那么，该利润中心的考核指标计算为：

边际贡献 = 200 – 120 = 80（万元）

可控边际贡献 = 80 – 20 = 60（万元）

部门边际贡献 = 60 – 10 = 50（万元）

3. 投资中心。

投资中心是指既能控制成本、收入和利润，又能对投入的资金进行控制的责任中心，如事业部、子公司等。其经理所拥有的自主权不仅包括制定价格、确定产品和生产方法等短期经营决策权，而且还包括投资规模和投资类型等投资决策权。投资中心是最高层次的责任中心，它拥有最大的决策权，也承担最大的责任。利润中心和投资中心的区别在于，利润中心没有投资决策权，而且在考核利润时也不考虑所占用的资产。

对投资中心的业绩进行评价时，不仅要使用利润指标，还需要计算、分析利润与投资的关系，主要有投资收益率和剩余收益等指标。

（1）投资收益率。投资收益率是投资中心获得的利润与投资额的比率，其计算公式为：

投资收益率 = 息税前利润 ÷ 平均经营资产

平均经营资产 =（期初经营资产 + 期末经营资产）÷ 2

其中，息税前利润是指扣减利息和所得税之前的利润。由于利润是整个期间内实现并累积形成的,属于期间指标,而经营资产属于时点指标,故取其平均数。

投资收益率主要说明了投资中心运用每单位资产对公司整体利润贡献的大小。它根据现有的会计资料计算得出,结果比较客观,可用于部门之间以及不同行业之间的比较。因此,该指标不仅可以促使经理人员关注经营资产运用效率,而且有利于调整资产存量结构,优化资源配置。然而,过于关注投资利润率也会引起短视行为的产生,追求局部利益最大化而损害整体利益最大化目标,导致经理人员为眼前利益而牺牲长远利益。

(2)剩余收益。剩余收益是指投资中心的经营收益扣减经营资产按要求的最低投资收益率计算的收益额之后的余额。其计算公式为:

剩余收益 = 息税前利润 − 平均经营资产 × 最低投资收益率

其中,最低投资收益率是根据资本成本来确定的,一般等于或大于资本成本,通常可以采用企业整体的最低期望投资收益率,也可以是企业为该投资中心单独规定的最低投资收益率。

剩余收益指标弥补了投资收益率指标会使局部利益与整体利益相冲突这一不足之处,但由于其是一个绝对指标,故而难以在不同规模的投资中心之间进行业绩比较。另外,剩余收益同样仅反映当期业绩,单纯使用这一指标也会诱发投资中心管理者的短视行为。

【例 8-24】 某公司的投资收益率如表 8-12 所示。

扫码看讲解

表 8-12　　　　　　　　　某公司的投资情况

投资中心	利润（万元）	投资额（万元）	投资收益率（%）
A	280	2 000	14
B	80	1 000	8
全公司	360	3 000	12

假定 A 投资中心面临一个投资额为 1 000 万元的投资机会,可获利润 131 万元,投资收益率为 13.1%,假定公司整体的预期最低投资收益率为 12%。

要求:评价 A 投资中心的这个投资机会。

解答:若 A 投资中心接受该投资,则 A、B 投资中心的相关数据计算如表 8-13 所示。

表 8-13　　　　　　　　　某公司的投资情况

投资中心	利润（万元）	投资额（万元）	投资收益率（%）
A	280 + 131 = 411	2 000 + 1 000 = 3 000	13.7
B	80	1 000	8
全公司	491	4 000	12.275

（1）用投资收益率指标衡量业绩。就全公司而言，接受投资后，投资收益率增加了0.275%，应接受这项投资。然而，由于A投资中心的投资收益率下降了0.3%，该投资中心可能不会接受这一投资。

（2）用剩余收益指标来衡量业绩。

A投资中心接受新投资前的剩余收益 = 280 - 2 000 × 12% = 40（万元）

A投资中心接受新投资后的剩余收益 = 411 - 3 000 × 12% = 51（万元）

以剩余收益作为评价指标，实际上是分析该项投资是否给投资中心带来了更多的超额收入，所以如果用剩余收益指标来衡量投资中心的业绩，投资后剩余收益增加了11万元（51 - 40），则A投资中心应该接受这项投资。

（三）内部转移价格的制定

内部转移定价是企业内部转移价格的制定和应用方法。内部转移价格，是指企业内部分公司、分厂、车间、分部等责任中心之间相互提供产品（或服务）、资金等内部交易时所采用的计价标准。企业应用内部转移定价工具方法的主要目标，是界定各责任中心的经济责任，计量其绩效，为实施激励提供可靠依据。内部转移价格直接关系到不同责任中心的获利水平，其制定可以有效地防止成本转移引起的责任中心之间的责任转嫁，使每个责任中心都能够作为单独的组织单位进行业绩评价，并且可以作为一种价格信号引导下级采取正确决策，保证局部利益与整体利益的一致。

企业应用内部转移定价工具方法，一般应遵循以下原则：

1. 合规性原则。

内部转移价格的制定、执行及调整应符合相关会计、财务、税收等法律法规的规定。

2. 效益性原则。

企业应用内部转移定价工具方法，应以企业整体利益最大化为目标，避免为追求局部最优而损害企业整体利益的情况；同时，应兼顾各责任中心及员工利益，充分调动各方积极性。

3. 适应性原则。

内部转移定价体系应当与企业所处行业特征、企业战略、业务流程、产品（或服务）特点、业绩评价体系等相适应，使企业能够统筹各责任中心利益，对内部转移价格达成共识。

企业绩效管理委员会或类似机构应根据各责任中心的性质和业务特点，分别确定适当的内部转移定价形式。内部转移定价通常分为价格型、成本型和协商型三种。

（1）价格型内部转移定价，是指以市场价格为基础制定的、由成本和毛利构成内部转移价格的方法，一般适用于内部利润中心。责任中心所提供的产品（或服务）经常外销且外销比例较大的，或所提供的产品（或服务）有外部活跃市场可靠报价的，可以将外销价或活跃市场报价作为内部转移价格。

责任中心一般不对外销售且外部市场没有可靠报价的产品（或服务），或企业管理层和有关各方认为不需要频繁变动价格的，可以参照外部市场价或预测价制定模拟市场价作为内部转移价格。没有外部市场但企业出于管理需要设置为模拟利润中心的责任中心，可以在生产成本基础上加一定比例毛利作为内部转移价格。

（2）成本型内部转移定价，是指以标准成本等相对稳定的成本数据为基础，制定内部转移价格的方法，一般适用于内部成本中心。采用以成本为基础的转移定价是指所有的内部交易均以某种形式的成本价格进行结算，它适用于内部转移的产品或劳务没有市价的情况，包括完全成本、完全成本加成、变动成本以及变动成本加固定制造费用四种形式。以成本为基础的转移定价方法具有简便、客观的特点，但存在信息和激励方面的问题。金融企业内部转移资金，应综合考虑产品现金流及重定价特点、信息技术手段及管理需求等因素，分析外部金融市场环境，选择适当的资金转移定价和收益率曲线，获取收益率曲线中特定期限的利率，确定资金转移价格。资金转移定价主要包括指定利率法、原始期限匹配法、重定价期限匹配法、现金流匹配定价法等。

（3）协商型内部转移定价，是指企业内部供求双方为使双方利益相对均衡，通过协商机制制定内部转移价格的方法，主要适用于分权程度较高的情形。协商价的取值范围通常较宽，一般不高于市场价、不低于变动成本。即内部责任中心之间以正常的市场价格为基础，并建立定期协商机制，共同确定双方都能接受的价格作为计价标准。采用该价格的前提是中间产品存在非完全竞争的外部市场，在该市场内双方有权决定是否买卖这种产品。协商价格的上限是市场价格，下限则是单位变动成本。当双方协商陷入僵持时，会导致公司高层的干预。

因此，企业应建立与所采用的内部转移定价体系相适应的内部交易管理信息系统，并及时获取所需的内部转移价格，灵活确定有关定价方式，客观反映各责任中心绩效；同时，应监测内部转移定价体系运行情况，协调、裁决交易中的争议，保障内部转移定价体系运转顺畅。此外，企业应定期开展内部转移定价应用评价工作，根据内外部环境变化及时修订、调整定价策略。

本章思考题

1. 什么是本量利分析？它的基本假设有哪些？它具有哪些具体分析方法？分别具有哪些优缺点？分别具有什么用途？

2. 什么是盈亏平衡点？如何计算？

3. 如何进行目标利润分析？

4. 什么是敏感性分析？如何计算各因素对利润的敏感系数？

5. 什么是边际贡献？边际贡献的实质是什么？

6. 什么是安全边际和安全边际率？计算该指标有何意义？

7. 什么是标准成本法？如何制定标准成本和进行成本差异分析？

8. 什么是作业成本法？什么是作业动因？

9. 作业成本计算的一般程序是什么？

10. 什么是责任成本？责任成本管理流程是什么？

第九章　收入与分配管理

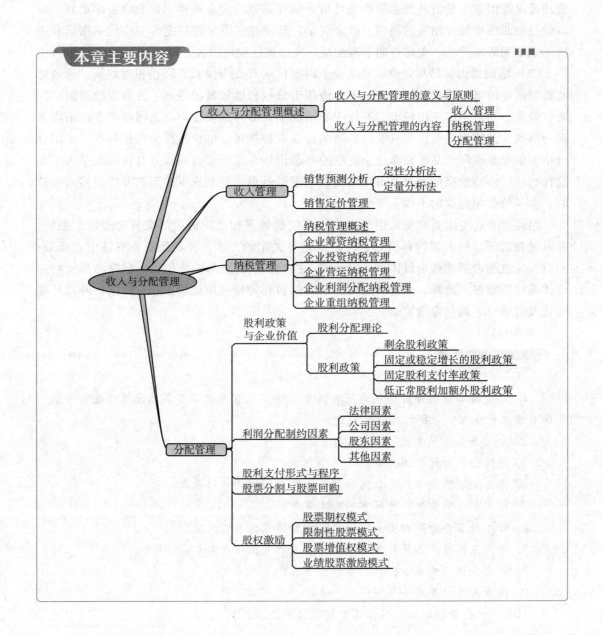

收入与分配管理

收入与分配管理概述
- 收入与分配管理的意义与原则
- 收入与分配管理的内容
  - 收入管理
  - 纳税管理
  - 分配管理

收入管理
- 销售预测分析
  - 定性分析法
  - 定量分析法
- 销售定价管理

纳税管理
- 纳税管理概述
- 企业筹资纳税管理
- 企业投资纳税管理
- 企业营运纳税管理
- 企业利润分配纳税管理
- 企业重组纳税管理

分配管理
- 股利政策与企业价值
  - 股利分配理论
  - 股利政策
    - 剩余股利政策
    - 固定或稳定增长的股利政策
    - 固定股利支付率政策
    - 低正常股利加额外股利政策
- 利润分配制约因素
  - 法律因素
  - 公司因素
  - 股东因素
  - 其他因素
- 股利支付形式与程序
- 股票分割与股票回购
- 股权激励
  - 股票期权模式
  - 限制性股票模式
  - 股票增值权模式
  - 业绩股票激励模式

第一节　收入与分配管理概述

一、收入与分配管理的意义与原则

企业通过经营活动取得收入后，要按照补偿成本、缴纳所得税、提取公积金、向投资者分配利润的顺序进行分配。对于企业来说，收入分配不仅是实现资产保值、维持简单再生产的手段，同时也是实现资产增值、实现扩大再生产的工具。通过收入分配还可以满足国家政治职能与经济职能的需要。同时，它也是处理所有者、经营者等各方面物质利益关系的基本手段。

（一）收入与分配管理的意义

收入与分配管理作为现代企业财务管理的重要内容之一，对于维护企业与各相关利益主体的财务关系、提升企业价值具有重要意义。具体而言，企业收入与分配管理的意义表现在以下四个方面：

1. 收入与分配管理集中体现了企业所有者、经营者与劳动者之间的利益关系。

企业所有者是企业权益资金的提供者，按照"谁出资，谁受益"的原则，其应得的投资收益须通过企业的收益分配来实现，而获得投资收入的多少取决于企业盈利状况及利润分配政策。通过收益分配，投资者能实现预期的收益，有利于提高企业的信誉程度，增强企业未来融通资金的能力。

企业的债权人在向企业投入资金的同时也承担了一定的风险。企业的收入分配中应体现对债权人利益的充分保护，不能损害债权人的利益。除了按时支付到期本金、利息外，企业在进行收入分配时也要考虑债权人未偿付本金的保障程度，否则将在一定程度上削弱企业的偿债能力，从而降低企业的财务弹性。

职工是价值的创造者，是企业收入和利润的源泉。通过薪资的支付以及各种福利的提供，可以提高职工的工作热情，为企业创造更多价值。因此，为了正确、合理地处理好企业各方利益相关者的需求，就必须对企业所实现的收入进行合理分配。

2. 收入与分配管理是企业维持简单再生产和实现扩大再生产的基本条件。

企业在生产经营过程中所投入的各类资金，随着生产经营活动的进行不断地发生消耗和转移，形成成本费用，最终构成商品价值的一部分。销售收入的取得，为企业成本费用的补偿提供了前提，为企业简单再生产的正常进行创造了条件。通过收入与分配，企业能形成一部分自行安排的资金，可以增强企业生产经营的财力，有利于企业适应市场需要扩大再生产。

3. 收入与分配管理是企业优化资本结构、降低资本成本的重要措施。

留存收益，是企业重要的权益资金来源。留存收益的高低，影响企业积累资金的高低，从而影响权益与负债的比例，即资本结构。企业价值最大化的目标要求企业的资本结构最优，而收入与分配管理便成了优化资本结构、降低资本成本的重要措施。

4. 收入与分配管理为国家财政资金提供重要来源。

生产经营活动中，企业不仅为自己创造了价值，还为社会创造了一定的价值，即利润。利润代表企业的新创财富，是企业收入的重要构成部分，能够满足企业自身的生产经营性积累。通过收入分配，国家税收能够集中一部分企业利润，由国家有计划地分配使用，实现国家政治职能和经济职能，为社会经济的发展创造良好条件。

（二）收入与分配管理的原则

1. 依法分配原则。

收入分配必须依法进行。为了规范企业的收入分配行为，维护各利益相关者的合法权益，国家颁布了相关法规。这些法规规定了企业收入分配的基本要求、一般程序和重要比例，企业应当认真执行，不得违反。

2. 分配与积累并重原则。

收入分配必须坚持分配与积累并重的原则。企业通过经营活动获取收入，既要保证企业简单再生产的持续进行，又要不断积累企业扩大再生产的财力基础。恰当处理分配与积累之间的关系，留存一部分净利润，能够增强企业抵抗风险的能力，同时，也可以提高企业经营的稳定性与安全性。

3. 兼顾各方利益原则。

收入分配必须兼顾各方面的利益。企业是经济社会的基本单元，企业的收入分配涉及国家、企业股东、债权人、职工等多方面的利益。正确处理它们之间的关系，协调其矛盾，对企业的生存、发展是至关重要的。企业在进行收入分配时，应当统筹兼顾，维护各利益相关者的合法权益。

4. 投资与收入对等原则。

收入分配应当体现"谁投资，谁受益"、收入大小与投资比例相对等的原则，这是正确处理投资者利益关系的关键。企业在向投资者分配收入时，应本着平等一致的原则，按照投资者投资额的比例进行分配，不允许任何一方随意多分多占，以从根本上实现收入分配的公开、公平和公正，保护投资者的利益。但是，公司章程或协议明确规定出资比例与收入分配比例不一致的除外。

二、收入与分配管理的内容

企业通过销售产品、转让资产、对外投资等活动取得收入，而这些收入的去向主要是两个方面：一是弥补成本费用，即为取得收入而发生的资源耗费；二是形成利润，即收入扣除成本费用后的余额。收入、成本费用和利润三者之间的关系可以简单表述为：

收入 - 成本费用 = 利润

可以看出，对企业收入的分配，首先是对成本费用进行补偿，然后，对其余额（即利润）按照一定的程序进行再分配。对成本费用的补偿随着企业再生产的进行自然完成，成本管理的有关内容已在前面章节做了详细介绍，不再赘述。本章主要介绍收入管理、纳税管理和分配管理三方面内容。

（一）收入管理

收入是指企业在日常活动中形成的、会导致所有者权益增加的、与所有者投入资本无关的经济利益的总流入，一般包括销售商品收入、提供劳务收入和让渡资产使用权收入等。企业的收入主要来自生产经营活动，企业正常的经营活动主要包括销售商品、提供劳务、让渡本企业资产使用权等。具体表现为：销售商品得到的商品销售收入；提供运输、修理等劳务取得的劳务收入；让渡专利、商标等无形资产使用权而取得的使用费，以及以投资方式供其他企业使用本企业的资产而获得的股利。

销售收入是企业收入的主要构成部分，是企业能够持续经营的基本条件，销售收入的制约因素主要是销量与价格，销售预测分析与销售定价管理构成了收入管理的主要内容。

（二）纳税管理

企业所承担的税负实际上是利益在国家与企业之间的分配，分配结果直接关系到企业未来的发展和股东的利益空间，纳税是企业收入分配过程中的重要环节。纳税管理是对纳税所实施的全过程管理行为，纳税管理的主要内容是纳税筹划，即在合理合法的前提下，对企业经济交易或事项进行事先规划以减少应纳税额或延迟纳税，实现企业的财务目标。由于企业的筹资、投资、营运和分配活动等日常活动以及企业重组都会产生纳税义务，故这五个环节的纳税管理构成了纳税管理的主要内容。

（三）分配管理

分配管理指的是对利润分配的管理。利润是收入弥补成本费用后的余额。由于成本费用包括的内容与表现的形式不同，利润所包含的内容与形式也有一定的区别。若成本费用不包括利息和所得税，则利润表现为息税前利润；若成本费用包括利息而不包括所得税，则利润表现利润总额；若成本费用包括了利息和所得税，则利润表现为净利润。

本章所指利润分配是指对净利润的分配。利润分配关系着国家、企业及所有者等各方面的利益，必须严格按照国家的法律和制度执行。根据我国《公司法》及相关法律制度的规定，公司净利润的分配应按照下列顺序进行，并构成了分配管理的主要内容。

1. 弥补以前年度亏损。

企业在提取法定公积金之前，应先用当年利润弥补以前年度亏损。企业年度亏损可以用下一年度的税前利润弥补，下一年度不足弥补的，可以在五年之内用税前利润连续弥补，连续五年未弥补的亏损则用税后利润弥补。其中，税后利润弥补亏损可以用当年实现的净利润，也可以用盈余公积。

2. 提取法定公积金。

根据《公司法》的规定，法定公积金的提取比例为当年税后利润（弥补亏损后）的10%。当年法定公积金的累计额已达注册资本的50%时，可以不再提取。法定公积金提取后，根据企业的需要，可用于弥补亏损或转增资本，但企业用法定公积金转增资本后，法定公积金的余额不得低于转增前公司注册资本的25%。提取法定公积金的主要目的是增加企业内部积累，以利于企业扩大再生产。

3. 提取任意公积金。

根据《公司法》的规定，公司从税后利润中提取法定公积金后，经股东会决议，还可以从税后利润中提取任意公积金。这是为了满足企业经营管理的需要，控制向投资者分配利润的水平，以及调整各年度利润分配的波动。

4. 向股东（投资者）分配股利（利润）。

根据《公司法》的规定，公司弥补亏损和提取公积金后所余税后利润，可以向股东（投资者）分配。其中，有限责任公司按照股东实缴的出资比例分配利润，全体股东约定不按照出资比例分配利润的除外；股份有限公司按照股东所持有的股份比例分配利润，公司章程另有规定的除外。《公司法》规定，公司持有的本公司股份不得分配利润。

此外，近年来，以期权形式或类似期权形式进行的股权激励在一些大公司逐渐流行起来。从本质上来说，股权激励是企业对管理层或者员工进行的一种经济利益分配。

第二节　收入管理

企业业务收入的范围包括销售收入、转让收入、投资收入等，销售收入是企业收入的主体，本节所指收入主要指销售收入，即企业在日常经营活动中，由于销售产品、提供劳务等所形成的经济利益流入。

企业销售收入是企业简单再生产和扩大再生产的资金来源，是加速资金周转的前提，所以必须加强企业销售收入的管理。销售收入的制约因素主要是产品的销售数量和销售价格，因此，企业在经营管理过程中一定要做好销售预测分析以及销售定价管理。

一、销售预测分析

销售预测分析是指通过市场调查，以有关的历史资料和各种信息为基础，运用科学的预测方法或管理人员的实际经验，对企业产品在计划期间的销售量或销售额作出预计或估量的过程。企业在进行销售预测时，应充分研究和分析企业产品销售的相关资料，诸如产品价格、产品质量、售后服务、推销方法等。此外，对企业所处的市场环境、物价指数、市场占有率及经济发展趋势等情况也应进行研究分析。销售预测的方法有很多种，主要包括定性分析法和定量分析法。

（一）定性分析法

定性分析法，即非数量分析法，是指由专业人员根据实际经验，对预测对象的未来情况及发展趋势作出预测的一种分析方法。它一般适用于预测对象的历史资料不完备或无法进行定量分析的情况，主要包括营销员判断法、专家判断法和产品寿命周期分析法。

1. 营销员判断法。

营销员判断法又称意见汇集法，是由企业熟悉市场情况及相关变化信息的营销人员对市场进行预测，再将各种判断意见加以综合分析、整理，并得出预测结论的方法。企业营销人员能充分了解市场现状以及本企业的生产、销售情况，因此也就在一定程度上保证了预测的准确性。这种方法的优点在于用时短、成本低、比较实用。但是这种方法单纯靠营销人员的主观判断,具有较多的主观因素和较大的片面性。

2. 专家判断法。

专家判断法是由专家根据他们的经验和判断能力对特定产品的未来销售量进行判断和预测的方法。其主要包括个别专家意见汇集法、专家小组法、德尔菲法等方法。

3. 产品寿命周期分析法。

产品寿命周期分析法是利用产品销售量在不同寿命周期阶段上的变化趋势,进行销售预测的一种定性分析方法。它是对其他预测分析方法的补充。产品寿命周期是指产品从投入市场到退出市场所经历的时间,一般要经过推广期、成长期、成熟期和衰退期四个阶段。在这一发展过程中,产品销售量的变化呈一条曲线,称为产品寿命周期曲线。

判断产品所处的寿命周期阶段,可根据销售增长率指标进行。一般地,推广期增长率不稳定,成长期增长率最大,成熟期增长率稳定,衰退期增长率为负数。了解产品所处的寿命周期阶段,有助于正确选择预测方法,如推广期历史资料缺乏,可以运用定性分析法进行预测;成长期可以运用回归分析法进行预测;成熟期销售量比较稳定,适用趋势预测分析法。

(二)定量分析法

定量分析法,也称数量分析法,是指在预测对象有关资料完备的基础上,运用一定的数学方法,建立预测模型,作出预测。它一般包括趋势预测分析法和因果预测分析法两大类。

1. 趋势预测分析法。

趋势预测分析法主要包括算术平均法、加权平均法、移动平均法、指数平滑法等。

(1)算术平均法。算术平均法是指将若干历史时期的实际销售量或销售额作为样本值,求出其算术平均数,并将该平均数作为下期销售量的预测值。其计算公式为:

$$Y = \frac{\sum X_i}{n}$$

式中,Y 表示预测值,X_i 表示第 i 期的实际销售量,n 表示期数。

算术平均法适用于每期销售量波动不大的产品的销售预测。

【例9-1】 某公司2015~2022年的产品销售量资料如表9-1所示。

表9-1

项目	2015年	2016年	2017年	2018年	2019年	2020年	2021年	2022年
销售量(吨)	3 250	3 300	3 150	3 350	3 450	3 500	3 400	3 600

要求:根据以上资料,用算术平均法预测公司2023年的销售量。

根据算术平均法的计算公式,公司2023年的预测销售量为:

$$预测销售量（Y）= \frac{\sum X_i}{n}$$

$$= \frac{3\,250 + 3\,300 + \cdots + 3\,400 + 3\,600}{8}$$

$$= 3\,375（吨）$$

（2）加权平均法。加权平均法是指将若干历史时期的实际销售量或销售额作为样本值，将各个样本值按照一定的权数计算得出加权平均数，并将该平均数作为下期销售量的预测值。一般地，由于市场变化较大，离预测期越近的样本值对其影响越大，而离预测期越远的则影响越小，所以权数的选取应遵循"近大远小"的原则。其计算公式为：

$$Y = \sum_{i=1}^{n} W_i X_i$$

式中，Y 表示预测值，W_i 表示第 i 期的权数（$0 < W_i \leqslant W_{i+1} < 1$，且 $\sum W_i = 1$），X_i 表示第 i 期的实际销售量，n 表示期数。

加权平均法较算术平均法更为合理，计算也较方便，因而在实践中应用较多。

【例 9 - 2】 沿用〖例 9 - 1〗中的资料，假设 2015 ~ 2022 年各期数据的权数如表 9 - 2 所示。

表 9 - 2

项目	2015 年	2016 年	2017 年	2018 年	2019 年	2020 年	2021 年	2022 年
销售量（吨）	3 250	3 300	3 150	3 350	3 450	3 500	3 400	3 600
权数	0.04	0.06	0.08	0.12	0.14	0.16	0.18	0.22

要求：根据上述资料，用加权平均法预测公司 2023 年的销售量。

根据加权平均法的计算公式，公司 2023 年的预测销售量为：

$$预测销售量（Y）= \sum_{i=1}^{n} W_i X_i$$

$$= 3\,250 \times 0.04 + 3\,300 \times 0.06 + \cdots + 3\,400 \times 0.18 + 3\,600 \times 0.22$$

$$= 3\,429（吨）$$

（3）移动平均法。移动平均法是指从 n 期的时间数列销售量中选取 m 期（m 数值固定，且 $m < n/2$）数据作为样本值，求其 m 期的算术平均数，并不断向后移动计算观测其平均值，以最后一个 m 期的平均数作为未来第 $n + 1$ 期销售预测值的一种方法。这种方法假设预测值主要受最近 m 期销售量的影响。其计算公式为：

$$Y_{n+1} = \frac{X_{n-(m-1)} + X_{n-(m-2)} + \cdots + X_{n-1} + X_n}{m}$$

为了使预测值更能反映销售量变化的趋势，可以对上述结果按趋势值进行修正，其计算公式为：

$$\overline{Y}_{n+1} = Y_{n+1} + (Y_{n+1} - Y_n)$$

由于移动平均法只选用了 n 期数据中的最后 m 期作为计算依据，故而代表性较差。此法适用于销售量略有波动的产品预测。

【例 9 - 3】 沿用〖例 9 - 1〗中的资料，假定公司预测前期（即 2022 年）的预测销售量为 3 475 吨。

要求：分别用移动平均法和修正的移动平均法预测公司 2023 年的销售量（假设样本期为 3 期）。

①根据移动平均法的计算公式，公司 2023 年的预测销售量为：

$$预测销售量（Y_{n+1}）= \frac{X_{n-(m-1)} + X_{n-(m-2)} + \cdots + X_{n-1} + X_n}{m}$$

$$= \frac{3\ 500 + 3\ 400 + 3\ 600}{3}$$

$$= 3\ 500（吨）$$

②根据修正的移动平均法计算公式，公司 2023 年的预测销售量为：

$$修正后的预测销售量（\overline{Y}_{n+1}）= Y_{n+1} + (Y_{n+1} - Y_n)$$

$$= 3\ 500 + (3\ 500 - 3\ 475)$$

$$= 3\ 525（吨）$$

（4）指数平滑法。指数平滑法实质上是一种加权平均法，是以事先确定的平滑指数 a 及 $(1-a)$ 作为权数进行加权计算，预测销售量的一种方法。其计算公式为：

$$Y_{n+1} = aX_n + (1-a)Y_n$$

式中，Y_{n+1} 表示未来第 $n+1$ 期的预测值；Y_n 表示第 n 期的预测值，即预测前期的预测值；X_n 表示第 n 期的实际销售量，即预测前期的实际销售量；a 表示平滑指数；n 表示期数。

一般地，平滑指数的取值通常在 0.3 ~ 0.7，其取值大小决定了前期实际值与预测值对本期预测值的影响。采用较大的平滑指数，预测值可以反映样本值新近的变化趋势；采用较小的平滑指数，则反映了样本值变动的长期趋势。因此，在销售量波动较大或进行短期预测时，可选择较大的平滑指数；在销售量波动较小或进行长期预测时，可选择较小的平滑指数。

该方法运用比较灵活，适用范围较广，但在平滑指数的选择上具有一定的主观随意性。

【例 9 - 4】 沿用〖例 9 - 1〗中的资料，2022 年实际销售量为 3 600 吨，假设原预测销售量为 3 475 吨，平滑指数 $a = 0.5$。

要求：用指数平滑法预测公司 2023 年的销售量。

根据指数平滑法的计算公式，公司 2023 年的预测销售量为：

$$预测销售量 (Y_{n+1}) = aX_n + (1-a)Y_n$$
$$= 0.5 \times 3\,600 + (1-0.5) \times 3\,475$$
$$= 3\,537.5 \ (吨)$$

2. 因果预测分析法。

因果预测分析法是指分析影响产品销售量（因变量）的相关因素（自变量）以及它们之间的函数关系，并利用这种函数关系进行产品销售预测的方法。因果预测分析法最常用的是回归分析法，本章主要介绍回归直线法。

回归直线法，也称一元回归分析法。它假定影响预测对象销售量的因素只有一个，根据直线方程 $y = a + bx$，按照最小二乘法原理，来确定一条误差最小的、能正确反映自变量 x 和因变量 y 之间关系的直线，其常数项 a 和系数 b 的计算公式为：

$$b = \frac{n \sum xy - \sum x \sum y}{n \sum x^2 - (\sum x)^2}$$

$$a = \frac{\sum y - b \sum x}{n}$$

待求出 a、b 的值后，代入 $y = a + bx$，结合自变量 x 的取值，即可求得预测对象 y 的预测销售量或销售额。

【例 9 – 5】 沿用【例 9 – 1】中的资料，假定产品销售量只受广告费支出大小的影响，2023 年度预计广告费支出为 155 万元，以往年度的广告费支出资料如表 9 – 3 所示。

表 9 – 3

项目	2015 年	2016 年	2017 年	2018 年	2019 年	2020 年	2021 年	2022 年
销售量（吨）	3 250	3 300	3 150	3 350	3 450	3 500	3 400	3 600
广告费（万元）	100	105	90	125	135	140	140	150

要求：用回归直线法预测公司 2023 年的产品销售量。

根据上述资料，列表计算如表 9 – 4 所示。

根据公式，有：

$$b = \frac{n \sum xy - \sum x \sum y}{n \sum x^2 - (\sum x)^2} = \frac{8 \times 3\,345\,500 - 985 \times 27\,000}{8 \times 124\,675 - 985^2} = 6.22$$

$$a = \frac{\sum y - b \sum x}{n} = \frac{27\,000 - 6.22 \times 985}{8} = 2\,609.16$$

将 a、b 代入公式，得出结果，即 2023 年的产品预测销售量为：

$$Y = a + bx = 2\,609.16 + 6.22x = 2\,609.16 + 6.22 \times 155 = 3\,573.26 \ (吨)$$

表 9 – 4

年份	广告费支出 x （万元）	销售量 y （吨）	xy	x^2	y^2
2015	100	3 250	325 000	10 000	10 562 500
2016	105	3 300	346 500	11 025	10 890 000
2017	90	3 150	283 500	8 100	9 922 500
2018	125	3 350	418 750	15 625	11 222 500
2019	135	3 450	465 750	18 225	11 902 500
2020	140	3 500	490 000	19 600	12 250 000
2021	140	3 400	476 000	19 600	11 560 000
2022	150	3 600	540 000	22 500	12 960 000
$n = 8$	$\sum x = 985$	$\sum y = 27\,000$	$\sum xy = 3\,345\,500$	$\sum x^2 = 124\,675$	$\sum y^2 = 91\,270\,000$

二、销售定价管理

（一）销售定价管理的含义

销售定价管理是指在调查分析的基础上，选用合适的产品定价方法，为销售的产品制定最为恰当的售价，并根据具体情况运用不同价格策略，以实现经济效益最大化的过程。

企业销售各种产品都必须确定合理的产品销售价格。销售价格的高低直接影响到产品销售量的大小，进而影响企业的盈利水平。单价水平过高，导致销售量降低，如果达不到盈亏平衡点，企业就会亏损；单价水平过低，虽然会起到促销作用，但单位毛利降低，使企业的盈利水平下降。因此，产品销售价格的高低，价格策略运用得恰当与否，都会影响到企业正常的生产经营活动，甚至影响到企业的生存和发展。进行良好的销售定价管理，可以使企业的产品更富有吸引力，扩大市场占有率，改善企业的相对竞争地位。

（二）影响产品价格的因素

1. 价值因素。

价格是价值的货币表现，价值的大小决定着价格的高低，而价值量的大小又是由生产产品的社会必要劳动时间决定的。因此，提高社会劳动生产率，缩短生产产品的社会必要劳动时间，可以相对地降低产品价格。

2. 成本因素。

成本是影响定价的基本因素。企业必须获得可以弥补已发生成本费用的足够多的收入，才能长期生存发展下去。虽然短期内的产品价格有可能会低于其成本，但从长期来看，产品价格应等于总成本加上合理的利润，即产品售价必须足以补偿全部的生产、管理、营销成本，并为企业提供合理的利润，否则企业无利可图，难以长久生存。

3. 市场供求因素。

市场供求变动对价格的变动具有重大影响。当一种产品的市场供应大于需求时，就会对其价格产生向下的压力；而当其供应小于需求时，则会推动价格的提升。市场供求关系是永远矛盾的两方面，因此，产品价格也会不断地波动。

4. 竞争因素。

市场竞争程度的不同，对定价的影响也不同。竞争越激烈，对价格的影响也越大。在完全竞争的市场上，企业几乎没有定价的主动权，只能接受市场价格，其定价管理的核心问题是在产品价格既定的条件下，依据"边际收入与边际成本相等时，企业的利润最大化"的原则，决定预期实现最大化利润的产销水平；在不完全竞争的市场上，竞争的强度主要取决于产品生产的难易和供求形势。为了做好定价决策，企业必须充分了解竞争者的情况，最重要的是竞争对手的定价策略。

5. 政策法规因素。

各个国家对市场物价的高低和变动都有限制和法律规定，同时国家会通过生产市场、货币金融等手段间接调节价格。企业在制定定价策略时一定要很好地了解本国及所在国有关方面的政策和法规。

（三）企业的定价目标

定价目标是指企业在一定的经营环境中，制定产品价格，通过价格效用实现企业预期的经营目标。要使销售定价管理卓有成效，企业必须制定与战略目标相匹配、切实可行的定价目标，以明确定价管理的方向，并用于指导选择适合的定价方法和价格运用策略。企业自身的实际情况及所面临的外部环境不同，企业的定价目标也多种多样，主要有以下几种：

1. 实现利润最大化。

这种目标通常是通过为产品制定一个较高的价格，从而提高单位产品利润率，最终实现企业利润最大化。它适用于在市场中处于领先或垄断地位的企业，或者在行业竞争中具有很强的竞争优势，并能长时间保持这种优势的企业。

2. 保持或提高市场占有率。

市场占有率是指企业产品销售额在同类产品市场销售总额中所占的比重，其大小在一定程度上反映了企业的经营状况和竞争实力。以保持或提高市场占有率为定价目标，其目的是使产品价格有利于销售收入的提高，企业利润得到有效保障，并且可以有效打击竞争对手，这是一种注重企业长期经营利润的做法。企业为了实现这一目标，其产品价格往往需要低于同类产品价格，以较低的价格吸引客户，逐步扩大市场份额，但在短期内可能要牺牲一定的利润空间。因此，这种定价目标要求企业具有潜在的生产经营能力，总成本的增长速度低于总销量的增长速度，商品的需求价格弹性较大，即适用于能够薄利多销的企业。

3. 稳定市场价格。

为了长期稳定地占领市场，行业中能左右市场价格的一些大企业，往往希望价格稳定，在稳定的价格中获取稳定的利润。通常做法是由行业中的领导企业制定一个价格，其他企业的价格则与之保持一定的比例关系，无论是大企业，还是中小企业都不会随便降价。其优点是创造了一个相对稳定的市场环境，避免过度竞争产生两败俱伤的负面效应，降低风险，使企业能够以稳定的价格获得比较稳定的利润。这种定价通常适用于产品标准化的行业，如钢铁制造业等。

4. 应对和避免竞争。

企业参照对市场有决定性影响的竞争对手的产品价格变动情况，随时调整本企业产品价格。当竞争对手维持原价时，企业也保持原价；竞争对手改变价格时，企业也相应地调整价格，但是企业不会主动调整价格。这种定价方法主要适用于中小型企业。在激烈的价格竞争中，中小型企业没有足够实力对价格进行干预，为了避免在竞争中被淘汰，必须与市场行情保持一致。

5. 树立企业形象及产品品牌。

企业形象及产品品牌是企业在经营中创造的重要无形资产。价格是企业竞争的一种手段，表达了企业产品的定位，在一定程度上反映着企业形象和产品形象。以树立企业形象及产品品牌为定价目标主要有两种情况：一是树立优质高价形象。某些品牌产品具有较高的质量认知价值，会被某一客户群所认同和接受。企业在定价时，可以不拘泥于实际成本，而是制定一个较高的价格，产生一种品牌的增值效应。采用这种策略，不但可以使企业获得高额利润，而且还能够满足消费者的心理需求。二是树立大众化平价形象。通过大众化的平价定位树立企业形象，吸引大量的普通消费者，以扩大销量，获得利润。

（四）产品定价方法

产品定价方法主要包括以成本为基础的定价方法和以市场需求为基础的定价方法两大类。

1. 以成本为基础的定价方法。

在企业成本范畴中，基本上有三种成本可以作为定价基础，即变动成本、制造成本和全部成本费用。

变动成本是指在特定的业务量范围内，其总额会随业务量的变动而变动的成本。变动成本可以作为增量产量的定价依据，但不能作为一般产品的定价依据。

制造成本是指企业为生产产品或提供劳务等发生的直接费用支出，一般包括直接材料、直接人工和制造费用。由于它不包括各种期间费用，因此不能正确反映企业产品的真实价值消耗和转移。利用制造成本定价不利于企业简单再生产的继续进行。

全部成本费用是指企业为生产、销售一定种类和数量的产品所发生的所有成本和费用总额，包括制造成本和管理费用、销售费用及财务费用等各种期间费用。在全部成本费用基础上制定价格，既可以保证企业简单再生产的正常进行，又可以使劳动者为社会劳动所创造的价值得以全部实现。

（1）全部成本费用加成定价法。全部成本费用加成定价法就是在全部成本费用的基础上，加合理利润来定价。合理利润的确定，在工业企业一般是根据成本利润率，而在商业企业一般是根据销售利润率。在考虑税金的情况下，有关计算公式为：

①成本利润率定价：

$$成本利润率 = \frac{预测利润总额}{预测成本总额} \times 100\%$$

$$单位产品价格 = \frac{单位成本 \times (1 + 要求的成本利润率)}{1 - 适用税率}$$

②销售利润率定价：

$$销售利润率 = \frac{预测利润总额}{预测销售总额} \times 100\%$$

$$单位产品价格 = \frac{单位成本}{1 - 销售利润率 - 适用税率}$$

上述公式中，单位成本是指单位全部成本费用，可以用单位制造成本加上单位产品负担的期间费用来确定。

【例9-6】某企业生产甲产品，预计单位产品的制造成本为100元，计划销售10 000件，计划期的期间费用总额为900 000元，该产品适用的消费税税率为5%。成本利润率必须达到20%。根据上述资料，运用全部成本费用加成定价法测算的单位甲产品的价格应为：

$$单位甲产品价格 = \frac{\left(100 + \frac{900\,000}{10\,000}\right) \times (1 + 20\%)}{1 - 5\%} = 240 \ （元）$$

全部成本费用加成定价法可以保证全部生产耗费得到补偿，但它很难适应市场需求的变化，往往导致定价过高或过低。并且，当企业生产多种产品时，间接费用难以准确分摊，从而导致定价不准确。

（2）保本点定价法。保本点定价法是按照刚好能够保本的原理来制定产品销售价格，即能够保持既不盈利也不亏损的销售价格水平。采用这一方法确定的价格是最低销售价格。其计算公式为：

$$单位产品价格 = \frac{单位固定成本 + 单位变动成本}{1 - 适用税率} = \frac{单位完全成本}{1 - 适用税率}$$

【例9-7】某企业生产乙产品，本期计划销售量为10 000件，应负担的固定成本总额为250 000元，单位变动成本为70元，适用的消费税税率为5%。根据上述资料，运用保本点定价法测算的单位乙产品的价格应为：

$$单位乙产品价格 = \frac{\frac{250\,000}{10\,000} + 70}{1 - 5\%} = 100 \ （元）$$

（3）目标利润定价法。目标利润是指企业在预定时期内应实现的利润水平。目标利润定价法是根据预期目标利润和产品销售量、产品成本、适用税率等因素来确定产品销售价格的方法。其计算公式为：

$$单位产品价格 = \frac{目标利润总额 + 完全成本总额}{产品销量 \times (1 - 适用税率)}$$

$$或：= \frac{单位目标利润 + 单位完全成本}{1 - 适用税率}$$

【例9-8】 某企业生产丙产品，本期计划销售量为 10 000 件，目标利润总额为 240 000 元，完全成本总额为 520 000 元，适用的消费税税率为 5%。根据上述资料，运用目标利润法测算的单位丙产品的价格应为：

$$单位丙产品价格 = \frac{240\ 000 + 520\ 000}{10\ 000 \times (1 - 5\%)} = 80 （元）$$

（4）变动成本加成定价法。变动成本加成定价法是指企业在生产能力有剩余的情况下增加生产一定数量的产品，这些增加的产品可以不负担企业的固定成本，只负担变动成本，在确定价格时产品成本仅以变动成本计算。此处的变动成本是指完全变动成本，包括变动制造成本和变动期间费用。其计算公式为：

$$单位产品价格 = \frac{单位变动成本 \times (1 + 要求的成本利润率)}{1 - 适用税率}$$

【例9-9】 某企业生产丁产品，设计生产能力为 12 000 件，计划生产 10 000 件，预计单位变动成本为 190 元，计划期的固定成本费用总额为 950 000 元，该产品适用的消费税税率为 5%，成本利润率必须达到 20%。假定本年度接到一份额外订单，订购 1 000 件丁产品，单价 300 元。

扫码看讲解

要求：计算并分析该企业计划内产品单位价格是多少？是否应接受这一额外订单？

根据上述资料，企业计划内生产的产品价格为：

$$计划内单位丁产品价格 = \frac{\left(\dfrac{950\ 000}{10\ 000} + 190\right) \times (1 + 20\%)}{1 - 5\%} = 360 （元）$$

追加生产 1 000 件的单位变动成本为 190 元，则：

$$计划外单位丁产品价格 = \frac{190 \times (1 + 20\%)}{1 - 5\%} = 240 （元）$$

因为额外订单单价（300 元）高于其按变动成本计算的价格（240 元），故应接受这一额外订单。

2. 以市场需求为基础的定价方法。

以成本为基础的定价方法，主要关注企业的成本状况而不考虑市场需求状况，因而运用这种方法制定的产品价格不一定满足企业销售收入或利润最大化的要求。最优价格应是企业取得最大销售收入或利润时的价格。以市场需求为基础的定价方法可以契合这一要求，主要有需求价格弹性系数定价法和边际分析定价法等。

（1）需求价格弹性系数定价法。产品在市场上的供求变动关系，实质上体现在价格的刺激和制约作用上。需求增大导致价格上升，刺激企业生产；而需求减小，则会引起价格下降，从而制约了企业的生产规模。从另一个角度看，企业也可以根据这种关系，通过价格的升降来作用于市场需求。在其他条件不变的情况下，某种产品的需求量随其价格的升降而变动的程度，就是需求价格弹性系数。其计算公式为：

$$E = \frac{\Delta Q / Q_0}{\Delta P / P_0}$$

式中，E 表示某种产品的需求价格弹性系数，ΔP 表示价格变动量，ΔQ 表示需求变动量，P_0 表示基期单位产品价格，Q_0 表示基期需求量。

运用需求价格弹性系数确定产品的销售价格时，其基本计算公式为：

$$P = \frac{P_0 Q_0^{(1/|E|)}}{Q^{(1/|E|)}}$$

式中，P_0 表示基期单位产品价格，Q_0 表示基期销售数量，E 表示需求价格弹性系数，P 表示单位产品价格，Q 表示预计销售数量。

【例 9 - 10】 某企业生产销售戊产品，2023 年前三个季度中，实际销售价格和销售数量如表 9 - 5 所示。若企业在第四季度要完成 4 000 件的销售任务，那么销售价格应为多少？

表 9 - 5

项目	第一季度	第二季度	第三季度
销售价格（元）	750	800	780
销售数量（件）	3 859	3 378	3 558

根据上述资料，戊产品的销售价格的计算过程为：

$$E_1 = \frac{(3\ 378 - 3\ 859) \div 3\ 859}{(800 - 750) \div 750} = \frac{-0.1246}{0.0667} = -1.87$$

$$E_2 = \frac{(3\ 558 - 3\ 378) \div 3\ 378}{(780 - 800) \div 800} = \frac{0.0533}{-0.025} = -2.13$$

$$E = \frac{E_1 + E_2}{2} = \frac{-1.87 - 2.13}{2} = -2$$

$$|E| = 2$$

$$P = \frac{P_0 Q_0^{(1/|E|)}}{Q^{(1/|E|)}} = \frac{780 \times 3\ 558^{(1/2)}}{4\ 000^{(1/2)}} = 735.64 \ （元）$$

即第四季度要完成 4 000 件的销售任务，其单位产品的销售价格为 735.64 元。

（2）边际分析定价法。边际分析定价法是指基于微分极值原理，通过分析不同价格与销售量组合下的产品边际收入、边际成本和边际利润之间的关系，进行定价决策的一种定量分析方法。

边际是指每增加或减少一个单位所带来的差异。那么，产品边际收入、边际成本和边际利润就是指销售量每增加或减少一个单位所形成的收入、成本和利润的差额。按照微分极值原理，如果利润函数的一阶导数等于零，即边际利润等于零，边际收入等于边际成本，那么，利润将达到最大值。此时的价格就是最优销售价格。

当收入函数和成本函数均可微时，直接对利润函数求一阶导数，即可得到最优售价；当收入函数或成本函数为离散型函数时，可以通过列表法，分别计算各种价格与销售量组合下的边际利润，那么，在边际利润大于或等于零的组合中，边际利润最小时的价格就是最优售价。

（五）价格运用策略

企业之间的竞争在很大程度上表现为企业产品在市场上的竞争。市场占有率的大小是衡量产品市场竞争能力的主要指标。除了提升产品质量之外，根据具体情况合理运用不同的价格策略，可以有效地提高产品的市场占有率和企业的竞争能力。其中，主要的价格运用策略有以下几种：

1. 折让定价策略。

折让定价策略是指在一定条件下，以降低产品的销售价格来刺激购买者，从而达到扩大产品销售量的目的。价格的折让主要表现是价格折扣，包括现金折扣、数量折扣、团购折扣、预购折扣、季节折扣等。现金折扣，是指企业为了提高结算保障，对在一定期限内付款的购买者给予的折扣，即购买方如果在企业规定的期限内付款，企业就给予购买方一定的折扣。数量折扣，是指企业对大量购买或集中购买本企业产品的购买方给予的一种折扣优惠。一般购买量越多、金额越大，折扣也越大。团购折扣，是指通过团购集合足够人数，便可以以优惠价格购买或使用第三方公司的物品、优惠券或服务。预购折扣，是指对预先向企业订购或购买产品进行折扣。例如，提前预订机票、提前预订旅游产品等。季节折扣，是指企业给予非季节性热销商品的购买者提供的一种价格优惠。

2. 心理定价策略。

心理定价策略是指针对购买者的心理特点而采取的一种定价策略，主要有声望定价、尾数定价、双位定价和高位定价等。声望定价，是指企业按照其产品在市场上的知名度和被消费者的信任程度来制定产品价格的一种方法。一般地，声望越高，价格越高，这就是产品的"名牌效应"。尾数定价，即在制定产品价格时，价格的尾数取接近整数的小数（如199.9元）或带有一定谐音的数（如158元）等。它一般只适用于价值较小的中低档日用消费品定价。双位定价，是指在向市场以挂牌价格销售时，采用两种不同的标价来促销的一种定价方法。例如，某产品标明"原价158元，现促销价99元"。这种策略适用于市场接受程度较低或销路不太好的产品。高位定价，即根据消费者"价高质优"的心理特点实行高标价促销的方法。但高位定价必须是优质产品，不能弄虚作假。

3. 组合定价策略。

组合定价策略是针对相关产品组合所采取的一种方法。它根据相关产品在市场竞争中的不同情况，使互补产品价格有高有低，或使组合售价优惠。对于具有互补关系的相关产品，可以采取降低部分产品价格而提高互补产品价格的定价策略，以促进销售，提高整体利润，如便宜的整车与高价的配件等。对于具有配套关系的相关产品，可以对组合购买进行优惠，比如西服套装中的上衣和裤子等。组合定价策略可以扩大销售量、节约流通费用，有利于企业整体效益的提高。

4. 寿命周期定价策略。

寿命周期定价策略是根据产品从进入市场到退出市场的生命周期，分阶段确定不同价格的定价策略。产品在市场中的寿命周期一般分为推广期、成长期、成熟期和衰退期。推广期产品需要获得消费者的认同，进一步占有市场，应采用低价促销策略；成长期的产品有了一定的知名度，销售量稳步上升，可以采用中等价格；成熟期的产品市场知名度处于最佳状态，可以采用高价促销，但由于此时市场需求接近饱和，竞争激烈，定价时必须考虑竞争者的情况，以保持现有市场销售量；衰退期的产品市场竞争力下降，销售量下滑，应该降价促销或维持现价并辅之以折扣等其他手段，同时，积极开发新产品，保持企业的市场竞争优势。

第三节 纳税管理

一、纳税管理概述

（一）纳税管理

纳税管理，是指企业对其涉税业务和纳税实务所实施的研究和分析、计划和筹划、监控和处理、协调和沟通、预测和报告全过程管理行为。纳税管理的目标是规范企业纳税行为、合理降低税收支出、有效防范纳税风险。纳税管理贯穿于投资、筹资、营运和分配等各项财务管理活动中，是现代财务管理的重要内容。

（二）纳税筹划

纳税筹划，是指在纳税行为发生之前，在不违反税法及相关法律法规的前提下，对纳税主体的筹资、投资、营运及分配行为等涉税事项作出事先安排，以实现企业财务管理目标的一系列谋划活动。纳税筹划的外在表现是降低税负和延期纳税。

（三）纳税筹划的原则

企业的纳税筹划必须遵循以下原则：

1. 合法性原则。

合法性原则是纳税筹划必须坚持的首要原则。企业开展纳税筹划必须遵守国家的各项法律法规，这是纳税筹划与逃税、抗税和骗税等行为的本质区别。由于税收法律法规和各项优惠政策会随着社会经济发展变化而不断地进行调整和修订，为了保持纳税筹划的合法性，筹划者要时刻关注国家税收法律法规和税收优惠政策的变化情况。

2. 系统性原则。

纳税筹划的系统性原则，也称为整体性原则、综合性原则。一方面，企业纳税筹划的方案设计必须遵循系统观念，要将筹划活动置于财务管理的大系统下，与企业的投资、筹资、营运及分配策略相结合。另一方面，企业需要缴纳的税种之间常常相互关联，一种税的节约可能引起另一种税的增加，纳税筹划要求企业必须从整体角度考虑纳税负担，在选择纳税方案时，要着眼于整体税负的降低。

3. 经济性原则。

纳税筹划的经济性原则，也称成本效益原则。纳税筹划方案的实施，在为企业带来税收利益的同时，必然发生相应的成本支出，由于纳税筹划的目的是追求企业长期财务目标而非单纯的税负最轻，因此，企业在进行纳税筹划相关的决策时，必须进行成本效益分析，选择净收益最大的方案。

4. 先行性原则。

纳税筹划的先行性原则，是指筹划策略的实施通常在纳税义务发生之前。在经济活动中，纳税人可以根据税法及相关法规对各种经济事项的纳税义务进行合理预测，从中选择有利的筹划策略。如果纳税义务已经发生，根据税收法定原则，相应的纳税数额和纳税时间已经确定，纳税筹划就失去了作用空间。因此，企业进行税务管理时，要对其筹资、投资、营运和分配行为等进行事先筹划和安排，尽可能减少应税行为的发生，降低企业的纳税负担，从而实现纳税筹划的目的。

（四）纳税筹划的方法

1. 减少应纳税额。

税收由国家权力强制执行，对于企业而言，纳税义务的产生必然会带来企业现金的流出和费用的增加，因此，纳税筹划的首要目的是在合法、合理的前提下减少企业的纳税义务。应纳税额的减少可以节约企业的费用和减少现金支出，从而提高企业的资本回报率和现金周转效率。企业可以通过利用税收优惠政策筹划法或转让定价筹划法来实现减少应纳税额的目标。

（1）利用税收优惠政策筹划法，是指纳税人凭借国家税法规定的优惠政策进行纳税筹划的方法。税收优惠政策是指税法对某些纳税人和征税对象给予鼓励和照顾的一种特殊规定。具体来说，指的是国家为了扶持某些特定产业、行业、地区、企业和产品的发展，或者为了对某些有实际困难的纳税人给予照顾，在税法中作出的某些特殊规定。例如，免除其应缴的全部或部分税款，或按照其缴纳税款的一定比例给予返还等，从而减轻其税收负担。

从税制构成角度来看，利用税收优惠进行纳税筹划主要是利用免税政策、减税政策、退税政策、税收扣除政策、税率差异、分劈技术以及税收抵免等税收优惠政策。

（2）转让定价筹划法，主要是指通过关联企业采用非常规的定价方式和交易条件进行的纳税筹划。转让定价指在经济活动中，有经济联系的企业各方为了转移收入、均摊利润或转移利润而在交换或买卖过程中，不是依照市场买卖规则和市场价格进行交易，而是根据它们之间的共同利益或为了最大限度地维护它们之间的收入而进行的产品或非产品转让。在这种转让中，根据双方的意愿，产品的转让价格可高于或低于市场上由供求关系决定的价格，以达到少纳税甚至不纳税的目的。

为了保证利用转让定价进行纳税筹划的有效性，筹划时应该注意三点：一是要进行成本效益分析；二是价格的波动应在一定的范围之内，否则税务机关有权对转让价格进行合理调整；三是纳税人可以运用多种方法进行全方位、系统的筹划安排。

2. 递延纳税。

考虑到货币时间价值和通货膨胀因素，纳税筹划的另一条思路是递延纳税。递延纳税是指在合法、合理的情况下，纳税人将应纳税款推迟一定期限的方法。延期纳税虽然不会减少纳税人纳税的绝对总额，但由于货币具有时间价值，递延纳税法可以使应纳税额的现值减小。

采取有利的会计处理方法是企业实现递延纳税的一个重要途径，主要包括存货计价和固定资产折旧的方法选择等。

二、企业筹资纳税管理

按筹资来源划分，企业筹资可划分为内部筹资和外部筹资。内部筹资来源于企业内部，以积累的留存收益为主；外部筹资来源于企业外部，又可分为债务筹资和股权筹资。

（一）内部筹资纳税管理

企业通常优先使用内部资金来满足资金需求，内部资金是企业已经持有的资金，并且无须花费筹资费用，与外部股权筹资相比，其资本成本更低；与债务筹资相比，其面临的财务风险更低。从税收角度来看，内部筹资虽然不能减少企业的所得税负担，但若将这部分资金以股利分配的形式发放给股东，股东会承担双重税负；若将这部分资金继续留在企业内部获取投资收益，投资者可以享受递延纳税带来的收益，股东也因此受惠。

（二）外部筹资纳税管理

内部筹资一般不能满足企业的全部资金需求，因此，企业还需要通过增加债务或权益资金进行外部筹资，这涉及资本结构管理问题。关于资本结构的理论有很多，其中的权衡理论认为，有负债企业的价值是无负债企业价值加上抵税收益的现值，再减去财务困境成本的现值。其表达式为：

$$V_L = V_U + PV\ (\text{利息抵税}) - PV\ (\text{财务困境成本})$$

式中，V_L 表示有负债企业的价值，V_U 表示无负债企业的价值，PV（利息抵税）表示利息抵税的现值，PV（财务困境成本）表示财务困境成本的现值。

在目标资本结构的范围内，企业会优先使用负债融资，这是因为企业价值由企业未来经营活动现金流量的现值决定，负债融资的利息可以在计算应纳税所得额时予以扣除，这就降低了企业的纳税负担，减少了企业经营活动现金流出量，增加了企业价值。在债务利息率不变的情况下，企业财务杠杆越高，企业所取得的节税收益越大，但过高的财务杠杆可能会使企业陷入财务困境，出现财务危机甚至破产，从而带来企业价值的损失。纳税筹划的最终目的是企业财务管理目标的实现而非税负最小化，因此，在进行债务筹资纳税筹划时必须要考虑企业的财务困境成本，选择适当的资本结构。

对于股东而言，采用债务筹资的好处不仅在于节税效应，更重要的是固定性融资成本所带来的财务杠杆效应。当且仅当总资产收益率（息税前）大于债务利息率时，负债筹资才能给股东带来正的财务杠杆效应，有利于股东财富的增加。当总资产收益率（息税前）小于债务利息率且大于零时，产权比率越大，节税收益越大，但股东财富的减少幅度也越大。因此，从股东财富最大化视角考虑，使用债务筹资进行纳税筹划必须满足总资产收益率（息税前）大于债务利息率的前提条件。

综上可知，使用债务筹资的确可以带来节税收益，增加企业价值，但出于财务管理目标的考虑，在采用债务筹资方式筹集资金时，不仅要将资本结构控制在相对安全的范围内，还要确保总资产收益率（息税前）大于债务利息率。

三、企业投资纳税管理

（一）直接投资纳税管理

按投资方向，直接投资纳税管理可以划分为直接对外投资纳税管理和直接对内投资纳税管理。

1. 直接对外投资纳税管理。

企业的直接对外投资，主要包括企业联营、合营和设立子公司等，由于这类投资规模较大，选择范围广，存在较为广阔的纳税筹划空间。纳税人可以在投资组织形式、投资行业、投资地区和投资收益取得方式的选择上进行筹划。

（1）投资组织形式的纳税筹划。这里有两种情况：①公司制企业与合伙制企业的选择。目前我国对公司制企业和合伙制企业在所得税的纳税规定上有所不同，公司制企业的利润在分配前课征企业所得税，当税后利润作为股息分配给个人股东时，股东还要缴纳个人所得税，因此，股东面临着双重税收问题。而合伙制企业不缴纳企业所得税，只课征各个合伙人分得收益的个人所得税。②子公司与分公司的选择。企业发展到一定规模后，可能需要建立分公司或子公司。从税法上看，子公司需要独立申报企业所得税，分公司的企业所得税由总公司汇总计算并缴纳。根据企业分支机构可能存在的盈亏不均、税率差别等因素来决定分支机构的设立形式，能合法、合理地降低税收成本。

【例 9-11】 甲公司为扩大市场份额，计划 2026 年在 A 地设立销售代表处。由于竞争对手众多，在未来 3 年内，A 销售代表处可能处于持续亏损状态，预计第一年将亏损 300 万元，同年总部将盈利 500 万元。要求：计算并分析甲公司是设立分公司还是设立子公司对企业发展更有利。不考虑应纳税所得额的调整因素，企业所得税税率为 25%。

根据上述资料，分析如下：

①假设采取子公司形式设立 A 销售代表处，则 2026 年企业总部应缴所得税 = 500 × 25% = 125（万元）。

A 销售代表处当年亏损，所以不需要缴纳所得税，其亏损额需留至下一年度税前弥补。

②假设采取分公司形式设立 A 销售代表处，则 2026 年企业总部应缴所得税 = (-300 + 500) × 25% = 50（万元）。

通过上述分析可知，如果将 A 销售代表处设立为分公司，则 A 销售代表处的亏损在发生当年就可以由公司总部弥补，与设立为子公司相比较，甲公司获得了提前弥补亏损的税收利益；如果将 A 销售代表处设立为子公司，则其经营初期的亏损只能由以后年度的盈余弥补。此外，预计在未来 3 年内，A 销售代表处可能都会面临亏损，如果将其设立为子公司，A 销售代表处面临着不能完全弥补亏损的风险，可能会失去弥补亏损的抵税收益。因此，将 A 销售代表处设立为分公司对甲公司更为有利。

（2）投资行业的纳税筹划。我国不同行业的税收负担不同，在进行投资决策时，应尽可能选择税收负担较轻的行业。如税法规定，对于国家重点扶持的高新技术企业，按 15% 的税率征收企业所得税；对于创业投资企业进行国家重点扶持和鼓励的投资，可以按投资额的一定比例抵扣应纳税所得额。

（3）投资地区的纳税筹划。由于世界各国以及我国不同地区的税负各有差异，企业在选择注册地点时，应考虑不同地区的税收优惠政策。例如，《关于延续西部大开发企业所得税政策的公告》（财政部 税务总局 国家发展改革委公告 2020 年第 23 号）中规定，对设在西部地区属于国家鼓励类产业的企业，在 2021 年 1 月 1 日至 2030 年 12 月 31 日期间，减按 15% 的税率征收企业所得税。向海外投资时，由于不同国家税法有较大差异，应该仔细研究有关国家的税收法规。

（4）投资收益取得方式的纳税筹划。企业的投资收益由股息红利和资本利得两部分组成，但这两种收益的所得税税务负担不同。根据《企业所得税法》的规定，居民企业直接投资于其他居民企业取得股息、红利等权益性投资收益为企业的免税收入，不包括连续持有居民企业公开发行并上市流通的股票不足 12 个月取得的投资收益。而企业卖出股份所取得的投资收益则需要缴纳企业所得税。因此，在选择回报方式时，投资企业可以利用其在被投资企业中的地位，使被投资企业进行现金股利分配，这样可以减少投资企业取得投资收益的所得税税务负担。

2. 直接对内投资纳税管理。

直接对内投资，是指在本企业范围内的资金投放，用于购买和配置生产经营所需的生产资料，这里主要对长期经营资产进行纳税筹划。虽然长期经营性投资会涉及流转税和所得税，但固定资产投资由企业战略和生产经营的需要决定，且税法对固定资产的涉税事项处理均有详细的规定，在投资环节的纳税筹划较少。无形资产投资方面，为支持企业科技创新，《关于进一步完善研发费用税前加计扣除政策的公告》（财政部 税务总局公告 2023 年第 7 号）中规定，企业开展研发活动中实际发生的研发费用，未形成无形资产计入当期损益的，在按规定据实扣除的基础上，自 2023 年 1 月 1 日起，再按照实际发生额的 100% 在税前加计扣除；形成无形资产的，自 2023 年 1 月 1 日起，按照无形资产成本的 200% 在税前摊销。因此，企业在具备相应的技术和资金实力时，应该进行自主研发，从而享受加计扣除优惠。

（二）间接投资纳税管理

间接投资又称证券投资，是指企业用资金购买股票、债券、基金等金融资产，而不直接参与其他企业生产经营管理的一种投资活动。与直接投资相比，间接投资考虑的税收因素较少，但也有纳税筹划的空间。在投资金额一定时，证券投资决策的主要影响因素是证券的投资收益，不同种类证券收益应纳所得税不同，在投资决策时，应该考虑其税后收益。例如，我国税法规定，我国国债利息收入免交企业所得税，当可供选择债券的回报率较低时，应该将其税后投资收益与国债的收益相比，再作决策。因此，纳税人应该密切关注税收法规，及时利用税法在投资方面的优惠政策进行纳税筹划。

四、企业营运纳税管理

企业的营运活动主要是指企业的日常经营活动，通常包括采购环节、生产环节和销售环节，会产生流转税纳税义务。企业的营运活动会导致收入的实现，从而产生所得税纳税义务。故在进行企业营运纳税筹划时要综合考虑企业流转税和所得税，以实现企业价值最大化。增值税已经成为我国最主要的流转税税种，由于制造业企业营运活动覆盖范围更广，因此，这里以工业企业为例来说明生产经营活动中增值税和所得税的纳税管理。

（一）采购的纳税管理

采购主要影响流转税中的增值税进项税额，可以从以下四个方面进行纳税筹划：

1. 增值税纳税人的纳税筹划。

增值税纳税人分为一般纳税人和小规模纳税人，我国税务机关对两类纳税人采用不同的增值税征收办法，由此会产生相应的税负差别。某些处于生产经营初期的纳税人，由于其经营规模较小，可以选择成为一般纳税人或小规模纳税人，故存在纳税人身份的纳税筹划问题。增值税一般纳税人以不含税的增值额为计税基础，小规模纳税人以不含税销售额为计税基础，在销售价格相同的情况下，税负的高低主要取决于增值率的大小。一般来说，增值率高的企业，适宜作为小规模纳税人；反之，适宜作为一般纳税人。当增值率达到某一数值时，两类纳税人的税负相同，这一数值被称为无差别平衡点增值率，其计算过程如下：

设 X 为增值率，S 为不含税销售额，P 为不含税购进额，假定一般纳税人适用的增值税税率为 a，小规模纳税人的征收率为 b，则：

$X = (S - P) \div S$

一般纳税人应纳增值税 $= S \times a - P \times a = S \times X \times a$

小规模纳税人应纳增值税 $= S \times b$

令：$S \times X \times a = S \times b$

得：$X = b/a$

由以上计算可知，一般纳税人与小规模纳税人的无差别平衡点增值率为 b/a，当一般纳税人适用的增值税税率为13%，小规模纳税人[①]增值税的征收率为1%时，所计算出的无差别平衡点增值率为7.69%。若企业的增值率等于7.69%，选择成为一般纳税人或小规模纳税人在税负上没有差别，其应纳增值税额相同。若企业的增值率小于7.69%，选择成为一般纳税人税负较轻；反之，选择小规模纳税人较为有利。

2. 选择供货单位的纳税筹划。

企业从不同类型的纳税人处采购货物，所承担的税收负担也不一样。一般纳税人从一般纳税人处采购的货物，增值税进项税额可以抵扣。一般纳税人从小规模纳税人处采购的货物，增值税不能抵扣（小规模纳税人自愿使用增值税发票管理系统自行开具或由税务机关代开增值税专用发票的除外），为了弥补购货人的损失，小规模纳税人有时会在价格上给予优惠，在选择供货单位时，要综合考虑由于价格优惠所带来的成本的减少和不能抵扣的增值税带来的成本费用的增加。

【例9-12】 甲企业为生产并销售A产品的增值税一般纳税人，适用的增值税税率为13%。现有X、Y、Z三家公司可以为其提供生产所需原材料，其中X为一般纳税人，且可以提供增值税专用发票，适用的增值税税率为13%；Y为小规模纳税人，可以委托税务机关开具增值税税率为1%的发票；Z为个体工商户，目前只能出具普通发票。X、Y、Z三家公司提供的原材料质量无差别，

扫码看讲解

所提供的每单位原材料的含税价格分别为90.4元、82.82元和79元。A产品的单位含税售价为113元，已知城市维护建设税税率为7%，教育费附加税率为3%，企业所得税税率为25%。要求：从利润最大化角度考虑甲企业应该选择哪家公司作为原材料供应商？

A产品的不含税单价 = 113 ÷ (1 + 13%) = 100（元）

每单位A产品的增值税销项税额 = 100 × 13% = 13（元）

由于甲企业的购货方式不会影响到企业的期间费用，所以在以下计算过程中省略期间费用。

（1）从X公司购货：

单位成本 = 90.4 ÷ (1 + 13%) = 80（元）

可以抵扣的增值税进项税额 = 80 × 13% = 10.4（元）

应纳增值税 = 13 - 10.4 = 2.6（元）

税金及附加 = 2.6 × (7% + 3%) = 0.26（元）

单位产品税后利润 = (100 - 80 - 0.26) × (1 - 25%) = 14.805（元）

（2）从Y公司购货：

单位成本 = 82.82 ÷ (1 + 1%) = 82（元）

① 自2023年1月1日至2023年12月31日，对月销售额10万元以下（含本数）的增值税小规模纳税人，免征增值税。增值税小规模纳税人适用3%征收率的应税销售收入，减按1%征收率征收增值税；适用3%预征率的预缴增值税项目，减按1%预征率预缴增值税。该政策延续执行至2027年12月31日。

可以抵扣的增值税进项税额 $= 82 \times 1\% = 0.82$（元）

应纳增值税 $= 13 - 0.82 = 12.18$（元）

税金及附加 $= 12.18 \times (7\% + 3\%) = 1.218$（元）

单位产品税后利润 $= (100 - 82 - 1.218) \times (1 - 25\%) = 12.59$（元）

（3）从 Z 公司购货：

单位成本 $= 79$ 元

可以抵扣的增值税进项税额 $= 0$

应纳增值税 $= 13$ 元

税金及附加 $= 13 \times (7\% + 3\%) = 1.3$（元）

单位产品税后利润 $= (100 - 79 - 1.3) \times (1 - 25\%) = 14.775$（元）

由上可知，在一般纳税人处购买原材料所获利润最大，所以应该选择 X 公司作为原材料供应商。

3. 结算方式的纳税筹划。

结算方式包括赊购、现金、预付等。在价格无明显差异的情况下，采用赊购方式不仅可以获得推迟付款的好处，还可以在赊购当期抵扣进项税额；采用预付方式时，不仅要提前支付货款，在付款的当期如果未取得增值税专用发票，相应的增值税进项税额不能被抵扣。因此，在购货价格无明显差异时，要尽可能选择赊购方式。在三种购货方式的价格有差异的情况下，需要综合考虑货物价格、付款时间和进项税额抵扣时间。

4. 增值税专用发票管理。

根据进项税额抵扣时间的规定，对于取得防伪税控系统开具的增值税专用发票，纳税人应及时使用增值税发票综合服务平台确认需要抵扣的增值税发票电子信息[①]。购进的多用途物资应先进行网上确认再抵扣，待转为非应税项目时再作进项税额转出处理，以防止非应税项目物资转为应税项目时，由于超过发票确认时间而不能抵扣其进项税额。

（二）生产的纳税管理

企业生产过程实际上是各种原材料、人工工资和相关费用转移到产品的全过程，可以从以下三个方面进行纳税筹划：

1. 存货计价的纳税筹划。

虽然从长期看来，存货的计价方法不会对应纳增值税总额产生影响，但纳税人可以通过采用不同的存货计价方法来改变销售成本，继而改变所得税纳税义务在时间上的分布来影响企业价值。

如果预计企业将长期盈利，则存货成本可以最大限度地在本期所得额中税前扣除，应选择使本期存货成本最大化的存货计价方法；如果预计企业将亏损或者企业已经亏损，选择的计价方法必须使亏损尚未得到完全弥补的年度的成本费用降低，尽量使成本费用

---

① 《关于扩大小规模纳税人自行开具增值税专用发票试点范围等事项的公告》（国家税务总局公告 2019 年第 8 号）将取消增值税发票认证的纳税人范围扩大至全部一般纳税人。

延迟到以后能够完全得到抵补的时期，才能保证成本费用的抵税效果最大化。如果企业正处于所得税减税或免税期间，就意味着企业获得的利润越多，得到的减免税额越多，因此，应该选择减免税期间内存货成本最小化的计价方法，减少企业的当期摊入，尽量将存货成本转移到非税收优惠期间。相反，当企业处于非税收优惠期间时，应选择使存货成本最大化的计价方法，以达到减少当期应纳税所得额、延迟纳税的目的。

2. 固定资产的纳税筹划。

推迟利润的实现以获取货币的时间价值并不是固定资产纳税筹划的最终目的，不同税收政策的企业，以及不同盈利状况的企业应该选取不同的筹划方法。对于盈利企业，新增固定资产入账时，其账面价值应尽可能低，尽可能在当期扣除相关费用，在征得税务机关同意的情况下，尽量缩短折旧年限或采用加速折旧法。对于亏损企业和享受税收优惠的企业，应该合理预计企业的税收优惠期间或弥补亏损所需年限，进行适当的折旧安排，尽量在税收优惠期间和亏损期间少提折旧，以达到抵税收益最大化。

【例9-13】 B 公司为一家医药制造企业，为了维持生产经营，于 2024 年 12 月 31 日购进一台机器并立即投入使用，价格为 200 000 元，预计使用 5 年，残值率为 5%。该机器常年处于强腐蚀状态，根据税法的规定，可以缩短折旧年限或者采取加速折旧的方法。企业所得税税率为 25%。

要求：

（1）根据上述条件，分别采用直线法、双倍余额递减法、年数总和法和折旧年限缩短为 3 年的方法计算各年的折旧额及折旧所带来的抵税收益。（计算结果保留整数，下同）

（2）假设每年年末 B 公司都有足够多的征税收入来抵扣各扣除项目，分析双倍余额递减法和缩短折旧年限的方法中哪一种对企业更为有利？（B 公司的加权平均资本成本为 10%）

分析如下：

（1）各年折旧额和折旧抵税收益如表 9-6 和表 9-7 所示。

表 9-6 各年折旧额 单位：元

年限	直线法	双倍余额递减法	年数总和法	缩短折旧年限
1	38 000	80 000	63 333	63 333
2	38 000	48 000	50 667	63 333
3	38 000	28 800	38 000	63 334
4	38 000	16 600	25 333	0
5	38 000	16 600	12 667	0
合计	190 000	190 000	190 000	190 000

表9-7		各年折旧额所带来的抵税收益		单位：元
年限	直线法	双倍余额递减法	年数总和法	缩短折旧年限
1	9 500	20 000	15 833	15 833
2	9 500	12 000	12 667	15 833
3	9 500	7 200	9 500	15 834
4	9 500	4 150	6 333	0
5	9 500	4 150	3 167	0
合计	47 500	47 500	47 500	47 500

（2）由表9-6和表9-7可知，在公司盈利的情况下，采用不同的折旧计提方法不会对未来5年的利润总额产生影响，但是会影响应纳税额在时间上的分布，因此，要考虑折旧抵税对公司现金流量产生的影响。在双倍余额递减法与缩短折旧年限法中，固定资产的使用年限和残值都一样，唯一不同的地方在于折旧的时间分布，进而影响到了所得税纳税义务的时间分布，故可以采用差额现金流量法进行分析，分析过程如表9-8所示。

表9-8		差额分析法			单位：元
年限	双倍余额递减法	缩短折旧年限	抵税差额	折现系数	现值
1	20 000	15 833	4 167	0.9091	3 788.2197
2	12 000	15 833	-3 833	0.8264	-3 167.5912
3	7 200	15 834	-8 634	0.7513	-6 486.7242
4	4 150	0	4 150	0.6830	2 834.4500
5	4 150	0	4 150	0.6209	2 576.7350
合计	47 500	47 500			-455

由表9-8可知，采用缩短折旧年限的方法比双倍余额递减法可以获得更多的净现值，从而企业价值更大，因此，企业应该采用缩短折旧年限的方法。

3. 期间费用的纳税筹划。

企业在生产经营过程中所发生的费用和损失，只有部分能够计入所得税扣除项目，且有些扣除项目还有限额规定。例如，企业发生的招待费支出，按照发生额的60%扣除，但最高不得超过当年销售收入的5‰。因此，企业应该严格规划招待费的支出时间，对于金额巨大的招待费，争取在两个或多个会计年度分别支出，从而使扣除金额最多。

（三）销售的纳税管理

销售在企业经营管理中占有非常重要的地位，销售收入的大小不仅关系到当期流转税额，也关系到企业应纳税所得额，是影响企业税收负担的主要环节。企业销售过程中需要注意以下税收问题：

1. 结算方式的纳税筹划。

不同销售结算方式中纳税义务的发生时间不同，这为企业进行纳税筹划提供了可能。销售结算方式的筹划是指在税法允许的范围内，尽量采取有利于本企业的结算方式，以推迟纳税时间，获得纳税期的递延。

2. 促销方式的纳税筹划。

不同促销方式下，同样的产品取得的销售额有所不同，其应交增值税也有可能不一样。

在销售环节，常见的销售方式有销售折扣和折扣销售。销售折扣，是指销货方在销售货物或提供应税劳务和应税服务后，为了鼓励购货方及早偿还货款而许诺给予购货方的一种折扣优待，又称为现金折扣。销售折扣不得从销售额中减除，不能减少增值税纳税义务，但是可以尽早收到货款，提高企业资金周转效率。折扣销售，是给予消费者购货价格上的优惠，如八折销售等。如果销售额和折扣额在同一张发票上注明，可以以销售额扣除折扣额后的余额作为计税金额，减少企业的销项税额。

在零售环节，常见的促销方式有折扣销售、实物折扣和以旧换新等。实物折扣，是指销货方在销售过程中，当购买方购买货物时配送、赠送一定数量的货物，实物款额不仅不能从货物销售额中减除，而且还需要按"赠送他人"计征增值税。以旧换新，一般应按新货物的同期销售价格确定销售额，不得扣减旧货物的收购价格。因此，从税负角度考虑，企业适合选择折扣销售方式。

【例 9 - 14】 A 公司为一家从事产品经销的一般纳税人，为了吸引更多顾客，提高当地市场份额，决定拿出 10 000 件甲产品进行促销活动，现有两种促销方案：方案一是八折销售，且销售额和折扣额开在同一张发票上；方案二是买 4 件甲商品送 1 件甲商品（增值税发票上只列明 4 件甲商品的销售金额）。根据以往经验，无论采用哪种促销方式，甲产品都会很快被抢购一空，但是从纳税筹划角度上考虑，这两种方式可能面临不同的纳税义务。

要求：计算两种销售方式所产生的净现金流量并判断 A 公司应该采取哪种促销方式？（A 公司采用现金购货和现金销售的方式，甲产品的不含税售价为每件 10 元，不含税进价为每件 5 元。增值税税率为 13%，所得税税率为 25%，不考虑城市维护建设税及教育费附加）

方案一：八折销售。

应纳增值税 $= 10 \times 80\% \times 10\ 000 \times 13\% - 5 \times 10\ 000 \times 13\% = 3\ 900$（元）

应纳税所得额 $= 10 \times 80\% \times 10\ 000 - 5 \times 10\ 000 = 30\ 000$（元）

应交所得税 $= 30\ 000 \times 25\% = 7\ 500$（元）

净现金流量 = 10 × 80% × 10 000 × (1 + 13%) − 5 × 10 000 × (1 + 13%) − 3 900 − 7 500 = 22 500（元）

方案二："买四送一"方式销售。

企业销售的甲商品为 8 000 件，赠送的甲商品为 2 000 件，在增值税方面，如果销货者将自产、委托加工和购买的货物用于实物折扣的，且未在发票金额中注明，应按增值税条例"视同销售货物"中的"赠送他人"计征增值税，故 2 000 件赠品也应按售价计算增值税销项税额。《关于企业促销展业赠送礼品有关个人所得税问题的通知》（财税〔2011〕50 号）规定，企业在向个人销售商品（产品）和提供服务的同时给予赠品时，不征收个人所得税，故不需要代扣代缴个人所得税。

应纳增值税 = 10 × (8 000 + 2 000) × 13% − 5 × 10 000 × 13% = 6 500（元）

应纳税所得额 = 10 × 8 000 − 5 × 10 000 = 30 000（元）

应交所得税 = 30 000 × 25% = 7 500（元）

净现金流量 = 10 × 8 000 × (1 + 13%) − 5 × 10 000 × (1 + 13%) − 6 500 − 7 500 = 19 900（元）

通过计算可知，在两种促销方式下，企业通过销售商品取得的现金流入量相同，但是，在八折销售的方式下，企业的净现金流量更大。这是因为增值税作为一种流转税，本该由产品的最终使用者负担，本身并不是企业的一项成本费用，但在"买四送一"时，消费者在取得赠品时，并未支付相应的增值税销项税额，而在税法上，赠送的商品需要按"赠送他人"计征增值税，相当于企业为消费者负担了赠品的增值税销项税额，因此其净现金流量低于按八折销售的方式，并且二者的差额刚好为赠送的 2 000 件商品的增值税销项税额。

由上可知，企业应该采取折扣方式销售货物，即打八折的销售方式。在实务中，公司在采取"买四送一"销售方式时，可以按照折扣销售的方式开票，即在增值税专用发票上列明 10 000 件甲商品，其销售金额为 100 000 元，折扣为 20 000 元，则增值税销项税额为 10 400 元，这样可以达到节税的目的。

五、企业利润分配纳税管理

企业通过投资活动和营运活动取得的收入在弥补了相应的成本费用之后，便形成了企业的利润总额，由此进入了企业利润分配环节，利润分配纳税管理主要包括两个部分：所得税纳税管理和股利分配纳税管理。

（一）所得税纳税管理

为了保证股东分配的利润水平，在合法、合理的情况下，纳税人应该通过纳税筹划尽可能减少企业的所得税纳税义务或者递延缴纳所得税。基于税收法定原则，所得税的纳税金额和纳税时间在经济事项或交易发生之时就已经确定，对于所得税的纳税筹划，主要是在筹资、投资和经营环节，筹划思路和方法前已述及。而利润分配环节的所得税纳税管理主要体现为亏损弥补的纳税筹划。

亏损弥补的纳税筹划，最重要的就是正确把握亏损弥补期限。税法规定，纳税人发生年度亏损，可以用下一纳税年度的所得弥补；下一年度的所得不足以弥补的，可以逐年延续弥补，但延续弥补期最长不得超过5年。但对于高新技术企业和科技型中小企业，自2018年1月1日起，亏损结转年限由5年延长至10年。值得注意的是，这里的亏损是指税法上的亏损，即应纳税所得额为负值。因此，当企业发生亏损后，纳税筹划的首要任务是增加收入或减少可抵扣项目，使应纳税所得额尽可能多，以尽快弥补亏损，获得抵税收益。例如，可以利用税法允许的资产计价和摊销方法的选择权，少列扣除项目和扣除金额，使企业尽早盈利以及时弥补亏损。

（二）股利分配纳税管理

由于股东面临双重税负，公司分配给投资者的股利并不是股东的最终收益，为了降低股东的纳税义务、分享到更多收益，公司有必要对股利分配进行纳税筹划。股利分配纳税筹划首要考虑的问题是企业是否分配股利。由于《企业所得税法》和《个人所得税法》对投资收益的税务处理规定不同，因此，对于不同类型股东，公司侧重于不同的股利政策。

1. 基于自然人股东的纳税筹划。

对于自然人股东而言，从上市公司取得的股息红利收益和资本利得收益的纳税负担不同。根据《关于上市公司股息红利差别化个人所得税政策有关问题的通知》（财税〔2015〕101号），个人从公开发行和转让市场取得的上市公司股票，持股期限超过1年的，股息红利所得暂免征收个人所得税。持股期限在1个月以内（含1个月）的，其股息红利所得全额计入应纳税所得额；持股期限在1个月以上至1年（含1年）的，暂减按50%计入应纳税所得额；上述所得统一适用20%的税率计征个人所得税。如果投资个人不是获取现金或股票股利，而是通过股票交易获得投资收益，对股票转让所得不征收个人所得税，即暂不征收资本利得税，但投资个人在股票交易时需承担成交金额的1‰的印花税。因此，当前法律制度下，对于上市公司自身而言，进行股利分配可以鼓励个人投资者长期持有公司股票，有利于稳定股价；对于自然人股东而言，如果持股期限超过1年，由于股票转让投资收益的税负（印花税）重于股息红利收益的税负（0税负），上市公司发放股利有利于长期持股的个人股东获得纳税方面的好处。

2. 基于法人股东的纳税筹划。

这里的法人股东主要指具有独立法人资格的公司制企业。根据我国《企业所得税法》规定，投资企业从居民企业取得的股息等权益性收益所得只要符合相关规定都可享受免税收入待遇，而不论该投资企业是否为居民企业。而投资企业通过股权转让等方式取得的投资收益需要计入应纳税所得额，按企业适用的所得税税率缴纳企业所得税。由此可知，如果被投资企业进行股利分配，则投资企业取得的股息红利收益不需要缴纳企业所得税，而如果被投资企业不进行股利分配，投资企业直接以转让股权方式取得投资收益，则会导致原本可免征企业所得税的股息红利投资收益转化成股权转让收益缴纳企业所得税，因此，被投资企业进行股利分配有利于投资企业减轻税收负担。因此，基于法人股东考虑，公司进行股利分配可以帮助股东减少纳税负担，增加股东收益，为了维持与股东的良好关系，保障股东利益，在企业财务状况允许的情况下，公司应该进行股利分配。

以上两点仅仅是从股东税负方面对股利分配政策进行筹划，在实际工作中，股利分配的制约因素很多，包括法律因素、公司因素、股东因素等，避税仅仅是股东所考虑因素的一个方面，是一些获得高投资收益的股东所关心的问题。因此，在进行纳税筹划时，应该坚持系统性原则，综合考虑股利分配的各方面制约因素，这一环节的纳税筹划目标不仅是股东税负最小，而是要选择有利于企业长远发展的筹划方案，这样更有利于增加股东财富。

六、企业重组纳税管理

在企业的生命周期中，除了筹资、投资和营运等日常活动外，有时候还会出现使企业法律结构或经济结构发生重大改变的交易，包括企业法律形式改变、债务重组、股权收购、资产收购、合并和分立等，这些交易可以统称为企业重组。企业重组对企业影响巨大，甚至决定企业的生死存亡，而纳税筹划与企业重组关系密切：一方面，企业重组过程往往伴随着流转税和所得税纳税义务的产生，适当的纳税管理可以降低企业并购环节的税收负担，从而减少并购成本。另一方面，企业重组可能会给企业税负带来长期影响。因此，有必要对企业重组进行纳税管理。

企业重组的纳税管理可以从两方面入手：

一方面，通过重组事项，长期降低企业的各项纳税义务。在某些情况下，企业重组是减少企业纳税义务的手段，例如，将特定产品的生产部门分立为独立的纳税主体，可能会获得流转税税负的降低。为了达到降低税负的目的，需要对重组对象进行筹划。

另一方面，减少企业重组环节的纳税义务。财政部、国家税务总局联合发布的《关于企业重组业务企业所得税处理若干问题的通知》和现行的《企业所得税法》对资产重组规定了两类税务处理方法：一般性税务处理方法和特殊性税务处理方法。一般性税务处理方法强调重组交易中的增加值一定要缴纳企业所得税，特殊性税务处理方法规定股权支付部分可以免于确认所得，从而大大降低了企业重组环节的所得税支出。此外，特殊性税务处理可以部分抵扣相关企业的亏损，从中获得抵税收益。股权支付是对企业重组采取特殊性税务处理方法的必要条件。当企业符合特殊性税务处理的其他条件，譬如股权收购，收购企业购买的股权不低于被收购企业全部股权的50%；或资产收购，受让企业收购的资产不低于转让企业全部资产的50%，且股权支付金额不低于其交易支付总额的85%时，可以使用资产重组的特殊性税务处理方法。因此，在进行重组时，应该尽量满足特殊性税务处理条件，采用特殊性税务处理方法。

（一）企业合并的纳税筹划

会计上的企业合并包括吸收合并、新设合并和控股合并，而税法意义上的企业合并只包括吸收合并和新设合并，这里主要讨论税法意义上的企业合并。

1. 并购目标企业的选择。

并购目标企业选择中的纳税筹划途径大致分为三个方面：

（1）并购有税收优惠政策的企业。现行的《企业所得税法》强调以产业优惠为主、区域优惠为辅的所得税优惠格局，因此，企业在选择并购目标时，应充分重视行业优惠因素和地区优惠因素，在同等条件下，优先选择享有税收优惠政策的企业，可以使并购后企业整体的税务负担较小。

（2）并购亏损的企业。如果企业并购重组符合特殊性税务处理的规定，合并企业可以对被合并企业的亏损进行弥补，获得抵税收益，可由合并企业弥补的被合并企业亏损的限额等于被合并企业净资产公允价值乘以截至合并业务发生当年年末国家发行的最长期限的国债利率。因此，在综合考虑了其他条件之后，企业应该选择亏损企业作为并购目标，在亏损企业中，应该优先考虑法定最高亏损弥补额范围内亏损最大的企业。

（3）并购上下游企业或关联企业。并购可以实现关联企业或上下游企业流通环节的减少，减少流转税纳税义务。

2. 并购支付方式的纳税筹划。

我国税法对不同并购支付方式对应的税务处理的规定存在差异，这为企业并购纳税筹划提供了可能的空间，常见的并购支付方式有股权支付、非股权支付，在支付时，可以单独使用其中一种方式或同时使用两种方式。

（1）股权支付。股权支付是指企业重组中购买、换取资产的一方支付的对价中，以本企业或其控股企业的股权、股份作为支付的形式。对并购公司而言，与现金支付相比，股权支付不会给企业带来融资压力，降低了企业的财务风险。股权支付是对企业合并采取特殊性税务处理方法的必要条件。《关于企业重组业务企业所得税处理若干问题的通知》和现行的《企业所得税法》规定，当企业符合特殊性税务处理的其他条件，且股权支付金额不低于其交易支付总额的85%时，可以使用资产重组的特殊性税务处理方法，这样可以相对减少合并环节的纳税义务，获得抵税收益。

（2）非股权支付。非股权支付是指在企业并购过程中，以本企业的现金、银行存款、应收款项、本企业或其控股企业股权和股份以外的有价证券、存货、固定资产、其他资产以及承担债务等作为支付的形式。非股权支付采用一般性税务处理方法，对合并企业而言，需对被合并企业公允价值大于原计税基础的所得进行确认，缴纳所得税，并且不能弥补被合并企业的亏损。对于被合并企业的股东而言，需要对资产转让所得缴纳所得税。因此，如果采用非股权支付方式，就要考虑到目标公司股东的税收负担，这样势必会增加收购成本。

综上可知，当采用股权支付不会对并购公司控制权产生重大影响时，应该优先考虑股权支付，或者尽量使股权支付金额不低于其交易支付总额的85%，以争取达到特殊性税务处理的条件。

【例9-15】 A公司拟吸收合并B公司，除了一项无形资产外，B公司的所有资产和负债的计税基础都与公允价值一致，该无形资产计税基础为0，公允价值为1000万元，并且没有规定使用年限。B公司未弥补的亏损为150万元，净资产的公允价值为2000万元。截至合并业务发生当年年末，国家发行的最长期国债利率为5.32%，A公司适用的所得税税率为25%。A公司可以采

扫码看讲解

用股权支付或非股权支付方式，该合并事项已经满足了特殊性税务处理的其他条件，如果选择股权支付，则可以对该合并业务采用特殊性税务处理方法。要求：计算并分析 A 公司应该采用哪种支付方式？

（1）如果企业采用非股权支付方式，则适用一般性税务处理方法：

确认合并所得 = 1 000 − 0 = 1 000（万元）

由于被合并企业的亏损不得由合并企业弥补，故：

合并事项产生的所得税纳税义务 = 1 000 × 25% = 250（万元）

《企业所得税法》规定，对无形资产的摊销应该采用直线法，企业受让的无形资产，法律、合同或企业申请书没有规定使用年限的，摊销年限不得少于 10 年。在接下来的 10 年中，企业无形资产每年可以摊销抵税 25 万元（100 × 25%），10 年期间，在不考虑货币时间价值的情况下，该项无形资产带来的抵税收益为 250 万元，相当于在并购年份无偿借出一笔金额为 250 万元的款项，然后分 10 年等额收回，这无疑会损害企业价值。

（2）如果企业采用股权支付方式，则可以采用特殊性税务处理方法：

由于全部采用股权支付形式，不需要确认计税基础与公允价值的差额。

可由合并企业弥补的被合并企业亏损的限额 = 被合并企业净资产公允价值 × 截至合并业务发生当年年末国家发行的最长期限的国债利率

可以由 A 公司弥补的亏损 = 2 000 × 5.32% = 106.4（万元）

弥补亏损可节约的税收 = 106.4 × 25% = 26.6（万元）

通过比较可知，A 公司应该采取股权支付方式。

实际上，特殊性税务处理方法更有利于企业价值最大化，在企业重组的纳税筹划中，应该尽可能满足特殊性税务处理条件，采用特殊性税务处理方法。

（二）企业分立的纳税筹划

1. 分立方式的选择。

企业分立可以分为新设分立和存续分立，企业应该根据实际情况进行选择。

（1）新设分立，是指原企业解散，分立出的各方分别设立为新的企业。可以通过新设分立，把一个企业分解成两个甚至更多个新企业，单个新企业应纳税所得额大大减少，使之适用小型微利企业，可以按照更低的税率征收所得税。或者通过分立，使某些新设企业符合高新技术企业的优惠条件，所适用的税率也就相对较低，从而使企业的总体税收负担低于分立前的企业。

（2）存续分立，是指原企业存续，而其一部分分出设立为一个或数个新的企业。通过存续分立，可以将企业某个特定部门分立出去，获得流转税的税收利益。例如，消费税的课征只选单一环节，而消费品的流通还存在批发、零售等环节，企业可以将原来的销售部门分立为一个新的销售公司，在出售消费品给销售公司时，适当降低生产环节的销售价格（应当参照社会平均销售价格），从而降低消费税负担，销售公司再以正常价格出售，有利于整体税负的节约。此外，将销售部门分立为一个子公司，还可以增加产品在企业集团内部的销售环节，从而扩大母公司的销售收入，增加可在税前列支的费用数额（如业务招待费和广告费），从而达到节税的目的。

> **【例9－16】** M公司的主要业务是生产和销售粮食白酒，其生产的白酒，主要通过批发商销往全国各地，企业销售给批发商白酒的不含税价格为每箱2 400元。近几年来，随着产品知名度的提高，很多消费者直接到M公司购买白酒，平均每年由M公司的销售部门直接销售的白酒大约有2 500箱（每箱12瓶，每瓶500克），销售价格为2 600元/箱。M公司的总经理认为，可以将M公司的经销部门分立出来，注册成为一个销售公司，M公司按销售给批发商的价格销售给销售公司，销售公司再负责对消费者的直接销售。要求：请计算并分析该方案是否可行（不考虑成立销售公司的费用，粮食白酒的比例税率为20%，定额税率为0.5元/500克）。
>
> 企业内部销售部门直接销售给消费者时的应交消费税为：
>
> $2\ 600 \times 2\ 500 \times 20\% + 12 \times 2\ 500 \times 0.5 = 1\ 315\ 000$（元）
>
> 销售给销售公司时的应交消费税为：
>
> $2\ 400 \times 2\ 500 \times 20\% + 12 \times 2\ 500 \times 0.5 = 1\ 215\ 000$（元）
>
> 将销售部门分立出来成为销售公司之后，平均每年可以节约100 000元的消费税，故该方案可行。

2. 支付方式的纳税筹划。

企业分立的支付方式有股权支付与非股权支付。股权支付是对企业分立采取特殊性税务处理方法的必要条件。《关于企业重组业务企业所得税处理若干问题的通知》和现行的《企业所得税法》规定，当企业符合特殊性税务处理的其他条件，且被分立企业股东在该企业分立发生时取得的股权支付金额不低于其交易支付总额的85%时，可以使用企业分立的特殊性税务处理方法。这样不但可以相对减少分立环节的所得税纳税义务，而且被分立企业未超过法定弥补期限的亏损额可按分立资产占全部资产的比例进行分配，由分立企业继续弥补，分立企业可以获得抵税收益。因此，分立企业应该优先考虑股权支付，或者尽量使股权支付金额不低于其交易支付总额的85%，争取达到企业分立的特殊性税务处理条件。

第四节　分配管理

一、股利政策与企业价值

股利政策是指在法律允许的范围内，企业是否发放股利、发放多少股利以及何时发放股利的方针及对策。

股利政策的最终目标是使公司价值最大化。股利往往可以向市场传递一些信息，如股利发放的多寡、是否稳定、是否增长等，往往是大多数投资者推测公司经营状况、发展前景优劣的依据。因此，股利政策关系到公司在市场上、在投资者中的形象，成功的股利政策有利于提高公司的市场价值。

（一）股利分配理论

企业的股利分配方案既取决于企业的股利政策，又取决于决策者对股利分配的理解与认识，即股利分配理论。股利分配理论是指人们对股利分配的客观规律的科学认识与总结，其核心问题是股利政策与公司价值的关系问题。在市场经济条件下，股利分配要符合财务管理目标。人们对股利分配与财务目标之间关系的认识存在不同的流派与观念，还没有一种被大多数人所接受的权威观点和结论。但主要有以下两种较流行的观点：

1. 股利无关理论。

股利无关理论认为，在一定的假设条件限制下，股利政策不会对公司的价值或股票的价格产生任何影响，投资者不关心公司股利的分配。公司市场价值的高低，是由公司所选择的投资决策的获利能力和风险组合所决定的，而与公司的利润分配政策无关。

尽管公司对股东的分红可以采取派现或股票回购等不同的方式，但是，在完全有效的资本市场上，股利政策的改变仅仅意味着股东的收益在现金股利与资本利得之间分配上的变化。如果投资者按理性行事的话，这种改变不会影响公司的市场价值以及股东的财富。该理论是建立在完全资本市场理论之上的，假定条件包括：第一，市场具有强式效率，没有交易成本，没有任何一个股东的实力足以影响股票价格；第二，对公司或个人不存在任何所得税；第三，不存在任何筹资费用；第四，公司的投资决策与股利决策彼此独立，即投资决策不受股利分配的影响；第五，股东对股利收入和资本增值之间并无偏好。

2. 股利相关理论。

与股利无关理论相反，股利相关理论认为，企业的股利政策会影响股票价格和公司价值。主要观点有以下几种：

（1）"手中鸟"理论认为，用留存收益再投资给投资者带来的收益具有较大的不确定性，并且投资的风险随着时间的推移会进一步加大，因此，厌恶风险的投资者会偏好确定的股利收益，而不愿将收益留存在公司内部去承担未来的投资风险。该理论认为公司的股利政策与公司的股票价格是密切相关的，即当公司支付较高的股利时，公司的股票价格会随之上升，公司价值将得到提高。

（2）信号传递理论认为，在信息不对称的情况下，公司可以通过股利政策向市场传递有关公司未来获利能力的信息，从而会影响公司的股价。一般来讲，预期未来获利能力强的公司，往往愿意通过相对较高的股利支付水平把自己同预期获利能力差的公司区别开来，以吸引更多的投资者。对于市场上的投资者来讲，股利政策的差异或许是反映公司预期获利能力的有价值的信号。如果公司连续保持较为稳定的股利支付水平，那么，投资者就可能对公司未来的盈利能力与现金流量抱有乐观的预期。另外，如果公司的股利支付水平在过去一个较长的时期内相对稳定，而现在却有所变动，投资者将会把这种现象看作公司管理当局将要改变公司未来收益率的信号，股票市价将会对股利的变动作出反应。

（3）所得税差异理论认为，由于普遍存在的税率以及纳税时间的差异，资本利得收益比股利收益更有助于实现收益最大化目标，公司应当采用低股利政策。一般来说，对资本利得收益征收的税率低于对股利收益征收的税率；再者，即使两者没有税率上的差异，由于投资者对资本利得收益的纳税时间选择更具有弹性，投资者仍可以享受延迟纳税带来的收益差异。

（4）代理理论认为，股利政策有助于缓解管理者与股东之间的代理冲突，即股利政策是协调股东与管理者之间代理关系的一种约束机制。该理论认为，股利的支付能够有效地降低代理成本。首先，股利的支付减少了管理者对自由现金流量的支配权，这在一定程度上可以抑制公司管理者的过度投资或在职消费行为，从而保护外部投资者的利益；其次，较多的现金股利发放，减少了内部融资，导致公司进入资本市场寻求外部融资，从而公司将接受资本市场上更多的、更严格的监督，这样便通过资本市场的监督减少了代理成本。因此，高水平的股利政策降低了企业的代理成本，但同时增加了外部融资成本，理想的股利政策应当使两种成本之和最小。

（二）股利政策

股利政策是由企业在不违反国家有关法律、法规的前提下，根据本企业具体情况制定的。股利政策既要保持相对稳定，又要符合公司财务目标和发展目标。在实际工作中，通常有以下几种股利政策可供选择：

1. 剩余股利政策。

剩余股利政策是指公司在有良好的投资机会时，根据目标资本结构，测算出投资所需的权益资本额，先从盈余中留用，然后将剩余的盈余作为股利来分配，即净利润首先满足公司的权益资金需求，如果还有剩余，就派发股利；如果没有，则不派发股利。剩余股利政策的理论依据是股利无关理论。根据股利无关理论，在完全理想的资本市场中，公司的股利政策与普通股每股市价无关，故而股利政策只需随着公司投资、融资方案的制定而自然确定。因此，采用剩余股利政策时，公司要遵循如下四个步骤：

（1）设定目标资本结构，在此资本结构下，公司的加权平均资本成本将达到最低水平。

（2）确定公司的最佳资本预算，并根据公司的目标资本结构预计资金需求中所需增加的权益资本数额。

（3）最大限度地使用留存收益来满足资金需求中所需增加的权益资本数额。

（4）净利润在满足公司权益资本增加需求后，若还有剩余再用来发放股利。

【例9-17】 某公司2024年税后净利润为1 000万元，2025年的投资计划需要资金1 200万元，公司的目标资本结构为权益资本占60%，债务资本占40%。

按照目标资本结构的要求，公司投资方案所需的权益资本数额为：

1 200 × 60% = 720（万元）

公司当年全部可用于分派的盈利为1 000万元，除了满足上述投资方案所需的权益资本数额外，还有剩余可用于发放股利。2024年，公司可以发放的股利额为：

1 000 - 720 = 280（万元）

假设该公司当年流通在外的普通股为1 000万股，那么，每股股利为：

280 ÷ 1 000 = 0.28（元/股）

剩余股利政策的优点：净利润优先满足再投资权益资金的需要，有助于降低再投资的资金成本，保持最佳的资本结构，实现企业价值的长期最大化。

剩余股利政策的缺点：若完全遵照执行剩余股利政策，股利发放额就会每年随着投资机会和盈利水平的波动而波动。在盈利水平不变的前提下，股利发放额与投资机会的多寡呈反方向变动；而在投资机会维持不变的情况下，股利发放额将与公司盈利呈同方向变动。剩余股利政策不利于投资者安排收入与支出，也不利于公司树立良好的形象，一般适用于公司初创阶段。

2. 固定或稳定增长的股利政策。

固定或稳定增长的股利政策是指公司将每年派发的股利额固定在某一特定水平或是在此基础上维持某一固定比率逐年稳定增长。公司只有在确信未来盈余不会发生逆转时才会宣布实施固定或稳定增长的股利政策。在这一政策下，应首先确定股利分配额，而且该分配额一般不随资金需求的波动而波动。

固定或稳定增长股利政策的优点：（1）稳定的股利向市场传递着公司正常发展的信息，有利于树立公司的良好形象，增强投资者对公司的信心，稳定股票的价格。（2）稳定的股利额有助于投资者安排股利收入和支出，有利于吸引那些打算进行长期投资并对股利有很高依赖性的股东。（3）固定或稳定增长的股利政策可能会不符合剩余股利理论，但考虑到股票市场会受多种因素影响（包括股东的心理状态和其他要求），为了将股利或股利增长率维持在稳定的水平上，即使推迟某些投资方案或暂时偏离目标资本结构，也可能比降低股利或股利增长率更为有利。

固定或稳定增长股利政策的缺点：股利的支付与企业的盈利相脱节，即不论公司盈利多少，均要支付固定的或按固定比率增长的股利，这可能会导致企业资金紧缺，财务状况恶化。此外，在企业无利可分的情况下，若依然实施固定或稳定增长的股利政策，是违反《公司法》的行为。

因此，采用固定或稳定增长的股利政策，要求公司对未来的盈利和支付能力能作出准确的判断。一般来说，公司确定的固定股利额不宜太高，以免陷入无力支付的被动局面。固定或稳定增长的股利政策通常适用于经营比较稳定或正处于成长期的企业，但很难被长期采用。

3. 固定股利支付率政策。

固定股利支付率政策是指公司将每年净利润的某一固定百分比作为股利分派给股东。这一百分比通常称为股利支付率，股利支付率一经确定，一般不得随意变更。在这一股利政策下，只要公司的税后利润一经计算确定，所派发的股利也就相应确定了。固定股利支付率越高，公司留存的净利润越少。

固定股利支付率政策的优点：（1）采用固定股利支付率政策，股利与公司盈余紧密地配合，体现了"多盈多分、少盈少分、无盈不分"的股利分配原则。（2）由于公司的获利能力在年度间是经常变动的，因此，每年的股利也应当随着公司收益的变动而变动。采用固定股利支付率政策，公司每年按固定的比例从税后利润中支付现金股利，从企业的支付能力的角度看，这是一种稳定的股利政策。

固定股利支付率政策的缺点：（1）大多数公司每年的收益很难保持稳定不变，采用固定股利支付率政策会导致年度间的股利额波动较大，由于股利的信号传递作用，波动的股利很容易给投资者带来经营状况不稳定、投资风险较大的不良印象，成为影响股价的不利因素。（2）采用固定股利支付率政策容易使公司面临较大的财务压力。这是因为公司实现的盈利多，并不能代表公司有足够的现金流用来支付较多的股利额。（3）确定合适的固定股利支付率的难度比较大。

由于公司每年面临的投资机会、筹资渠道都不同，而这些都可以影响公司的股利分派，所以，一成不变地奉行固定股利支付率政策的公司在实际中并不多见，固定股利支付率政策一般适用于那些处于稳定发展阶段且财务状况也较稳健的公司。

【例9-18】 某公司长期以来用固定股利支付率政策进行股利分配，确定的股利支付率为30%。2024年税后净利润为1 500万元，如果继续执行固定股利支付率政策，公司2024年度将要支付的股利为：

1 500 × 30% = 450（万元）

如果公司2025年度有较大的投资需求，因此，公司准备2024年度采用剩余股利政策。假设公司2025年度的投资预算为2 000万元，目标资本结构为权益资本占60%。按照目标资本结构的要求，公司投资方案所需的权益资本额为：

2 000 × 60% = 1 200（万元）

公司2024年度可以发放的股利为：

1 500 - 1 200 = 300（万元）

4. 低正常股利加额外股利政策。

低正常股利加额外股利政策，是指公司事先设定一个较低的正常股利额，每年除了按正常股利额向股东发放股利外，还在公司盈余较多、资金较为充裕的年份向股东发放额外股利。但是，额外股利并不固定化，不意味着公司永久地提高了股利支付额。可以用以下公式表示：

$$Y = a + bX$$

式中，Y表示每股股利，X表示每股收益，a表示每股低正常股利，b表示额外股利支付比率。

低正常股利加额外股利政策的优点：（1）赋予公司较大的灵活性，使公司在股利发放上留有余地，并具有较大的财务弹性。公司可根据每年的具体情况，选择不同的股利发放水平，以稳定和提高股价，进而实现公司价值的最大化。（2）使那些依靠股利度日的股东每年至少可以得到虽然较低但比较稳定的股利收入，从而吸引住这部分股东。

低正常股利加额外股利政策的缺点：（1）由于各年度之间公司盈利的波动使得额外股利不断变化，造成分派的股利不同，容易给投资者造成收益不稳定的感觉。（2）当公司在较长时间持续发放额外股利后，可能会被股东误认为"正常股利"，一旦取消，传递出的信号可能会使股东认为这是公司财务状况恶化的表现，进而导致股价下跌。

相对来说，对那些盈利随着经济周期出现较大波动或者盈利与现金流量很不稳定的公司，低正常股利加额外股利政策也许是一种不错的选择。

二、利润分配制约因素

企业的利润分配涉及企业相关各方的切身利益，受众多不确定因素的影响，在确定分配政策时，应当考虑各种相关因素的影响，主要包括法律因素、公司因素、股东因素及其他因素。

（一）法律因素

为了保护债权人和股东的利益，法律法规就公司的利润分配作出了如下规定：

1. 资本保全约束。

公司不能用资本（包括实收资本或股本、资本公积）发放股利，目的在于维持企业资本的完整性，防止企业任意减少资本结构中的所有者权益的比例，保护企业完整的产权基础，保障债权人的利益。

2. 资本积累约束。

公司必须按照一定的比例和基数提取各种公积金，股利只能从企业的可供股东分配利润中支付。此处可供股东分配利润包含公司当期的净利润按照规定提取各种公积金后的余额和以前累积的未分配利润。另外，在进行利润分配时，一般应当贯彻"无利不分"的原则，即当企业出现年度亏损时，一般不进行利润分配。

3. 超额累积利润约束。

由于资本利得与股利收入的税率不一致，如果公司为了股东避税而使得盈余的保留大幅度超过了公司目前及未来的投资需要时，将被加征额外的税款。

4. 偿债能力约束。

偿债能力是企业按时、足额偿付各种到期债务的能力。如果当期没有足够的现金派发股利，则不能保证企业在短期债务到期时有足够的偿债能力，这就要求公司考虑现金股利分配对偿债能力的影响，确定在分配后仍能保持较强的偿债能力，以维持公司的信誉和借贷能力，从而保证公司正常的资金周转。

（二）公司因素

公司基于短期经营和长期发展的考虑，在确定利润分配政策时，需要关注以下因素：

1. 现金流量。

由于会计规范的要求和核算方法的选择，公司盈余与现金流量并非完全同步，净收入的增加不一定意味着可供分配的现金流量的增加。公司在进行利润分配时，要保证正常的经营活动对现金的需求，以维持资金的正常周转，使生产经营得以有序进行。

2. 资产的流动性。

企业现金股利的支付会减少其现金持有量，降低资产的流动性，而保持一定的资产流动性是企业正常运转的必备条件。

3. 盈余的稳定性。

企业的利润分配政策在很大程度上会受盈余稳定性的影响。一般来讲，公司的盈余越稳定，其股利支付水平也就越高。对于盈余不稳定的公司，可以采用低股利政策。

4. 投资机会。

如果公司的投资机会多，对资金的需求量大，那么它就很可能会考虑采用低股利支付水平的分配政策；相反，如果公司的投资机会少，对资金的需求量小，那么它就很可能倾向于采用较高的股利支付水平的分配政策。此外，如果公司将留存收益用于再投资，所得报酬低于股东个人单独将股利收入投资于其他投资机会所得的报酬时，公司就不应多留留存收益，而应多发放股利，这样有利于股东价值的最大化。

5. 筹资因素。

如果公司具有较强的筹资能力，随时能筹集到所需资金，那么它会具有较强的股利支付能力。另外，留存收益是企业内部筹资的一种重要方式，它同发行新股或举债相比，不需花费筹资费用，同时增加了公司权益资本的比重，降低了财务风险，便于以低成本取得债务资本。

6. 其他因素。

由于股利的信号传递作用，公司不宜经常改变其利润分配政策，应保持一定的连续性和稳定性。此外，利润分配政策还会受其他因素的影响，如不同发展阶段、不同行业的公司股利支付比例会有差异，这就要求公司在进行政策选择时要考虑发展阶段以及所处行业状况。

（三）股东因素

股东在控制权、收入和税负方面的考虑也会对公司的利润分配政策产生影响。

1. 控制权。

现有股东往往将股利政策作为维持其控制地位的工具。公司支付较高的股利会导致留存收益减少，当公司为有利可图的投资机会筹集所需资金时，发行新股的可能性增大，新股东的加入必然稀释现有股东的控制权。所以，股东会倾向于较低的股利支付水平，以便从内部的留存收益中取得所需资金。

2. 稳定的收入。

如果股东依赖现金股利维持生活，他们往往要求公司能够支付稳定的股利，而反对留存过多的利润。还有一些股东认为通过增加留存收益引起股价上涨而获得的资本利得是有风险的，而目前的股利是确定的，即便是现在较少的股利，也强于未来的资本利得，因此他们往往也要求较多的股利支付。

3. 避税。

政府对企业利润征收所得税以后，还要对自然人股东征收个人所得税，股利收入的税率要高于资本利得的税率。一些高股利收入的股东出于避税的考虑，往往倾向于较低的股利支付水平。

（四）其他因素

1. 债务契约。

一般来说，股利支付水平越高，留存收益越少，公司的破产风险加大，就越有可能损害债权人的利益。因此，为了保证自己的利益不受侵害，债权人通常都会在债务契约、租赁合同中加入关于借款公司股利政策的限制条款。

2. 通货膨胀。

通货膨胀会带来货币购买力水平下降，导致固定资产重置资金不足，此时，企业往往不得不考虑留用一定的利润，以便弥补由于购买力下降而造成的固定资产重置资金缺口。因此，在通货膨胀时期，企业一般会采取偏紧的利润分配政策。

三、股利支付形式与程序

（一）股利支付形式

1. 现金股利。

现金股利是以现金支付的股利，它是股利支付最常见的方式。公司选择发放现金股利除了要有足够的留存收益外，还要有足够的现金，而现金充足与否往往会成为公司发放现金股利的主要制约因素。

2. 财产股利。

财产股利是以现金以外的其他资产支付的股利，主要是以公司所拥有的其他公司的有价证券，如债券、股票等，作为股利支付给股东。

3. 负债股利。

负债股利是以负债方式支付的股利，通常以公司的应付票据支付给股东，有时也以发放公司债券的方式支付股利。财产股利和负债股利实际上是现金股利的替代，但这两种股利支付形式在我国公司实务中很少使用。

4. 股票股利。

股票股利是公司以增发股票的方式所支付的股利，我国实务中通常也称其为"红股"。发放股票股利对公司来说，并没有现金流出企业，也不会导致公司的财产减少，而只是将公司的未分配利润转化为股本和资本公积。但股票股利会增加流通在外的股票数量，同时降低股票的每股价值。它不改变公司股东权益总额，但会改变股东权益的构成。

【例9-19】某上市公司在2024年发放股票股利前，其资产负债表上的股东权益账户情况如表9-9所示。

表9-9 单位：万元

股本（面值1元，发行在外2 000万股）	2 000
资本公积	3 000
盈余公积	2 000
未分配利润	3 000
股东权益合计	10 000

假设该公司宣布发放 10% 的股票股利，现有股东每持有 10 股即可获赠 1 股普通股。若该股票当时市价为 5 元，那么随着股票股利的发放，需从"未分配利润"项目划转出的资金为：

$2\,000 \times 10\% \times 5 = 1\,000$（万元）

由于股票面值（1 元）不变，发放 200 万股，"股本"项目应增加 200 万元，其余的 800 万元（1 000 - 200）应作为股票溢价转至"资本公积"项目，而公司的股东权益总额并未发生改变，仍是 10 000 万元，股票股利发放后资产负债表上的股东权益部分如表 9-10 所示。

表 9-10   单位：万元

股本（面值 1 元，发行在外 2 200 万股）	2 200
资本公积	3 800
盈余公积	2 000
未分配利润	2 000
股东权益合计	10 000

假设一位股东派发股票股利之前持有公司的普通股为 10 万股，那么，他所拥有的股权比例为：

$10 \div 2\,000 \times 100\% = 0.5\%$

派发股利之后，他所拥有的股票数量和股份比例为：

$10 \times (1 + 10\%) = 11$（万股）

$11 \div 2\,200 \times 100\% = 0.5\%$

可见，发放股票股利，不会对公司股东权益总额产生影响，但会引起资金在各股东权益项目间的再分配。而且股票股利派发前后每一位股东的持股比例也不会发生变化。需要说明的是，本例中股票股利以市价计算价格的做法，是很多西方国家所通行的，但在我国，股票股利价格则是按照股票面值来计算的。

发放股票股利虽不直接增加股东的财富，也不增加公司的价值，但对股东和公司都有特殊意义。

对股东来讲，股票股利的优点主要有：

（1）理论上，派发股票股利后，每股市价会呈反比例下降，但实务中这并非必然结果。因为市场和投资者普遍认为，发放股票股利往往预示着公司会有较大的发展和成长，这样的信息传递会稳定股价或使股价下降比例减小甚至不降反升，股东便可以获得股票价值相对上升的好处。

（2）由于股利收入和资本利得税率的差异，如果股东把股票股利出售，还会给他带来资本利得纳税上的好处。

对公司来讲，股票股利的优点主要有：

（1）发放股票股利不需要向股东支付现金，在再投资机会较多的情况下，公司就可以为再投资提供成本较低的资金，从而有利于公司的发展。

（2）发放股票股利可以降低公司股票的市场价格，既有利于促进股票的交易和流通，又有利于吸引更多的投资者成为公司股东，进而使股权更为分散，有效地防止公司被恶意控制。

（3）股票股利的发放可以传递公司未来发展前景良好的信息，从而增强投资者的信心，在一定程度上稳定股票价格。

（二）股利支付程序

公司股利的发放必须遵守相关的程序，按照日程安排来进行。一般情况下，先由董事会提出分配预案，然后提交股东大会决议，股东大会决议通过后才能进行分配。股东大会决议通过分配预案后，要向股东宣布发放股利的方案，并确定股利宣告日、股权登记日、除息日和股利发放日。

（1）股利宣告日，即股东大会决议通过并由董事会将股利支付情况予以公告的日期。公告中将宣布每股应支付的股利、股权登记日、除息日和股利支付日。

（2）股权登记日，即有权领取本期股利的股东资格登记截止日期。凡是在此指定日期收盘之前取得公司股票，成为公司在册股东的投资者都可以作为股东享受公司本期分派的股利。在这一天之后取得股票的股东则无权领取本次分派的股利。

（3）除息日，即领取股利的权利与股票分离的日期。在除息日之前购买股票的股东才能领取本次股利，而在除息日当天或是以后购买股票的股东，则不能领取本次股利。由于失去了"收息"的权利，除息日的股票价格会下跌。除息日是股权登记的下一个交易日。

（4）股利发放日，即公司按照公布的分红方案向股权登记日在册的股东实际支付股利的日期。

【例9-20】 某上市公司于2023年4月10日公布2022年度的最后分红方案，其公告如下："2023年4月9日在北京召开的股东大会，通过了董事会关于每股分派0.15元的2022年股息分配方案。股权登记日为4月25日，除息日为4月26日，股东可在5月10日至25日之间通过深圳交易所按交易方式领取股息。特此公告。"

那么，该公司的股利支付程序如图9-1所示。

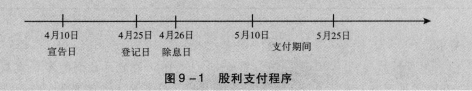

图9-1 股利支付程序

四、股票分割与股票回购

（一）股票分割

1. 股票分割的概念。

股票分割，又称拆股，即将一股股票拆分成多股股票的行为。股票分割一般只会增加发行在外的股票总数，但不会对公司的资本结构产生任何影响。股票分割与股票股利非常相似，都是在不增加股东权益的情况下增加了股份的数量，所不同的是，股票股利虽不会引起股东权益总额的改变，但股东权益的内部结构会发生变化，而股票分割之后，股东权益总额及其内部结构都不会发生任何变化，变化的只是股票面值。

2. 股票分割的作用。

（1）降低股票价格。股票分割会使每股市价降低，买卖该股票所需资金量减少，从而可以促进股票的流通和交易。流通性的提高和股东数量的增加，会在一定程度上加大对公司股票恶意收购的难度。此外，降低股票价格还可以为公司发行新股做准备，因为股价太高会使许多潜在投资者力不从心而不敢轻易对公司股票进行投资。

（2）向市场和投资者传递"公司发展前景良好"的信号，有助于提高投资者对公司股票的信心。

3. 反分割。

与股票分割相反，如果公司认为其股票价格过低，不利于其在市场上的声誉和未来的再筹资时，为提高股票的价格，会采取反分割措施。反分割又称为股票合并或逆向分割，是指将多股股票合并为一股股票的行为。反分割显然会降低股票的流通性，提高公司股票投资的门槛，它向市场传递的信息通常是不利的。

【例 9 – 21】 某上市公司 2024 年末资产负债表上的股东权益账户情况如表 9 – 11 所示。

表 9 – 11　　　　　　　　　　　　　　　　　　　　　　　　　　单位：万元

股本（面值 10 元，发行在外 1 000 万股）	10 000
资本公积	10 000
盈余公积	5 000
未分配利润	8 000
股东权益合计	33 000

要求：

（1）假设股票市价为 20 元，该公司宣布发放 10% 的股票股利，即现有股东每持有 10 股即可获赠 1 股普通股。发放股票股利后，股东权益有何变化？每股净资产是多少？

（2）假设该公司按照1：2的比例进行股票分割。股票分割后，股东权益有何变化？每股净资产是多少？

根据以上资料：（1）发放股票股利后股东权益情况如表9-12所示。

表9-12 单位：万元

股本（面值10元，发行在外1 100万股）	11 000
资本公积	11 000
盈余公积	5 000
未分配利润	6 000
股东权益合计	33 000

每股净资产为：

33 000 ÷（1 000 + 100）= 30（元/股）

（2）股票分割后股东权益情况如表9-13所示。

表9-13 单位：万元

股本（面值5元，发行在外2 000万股）	10 000
资本公积	10 000
盈余公积	5 000
未分配利润	8 000
股东权益合计	33 000

每股净资产为：

33 000 ÷（1 000 × 2）= 16.5（元/股）

（二）股票回购

1. 股票回购的含义及方式。

股票回购是指上市公司出资将其发行在外的普通股以一定价格购买回来予以注销或作为库存股的一种资本运作方式。我国《公司法》规定，公司有下列情形之一的，可以收购本公司股份：

（1）减少公司注册资本。

（2）与持有本公司股份的其他公司合并。

（3）将股份用于员工持股计划或者股权激励。

（4）股东因对股东大会作出的公司合并、分立决议持异议，要求公司收购其股份。

（5）将股份用于转换上市公司发行的可转换为股票的公司债券。

（6）上市公司为维护公司价值及股东权益所必需。

属于减少公司注册资本收购本公司股份的，应当自收购之日起 10 日内注销；属于与持有本公司股份的其他公司合并和股东因对股东大会作出的公司合并、分立决议持异议，要求公司收购其股份的，应当在 6 个月内转让或者注销；属于其余三种情形的，公司合计持有的本公司股份数不得超过本公司已发行股份总额的 10%，并应当在 3 年内转让或者注销。

上市公司将股份用于员工持股计划或者股权激励、将股份用于转换上市公司发行的可转换为股票的公司债券以及上市公司为维护公司价值及股东权益所必需情形收购本公司股票的，应当通过公开的集中交易方式进行。上市公司以现金为对价，采取要约方式、集中竞价方式回购股份的，视同上市公司现金分红，纳入现金分红的相关比例计算。

公司不得接受本公司的股票作为质押权的标的。

2. 股票回购的动机。

在证券市场上，股票回购的动机多种多样，主要有以下几点：

（1）现金股利的替代。现金股利政策会对公司产生未来的派现压力，而股票回购不会。当公司有富余资金时，通过购回股东所持股票将现金分配给股东，这样，股东就可以根据自己的需要选择继续持有股票或出售以获得现金。

（2）改变公司的资本结构。无论是现金回购还是举债回购股份，都会提高公司的财务杠杆水平，改变公司的资本结构。公司认为权益资本在资本结构中所占比例较大时，为了调整资本结构而进行股票回购，可以在一定程度上降低整体资本成本。

（3）传递公司信息。由于信息不对称和预期差异，证券市场上的公司股票价格可能被低估，而过低的股价将会对公司产生负面影响。一般情况下，投资者会认为股票回购意味着公司认为其股票价值被低估而采取的应对措施。

（4）基于控制权的考虑。控股股东为了保证其控制权不被改变，往往采取直接或间接的方式回购股票，从而巩固既有的控制权。另外，股票回购使流通在外的股份数变少，股价上升，从而可以有效地降低敌意收购的风险。

3. 股票回购的影响。

股票回购对上市公司的影响主要表现在以下几个方面：

（1）符合股票回购条件的多渠道回购方式允许公司选择适当时机回购本公司股份，将进一步提升公司调整股权结构和管理风险的能力，提高公司整体质量和投资价值。

（2）因实施持股计划和股权激励的股票回购，形成资本所有者和劳动者的利益共同体，有助于提高投资者回报能力；将股份用于转换上市公司发行的可转换为股票的公司债券实施的股票回购，也有助于拓展公司融资渠道，改善公司资本结构。

（3）当市场不理性，公司股价严重低于股票内在价值时，为了避免投资者损失，适时进行股份回购，减少股份供应量，有助于稳定股价，增强投资者信心。

（4）股票回购若用大量资金支付回购成本，一方面，容易造成资金紧张，降低资产流动性，影响公司的后续发展；另一方面，在公司没有合适的投资项目又持有大量现金的情况下，回购股份，也能更好地发挥货币资金的作用。

（5）上市公司通过履行信息披露义务和公开的集中交易方式进行股份回购，有利于防止操纵市场、内幕交易等利益输送行为。

五、股权激励

随着资本市场的发展和公司治理的完善，公司股权日益分散化，管理技术日益复杂化。为了合理激励公司管理人员，创新激励方式，一些大公司纷纷推行了股票期权等形式的股权激励机制。股权激励是一种以公司股权形式给予企业经营者一定的经济权利，使他们能够以股东的身份参与企业决策、分享利润、承担风险，从而勤勉尽责地为公司的长期发展服务的一种激励方法。现阶段，股权激励模式主要有：股票期权模式、限制性股票模式、股票增值权模式、业绩股票激励模式和虚拟股票模式等。下面主要介绍四种较为普遍的股权激励模式。

（一）股票期权模式

股票期权模式是指上市公司授予激励对象在未来一定期限内以预先确定的条件购买本公司一定数量股份的权利。激励对象获授的股票期权不得转让、不得用于担保或偿还债务。

股票期权实质上是公司给予激励对象的一种激励报酬，但能否取得该报酬取决于以经理人为首的相关人员是否通过努力实现公司的目标。在行权期内，如果股价高于行权价格，激励对象可以通过行权获得市场价与行权价格差带来的收益，否则，将放弃行权。《上市公司股权激励管理办法》规定股票期权授权日与获授股票期权首次可行权日之间的间隔不得少于 12 个月。股票期权有效期内，上市公司应当规定激励对象分期行权，每期时限不得少于 12 个月，后一行权期的起算日不得早于前一行权期的届满日。每期可行权的股票期权比例不得超过激励对象获授股票期权总额的 50%。

股票期权模式的优点在于能够降低委托—代理成本，将经营者的报酬与公司的长期利益绑在一起，实现了经营者与企业所有者利益的高度一致，使二者的利益紧密联系起来，并且有利于降低激励成本。另外，可以锁定期权人的风险。由于期权人事先没有支付成本或支付成本较低，如果行权时公司股票价格下跌，期权人可以放弃行权，几乎没有损失。

股票期权模式存在以下缺点：

（1）影响现有股东的权益。激励对象行权将会分散股权，改变公司的总资本和股本结构，会影响到现有股东的权益，可能导致产权和经济纠纷。

（2）可能遭遇来自股票市场的风险。由于股票市场受较多不可控因素的影响，导致股票市场的价格具有不确定性，持续的牛市会产生"收入差距过大"的问题；在期权人行权但尚未售出购入的股票时，如果股价下跌至行权价以下，期权人将同时承担行权后纳税和股票跌破行权价的双重损失的风险。

（3）可能带来经营者的短期行为。由于股票期权的收益取决于行权之日市场上的股票价格高于行权价格的差额，因而可能促使公司的经营者片面追求股价提升的短期行为，从而放弃有利于公司发展的重要投资机会。

股票期权模式比较适合那些初始资本投入较少、资本增值较快、处于成长初期或扩张期的企业，如互联网、高科技等风险较高的企业。

（二）限制性股票模式

限制性股票模式是指激励对象按照股权激励计划规定的条件，获得的转让等部分权利受到限制的本公司股票。限制性股票模式在解除限售前不得转让、用于担保或偿还债务。公司为了实现某一特定目标，先将一定数量的股票赠与或以较低价格售予激励对象。只有当实现预定目标后，激励对象才可将限制性股票抛售并从中获利；若预定目标没有实现，公司有权将免费赠与的限制性股票收回或者将售出股票以激励对象购买时的价格回购。《上市公司股权激励管理办法》规定限制性股票授予日与首次解除限售日之间的间隔不得少于12个月。在限制性股票有效期内，上市公司应当规定分期解除限售，每期时限不得少于12个月，各期解除限售的比例不得超过激励对象获授限制性股票总额的50%。

由于只有达到限制性股票所规定的限制性期限时，持有人才能拥有实在的股票，因此在限制期间公司不需要支付现金对价，便能够留住人才。但限制性股票缺乏一个能推动企业股价上涨的激励机制，即在企业股价下跌的时候，激励对象仍能获得股份，这样可能达不到激励的效果，并使股东遭受损失。

对于处于成熟期的企业，由于其股价的上涨空间有限，因此采用限制性股票模式较为合适。

（三）股票增值权模式

股票增值权模式是指公司授予经营者一种权利，如果经营者努力经营企业，在规定的期限内，公司股票价格上升或业绩上升，经营者就可以按一定比例获得这种由股价上扬或业绩提升所带来的收益，收益为行权价与行权日二级市场股价之间的差价或净资产的增值额。激励对象不用为行权支付现金，行权后由公司支付现金、股票或股票和现金的组合。

股票增值权模式比较易于操作，股票增值权持有人在行权时，直接兑现股票升值部分。首先，这种模式审批程序简单，无须解决股票来源问题。但由于激励对象不能获得真正意义上的股票，激励的效果相对较差。其次，公司方面需要提取奖励基金，从而使公司的现金支付压力较大。因此，股票增值权模式较适合现金流量比较充裕且比较稳定的上市公司和现金流量比较充裕的非上市公司。

（四）业绩股票激励模式

业绩股票激励模式是指公司在年初确定一个合理的年度业绩目标，如果激励对象经过努力后，在年末实现了公司预定的年度业绩目标，则公司给予激励对象一定数量的股票，或奖励其一定数量的奖金来购买本公司的股票。业绩股票在锁定一定年限以后才可以兑现。因此，这种激励模式是根据被激励者完成业绩目标的情况，以普通股作为长期激励形式支付给经营者的激励机制。

业绩股票激励模式能够激励公司高管人员努力完成业绩目标，激励对象获得激励股票后便成为公司的股东，与原股东拥有共同利益，会更加努力地提升公司的业绩，进而获得因公司股价上涨带来的更多收益。但由于公司业绩目标确定的科学性很难保证，容易导致公司高管人员为获得业绩股票而弄虚作假，同时，激励成本较高，可能造成公司支付现金的压力。

业绩股票激励模式只对公司的业绩目标进行考核，不要求股价的上涨，因此比较适合业绩稳定型的上市公司及其集团公司、子公司。

本章思考题

1. 简述企业进行收入与分配管理的意义。

2. 企业进行收入与分配管理应遵循怎样的原则？

3. 企业收入与分配管理的内容主要包括哪些方面？

4. 影响企业产品价格的因素有哪些？企业的定价目标主要有哪些？

5. 企业纳税筹划应遵循哪些原则？

6. 企业常用的纳税筹划方法有哪些？

7. 企业在筹资、投资、营运、利润分配、重组等环节应如何进行纳税管理？

8. 不同股利政策各有何优缺点？

9. 企业在确定利润分配政策时应考虑哪些因素的影响？

10. 企业有哪些股利支付形式？应遵循怎样的程序？

11. 什么是股票回购？什么是股票分割？它们的目的与动机有何区别？

第十章 财务分析与评价

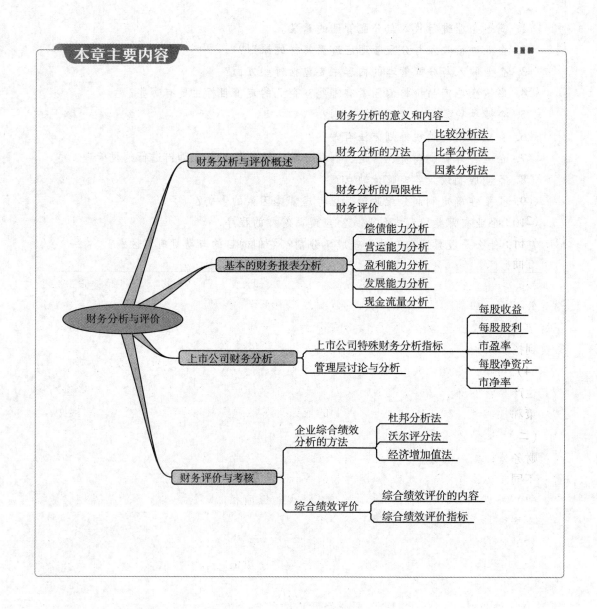

财务分析与评价
- 财务分析与评价概述
  - 财务分析的意义和内容
  - 财务分析的方法
    - 比较分析法
    - 比率分析法
    - 因素分析法
  - 财务分析的局限性
  - 财务评价
- 基本的财务报表分析
  - 偿债能力分析
  - 营运能力分析
  - 盈利能力分析
  - 发展能力分析
  - 现金流量分析
- 上市公司财务分析
  - 上市公司特殊财务分析指标
    - 每股收益
    - 每股股利
    - 市盈率
    - 每股净资产
    - 市净率
  - 管理层讨论与分析
- 财务评价与考核
  - 企业综合绩效分析的方法
    - 杜邦分析法
    - 沃尔评分法
    - 经济增加值法
  - 综合绩效评价
    - 综合绩效评价的内容
    - 综合绩效评价指标

第一节 财务分析与评价概述

一、财务分析的意义和内容

财务分析是根据企业财务报表等信息资料，采用专门方法，系统分析和评价企业财务状况、经营成果以及未来发展趋势的过程。

财务分析以企业财务报告及其他相关资料为主要依据，对企业的财务状况和经营成果进行评价和剖析，反映企业在运营过程中的利弊得失和发展趋势，从而为改进企业财务管理工作和优化经济决策提供重要财务信息。

（一）财务分析的意义

财务分析对不同的信息使用者具有不同的意义。具体来说，财务分析的意义主要体现在如下几个方面：

（1）可以判断企业的财务实力。通过对资产负债表和利润表有关资料进行分析，计算相关指标，可以了解企业的资产结构和负债水平是否合理，从而判断企业的偿债能力、营运能力及盈利能力等财务实力，揭示企业在财务状况方面可能存在的问题。

（2）可以评价和考核企业的经营业绩，揭示财务活动存在的问题。通过指标的计算、分析和比较，能够评价和考核企业的盈利能力和资产周转状况，揭示其经营管理的各个方面和各个环节的问题，找出差距，得出分析结论。

（3）可以挖掘企业潜力，寻求提高企业经营管理水平和经济效益的途径。企业进行财务分析的目的不仅是发现问题，更重要的是分析问题和解决问题。通过财务分析，应保持和进一步发挥生产经营管理中成功的经验，对存在的问题应提出解决的策略和措施，以达到扬长避短、提高经营管理水平和经济效益的目的。

（4）可以评价企业的发展趋势。通过各种财务分析，可以判断企业的发展趋势，预测其生产经营的前景及偿债能力，从而为企业管理层进行生产经营决策、投资者进行投资决策和债权人进行信贷决策提供重要的依据，避免因决策错误给其带来重大的损失。

（二）财务分析的内容

财务分析信息的需求者主要包括企业所有者、企业债权人、企业经营决策者和政府等。不同主体出于不同的利益考虑，对财务分析信息有着各自不同的要求。

（1）企业所有者作为投资人，关心其资本的保值和增值状况，因此较为重视企业盈利能力指标，主要进行企业盈利能力分析。

（2）企业债权人因不能参与企业剩余收益分享，所以重点关注的是其投资的安全性，因此更重视企业偿债能力指标，主要进行企业偿债能力分析，同时也关注企业盈利能力分析。

（3）企业经营决策者必须对企业经营理财的各个方面，包括营运能力、偿债能力、盈利能力及发展能力的全部信息予以详尽的了解和掌握，进行各方面综合分析，并关注企业财务风险和经营风险。

（4）政府兼具多重身份，既是宏观经济管理者，又是国有企业的所有者和重要的市场参与者，因此政府对企业财务分析的关注点因所具身份不同而异。

为了满足不同需求者的需求，财务分析一般应包括：偿债能力分析、营运能力分析、盈利能力分析、发展能力分析和现金流量分析等方面。

二、财务分析的方法

（一）比较分析法

比较分析法是按照特定的指标体系将客观事物加以比较，从而认识事物的本质和规律并作出正确的评价。财务报表的比较分析法，是指对两个或两个以上的可比数据进行对比，找出企业财务状况、经营成果中的差异与问题。

根据比较对象的不同，比较分析法分为趋势分析法、横向比较法和预算差异分析法。趋势分析法的比较对象是本企业的历史数据；横向比较法比较的对象是同类企业，如行业平均水平或竞争对手；预算差异分析法的比较对象是预算数据。在财务分析中，最常用的比较分析法是趋势分析法。

趋势分析法，是通过对比两期或连续数期财务报告中的相同指标，确定其增减变动的方向、数额和幅度，来说明企业财务状况或经营成果变动趋势的一种方法。采用这种方法，可以分析引起变化的主要原因、变动的性质，并预测企业未来的发展趋势。

比较分析法的具体运用主要有重要财务指标的比较、会计报表的比较和会计报表项目构成的比较三种方式。下面以趋势分析法为例进行进一步阐述。

1. 重要财务指标的比较。

这种方法是指将不同时期财务报告中的相同指标或比率进行纵向比较，直接观察其增减变动情况及变动幅度，考察其发展趋势，预测其发展前景。用于不同时期财务指标比较的比率主要有以下两种：

（1）定基动态比率，是以某一时期的数额为固定的基期数额而计算出来的动态比率。其计算公式为：

$$定基动态比率 = \frac{分析期数额}{固定基期数额} \times 100\%$$

（2）环比动态比率，是以每一分析期的数据与上期数据相比较计算出来的动态比率。其计算公式为：

$$环比动态比率 = \frac{分析期数额}{前期数额} \times 100\%$$

2. 会计报表的比较。

会计报表的比较是指将连续数期的会计报表的金额并列起来，比较各指标不同期间的增减变动金额和幅度，据以判断企业财务状况和经营成果发展变化的一种方法。具体包括资产负债表比较、利润表比较和现金流量表比较等。

3. 会计报表项目构成的比较。

这种方法是在会计报表比较的基础上发展而来的，是以会计报表中的某个总体指标作为100%，再计算出各组成项目占该总体指标的百分比，从而比较各个项目百分比的增减变动，以此来判断有关财务活动的变化趋势。

采用比较分析法时，应当注意以下问题：（1）用于对比的各个时期的指标，其计算口径必须保持一致。（2）应剔除偶发性项目的影响，使分析所利用的数据能反映正常的生产经营状况。（3）应运用例外原则对某项有显著变动的指标作重点分析，研究其产生的原因，以便采取对策，趋利避害。

（二）比率分析法

比率分析法是通过计算各种比率指标来确定财务活动变动程度的方法。比率指标的类型主要有构成比率、效率比率和相关比率三类。

1. 构成比率。

构成比率又称结构比率，是某项财务指标的各组成部分数值占总体数值的百分比，反映部分与总体的关系。其计算公式为：

$$构成比率 = \frac{某个组成部分数值}{总体数值} \times 100\%$$

比如，企业资产中流动资产、固定资产和无形资产占资产总额的百分比（资产构成比率），企业负债中流动负债和长期负债占负债总额的百分比（负债构成比率）等。利用构成比率，可以考察总体中某个部分的形成和安排是否合理，以便协调各项财务活动。

2. 效率比率。

效率比率是某项财务活动中所费与所得的比率，反映投入与产出的关系。利用效率比率指标，可以进行得失比较，考察经营成果，评价经济效益。

比如，将利润项目与营业成本、营业收入、资本金等项目加以对比，可以计算出成本利润率、营业利润率和资本金利润率等指标，从不同角度观察比较企业盈利能力的高低及其增减变化情况。

3. 相关比率。

相关比率是以某个项目和与其有关但又不同的项目加以对比所得的比率，反映有关经济活动的相互关系。利用相关比率指标，可以考察企业相互关联的业务安排是否合理，以保障经营活动顺畅进行。

比如，将流动资产与流动负债进行对比，计算出流动比率，可以判断企业的短期偿债能力；将负债总额与资产总额进行对比，可以判断企业长期偿债能力。

采用比率分析法时，应当注意以下几点：（1）对比项目的相关性。（2）对比口径的一致性。（3）衡量标准的科学性。

（三）因素分析法

因素分析法是依据分析指标与其影响因素的关系，从数量上确定各因素对分析指标影响方向和影响程度的一种方法。

因素分析法具体有两种：连环替代法和差额分析法。

1. 连环替代法。

连环替代法是将分析指标分解为各个可以计量的因素，并根据各个因素之间的依存关系，顺序用各因素的比较值（通常为实际值）替代基准值（通常为标准值或计划值），据以测定各因素对分析指标的影响。

【例10-1】 某企业2024年10月某种原材料费用的实际数是4 620元，而其计划数是4 000元。实际比计划增加620元。由于原材料费用是由产品产量、单位产品材料消耗量和材料单价三个因素的乘积组成，因此就可以把材料费用这一总指标分解为三个因素，然后逐个来分析它们对材料费用总额的影响程度。现假设这三个因素的数值如表10-1所示。

扫码看讲解

表10-1

项目	计划数	实际数
产品产量（件）	100	110
单位产品材料消耗量（千克）	8	7
材料单价（元）	5	6
材料费用总额（元）	4 000	4 620

根据表10-1中的资料，材料费用总额实际数较计划数增加620元。运用连环替代法，可以顺序计算各因素变动对材料费用总额的影响。

计划指标：$100 \times 8 \times 5 = 4\ 000$（元）①

第一次替代：$110 \times 8 \times 5 = 4\ 400$（元）②

第二次替代：$110 \times 7 \times 5 = 3\ 850$（元）③

第三次替代：$110 \times 7 \times 6 = 4\ 620$（元）④

实际指标：

产量增加的影响：②－①＝$4\ 400 - 4\ 000 = 400$（元）

材料节约的影响：③－②＝$3\ 850 - 4\ 400 = -550$（元）

价格提高的影响：④－③＝$4\ 620 - 3\ 850 = 770$（元）

全部因素的影响：$400 - 550 + 770 = 620$（元）

2. 差额分析法。

差额分析法是连环替代法的一种简化形式，是利用各个因素的比较值与基准值之间的差额，来计算各因素对分析指标的影响。

【例10-2】 沿用表10-1中的资料。可采用差额分析法计算确定各因素变动对材料费用的影响。

（1）由于产量增加对材料费用的影响：$(110-100) \times 8 \times 5 = 400$（元）

（2）由于材料消耗节约对材料费用的影响：$(7-8) \times 110 \times 5 = -550$（元）

（3）由于价格提高对材料费用的影响：$(6-5) \times 110 \times 7 = 770$（元）

采用因素分析法时，必须注意以下问题：（1）因素分解的关联性。构成经济指标的因素，必须客观上存在着因果关系，并能够反映形成该项指标差异的内在构成原因，否则就失去了应用价值。（2）因素替代的顺序性。确定替代因素时，必须根据各因素的依存关系，遵循一定的顺序并依次替代，不可随意加以颠倒，否则就会得出不同的计算结果。（3）顺序替代的连环性。因素分析法在计算每一因素变动的影响时，都是在前一次计算的基础上进行，并采用连环比较的方法确定因素变化的影响结果。（4）计算结果的假定性。由于因素分析法计算的各因素变动的影响数会因替代顺序不同而有差别，因而计算结果不免带有假定性，即它不可能使每个因素计算的结果都达到绝对的准确。为此，分析时应力求使这种假定合乎逻辑，具有实际经济意义。这样，计算结果的假定性才不至于妨碍分析的有效性。

三、财务分析的局限性

财务分析对于了解企业的财务状况和经营成果，评价企业的偿债能力和经营能力，帮助制定经济决策，有着显著的作用。但由于种种因素的影响，财务分析也存在一定的局限性。在分析中，应注意这些局限性的影响，以保证分析结果的正确性。

（一）资料来源的局限性

1. 报表数据的时效性问题。

财务报表中的数据，均是企业过去经济活动的结果和总结，用于预测未来发展趋势，只有参考价值，并非绝对合理。

2. 报表数据的真实性问题。

在企业形成其财务报表之前，信息提供者往往对信息使用者所关注的财务状况以及对信息的偏好进行仔细分析与研究，并尽力满足信息使用者对企业财务状况和经营成果信息的期望。其结果极有可能使信息使用者所看到的报表信息与企业实际状况相距甚远，从而误导信息使用者的决策。

3. 报表数据的可靠性问题。

财务报表虽然是按照会计准则编制的，但不一定能准确地反映企业的客观实际。例如，报表数据未按通货膨胀进行调整；某些资产以成本计价，并不代表其现在的真实价值；许多支出在记账时存在灵活性，既可以作为当期费用，也可以作为资本项目在以后年度摊销；很多资产以估计值入账，但未必客观公允；偶然事件可能歪曲本期的损益，不能反映盈利的正常水平。

4. 报表数据的可比性问题。

根据会计准则的规定，不同的企业或同一个企业的不同时期都可以根据情况采用不同的会计政策和会计处理方法，使得报表上的数据在企业不同时期和不同企业之间的对比在很多时候失去意义。

5. 报表数据的完整性问题。

由于报表本身的原因，其提供的数据是有限的。对报表使用者来说，可能有不少需要的信息在报表或附注中根本找不到。

（二）财务分析方法的局限性

对于比较分析法来说，在实际操作时，比较的双方必须具备可比性才有意义。对于比率分析法来说，比率分析是针对单个指标进行分析，综合程度较低，在某些情况下无法得出令人满意的结论；比率指标的计算一般都是建立在以历史数据为基础的财务报表之上，这使比率指标提供的信息与决策之间的相关性大打折扣。对于因素分析法来说，在计算各因素对综合经济指标的影响额时，主观假定各因素的变化顺序而且规定每次只有一个因素发生变化，这些假定往往与事实不符。并且，无论何种分析法均是对过去经济事项的反映。随着环境的变化，这些比较标准也会发生变化。而在分析时，分析者往往只注重数据的比较，而忽略经营环境的变化，这样得出的分析结论也是不全面的。

（三）财务分析指标的局限性

1. 财务指标体系不严密。

每一个财务指标只能反映企业的财务状况或经营状况的某一方面，每一类指标都过分强调本身所反映的方面，导致整个指标体系不严密。

2. 财务指标所反映的情况具有相对性。

在判断某个具体财务指标是好还是坏，或根据一系列指标形成对企业的综合判断时，必须注意财务指标本身所反映情况的相对性。因此，在利用财务指标进行分析时，必须掌握好对财务指标的"信任度"。

3. 财务指标的评价标准不统一。

比如，对流动比率，人们一般认为指标值为 2 比较合适，速动比率则认为 1 比较合适，但许多成功企业的流动比率都低于 2，不同行业的速动比率也有很大差别，如采用大量现金销售的企业，几乎没有应收账款，速动比率大大低于 1 是很正常的。相反，一些应收账款较多的企业，速动比率可能要大于 1。因此，在不同企业之间用财务指标进行评价时没有一个统一标准，不便于不同行业间的对比。

4. 财务指标的比较基础不统一。

在对财务指标进行比较分析时，需要选择比较的参照标准，包括同业数据、本企业历史数据和计划预算数据。横向比较时需要使用同业标准。同业平均数只有一般性的指导作用，不一定有代表性，也不一定是合理性的标志。选择同行业一组有代表性的企业计算平均数作为同业标准，可能比整个行业的平均数更有意义。近年来，分析人员更重视以竞争对手的数据作为分析基础。不少企业实行多种经营，没有明确的行业归属，对此类企业进行同业比较更加困难。

趋势分析应以本企业历史数据作为比较基础，而历史数据代表过去，并不代表合理性。经营环境变化后，今年比上年利润提高了，并不一定说明已经达到了应该达到的水平，甚至不一定说明管理有了改进。会计标准、会计规范的改变会使财务数据失去直接可比性，而要恢复可比性成本很大，甚至缺乏必要的信息。

实际与计划的差异分析应以预算为比较基础。实际和预算出现差异，可能是执行中有问题，也可能是预算不合理，两者的区分并非易事。

总之，对比较基础本身要准确理解，并且要在限定意义上使用分析结论，避免简单化和绝对化。

四、财务评价

财务评价是对企业财务状况和经营情况进行的总结、考核和评价。它以企业的财务报表和其他财务分析资料为依据，注重对企业财务分析指标的综合考核。

财务综合评价的方法有很多，包括杜邦分析法、沃尔评分法、经济增加值法等。2002 年财政部等五部委联合发布了《企业绩效评价操作细则（修订）》（财统〔2002〕5号），其中提到的绩效评价体系，既包括财务评价指标，又包括了非财务评价指标，避免了单纯从财务方面评价绩效的片面性。

运用科学的评价手段对财务绩效实施综合评价，不仅可以真实反映企业经营绩效状况，判断企业的财务管理水平，而且有利于适时揭示财务风险，引导企业持续、快速、健康地发展。

第二节　基本的财务报表分析

基本的财务报表分析方法主要是财务比率分析法，旨在通过财务报表数据的相对关系来揭示企业经营管理的各方面问题。基本的财务报表分析内容包括偿债能力分析、营运能力分析、盈利能力分析、发展能力分析和现金流量分析五个方面，以下分别加以介绍。

为便于说明，本节各项财务指标的计算，将统一采用 A 上市公司作为示例，该公司的资产负债表、利润表如表 10 - 2 和表 10 - 3 所示。

表 10 - 2 　　　　　　　　　　资产负债表（简表）

编制单位：A 公司　　　　　　　2021 年 12 月 31 日　　　　　　　单位：万元

资产	年末余额	年初余额	负债和所有者权益	年末余额	年初余额
流动资产：			流动负债：		
货币资金	4 646 132.9	3 617 881.6	短期借款	768 790.8	858 504.9
交易性金融资产	216 519.2	30 813.5	交易性金融负债	2 695.3	4 279.9
衍生金融资产	7 783.9	1 915.8	衍生金融负债	23 958.3	9 954.9
应收票据	1 413 635	1 395 142	应付票据	2 123 605.7	1 930 853.9
应收账款	1 593 002.4	1 101 587.1	应付账款	3 630 297.2	3 375 056.7
预付款项	76 542.8	127 292.2	预收款项		
			合同负债	704 863.8	558 300.8
			应付职工薪酬	376 010	315 557.2

资产	年末余额	年初余额	负债和所有者权益	年末余额	年初余额
其他应收款	171 715.3	216 351.8	应交税费	239 970.5	211 705.6
其中：应收利息	32 247.3	27 301	其他应付款	1 705 615.6	1 515 639.3
应收股利	491.5	452.4	其中：应付利息		
存货	2 944 697.3	2 822 860.1	应付股利		
合同资产	26 341.3	42 273.8	一年内到期的非流动负债	752 272.5	731 713.9
持有待售资产			其他流动负债	611 205.4	49 406.6
一年内到期的非流动资产			流动负债合计	10 939 285.1	9 560 973.7
其他流动资产	328 389	698 596.6	非流动负债：		
流动资产合计	11 424 759.1	10 054 714.5	长期借款	1 182 141.6	1 327 645.3
非流动资产：			应付债券	671 350.1	700 458.6
债权投资			租赁负债	207 270.2	198 027.2
其他债权投资			长期应付款	9 820.3	14 234.3
长期应收款	33 058.9	30 758.8	长期应付职工薪酬	124 577.5	112 235
长期股权投资	2 156 765.8	2 046 076.4	预计负债	144 284.4	139 887.8
其他权益工具投资	265 912.5	139 596	递延收益	63 376.2	70 527.3
其他非流动金融资产		29 454.7	递延所得税负债	190 040.1	115 441.3
投资性房地产	2 838.7	2 940.3	其他非流动负债	2 703.4	7 007.1
固定资产	2 089 550.5	2 118 005.7	非流动负债合计	2 595 563.8	2 685 463.9
在建工程	359 690.2	239 136.5	负债合计	13 534 848.9	12 246 437.6
使用权资产	283 985.8	275 506.6	所有者权益（或股东权益）：		
无形资产	1 001 786.8	1 068 707.2	实收资本（或股本）	902 784.6	657 956.7
开发支出	16 774.7	19 328.6	其他权益工具	236 419.5	43 142.5
商誉	2 251 846	2 335 173	资本公积	1 500 902.7	443 589.1
长期待摊费用	45 574.3	43 758.7	减：库存股	2 889.7	
递延所得税资产	220 830.1	157 890.2	其他综合收益	−104 621.7	131 798.9
其他非流动资产	192 576.2	184 376.5	盈余公积	304 533.5	265 532.7
非流动资产合计	8 921 190.5	8 690 709.2	未分配利润	3 844 513.2	3 246 812.2
			归属于母公司所有者权益	6 681 642.1	4 788 832.1
			少数股东权益	129 458.6	1 710 154
			所有者权益合计	6 811 100.7	6 498 986.1
资产总计	20 345 949.6	18 745 423.7	负债和所有者权益合计	20 345 949.6	18 745 423.7

表 10 –3　　　　　　　　　　利润表（简表）

编制单位：A公司　　　　　　　　2021 年度　　　　　　　　单位：万元

项目	本年金额	上年金额
一、营业收入	20 972 582.1	20 076 198.3
减：营业成本	14 747 518.1	14 086 839.9
税金及附加	66 050.7	80 204.5
销售费用	3 364 171.1	3 368 212.6
管理费用	1 005 264.5	1 011 326.3
研发费用	686 016.2	626 693.7
财务费用	119 621.8	89 301.8
其中：利息费用	132 709.1	174 710.8
利息收入	48 618	55 022.5
信用减值损失（损失以"–"填列）	– 16 638.1	– 15 037
资产减值损失（损失以"–"填列）	– 133 563	– 86 057.9
资产处置收益（损失以"–"填列）	– 1 281.3	48 572.9
加：其他收益	115 064.8	128 221.3
投资收益（损失以"–"填列）	406 010.4	547 953.9
公允价值变动收益（损失以"–"填列）	6 263	7 671.7
二、营业利润	1 359 795.5	1 444 944.4
加：营业外收入	19 744.4	39 097.2
减：营业外支出	24 091.9	20 980.7
三、利润总额	1 355 448	1 463 060.9
减：所得税费用	223 186.4	229 621.6
四、净利润	1 132 261.6	1 233 439.3

一、偿债能力分析

偿债能力是指企业偿还本身所欠债务的能力。对偿债能力进行分析有利于债权人进行正确的借贷决策；有利于投资者进行正确的投资决策；有利于企业经营者进行正确的经营决策；有利于正确评价企业的财务状况。

偿债能力的衡量方法有两种：一种是比较可供偿债资产与债务的存量，资产存量超过债务存量较多，则认为偿债能力较强；另一种是比较经营活动现金流量和偿债所需现金，如果产生的现金超过需要的现金较多，则认为偿债能力较强。

债务一般按到期时间分为短期债务和长期债务，偿债能力分析也由此分为短期偿债能力分析和长期偿债能力分析。

（一）短期偿债能力分析

企业在短期（一年内或一个营业周期内）需要偿还的负债，主要指流动负债，因此短期偿债能力衡量的是对流动负债的清偿能力。企业的短期偿债能力取决于短期内企业产生现金的能力，即在短期内能够转化为现金的流动资产的多少。所以，短期偿债能力比率也称为变现能力比率或流动性比率，主要考察的是流动资产对流动负债的清偿能力。企业短期偿债能力的衡量指标主要有营运资金、流动比率、速动比率和现金比率。

1. 营运资金。

营运资金是指流动资产超过流动负债的部分。其计算公式如下：

营运资金 = 流动资产 − 流动负债

根据 A 公司的财务报表数据：

年末营运资金 = 11 424 759.1 − 10 939 285.1 = 485 474（万元）

年初营运资金 = 10 054 714.5 − 9 560 973.7 = 493 740.8（万元）

计算营运资金使用的"流动资产"和"流动负债"，通常可以直接取自资产负债表。资产负债表项目区分为流动项目和非流动项目，并且按照流动性强弱排序，方便了计算营运资金和分析流动性。营运资金越多则偿债越有保障。当流动资产大于流动负债时，营运资金为正，说明企业财务状况稳定，不能偿债的风险较小。反之，当流动资产小于流动负债时，营运资金为负，此时，企业部分非流动资产以流动负债作为资金来源，企业不能偿债的风险很大。因此，企业必须保持正的营运资金，以避免流动负债的偿付风险。

营运资金是绝对数，不便于不同企业之间的比较。例如，将 A 公司与同行业内 B、C 公司的营运资金进行比较（见表 10 − 4）。

表 10 − 4　　　　　　　　　　　　营运资金对照表　　　　　　　　　　单位：万元

项目	A公司	B公司	C公司
流动资产	11 424 759.1	21 363 298.7	24 165 532.5
流动负债	10 939 285.1	15 847 871.8	18 415 050.2
营运资金	485 474	5 515 426.9	5 750 482.3

尽管 C 公司的营运资金多于 A、B 公司，但是 B 公司的偿债能力高于 A、C 公司，原因在于 B 公司营运资金占流动资产的比例为 26%，而 A、C 公司分别为 4% 与 24%，B 公司流动资产用于偿还流动负债的部分（74%）小于 A、C 公司（96%、76%）。因此，在实务中直接使用营运资金作为偿债能力的衡量指标受到局限，偿债能力更多地通过债务的存量比率来评价。

2. 流动比率。

流动比率是企业流动资产与流动负债之比。其计算公式为：

流动比率 = 流动资产 ÷ 流动负债

流动比率表明每 1 元流动负债有多少流动资产作为保障，流动比率越大通常短期偿债能力越强。一般认为，生产企业合适的流动比率为 2。这是因为流动资产中变现能力最差的存货金额约占流动资产总额的一半，剩下的流动性较大的流动资产至少要等于流动负债，企业短期偿债能力才会有保证。但随着企业的经营方式和金融环境的变化，流动比率有下降的趋势，现在有许多成功企业的流动比率低于2。

运用流动比率进行分析时，要注意以下两个问题：

（1）流动比率高不意味着短期偿债能力一定很强。因为，流动比率假设全部流动资产可变现清偿流动负债。实际上，各项流动资产的变现能力并不相同而且变现金额可能与账面金额存在较大差异。因此，流动比率是对短期偿债能力的粗略估计，还需进一步分析流动资产的构成项目。

（2）计算出来的流动比率，只有和同行业平均流动比率、本企业历史流动比率进行比较，才能知道这个比率是高还是低。这种比较通常并不能说明流动比率为什么这么高或低，要找出过高或过低的原因还必须分析流动资产和流动负债所包括的内容以及经营上的因素。

一般情况下，营业周期、流动资产中的应收账款和存货的周转速度是影响流动比率的主要因素。营业周期短、应收账款和存货的周转速度快的企业其流动比率低一些也是可以接受的。

根据表 10-2，A 公司 2021 年初与年末的流动资产分别为 10 054 714.5 万元、11 424 759.1 万元，流动负债分别为 9 560 973.7 万元、10 939 285.1 万元，则该公司流动比率为：

年初流动比率 = 10 054 714.5 ÷ 9 560 973.7 = 1.05

年末流动比率 = 11 424 759.1 ÷ 10 939 285.1 = 1.04

A 公司年初、年末流动比率均大于 1，该数值低于生产企业一般认为的合适流动比率。将其与同行业 B、C 公司年初流动比率 1.26、1.42 以及年末流动比率 1.35、1.31 对比可见，A 公司短期偿债能力低于同行业 B、C 公司。流动比率的缺点是该比率比较容易人为操纵，并且没有揭示流动资产的构成内容，只能大致反映流动资产整体的变现能力。但流动资产中包含像存货这类变现能力较差的资产，如能将其剔除，其所反映的短期偿债能力更加可信，这个指标就是速动比率。

3. 速动比率。

速动比率是企业速动资产与流动负债之比，其计算公式为：

速动比率 = 速动资产 ÷ 流动负债

构成流动资产的各项目，流动性差别很大。其中货币资金、交易性金融资产、衍生金融资产和各种应收款项，可以在较短时间内变现，称为速动资产；另外的流动资产，包括存货、合同资产、预付款项、一年内到期的非流动资产和其他流动资产等，属于非速动资产。速动资产主要剔除了存货，原因是：（1）流动资产中存货的变现速度比应收账款要慢得多。（2）部分存货可能已被抵押。（3）存货成本和市价可能存在差异。由于剔除了存货等变现能力较差的资产，速动比率比流动比率能更准确、可靠地评价企业资产的流动性及偿还短期债务的能力。例如，某公司虽然近几年来的流动比率远低于一般认为的最低流动比率，但其速动比率一直保持在 1 的水平，可见其短期偿债能力并不像单看流动比率时那么弱。

速动比率表明每 1 元流动负债有多少速动资产作为偿债保障。一般情况下，速动比率越大，短期偿债能力越强。由于通常认为存货占了流动资产的一半左右，因此剔除存货影响的速动比率至少是 1。速动比率过低，企业面临偿债风险；但速动比率过高，会因占用现金及应收账款过多而增加企业的机会成本。影响此比率可信性的重要因素是应收账款的变现能力。因为，应收账款的账面金额不一定都能转化为现金，而且对于季节性生产的企业，其应收账款金额存在着季节性波动，根据某一时点计算的速动比率不能客观反映其短期偿债能力。此外，使用该指标应考虑行业的差异性，如大量使用现金结算的企业其速动比率大大低于 1 是正常现象。

根据表 10 - 2，A 公司 2021 年初速动资产为 6 363 691.8 万元（3 617 881.6 + 30 813.5 + 1 915.8 + 1 395 142 + 1 101 587.1 + 216 351.8），年末速动资产为 8 048 788.7 万元（4 646 132.9 + 216 519.2 + 7 783.9 + 1 413 635 + 1 593 002.4 + 171 715.3）。A 公司的速动比率为：

年初速动比率 = 6 363 691.8 ÷ 9 560 973.7 = 0.67

年末速动比率 = 8 048 788.7 ÷ 10 939 285.1 = 0.74

A 公司 2021 年初、年末的速动比率都比一般公认标准低，对比同行业 B、C 公司的年初速动比率 0.80、0.68 以及年末速动比率 0.92、0.77，可见 A 公司短期偿债能力较弱。

进一步分析 A 公司可以发现，在 A 公司的速动资产中应收账款比重高于 B、C 公司，而应收账款不一定能按时收回，所以我们还必须计算分析第三个重要比率——现金比率。

4. 现金比率。

现金资产包括货币资金和交易性金融资产等。现金资产与流动负债的比值称为现金比率。现金比率计算公式为：

现金比率 =（货币资金 + 交易性金融资产）÷ 流动负债

现金比率剔除了应收账款对偿债能力的影响，最能反映企业直接偿付流动负债的能力，表明每 1 元流动负债有多少现金资产作为偿债保障。由于流动负债是在一年内（或一个营业周期内）陆续到期清偿，所以并不需要企业时时保留相当于流动负债金额的现金资产。经研究表明，0.2 的现金比率就可以接受。而这一比率过高，就意味着企业过多资源占用在盈利能力较低的现金资产上，从而影响了企业盈利能力。

根据表 10 - 2，A 公司的现金比率为：

年初现金比率 =（3 617 881.6 + 30 813.5）÷ 9 560 973.7 = 0.38

年末现金比率 =（4 646 132.9 + 216 519.2）÷ 10 939 285.1 = 0.44

A 公司虽然流动比率与速动比率都较低，但现金比率偏高，而 B、C 公司年初现金比率为 0.16、0.21，年末现金比率为 0.15、0.13，说明该公司资源配置能力需待改善，以免影响企业后续盈利能力。

（二）长期偿债能力分析

长期偿债能力是指企业在较长的期间偿还债务的能力。企业在长期内，不仅需要偿还流动负债，还需要偿还非流动负债，因此，长期偿债能力衡量的是对企业所有负债的清偿能力。企业对所有负债的清偿能力取决于其总资产水平，因此长期偿债能力比率考察的是企业资产、负债和所有者权益之间的关系。其财务指标主要有四项：资产负债率、产权比率、权益乘数和利息保障倍数。

1. 资产负债率。

资产负债率是企业负债总额与资产总额之比。其计算公式为：

资产负债率 = 负债总额 ÷ 资产总额 × 100%

资产负债率反映总资产中有多大比例是通过负债取得的，可以衡量企业清算时资产对债权人权益的保障程度。当资产负债率高于50%时，表明企业资产来源主要依靠的是负债，财务风险较大。当资产负债率低于50%时，表明企业资产的主要来源是所有者权益，财务比较稳健。这一比率越低，表明企业资产对负债的保障能力越高，企业的长期偿债能力越强。

事实上，利益主体不同，看待该指标的立场也不同。从债权人的立场看，债务比率越低越好，企业偿债有保证，贷款不会有太大风险；从股东的立场看，其关心的是举债的效益。在全部资本利润率高于借款利息率时，负债比率越大越好，因为股东所得到的利润就会越大。从经营者的角度看，其进行负债决策时，更关注如何实现风险和收益的平衡。资产负债率较低表明财务风险较低，但同时也意味着可能没有充分发挥财务杠杆的作用，盈利能力也较低；而较高的资产负债率表明较大的财务风险和较高的盈利能力。只有当负债增加的收益能够涵盖其增加的风险时，经营者才能考虑借入负债。而在风险和收益实现平衡的条件下，是选择较高的负债水平还是较低的负债水平，则取决于经营者的风险偏好等多种因素。

对该指标进行分析时，应结合以下几个方面：（1）结合营业周期分析。营业周期短的企业，资产周转速度快，可以适当提高资产负债率。（2）结合资产构成分析。流动资产占的比率比较大的企业可以适当提高资产负债率。（3）结合企业经营状况分析。兴旺期间的企业可适当提高资产负债率。（4）结合客观经济环境分析。如利率和通货膨胀率水平。当利率提高时，会加大企业负债的实际利率水平，增加企业的偿债压力，这时企业应降低资产负债率。（5）结合资产质量和会计政策分析。（6）结合行业差异分析。不同行业资产负债率有较大差异。例如，2021年A股房地产业、零售业、医药制造业的平均资产负债率分别为65.54%、55.09%、29.61%，行业差异较为明显。

根据表10-2，A公司的资产负债率为：

年初资产负债率 = 12 246 437.6 ÷ 18 745 423.7 = 65.33%

年末资产负债率 = 13 534 848.9 ÷ 20 345 949.6 = 66.52%

A公司年初资产负债率为65.33%，年末资产负债率为66.52%。同一年份下，B、C公司年初资产负债率分别为60.4%、64.4%，年末分别为58.14%、65.53%，可见A公司与行业B、C公司对比而言财务风险较大。

2. 产权比率。

产权比率又称资本负债率，是负债总额与所有者权益之比，它是企业财务结构稳健与否的重要标志。其计算公式为：

产权比率 = 负债总额 ÷ 所有者权益

产权比率不仅反映了由债权人提供的资本与所有者提供的资本的相对关系，即企业财务结构是否稳定；而且反映了债权人资本受股东权益保障的程度，或者是企业清算时对债权人利益的保障程度。一般来说，这一比率越低，表明企业长期偿债能力越强，债权人权益保障程度越高。在分析时同样需要结合企业的具体情况加以分析，当企业的资产收益率大于负债利息率时，负债经营有利于提高资金收益率，获得额外的利润，这时的产权比率可适当高些。产权比率高，是高风险、高报酬的财务结构；产权比率低，是低风险、低收益的财务结构。

根据表 10－2，A 公司的产权比率为：

年初产权比率 = 12 246 437.6 ÷ 6 498 986.1 = 1.88

年末产权比率 = 13 534 848.9 ÷ 6 811 100.7 = 1.99

由计算可知，A 公司年末的产权比率提高，表明年末该公司举债经营程度提高，财务风险有所加大。同期内 B、C 公司年初产权比率分别为 1.53、1.81，年末分别为 1.39、1.90，A 公司举债经营程度仍然高于行业 B、C 公司。

产权比率与资产负债率对评价偿债能力的作用基本一致，只是资产负债率侧重于分析债务偿付安全性的物质保障程度，产权比率则侧重于揭示财务结构的稳健程度以及自有资金对偿债风险的承受能力。

3. 权益乘数。

权益乘数是总资产与股东权益的比值。其计算公式为：

权益乘数 = 总资产 ÷ 股东权益

权益乘数表明股东每投入 1 元钱可实际拥有和控制的金额。在企业存在负债的情况下，权益乘数大于 1。企业负债比例越高，权益乘数越大。产权比率和权益乘数是资产负债率的另外两种表现形式，是常用的反映财务杠杆水平的指标。

根据表 10－2，A 公司的权益乘数为：

年初权益乘数 = 18 745 423.7 ÷ 6 498 986.1 = 2.88

年末权益乘数 = 20 345 949.6 ÷ 6 811 100.7 = 2.99

4. 利息保障倍数。

利息保障倍数是指企业息税前利润与应付利息之比，又称已获利息倍数，用以衡量偿付借款利息的能力。其计算公式为：

利息保障倍数 = 息税前利润 ÷ 应付利息
= （净利润 + 利润表中的利息费用 + 所得税）÷ 应付利息

公式中的被除数"息税前利润"是指利润表中扣除利息费用和所得税前的利润。公式中的除数"应付利息"是指本期发生的全部应付利息，不仅包括财务费用中的利息费用，还应包括计入固定资产成本的资本化利息。资本化利息虽然不在利润表中扣除，但仍然是要偿还的。利息保障倍数主要是衡量企业支付利息的能力，没有足够大的息税前利润，利息的支付就会发生困难。

利息保障倍数反映支付利息的利润来源（息税前利润）与利息支出之间的关系，该比率越高，长期偿债能力越强。从长期看，利息保障倍数至少要大于1（国际公认标准为3），也就是说，息税前利润至少要大于应付利息，企业才具有偿还债务利息的可能性。如果利息保障倍数过低，企业将面临亏损、偿债的安全性与稳定性下降的风险。在短期内，利息保障倍数小于1也仍然具有利息支付能力，因为计算息税前利润时减去的一些折旧和摊销费用并不需要支付现金。但这种支付能力是暂时的，当企业需要重置资产时，势必发生支付困难。因此，在分析时需要比较企业连续多个会计年度（如5年）的利息保障倍数，以说明企业付息能力的稳定性。

根据表10-3，假定表中财务费用全部为利息费用，资本化利息为0，则A公司利息保障倍数为：

上年利息保障倍数 = (1 463 060.9 + 89 301.8) ÷ 89 301.8 = 17.38

本年利息保障倍数 = (1 355 448 + 119 621.8) ÷ 119 621.8 = 12.33

从以上计算结果看，A公司的利息保障倍数减少，利息支付能力有所下降，但息税前利润还能支付将近13期的利息，偿债能力较好。

（三）影响偿债能力的其他因素

1. 可动用的银行贷款指标或授信额度。

当企业存在可动用的银行贷款指标或授信额度时，这些数据不在财务报表内反映，但由于可以随时增加企业的支付能力，因此可以提高企业的偿债能力。

2. 资产质量。

在财务报表内反映的资产金额为资产的账面价值，但由于财务会计的局限性，资产的账面价值与实际价值可能存在差异，如资产可能被高估或低估，一些资产无法计入财务报表等。此外，资产的变现能力也会影响偿债能力。如果企业存在很快变现的长期资产，会增加企业的短期偿债能力。

3. 或有事项和承诺事项。

如果企业存在债务担保或未决诉讼等或有事项，会增加企业的潜在偿债压力。同样各种承诺支付事项，也会加大企业偿债义务。

二、营运能力分析

营运能力主要指资产运用、循环的效率高低。一般而言，资金周转速度越快，说明企业的资金管理水平越高，资金利用效率越高，企业可以以较少的投入获得较多的收益。因此，营运能力指标是通过投入与产出（主要指收入）之间的关系反映的。企业营运能力分析主要包括：流动资产营运能力分析、固定资产营运能力分析和总资产营运能力分析三个方面。

（一）流动资产营运能力分析

反映流动资产营运能力的指标主要有应收账款周转率、存货周转率和流动资产周转率。

1. 应收账款周转率。

应收账款在流动资产中有着举足轻重的地位，及时收回应收账款，不仅增强了企业的短期偿债能力，也反映出企业管理应收账款的效率。反映应收账款周转情况的比率是应收账款周转率，其包括应收账款周转次数和应收账款周转天数。

应收账款周转次数，是一定时期内商品或产品营业收入与应收账款平均余额的比值，表明一定时期内应收账款平均收回的次数。其计算公式为：

$$应收账款周转次数 = \frac{营业收入}{应收账款平均余额}$$

$$应收账款平均余额 = （期初应收账款 + 期末应收账款）÷ 2$$

应收账款周转天数指应收账款周转一次（从销售开始到收回现金）所需要的时间，其计算公式为：

$$应收账款周转天数 = 计算期天数 ÷ 应收账款周转次数$$

$$= 计算期天数 × 应收账款平均余额 ÷ 营业收入$$

通常，应收账款周转次数越高（或周转天数越短）表明应收账款管理效率越高。

在计算和使用应收账款周转率指标时应注意的问题：（1）从理论上讲，应收账款是由赊销引起的，其对应的收入应为赊销收入，而非全部营业收入。但是赊销数据难以取得，且可以假设现金销售是收账时间为零的应收账款，因此只要保持计算口径的历史一致性，使用销售净额不影响分析。营业收入数据使用利润表中的"营业收入"。（2）应收账款包括会计报表中"应收票据"及"应收账款"等全部赊销账款在内，因为应收票据是销售形成的应收款项的另一种形式。（3）应收账款应为未扣除坏账准备的金额。应收账款在财务报表上按净额列示，计提坏账准备会使财务报表上列示的应收账款金额减少，而营业收入不变。其结果是，计提坏账准备越多，应收账款周转次数越多、周转天数越少，对应收账款实际管理欠佳的企业反而会得出应收账款周转情况更好的错误结论。（4）应收账款期末余额的可靠性问题。应收账款是特定时点的存量，容易受季节性、偶然性和人为因素的影响。在使用应收账款周转率进行业绩评价时，最好使用多个时点的平均数，以减少这些因素的影响。

应收账款周转率反映了企业应收账款周转速度的快慢及应收账款管理效率的高低。在一定时期内周转次数多（或周转天数少）表明：

（1）企业收账迅速，信用销售管理严格。

（2）应收账款流动性强，从而增强企业短期偿债能力。

（3）可以减少收账费用和坏账损失，相对增加企业流动资产的投资收益。

通过比较应收账款周转天数及企业信用期限，可评价客户的信用程度，调整企业信用政策。

根据表 10 - 2、表 10 - 3，A 公司 2021 年度营业收入为 20 972 582.1 万元，2021 年应收账款、应收票据年末余额分别为 1 593 002.4 万元和 1 413 635 万元，年初余额分别为 1 101 587.1 万元和 1 395 142 万元，假设年初、年末坏账准备均为 0。2021 年该公司应收账款周转率指标计算如下：

$$应收账款周转次数 = \frac{20\ 972\ 582.1}{(1\ 593\ 002.4 + 1\ 413\ 635 + 1\ 101\ 587.1 + 1\ 395\ 142) \div 2}$$
$$= 7.62\ （次）$$

应收账款周转天数 $= 360 \div 7.62 = 47$ （天）

运用应收账款周转率指标评价企业应收账款管理效率时，应将计算出的指标与该企业前期、与行业平均水平或其他类似企业相比较来进行判断。同期 B、C 公司应收账款周转次数分别为 10.99 次、19.50 次，周转天数分别为 33 天、18 天，A 公司应收账款管理效率低于同行业 B、C 公司。

2. 存货周转率。

在流动资产中，存货所占比重较大，存货的流动性将直接影响企业的流动比率。存货周转率的分析同样可以通过存货周转次数和存货周转天数反映。

存货周转率（次数）是指一定时期内企业营业成本与存货平均资金占用额的比率，是衡量和评价企业购入存货、投入生产、销售收回等各环节管理效率的综合性指标。其计算公式为：

$$存货周转次数 = 营业成本 \div 存货平均余额$$

$$存货平均余额 = （期初存货 + 期末存货）\div 2$$

式中，营业成本为利润表中"营业成本"的数值。

存货周转天数是指存货周转一次（即存货取得到存货销售）所需要的时间。计算公式为：

$$存货周转天数 = 计算期天数 \div 存货周转次数$$
$$= 计算期天数 \times 存货平均余额 \div 营业成本$$

根据表 10-2、表 10-3，A 公司 2021 年营业成本为 14 747 518.1 万元，期初存货为 2 822 860.1 万元，期末存货为 2 944 697.3 万元，该公司存货周转率为：

$$存货周转次数 = \frac{14\ 747\ 518.1}{(2\ 822\ 860.1 + 2\ 944\ 697.3) \div 2} = 5.11\ （次）$$

存货周转天数 $= 360 \div 5.11 = 70$ （天）

同期 B、C 公司存货周转次数分别为 4.78 次、6.70 次，周转天数分别为 75 天、54 天，A 公司存货转化为现金或应收账款的速度处于正常水平。一般来讲，存货周转速度越快，存货占用水平越低，流动性越强，存货转化为现金或应收账款的速度就越快，这样会增强企业的短期偿债能力及盈利能力。通过存货周转速度分析，有利于找出存货管理中存在的问题，尽可能降低资金占用水平。在具体分析时，应注意几点：（1）存货周转率的高低与企业的经营特点有密切联系，应注意行业的可比性。例如，2021 年 A 股零售业公司的平均存货周转次数大概为 5.82 次，而房地产公司的平均存货周转次数为 8.11 次左右。（2）该比率反映的是存货整体的周转情况，不能说明企业经营各环节的存货周转情况和管理水平。（3）应结合应收账款周转情况和信用政策进行分析。

3. 流动资产周转率。

流动资产周转率是反映企业流动资产周转速度的指标。流动资产周转率（次数）是一定时期营业收入与企业流动资产平均占用额之间的比率。其计算公式为：

流动资产周转次数 = 营业收入 ÷ 流动资产平均余额

流动资产周转天数 = 计算期天数 ÷ 流动资产周转次数

　　　　　　　　 = 计算期天数 × 流动资产平均余额 ÷ 营业收入净额

流动资产平均余额 =（期初流动资产 + 期末流动资产）÷2

在一定时期内，流动资产周转次数越多，表明以相同的流动资产完成的周转额越多，流动资产利用效果越好。流动资产周转天数越少，表明流动资产在经历生产销售各阶段所占用的时间越短，可相对节约流动资产，增强企业盈利能力。

根据表 10-2、表 10-3，A 公司 2021 年营业收入为 20 972 582.1 万元，2021 年流动资产期初数为 10 054 714.5 万元，期末数为 11 424 759.1 万元，则该公司流动资产周转指标计算如下：

$$流动资产周转次数 = \frac{20\ 972\ 582.1}{(10\ 054\ 714.5 + 11\ 424\ 759.1) \div 2} = 1.95（次）$$

流动资产周转天数 = 360 ÷ 1.95 = 184.6（天）

同期 B、C 公司流动资产周转次数分别为 0.79 次、1.24 次，周转天数分别为 456 天、290 天，A 公司流动资产在经历生产销售各阶段所占用的时间相对较短。

（二）固定资产营运能力分析

反映固定资产营运能力的指标为固定资产周转率。固定资产周转率（次数）是指企业年营业收入与固定资产平均额的比率。它是反映企业固定资产周转情况，从而衡量固定资产利用效率的一项指标。其计算公式为：

固定资产周转次数 = 营业收入 ÷ 平均固定资产

平均固定资产 =（期初固定资产 + 期末固定资产）÷2

固定资产周转次数多，说明企业固定资产投资得当，结构合理，利用效率高；反之，则表明固定资产利用效率不高，提供的生产成果不多，企业的营运能力不强。

根据表 10-2、表 10-3，A 公司 2020 年、2021 年的营业收入分别为 20 076 198.3 万元、20 972 582.1 万元，2021 年初固定资产为 2 118 005.7 万元，2021 年末固定资产为 2 089 550.5 万元。资料显示 2020 年初固定资产为 1 731 963.89 万元，则固定资产周转率计算如下：

$$2020\ 年固定资产周转率 = \frac{20\ 076\ 198.3}{(1\ 731\ 963.89 + 2\ 118\ 005.7) \div 2} = 10.43（次）$$

$$2021\ 年固定资产周转率 = \frac{20\ 972\ 582.1}{(2\ 118\ 005.7 + 2\ 089\ 550.5) \div 2} = 9.97（次）$$

通过以上计算可知，A 公司 2021 年固定资产周转率为 9.97 次，2020 年固定资产周转率为 10.43 次，说明 2021 年度周转速度要比上年慢，其主要原因在于固定资产增长幅度要大于营业收入增长幅度，说明企业营运能力有所减弱。然而，2021 年 B、C 公司固定资产周转次数分别为 8.83 次、12.95 次，2020 年固定资产周转次数分别为 10.57 次、12.62 次，可见 A 公司这种减弱幅度与同行业 B 公司相似。

（三）总资产营运能力分析

反映总资产营运能力的指标是总资产周转率。总资产周转率（次数）是企业营业收入与企业资产平均总额的比率。其计算公式为：

总资产周转次数 = 营业收入 ÷ 平均资产总额

如果企业各期资产总额比较稳定，波动不大，则：

平均资产总额 =（期初总资产 + 期末总资产）÷2

如果资金占用的波动性较大，企业应采用更详细的资料进行计算，如按照各月份的资金占用额计算，则：

月平均资产总额 =（月初总资产 + 月末总资产）÷2

季平均占用额 =（1/2 季初 + 第一月末 + 第二月末 + 1/2 季末）÷3

年平均占用额 =（1/2 年初 + 第一季度末 + 第二季度末 + 第三季度末 + 1/2 年末）÷4

计算总资产周转率时分子、分母在时间上应保持一致。

这一比率用来衡量企业资产整体的使用效率。总资产由各项资产组成，在营业收入既定的情况下，总资产周转率的驱动因素是各项资产。因此，对总资产周转情况的分析应结合各项资产的周转情况，以发现影响企业资产周转的主要因素。

根据表 10－2、表 10－3，A 公司 2020 年、2021 年的营业收入分别为 20 076 198.3 万元、20 972 582.1 万元，2021 年初资产总额为 18 745 423.7 万元，2021 年末为 20 345 949.6 万元。资料显示 2020 年初资产总额为 16 669 954.42 万元，则 A 公司 2020 年、2021 年总资产周转率计算如下：

$$2020 \text{ 年总资产周转率} = \frac{20\ 076\ 198.3}{(16\ 669\ 954.42 + 18\ 745\ 423.7) \div 2} = 1.13 \text{（次）}$$

$$2021 \text{ 年总资产周转率} = \frac{20\ 972\ 582.1}{(18\ 745\ 423.7 + 20\ 345\ 949.6) \div 2} = 1.07 \text{（次）}$$

从以上计算可知，A 公司 2021 年总资产周转速度比上年减慢，这与前面计算分析得出的固定资产周转速度减慢结论一致，该公司应当扩大销售额，处理闲置资产，以提高使用效率。同时，2021 年 B、C 公司总资产周转次数分别为 0.6 次、0.86 次，2020 年总资产周转次数分别为 0.74 次、0.98 次，可见 A 公司这种减弱幅度还与整个行业的情况有关。

总之，各项资产的周转率指标用于衡量各项资产赚取收入的能力，经常与企业盈利能力的指标结合在一起，以全面评价企业的盈利能力。

三、盈利能力分析

不论是投资人、债权人还是经理人员，都会非常重视和关心企业的盈利能力。盈利能力是企业获取利润、实现资金增值的能力。因此，盈利能力指标主要通过收入与利润之间的关系、资产与利润之间的关系反映。反映企业盈利能力的指标主要有营业毛利率、营业净利率、总资产净利率和净资产收益率。

（一）营业毛利率

营业毛利率是营业毛利与营业收入之比，其计算公式如下：

营业毛利率 = 营业毛利 ÷ 营业收入 × 100%

营业毛利 = 营业收入 – 营业成本

营业毛利率反映企业每 1 元营业收入所包含的毛利润是多少，即营业收入扣除营业成本后还有多少剩余可用于弥补各期费用和形成利润。营业毛利率越高，表明企业的盈利能力越强。将营业毛利率与行业水平进行比较，可以反映企业的市场竞争地位。那些营业毛利率高于行业水平的企业意味着实现一定的收入占用了更少的成本，表明它们在资源、技术或劳动生产率方面具有竞争优势。而那些营业毛利率低于行业水平的企业则意味着在行业中处于竞争劣势。此外，将不同行业的营业毛利率进行横向比较，也可以说明行业间盈利能力的差异。

根据表 10 – 3，可计算 A 公司营业毛利率如下：

2020 年营业毛利率 = （20 076 198.3 – 14 086 839.9）÷ 20 076 198.3 × 100% = 29.83%

2021 年营业毛利率 = （20 972 582.1 – 14 747 518.1）÷ 20 972 582.1 × 100% = 29.68%

同期 B、C 公司 2020 年营业毛利率分别为 27.58%、28.86%，2021 年营业毛利率分别为 26.14%、25.11%，可见 A 公司营业毛利率高于同行业 B、C 公司，表明其在资源、技术或劳动生产率方面具有竞争优势。

（二）营业净利率

营业净利率是净利润与营业收入之比，其计算公式为：

营业净利率 = 净利润 ÷ 营业收入 × 100%

营业净利率反映每 1 元营业收入最终赚取了多少利润，用于反映企业最终的盈利能力。在利润表上，从营业收入到净利润需要扣除营业成本、期间费用、税金等项目。因此，将营业净利率按利润的扣除项目进行分解可以识别影响营业净利率的主要因素。

根据表 10 – 3，可计算 A 公司营业净利率如下：

2020 年营业净利率 = 1 233 439.3 ÷ 20 076 198.3 × 100% = 6.14%

2021 年营业净利率 = 1 132 261.6 ÷ 20 972 582.1 × 100% = 5.4%

同期 B、C 公司 2020 年营业净利率分别为 12.53%、9.09%，2021 年营业净利率分别为 13.25%、9.68%，A 公司营业净利率低于同行业 B、C 公司。

从上述计算分析可见，A 公司 2021 年营业利润率指标比上年有所下降，企业应当查明原因，采取相应措施，提高盈利水平。

（三）总资产净利率

总资产净利率指净利润与平均总资产的比率，反映每 1 元资产创造的净利润。其计算公式为：

总资产净利率 = （净利润÷平均总资产）×100%

总资产净利率衡量的是企业资产的盈利能力。总资产净利率越高，表明企业资产的利用效果越好。影响总资产净利率的因素是营业净利率和总资产周转率。

$$总资产净利率 = \frac{净利润}{平均总资产} = \frac{净利润}{营业收入} \times \frac{营业收入}{平均总资产}$$
$$= 营业净利率 \times 总资产周转率$$

因此，企业可以通过提高营业净利率、加速资产周转来提高总资产净利率。

根据表 10−2、表 10−3，A 公司 2020 年净利润为 1 233 439.3 万元，年末总资产为 18 745 423.7 万元；2021 年净利润为 1 132 261.6 万元，年末总资产为 20 345 949.6 万元。资料显示 2020 年初总资产为 16 669 954.42 万元，则 A 公司总资产净利率计算如下：

2020 年总资产净利率 = 1 233 439.3 ÷ [（16 669 954.42 + 18 745 423.7）÷ 2]×100% = 6.97%

2021 年总资产净利率 = 1 132 261.6 ÷ [（18 745 423.7 + 20 345 949.6）÷ 2]×100% = 5.79%

由以上计算结果可知，总资产净利率下降明显，表明企业盈利能力减弱。同期 B、C 公司 2020 年总资产净利率分别为 9.3%、8.94%，2021 年总资产净利率分别为 7.93%、8.31%，A 公司总资产净利率低于同行业 B、C 公司。

结合前面计算的营业净利率和总资产周转率发现，营业净利率和总资产周转率均下降是总资产净利率下降的原因，表明企业产品的盈利能力和资产运用效率均存在问题。企业应进一步分析产品盈利能力和资产周转能力下降的原因，通过提高营业净利率和资产周转率改善企业整体盈利水平。

（四）净资产收益率

净资产收益率又称权益净利率或权益报酬率，是净利润与平均所有者权益的比值，表示每 1 元权益资本赚取的净利润，用于反映权益资本经营的盈利能力。其计算公式为：

净资产收益率 = （净利润÷平均所有者权益）×100%

该指标是企业盈利能力指标的核心，也是杜邦财务指标体系的核心，更是投资者关注的重点。一般来说，净资产收益率越高，所有者和债权人的利益保障程度越高。如果企业的净资产收益率在一段时期内持续增长，说明权益资本盈利能力稳定上升。但净资产收益率不是一个越高越好的概念，分析时要注意企业的财务风险。

$$净资产收益率 = \frac{净利润}{平均净资产} = \frac{净利润}{平均总资产} \times \frac{平均总资产}{平均净资产} = 总资产净利率 \times 权益乘数$$

通过对净资产收益率的分解可以发现，改善资产盈利能力和增加企业负债都可以提高净资产收益率。而如果不改善资产盈利能力，单纯通过加大举债力度提高权益乘数进而提高净资产收益率的做法则十分危险。因为，企业负债经营的前提是有足够的盈利能力保障偿还债务本息，单纯增加负债对净资产收益率的改善只具有短期效应，最终将因盈利能力无法涵盖增加的财务风险而使企业面临财务困境。因此，只有企业净资产收益率上升同时财务风险没有明显加大，才能说明企业财务状况良好。

根据表 10 - 2、表 10 - 3，A 公司 2020 年净利润为 1 233 439.3 万元，年末所有者权益为 6 498 986.1 万元；2021 年净利润为 1 132 261.6 万元，年末所有者权益为 6 811 100.7 万元。资料显示 2020 年初所有者权益为 5 513 027.89 万元，则 A 公司净资产收益率为：

$$2020 \text{ 年净资产收益率} = \frac{1\ 233\ 439.3}{(5\ 513\ 027.89 + 6\ 498\ 986.1) \div 2} \times 100\% = 20.54\%$$

$$2021 \text{ 年净资产收益率} = \frac{1\ 132\ 261.6}{(6\ 498\ 986.1 + 6\ 811\ 100.7) \div 2} \times 100\% = 17.01\%$$

由于该公司所有者权益的增长快于净利润的增长，2021 年净资产收益率要比上年低了 3 个多百分点，说明权益资本的盈利能力明显降低。由前面的计算结果可以发现，企业权益乘数有所增加，但由于资产盈利能力下降较快导致了净资产收益率的下降。因此，A 公司盈利水平下降的同时面临的财务风险在加大。

同期 B、C 公司 2020 年净资产收益率分别为 24.25%、25.28%，2021 年净资产收益率分别为 19.46%、23.74%，A 公司净资产收益率低于同行业 B、C 公司。A 公司应尽快改善盈利能力，通过提高产品竞争能力、加快资产周转同时控制财务风险以改善企业所面临的问题。

四、发展能力分析

衡量企业发展能力的指标主要有：营业收入增长率、总资产增长率、营业利润增长率、资本保值增值率和所有者权益增长率等。

（一）营业收入增长率

该指标反映的是相对化的营业收入增长情况，是衡量企业经营状况和市场占有能力、预测企业经营业务拓展趋势的重要指标。在实际分析时应考虑企业历年的销售水平、市场占有情况、行业未来发展及其他影响企业发展的潜在因素，或结合企业前三年的营业收入增长率进行趋势性分析判断。其计算公式为：

营业收入增长率 = 本年营业收入增长额 ÷ 上年营业收入 × 100%

本年营业收入增长额 = 本年营业收入 - 上年营业收入

计算过程中，营业收入可以使用利润表中的"营业收入"数据。营业收入增长率大于零，表明企业本年营业收入有所增长。该指标值越高，表明企业营业收入的增长速度越快，企业市场前景越好。

根据表 10 - 3，A 公司 2020 年营业收入为 20 076 198.3 万元，2021 年营业收入为 20 972 582.1 万元。则 A 公司营业收入增长率为：

2021 年营业收入增长率 = （20 972 582.1 - 20 076 198.3）÷ 20 076 198.3 × 100% = 4.46%

同期 B、C 公司 2021 年营业收入增长率分别为 -15.12%、2.16%。A 公司营业收入增长率高于同行业 B、C 公司。

（二）总资产增长率

总资产增长率是企业本年资产增长额同年初资产总额的比率，反映企业本期资产规模的增长情况。其计算公式为：

总资产增长率 = 本年资产增长额÷年初资产总额×100%

本年资产增长额 = 年末资产总额 − 年初资产总额

总资产增长率越高，表明企业一定时期内资产经营规模扩张的速度越快。但在分析时，需要关注资产规模扩张的质和量的关系，以及企业的后续发展能力，避免盲目扩张。

根据表 10−2，A 公司 2021 年初资产总额为 18 745 423.7 万元，2021 年末资产总额为 20 345 949.6 万元。则 A 公司总资产增长率为：

2021 年总资产增长率 = （20 345 949.6 − 18 745 423.7）÷ 18 745 423.7 × 100% = 8.54%

（三）营业利润增长率

营业利润增长率是企业本年营业利润增长额与上年营业利润总额的比率，用于反映企业营业利润的增减变动情况。其计算公式为：

营业利润增长率 = 本年营业利润增长额÷上年营业利润总额×100%

本年营业利润增长额 = 本年营业利润 − 上年营业利润

根据表 10−3，A 公司 2020 年营业利润为 1 444 944.4 万元，2021 年营业利润为 1 359 795.5 万元。则 A 公司营业利润增长率为：

2021 年营业利润增长率 = （1 359 795.5 − 1 444 944.4）÷ 1 444 944.4 × 100% = −5.89%

（四）资本保值增值率

资本保值增值率是扣除客观增减因素后所有者权益的期末总额与期初总额的比率，主要反映企业资本的运营效益与安全状况。该指标越高，表明企业的资本保全状况越好，所有者权益增长越快，债权人的债务越有保障，企业发展后劲越强。

资本保值增值率 = 扣除客观增减因素后所有者权益的期末总额÷所有者权益的期初总额×100%

客观因素对所有者权益的影响包括但不限于：

（1）本期投资者追加投资，使企业的实收资本增加，以及因资本溢价、资本折算差额引起的资本公积变动。

（2）本期接受外来捐赠、资产评估增值导致资本公积增加。

根据前面净资产收益率的有关资料，A 公司资本保值增值率计算如下：

2020 年资本保值增值率 = 6 498 986.1÷5 513 027.89×100% = 117.88%

2021 年资本保值增值率 = 6 811 100.7÷6 498 986.1×100% = 104.80%

可见 A 公司 2021 年资本保值增值率比上年有所降低。同期 B、C 公司 2020 年资本保值增值率分别为 120.85%、116.27%，2021 年资本保值增值率分别为 104.31%、115.57%。

（五）所有者权益增长率

所有者权益增长率是企业本年所有者权益增长额与年初所有者权益的比率，反映企业当年资本的积累能力。其计算公式为：

所有者权益增长率 = 本年所有者权益增长额 ÷ 年初所有者权益 × 100%

本年所有者权益增长额 = 年末所有者权益 - 年初所有者权益

所有者权益增长率越高，表明企业的资本积累越多，应对风险、持续发展的能力越强。

根据表 10 - 2，A 公司 2021 年初所有者权益为 6 498 986.1 万元，2021 年末所有者权益为 6 811 100.7 万元。则 A 公司所有者权益增长率为：

2021 年所有者权益增长率 = （6 811 100.7 - 6 498 986.1）÷ 6 498 986.1 × 100% = 4.8%

五、现金流量分析

现金流量分析一般包括现金流量的结构分析、流动性分析、获取现金能力分析、财务弹性分析及收益质量分析。这里主要以 A 公司为例，从获取现金能力及收益质量方面介绍现金流量比率。

（一）获取现金能力的分析

获取现金的能力可通过经营活动现金流量净额与投入资源之比来反映。投入资源可以是营业收入、资产总额、营运资金、净资产或普通股股数等。

1. 营业现金比率。

营业现金比率是指企业经营活动现金流量净额与企业营业收入的比值。其计算公式为：

营业现金比率 = 经营活动现金流量净额 ÷ 营业收入

已知 A 公司 2021 年营业收入为 20 972 582.1 万元，经营活动现金流量净额为 1 759 911.17 万元，则 A 公司 2021 年营业现金比率为：

2021 年营业现金比率 = 1 759 911.17 ÷ 20 972 582.1 = 0.08

同期 B、C 公司 2021 年营业现金比率分别为 0.11、0.10。该比率反映每 1 元营业收入得到的经营活动现金流量净额，其数值越大越好。

2. 每股营业现金净流量。

每股营业现金净流量是通过企业经营活动现金流量净额与普通股股数之比来反映的。其计算公式为：

每股营业现金净流量 = 经营活动现金流量净额 ÷ 普通股股数

2021 年末 A 公司有普通股 902 784.6 万股，则：

每股营业现金净流量 = 1 759 911.17 ÷ 902 784.6 = 1.95（元/股）

该指标反映企业最大的分派股利能力，超过此限度，可能就要借款分红。

3. 全部资产现金回收率。

全部资产现金回收率是通过企业经营活动现金流量净额与企业平均总资产之比来反映的，它说明企业全部资产产生现金的能力。其计算公式为：

全部资产现金回收率＝经营活动现金流量净额÷平均总资产×100%

A公司平均总资产＝(20 345 949.6＋18 745 423.7)÷2＝19 545 686.65（万元），则：

全部资产现金回收率＝1 759 911.17÷19 545 686.65×100%＝9%

资料显示，同行业平均全部资产现金回收率为5.51%，说明A公司资产产生现金的能力较强。

（二）收益质量分析

收益质量是指会计收益与公司业绩之间的相关性。如果会计收益能如实反映公司业绩，则其收益质量高；反之，则收益质量不高。收益质量分析，主要包括净收益营运指数分析与现金营运指数分析。

1. 净收益营运指数。

净收益营运指数是指经营净收益与净利润之比，其计算公式为：

净收益营运指数＝经营净收益÷净利润

经营净收益＝净利润－非经营净收益

A公司有关现金流量补充资料如表10－5所示。

表10－5　　　　　　　　　　A公司现金流量补充资料　　　　　　　　　单位：万元

将净利润调整为经营活动现金流量	金额	说明
净利润	1 132 261.6	
加：计提的资产减值准备	150 201.1	非付现费用共659 135.4万元，少提取这类费用可增加会计收益却不会增加现金流入，会使收益质量下降
固定资产折旧	395 023.7	
无形资产摊销	95 048.5	
长期待摊费用摊销	18 862.1	
处置固定资产损失（减收益）	11 127.8	
固定资产报废损失		
公允价值变动损失（减收益）	－6 263	非经营净收益218 300.5万元，不代表正常的收益能力
财务费用	171 210.6	
投资损失（减收益）	－406 010.4	
递延所得税资产减少（减增加）	－49 505.5	
递延所得税负债增加（减减少）	61 140	

续表

将净利润调整为经营活动现金流量	金额	说明
存货减少（减增加）	-311 830. 6	经营资产净增加 849 742. 7 万元，如收益不变而现金减少，收益质量下降（收入未收到现金），应查明应收项目增加的原因
经营性应收项目减少（减增加）	-537 912. 1	
经营性应付项目增加（减减少）	995 475. 4	无息负债净增加 1 036 557. 2 万元
其他	41 081. 8	
经营活动产生的现金流量净额	1 759 911	

根据表 10 - 5，A 公司净收益营运指数计算如下：

经营净收益 = 1 132 261. 6 - 218 300. 5 = 913 961. 1（万元）

净收益营运指数 = 913 961. 1 ÷ 1 132 261. 6 = 0. 81

净收益营运指数越小，非经营收益所占比重越大，收益质量越差，因为非经营收益不反映公司的核心能力及正常的收益能力，可持续性较低。

2. 现金营运指数。

现金营运指数反映企业经营活动现金流量净额与企业经营所得现金的比值，其计算公式为：

现金营运指数 = 经营活动现金流量净额 ÷ 经营所得现金

公式中，经营所得现金是经营净收益与非付现费用之和。

根据表 10 - 5，A 公司现金营运指数计算如下：

经营所得现金 = 经营净收益 + 非付现费用 = 913 961. 1 + 659 135. 4 = 1 573 096. 5（万元）

现金营运指数 = 1 759 911 ÷ 1 573 096. 5 = 1. 12

现金营运指数大于 1，说明收益质量较好。A 公司每 1 元的经营活动收益，可收回约 1. 12 元。

第三节　上市公司财务分析

一、上市公司特殊财务分析指标

（一）每股收益

每股收益是综合反映企业盈利能力的重要指标，可以用来判断和评价管理层的经营业绩。每股收益概念包括基本每股收益和稀释每股收益。

1. 基本每股收益。

基本每股收益的计算公式为：

$$基本每股收益 = \frac{归属于公司普通股股东的净利润}{发行在外的普通股加权平均数}$$

其中，发行在外的普通股加权平均数 = 期初发行在外普通股股数 + 当期新发行普通股股数 × 已发行时间 ÷ 报告期时间 − 当期回购普通股股数 × 已回购时间 ÷ 报告期时间。

【例 10 – 3】 某上市公司 2024 年度归属于普通股股东的净利润为 25 000 万元。2023 年末的股数为 8 000 万股，2024 年 2 月 8 日，经公司 2023 年度股东大会决议，以截至 2023 年末公司总股数为基础，向全体股东每 10 股送红股 2 股，工商注册登记变更完成后公司总股数变为 9 600 万股。2024 年 11 月 29 日发行新股 6 000 万股。

$$基本每股收益 = \frac{25\,000}{8\,000 + 1\,600 + 6\,000 \times \frac{1}{12}} \approx 2.48 （元/股）$$

在上面计算中，公司 2023 年度分配 10 送 2 导致股数增加 1 600 万股，由于送红股是将公司以前年度的未分配利润转为普通股，转化与否都一直作为资本使用，因此新增的这 1 600 万股不需要按照实际增加的月份加权计算，可以直接计入分母；而公司发行新股 6 000 万股，这部分股份由于在 11 月底增加，对全年的利润贡献只有 1 个月，因此应该按照 1/12 的权数进行加权计算。

2. 稀释每股收益。

企业存在稀释性潜在普通股的，应当计算稀释每股收益。稀释性潜在普通股指假设当期转换为普通股会减少每股收益的潜在普通股。潜在普通股主要包括：可转换公司债券、认股权证和股份期权等。

（1）可转换公司债券。对于可转换公司债券，计算稀释每股收益时，分子的调整项目为可转换公司债券当期已确认为费用的利息等的税后影响额；分母的调整项目为假定可转换公司债券当期期初或发行日转换为普通股股数的加权平均数。

（2）认股权证和股份期权。认股权证、股份期权等的行权价格低于当期普通股平均市场价格时，应当考虑其稀释性。

计算稀释每股收益时，作为分子的净利润金额一般不变；分母的调整项目为增加的普通股股数，同时还应考虑时间权数。

$$认股权证或股份期权行权增加的普通股股数 = 行权认购的股数 \times \left(1 - \frac{行权价格}{普通股平均市价}\right)$$

行权价格和拟行权时转换的普通股股数，按照有关认股权证合同和股份期权合约确定。公式中的普通股平均市场价格，通常按照每周或每月具有代表性的股票交易价格进行简单算术平均计算。在股票价格比较平稳的情况下，可以采用每周或每月股票的收盘价作为代表性价格；在股票价格波动较大的情况下，可以采用每周或每月股票最高价与最低价的平均值作为代表性价格。无论采用何种方法计算平均市场价格，一经确定，不得随意变更，除非有确凿证据表明原计算方法不再适用。当期发行认股权证或股份期权的，普通股平均市场价格应当自认股权证或股份期权的发行日起计算。

【例 10 - 4】 某上市公司 2024 年 7 月 1 日按面值发行年利率 3% 的可转换公司债券，面值 10 000 万元，期限为 5 年，利息每年年末支付一次，发行结束一年后可以转换股票，转换价格为每股 5 元，即每 100 元债券可转换为 1 元面值的普通股 20 股。2024 年该公司归属于普通股股东的净利润为 30 000 万元，2024 年发行在外的普通股加权平均数为 40 000 万股，债券利息不符合资本化条件，

扫码看讲解

直接计入当期损益，所得税税率为 25%。假设不考虑可转换公司债券在负债成分和权益成分之间的分拆，且债券票面利率等于实际利率。则稀释每股收益计算如下：

$$基本每股收益 = \frac{30\ 000}{40\ 000} = 0.75\ （元）$$

$$假设全部转股，所增加的净利润 = 10\ 000 \times 3\% \times \frac{6}{12} \times (1 - 25\%) = 112.5\ （万元）$$

$$假设全部转股，所增加的年加权平均普通股股数 = \frac{10\ 000}{100} \times 20 \times \frac{6}{12} = 1\ 000\ （万股）$$

$$增量股的每股收益 = \frac{112.5}{1\ 000} = 0.112\ 5\ （元）$$

增量股的每股收益小于原每股收益，可转换债券具有稀释作用。

$$稀释每股收益 = \frac{30\ 000 + 112.5}{40\ 000 + 1\ 000} \approx 0.73\ （元）$$

在分析每股收益指标时，应注意企业利用回购的方式减少发行在外的普通股股数，使每股收益简单增加。另外，如果企业将盈利用于派发股票股利或配售股票，就会使企业流通在外的股票数量增加，这样将会大量稀释每股收益。在分析上市公司公布的信息时，投资者应注意区分公布的每股收益是按原始股股数还是按完全稀释后的股份计算。

对投资者来说，每股收益是一个综合性的盈利概念，在不同行业、不同规模的上市公司之间具有相当大的可比性，因而在各上市公司之间的业绩比较中被广泛应用。人们一般将每股收益视为企业能否成功地达到其利润目标的标志，也可以将其看成一家企业管理效率、盈利能力和股利来源的标志。理论上，每股收益反映了投资者可望获得的最高股利收益，因而是衡量股票投资价值的重要指标。每股收益越高，表明投资价值越大；否则反之。但是每股收益多并不意味着每股股利多，此外每股收益不能反映股票的风险水平。

（二）每股股利

每股股利是企业股利总额与普通股股数的比值。其计算公式为：

每股股利 = 普通股股利总额 ÷ 期末发行在外的普通股股数

【例 10 - 5】 某公司 2024 年度发放普通股股利 246 733.75 万元，年末发行在外的普通股股数为 657 956.66 万股。每股股利计算如下：

$$每股股利 = \frac{246\ 733.75}{657\ 956.66} = 0.375\ （元）$$

每股股利反映的是普通股股东每持有上市公司一股普通股获取的股利大小，是投资者股票投资收益的重要来源之一。由于净利润是股利分配的来源，因此每股股利的多少很大程度取决于每股收益的多少。但上市公司每股股利发放多少，除了受上市公司盈利能力大小影响以外，还取决于企业的股利分配政策和投资机会。投资者使用每股股利分析上市公司的投资回报时，应比较连续几个期间的每股股利，以评估股利回报的稳定性并作出收益预期。

反映每股股利和每股收益之间关系的一个重要指标是股利发放率，即每股股利分配额与当期的每股收益之比。

$$股利发放率 = 每股股利 \div 每股收益$$

股利发放率反映每1元净利润有多少用于普通股股东的现金股利发放，反映普通股股东的当期收益水平。借助于该指标，投资者可以了解一家上市公司的股利发放政策。

（三）市盈率

市盈率是股票每股市价与每股收益的比率，反映普通股股东为获取1元净利润所愿意支付的股票价格。其计算公式如下：

$$市盈率 = \frac{每股市价}{每股收益}$$

【例10-6】某公司2024年末每股市价29.21元，每股收益为1.337元。则该公司2024年末市盈率计算如下：

$$市盈率 = \frac{29.21}{1.337} = 21.85（倍）$$

市盈率是股票市场上反映股票投资价值的重要指标，该比率的高低反映了市场上投资者对股票投资收益和投资风险的预期。一方面，市盈率越高，意味着投资者对股票的收益预期越看好，投资价值越大；反之，投资者对该股票评价越低。另一方面，市盈率越高，也说明获得一定的预期利润投资者需要支付更高的价格，因此投资于该股票的风险也越大；市盈率越低，说明投资于该股票的风险越小。

上市公司的市盈率是广大股票投资者进行中长期投资的重要决策指标。

影响企业股票市盈率的因素有：第一，上市公司盈利能力的成长性。如果上市公司预期盈利能力不断提高，说明企业具有较好的成长性，虽然目前市盈率较高，也值得投资者进行投资。第二，投资者所获取收益率的稳定性。如果上市公司经营效益良好且相对稳定，则投资者获取的收益也较高且稳定，投资者就愿意持有该企业的股票，则该企业的股票市盈率会由于众多投资者的普遍看好而相应提高。第三，市盈率也受到利率水平变动的影响。当市场利率水平变化时，市盈率也应作相应的调整。

使用市盈率进行分析的前提是每股收益维持在一定水平之上，如果每股收益很小或接近亏损，但股票市价不会降至为零，会导致市盈率极高，此时很高的市盈率不能说明任何问题；此外，尽管以市盈率衡量股票投资价值具有市场公允性，但还存在一些缺陷：

第一，股票价格的高低受很多因素影响，非理性因素的存在会使股票价格偏离其内在价值；第二，市盈率反映了投资者的投资预期，但由于市场不完全有效和信息不对称，投资者可能会对股票作出错误估计。因此，通常难以根据某一股票在某一时期的市盈率对其投资价值作出判断，应该进行不同期间以及同行业不同公司之间的比较或与行业平均市盈率进行比较，以判断股票的投资价值。

（四）每股净资产

每股净资产，又称每股账面价值，是指企业期末普通股净资产与期末发行在外的普通股股数之间的比率。用公式表示为：

$$每股净资产 = \frac{期末普通股净资产}{期末发行在外的普通股股数}$$

$$期末普通股净资产 = 期末股东权益 - 期末优先股股东权益$$

【例10-7】某公司2024年末股东权益为6 811 100.7万元，全部为普通股，年末发行在外的普通股股数为902 784.6万股。则每股净资产计算如下：

$$每股净资产 = \frac{6\ 811\ 100.7}{902\ 784.6} = 7.54（元）$$

每股净资产显示了发行在外的每一普通股股份所能分配的企业账面净资产的价值。这里所说的账面净资产是指企业账面上的总资产减去负债后的余额，即股东权益总额。每股净资产指标反映了在会计期末每一股份在企业账面上到底值多少钱，它与股票面值、发行价格、每股市场价值乃至每股清算价值等往往有较大差距，是理论上股票的最低价值。

利用该指标进行横向和纵向对比，可以衡量上市公司股票的投资价值。如在企业性质相同、股票市价相近的条件下，某一企业股票的每股净资产越高，则企业发展潜力与其股票的投资价值越大，投资者所承担的投资风险越小。但是也不能一概而论，在市场投机气氛较浓的情况下，每股净资产指标往往不太受重视。投资者，特别是短线投资者注重股票市价的变动，有的企业股票市价低于其每股账面价值，投资者会认为这个企业没有前景，从而失去对该企业股票的兴趣；如果市价高于其账面价值，而且差距较大，投资者会认为企业前景良好、有潜力，因而甘愿承担较大的风险购进该企业股票。

（五）市净率

市净率是每股市价与每股净资产的比率，是投资者用以衡量、分析个股是否具有投资价值的工具之一。市净率的计算公式如下：

$$市净率 = \frac{每股市价}{每股净资产}$$

【例10-8】沿用【例10-7】的资料，某公司2024年末每股市价为29.21元，则该公司2024年末市净率计算如下：

$$市净率 = \frac{29.21}{7.54} = 3.87（倍）$$

净资产代表的是全体股东共同享有的权益,是股东拥有公司财产和公司投资价值最基本的体现。一般来说,市净率较低的股票,投资价值较高;反之,则投资价值较低。但有时较低的市净率反映的可能是投资者对公司前景的不良预期,而较高市净率则相反。因此,在判断某只股票的投资价值时,还要综合考虑当时的市场环境以及公司经营情况、资产质量和盈利能力等因素。

二、管理层讨论与分析

管理层讨论与分析是上市公司定期报告中管理层对于本企业过去经营状况的评价分析以及对企业未来发展趋势的前瞻性判断,是对企业财务报表中所描述的财务状况和经营成果的解释,是对经营中固有风险和不确定性的揭示,同时也是对企业未来发展前景的预期。

管理层讨论与分析是上市公司定期报告的重要组成部分。监管部门要求上市公司编制并披露管理层讨论与分析的目的在于,使公众投资者能够有机会了解管理层自身对企业财务状况与经营成果的分析评价,以及企业未来一定时期内的计划。这些信息在财务报表及附注中并没有得到充分揭示,对投资者的投资决策却非常重要。

管理层讨论与分析信息大多涉及"内部性"较强的定性型软信息,无法对其进行详细的强制规定和有效监控,因此,西方国家的披露原则是强制与自愿相结合,企业可以自主决定如何披露这类信息。我国也基本实行这种原则,如中期报告中的"管理层讨论与分析"部分以及年度报告中的"董事会报告"部分,都是规定某些管理层讨论与分析信息必须披露,而另一些管理层讨论与分析信息鼓励企业自愿披露。

上市公司"管理层讨论与分析"主要包括两部分:报告期间经营业绩变动的解释与企业未来发展的前瞻性信息。

(一)报告期间经营业绩变动的解释

(1)分析企业主营业务及其经营状况。

(2)概述企业报告期内总体经营情况,列示企业主营业务收入、主营业务利润、净利润的同比变动情况,说明引起变动的主要影响因素。企业应当对前期已披露的企业发展战略和经营计划的实现或实施情况、调整情况进行总结,若企业实际经营业绩较曾公开披露过的本年度盈利预测或经营计划低10%以上或高20%以上,应详细说明造成差异的原因。企业可以结合业务发展规模、经营区域、产品等情况,介绍与企业业务相关的宏观经济层面或外部经营环境的发展现状和变化趋势,以及企业的行业地位或区域市场地位,分析企业存在的主要优势和困难,分析企业经营和盈利能力的连续性和稳定性。

(3)说明报告期企业资产构成、销售费用、管理费用、财务费用、所得税等财务数据同比发生重大变动的情况及主要影响因素。

(4)结合企业现金流量表相关数据,说明企业经营活动、投资活动和筹资活动产生的现金流量的构成情况,若相关数据发生重大变动,应当分析其主要影响因素。

(5)企业可以根据实际情况对企业设备利用情况、订单的获取情况、产品的销售或积压情况、主要技术人员变动情况等与企业经营相关的重要信息进行讨论和分析。

（6）企业主要控股及参股企业的经营情况及业绩分析。

（二）企业未来发展的前瞻性信息

（1）企业应当结合经营回顾的情况，分析所处行业的发展趋势及企业面临的市场竞争格局。产生重大影响的，应给予管理层基本判断的说明。

（2）企业应当向投资者提示管理层所关注的未来企业发展机遇和挑战，披露企业发展战略，以及拟开展的新业务、拟开发的新产品、拟投资的新项目等。若企业存在多种业务的，还应当说明各项业务的发展规划。同时，企业应当披露新年度的经营计划，包括（但不限于）收入、成本费用计划以及新年度的经营目标（如销售额的提升、市场份额的扩大、成本升降、研发计划等），以及为达到上述经营目标拟采取的策略和行动。企业可以编制并披露新年度的盈利预测，该盈利预测必须经过具有证券期货相关业务资格的会计师事务所审核并发表意见。

（3）企业应当披露为实现未来发展战略所需的资金需求及使用计划，以及资金来源情况，说明企业维持当前业务、完成在建投资项目的资金需求、未来重大的资本支出计划等，包括未来已知的资本支出承诺、合同安排、时间安排等。同时，对企业资金来源的安排、资金成本及使用情况进行说明。企业应当区分债务融资、表外融资、股权融资、衍生产品融资等项目对企业未来资金来源进行披露。

（4）企业应当结合自身特点对所有风险因素（包括宏观政策风险、市场或业务经营风险、财务风险、技术风险等）进行风险揭示，披露的内容应当充分、准确、具体。同时企业可以根据实际情况，介绍已（或拟）采取的对策和措施，对策和措施应当内容具体，具备可操作性。

第四节　财务评价与考核

财务分析的最终目的在于全面、准确、客观地揭示与披露企业财务状况和经营情况，并借以对企业经济效益优劣作出合理的评价。显然，要达到这样一个分析目的，仅仅测算几个简单、孤立的财务比率，或者将一些孤立的财务分析指标堆砌在一起，彼此毫无联系地考察，不可能得出合理、正确的综合性结论，有时甚至会得出错误的结论。因此，只有将企业偿债能力、营运能力、盈利能力以及发展能力等各项分析指标有机地联系起来，作为一套完整的体系，相互配合使用，作出系统的综合评价，才能从总体意义上把握企业财务状况和经营情况的优劣。

综合分析的意义在于能够全面、正确地评价企业的财务状况和经营成果，因为局部不能替代整体，某项指标的好坏不能说明整个企业经济效益的高低。除此之外，综合分析的结果在进行企业不同时期比较分析和不同企业之间比较分析时消除了时间上和空间上的差异，使之更具有可比性，有利于总结经验、吸取教训、发现差距、赶超先进。进而从整体上、本质上反映和把握企业生产经营的财务状况和经营成果。

一、企业综合绩效分析的方法

企业综合绩效分析的方法有很多，常用的方法主要有杜邦分析法、沃尔评分法和经济增加值法等。

（一）杜邦分析法

杜邦分析法又称杜邦财务分析体系，简称杜邦体系，是利用各主要财务比率指标间的内在联系，对企业财务状况及经济效益进行综合系统分析评价的方法。该体系是以净资产收益率为起点，以总资产净利率和权益乘数为基础，重点揭示企业盈利能力及权益乘数对净资产收益率的影响，以及各相关指标间的相互影响和作用关系。因其最初由美国杜邦企业成功应用，故得名。

杜邦分析法将净资产收益率（权益净利率）分解如图10-1所示。其分析关系式为：

净资产收益率 = 营业净利率 × 总资产周转率 × 权益乘数

运用杜邦分析法需要抓住以下几点：

（1）净资产收益率是一个综合性最强的财务分析指标，是杜邦分析体系的起点。

财务管理的目标之一是使股东财富最大化，净资产收益率反映了企业所有者投入资本的盈利能力，说明了企业筹资、投资、资产营运等各项财务及其管理活动的效率，而不断提高净资产收益率是使所有者权益最大化的基本保证。所以，这一财务分析指标是企业所有者、经营者都十分关心的。而净资产收益率高低的决定因素主要有三个，即营业净利率、总资产周转率和权益乘数。这样，在进行分解之后，就可以将净资产收益率这一综合性指标发生升降变化的原因具体化，因此比只用一项综合性指标更能说明问题。

（2）营业净利率反映了企业净利润与营业收入的关系，它的高低取决于营业收入与成本总额的高低。

要想提高营业净利率，一是要扩大营业收入，二是要降低成本费用。扩大营业收入既有利于提高营业净利率，又有利于提高总资产周转率。降低成本费用是提高营业净利率的一个重要因素，从杜邦分析体系（见图10-1）可以看出成本费用的基本结构是否合理，从而找出降低成本费用的途径和加强成本费用控制的办法。如果企业财务费用支出过高，就要进一步分析其负债比率是否过高；如果企业管理费用过高，就要进一步分析其资产周转情况等。从图10-1中还可以看出，提高营业净利率的另一途径是提高其他利润。为了详细地了解企业成本费用的发生情况，在具体列示成本总额时，还可根据重要性原则，将那些影响较大的费用单独列示，以便为寻求降低成本的途径提供依据。

（3）影响总资产周转率的一个重要因素是资产的结构。

资产总额由流动资产与长期资产组成，它们的结构合理与否将直接影响资产的周转速度。一般来说，流动资产直接体现企业的偿债能力和变现能力，而长期资产则体现了企业的经营规模、发展潜力。两者之间应该有一个合理的比例关系。如果发现某项资产比重过大，影响资金周转，就应深入分析其原因，例如企业持有的货币资金超过业务需要，就会影响企业的盈利能力；如果企业占有过多的存货和应收账款，则既会影响盈利能力，又会影响偿债能力。因此，还应进一步分析各项资产的占用数额和周转速度。

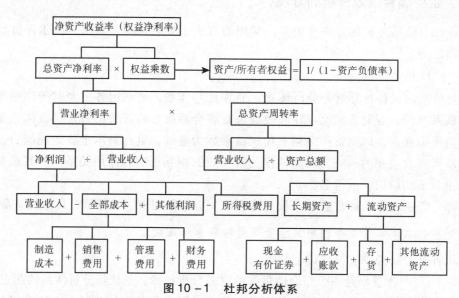

图 10-1 杜邦分析体系

注：图中有关资产、负债与权益指标通常用平均值计算。

（4）权益乘数主要受资产负债率指标的影响。

资产负债率越高，权益乘数就越高，说明企业的负债程度比较高，给企业带来了较多的杠杆利益，同时，也带来了较大的风险。

【例10-9】 某公司有关财务数据如表10-6所示。分析该公司净资产收益率变化的原因如表10-7所示（本题计算因四舍五入存在微小偏差）。

扫码看讲解

表 10-6　　　　　　　　　　　　**基本财务数据**　　　　　　　　　　　单位：万元

年份	净利润	营业收入	平均资产总额	平均负债总额	全部成本	制造成本	销售费用	管理费用	财务费用
2023	1 233 439.3	20 076 198.3	17 707 689	11 701 682	14 086 839.9	9 617 999.2	3 368 212.6	1 011 326.3	89 301.8
2024	1 132 261.6	20 972 582.1	19 545 686.6	12 890 643.2	14 747 518.1	10 258 460.7	3 364 171.1	1 005 264.5	119 621.8

表 10-7　　　　　　　　　　　　**财务比率**

项目	2023 年	2024 年
净资产收益率（%）	20.54	17.01
权益乘数	2.95	2.94
资产负债率（%）	66.08	65.95

续表

项目	2023 年	2024 年
总资产净利率（%）	6.97	5.79
营业净利率（%）	6.14	5.4
总资产周转率（次）	1.13	1.07

（1）对净资产收益率的分析。该公司的净资产收益率在 2023 年至 2024 年出现了一定程度的下降，从 2023 年的 20.54% 下降至 2024 年的 17.01%。公司的投资者在很大程度上依据这个指标来判断是否投资或是否转让股份，考察经营者业绩和决定股利分配政策。这些指标对公司的管理者也至关重要。

净资产收益率 = 权益乘数 × 总资产净利率

2023 年：20.54% = 2.95 × 6.97%

2024 年：17.01% = 2.94 × 5.79%

通过分解可以明显地看出，该公司净资产收益率的变动是资本结构（权益乘数）变动和资产利用效果（总资产净利率）变动两方面共同作用的结果，而该公司的总资产净利率在 2024 年大幅下降，最终显示出较差的资产利用效果。

（2）对总资产净利率的分析。

总资产净利率 = 营业净利率 × 总资产周转率

2023 年：6.97% = 6.14% × 1.13

2024 年：5.79% = 5.4% × 1.07

通过分解可以看出 2024 年该公司的总资产周转率呈下降趋势，说明资产的利用效果依然较差，显示出比上一年更差的效果，该公司利用其总资产产生营业收入的效率还需提升。总资产周转率降低的同时营业净利率减少，阻碍了总资产净利率的增加。

（3）对营业净利率的分析。

营业净利率 = 净利润 ÷ 营业收入 × 100%

2023 年：6.14% = 1 233 439.3 ÷ 20 076 198.3 × 100%

2024 年：5.4% = 1 132 261.6 ÷ 20 972 582.1 × 100%

该公司 2024 年较大幅度提高了营业收入，但是净利润却低于 2023 年的水平，分析其原因是成本费用增多。从表 10-6 可知：全部成本从 2023 年的 14 086 839.9 万元增加到 2024 年的 14 747 518.1 万元，与营业收入的增加幅度大致相当。

（4）对全部成本的分析。

全部成本 = 制造成本 + 销售费用 + 管理费用 + 财务费用

2023 年：14 086 839.9 = 9 617 999.2 + 3 368 212.6 + 1 011 326.3 + 89 301.8

2024 年：14 747 518.1 = 10 258 460.7 + 3 364 171.1 + 1 005 264.5 + 119 621.8

本例中，导致该公司净资产收益率小的主要原因是全部成本过大。也正是因为全部成本的大幅度提高导致了净利润提高幅度不大，而营业收入大幅度增加，就引起了营业净利率的降低，显示出该公司销售盈利能力的降低。

（5）对权益乘数的分析。

$$权益乘数 = \frac{资产总额}{权益总额}$$

2023 年：$2.95 = \dfrac{17\ 707\ 689}{17\ 707\ 689 - 11\ 701\ 682}$

2024 年：$2.94 = \dfrac{19\ 545\ 686.6}{19\ 545\ 686.6 - 12\ 890\ 643.2}$

该公司下降的权益乘数，说明公司的资本结构在 2023 年至 2024 年发生了变动，2024 年的权益乘数较 2023 年有所减小。权益乘数越小，公司负债程度越低，偿还债务能力越强，财务风险就越低。这个指标同时也反映了财务杠杆对利润水平的影响。该公司的权益乘数一直处于 2 ~ 5，即负债率在 50% ~ 80%，属于激进战略型公司。管理者应该准确把握公司所处的环境，准确预测利润，合理控制负债带来的风险。

（6）对于该公司，最为重要的就是要努力降低各项成本，在控制成本上下功夫，同时要保持较高的总资产周转率。这样，可以使营业净利率得到提高，进而使总资产净利率有大的提高。

（二）沃尔评分法

企业财务综合分析的先驱者之一是亚历山大·沃尔。他在 20 世纪初出版的《信用晴雨表研究》和《财务报表比率分析》中提出了信用能力指数的概念，他把若干个财务比率用线性关系结合起来，以此来评价企业的信用水平，被称为沃尔评分法。他选择了七种财务比率，分别给定了其在总评价中所占的比重，总和为 100 分；然后，确定标准比率，并与实际比率相比较，评出每项指标的得分，求出总评分。

【例 10 - 10】某企业是一家中型电力企业，2024 年的财务状况评分的结果如表 10 - 8 所示。

表 10 - 8　　　　　　　　　　沃尔综合评分表

财务比率	比重 ①	标准比率 ②	实际比率 ③	相对比率 ④ = ③ ÷ ②	综合指数 ⑤ = ① × ④
流动比率	25	2	1.66	0.83	20.75
净资产/负债	25	1.5	2.39	1.59	39.75
资产/固定资产	15	2.5	1.84	0.736	11.04
营业成本/存货	10	8	9.94	1.243	12.43
营业收入/应收账款	10	6	8.61	1.435	14.35

续表

财务比率	比重 ①	标准比率 ②	实际比率 ③	相对比率 ④＝③÷②	综合指数 ⑤＝①×④
营业收入/固定资产	10	4	0.55	0.1375	1.38
营业收入/净资产	5	3	0.4	0.133	0.67
合计	100				100.37

从表 10-8 可知，该企业的综合指数为 100.37，总体财务状况是不错的，综合评分达到标准的要求。尽管沃尔评分法在理论上还有待证明，在技术上也不完善，但它还是在实践中被广泛地加以应用。

沃尔评分法从理论上讲，有一个弱点，就是未能证明为什么要选择这七个指标，而不是更多些或更少些，或者选择别的财务比率，以及未能证明每个指标所占比重的合理性。沃尔评分法从技术上讲有一个问题，就是当某一个指标严重异常时，会对综合指数产生不合逻辑的重大影响。这个缺陷是由相对比率与比重相"乘"而引起的。财务比率提高 1 倍，其综合指数增加 100%；而财务比率缩小 1 倍，其综合指数只减少 50%。

现代社会与沃尔的时代相比，已有很大的变化。一般认为企业财务评价的内容首先是盈利能力，其次是偿债能力，最后是成长能力，它们之间大致可按 5：3：2 的比重来分配。盈利能力的主要指标是总资产收益率、营业净利率和净资产收益率，这三个指标可按 2：2：1 的比重来安排。偿债能力有四个常用指标。成长能力有三个常用指标（都是本年增量与上年实际量的比值）。假定仍以 100 分为总评分。

【例 10-11】 仍以〖例 10-10〗中企业 2024 年的财务状况为例，以中型电力生产企业的标准值为评价基础，则其综合评分标准如表 10-9 所示。

表 10-9　　　　　　　　　　　　综合评分表

指标	评分值	标准比率 （%）	行业最高比率 （%）	最高评分	最低评分	每分比率的差 （%）
盈利能力：						
总资产收益率	20	5.5	15.8	30	10	1.03
营业净利率	20	26	56.2	30	10	3.02
净资产收益率	10	4.4	22.7	15	5	3.66
偿债能力：						
自有资本比率	8	25.9	55.8	12	4	7.475
流动比率	8	95.7	253.6	12	4	39.475
应收账款周转率	8	290	960	12	4	167.5

指标	评分值	标准比率 （%）	行业最高比率 （%）	最高评分	最低评分	每分比率的差 （%）
存货周转率	8	800	3 030	12	4	557.5
成长能力：						
销售增长率	6	2.5	38.9	9	3	12.13
净利润增长率	6	10.1	51.2	9	3	13.7
总资产增长率	6	7.3	42.8	9	3	11.83
合计	100			150	50	

标准比率以本行业平均数为基础，在给每个指标评分时，应规定其上限和下限，以减少个别指标异常对总评分造成不合理的影响。上限可定为正常评分值的 1.5 倍，下限可定为正常评分值的 0.5 倍。此外，给分不是采用"乘"的关系，而是采用"加"或"减"的关系来处理，以克服沃尔评分法的缺点。例如，总资产收益率每分比率的差为 1.03% ＝（15.8% － 5.5%）÷（30 － 20）。总资产收益率每提高 1.03%，多给 1 分，但该项得分不得超过 30 分。

根据这种方法，对该企业的财务状况重新进行综合评价，得 122.38 分（见表 10 － 10），表明其是一个中等略偏上水平的企业。

表 10 － 10 　　　　　　　　　　财务情况评分

指标	实际比率（%） ①	标准比率 ②	差异 ③＝①－②	每分比率 ④	调整分 ⑤＝③÷④	标准评分值 ⑥	得分 ⑦＝⑤＋⑥
盈利能力：							
总资产收益率	10	5.5	4.5	1.03	4.37	20	24.37
营业净利率	33.54	26	7.54	3.02	2.5	20	22.5
净资产收益率	13.83	4.4	9.43	3.66	2.58	10	12.58
偿债能力：							
自有资本比率	72.71	25.9	46.81	7.475	6.26	8	12
流动比率	166	95.7	70.3	39.475	1.78	8	9.78
应收账款周转率	861	290	571	167.5	3.41	8	11.41
存货周转率	994	800	194	557.5	0.35	8	8.35
成长能力：							
销售增长率	17.7	2.5	15.2	12.13	1.25	6	7.25
净利润增长率	－ 1.74	10.1	－ 11.84	13.7	－ 0.86	6	5.14
总资产增长率	46.36	7.3	39.06	11.83	3.3	6	9
合计						100	122.38

注：由于得分不能超过上限，所以，自有资本比率和总资产增长率的得分不是 14.26 和 9.30，而是 12 和 9。

（三）经济增加值法

经济增加值（EVA）是指税后净营业利润扣除全部投入资本成本后的剩余收益。由于传统绩效评价方法大多只是从反映某方面的会计指标来度量公司绩效，无法体现股东资本的机会成本及股东财富的变化。而经济增加值是从股东角度去评价企业经营者有效使用资本和为企业创造价值的业绩评价指标。因此，它克服了传统绩效评价指标的缺陷，能够真实地反映公司的经营业绩，是体现企业最终经营目标的绩效评价办法。

其具体作用表现在：一是经济增加值提供了更好的业绩评估标准。经济增加值可以使管理者作出更明智的决策，因为经济增加值要求考虑包括股本和债务在内所有资本的成本。这一资本费用的概念促使管理者更为勤勉，明智地利用资本以迎接挑战，创造竞争力。二是帮助企业实现了决策与股东财富一致。

经济增加值的计算公式为：

经济增加值 = 税后净营业利润 − 平均资本占用 × 加权平均资本成本

其中，税后净营业利润衡量的是企业的经营盈利情况；平均资本占用反映的是企业持续投入的各种债务资本和股权资本；加权平均资本成本反映的是企业各种资本的平均成本率。注意在计算经济增加值时，需进行相应的会计科目调整，如营业外收支、递延税金等都要从税后净营业利润中扣除，以消除财务报表中不能准确反映企业价值创造的部分。经济增加值为正，表明经营者在为企业创造价值；经济增加值为负，表明经营者在损毁企业价值。

【例 10 − 12】 某企业现有 A、B 两个部门，其 2024 年相关财务数据如表 10 − 11 所示。假设没有需要调整的项目，计算 A、B 两部门的经济增加值。

表 10 − 11   **基本财务数据**

部门	税后净营业利润（万元）	资产总额（万元）	加权平均资本成本（%）
A	700	4 000	12
B	740	4 200	13

A 部门的经济增加值 = 700 − 4 000 × 12% = 220（万元）

B 部门的经济增加值 = 740 − 4 200 × 13% = 194（万元）

结果表明，虽然 A 部门税后净营业利润不如 B 部门高，但其经济增加值更大。因此，从经济增加值的角度来看，A 部门的绩效更好。

尽管经济增加值考虑了所有资本的成本，能够更加真实地反映企业的价值创造，且实现了企业利益、经营者利益和员工利益的统一，但该指标仍存在不足：首先，经济增加值仅能衡量企业当期或预判未来 1~3 年的价值创造情况，无法衡量企业长远发展战略的价值创造；其次，该指标计算主要基于财务指标，无法对企业进行综合评价；再次，由于不同行业、不同规模、不同成长阶段等的公司，其会计调整项和加权平均资本成本各不相同，故该指标的可比性较差；最后，如何计算经济增加值尚存许多争议，这些争议不利于建立一个统一的规范，使得该指标往往主要用于一个公司的历史分析以及内部评价。

二、综合绩效评价

综合绩效评价是综合分析的一种，一般是站在企业所有者（投资人）的角度进行的。

综合绩效评价，是指运用数理统计和运筹学的方法，通过建立综合评价指标体系，对照相应的评价标准，定量分析与定性分析相结合，对企业一定经营期间的盈利能力、资产质量、债务风险以及经营增长等经营业绩和努力程度等各方面进行的综合评判。

科学地评价企业绩效可以为出资人行使经营者的选择权提供重要依据；可以有效地加强对企业经营者的监管和约束；可以为有效激励企业经营者提供可靠依据；还可以为政府有关部门、债权人、企业职工等利益相关方提供有效的信息支持。

（一）综合绩效评价的内容

企业综合绩效评价由财务绩效定量评价和管理绩效定性评价两部分组成。

1. 财务绩效定量评价。

财务绩效定量评价是指对企业一定期间的盈利能力、资产质量、债务风险和经营增长四个方面进行定量对比分析和评判。

（1）企业盈利能力分析与评判主要通过资本及资产收益水平、成本费用控制水平和经营现金流量状况等方面的财务指标，综合反映企业的投入产出水平、盈利质量和现金保障状况。

（2）企业资产质量分析与评判主要通过资产周转速度、资产运行状态、资产结构以及资产有效性等方面的财务指标，综合反映企业所占用经济资源的利用效率、资产管理水平与资产的安全性。

（3）企业债务风险分析与评判主要通过债务负担水平、资产负债结构、或有负债情况、现金偿债能力等方面的财务指标，综合反映企业的债务水平、偿债能力及其面临的债务风险。

（4）企业经营增长分析与评判主要通过销售增长、资本积累、效益变化以及技术投入等方面的财务指标，综合反映企业的经营增长水平及发展后劲。

2. 管理绩效定性评价。

管理绩效定性评价是指在企业财务绩效定量评价的基础上，通过采取专家评议的方式，对企业一定期间的经营管理水平进行定性分析与综合评判。

管理绩效定性评价指标包括企业发展战略的确立与执行、经营决策、发展创新、风险控制、基础管理、人力资源、行业影响、社会贡献等方面。

（二）综合绩效评价指标

企业综合绩效评价指标由22个财务绩效定量评价指标和8个管理绩效定性评价指标组成。

1. 财务绩效定量评价指标。

财务绩效定量评价指标由反映企业盈利能力状况、资产质量状况、债务风险状况和经营增长状况四个方面的基本指标和修正指标构成。

其中，基本指标反映企业一定期间财务绩效的主要方面，并得出财务绩效定量评价的基本结果。修正指标是根据财务指标的差异性和互补性，对基本指标的评价结果作进一步的补充和矫正。

（1）企业盈利能力状况以净资产收益率、总资产收益率两个基本指标和销售（营业）利润率、利润现金保障倍数、成本费用利润率、资本收益率四个修正指标进行评价，主要反映企业一定经营期间的投入产出水平和盈利质量。

（2）企业资产质量状况以总资产周转率、应收账款周转率两个基本指标和不良资产比率、流动资产周转率、资产现金回收率三个修正指标进行评价，主要反映企业所占用经济资源的利用效率、资产管理水平与资产的安全性。

（3）企业债务风险状况以资产负债率、已获利息倍数两个基本指标和速动比率、现金流动负债比率、带息负债比率、或有负债比率四个修正指标进行评价，主要反映企业的债务负担水平、偿债能力及其面临的债务风险。

（4）企业经营增长状况以销售（营业）增长率、资本保值增值率两个基本指标和销售（营业）利润增长率、总资产增长率、技术投入比率三个修正指标为依据进行评价，主要反映企业的经营增长水平、资本增值状况及发展后劲。

2. 管理绩效定性评价指标。

企业管理绩效定性评价指标包括战略管理、发展创新、经营决策、风险控制、基础管理、人力资源、行业影响、社会贡献八个方面的指标，主要反映企业在一定经营期间所采取的各项管理措施及其管理成效。

（1）战略管理评价主要反映企业所制定战略规划的科学性，战略规划是否符合企业实际，员工对战略规划的认知程度，战略规划的保障措施及其执行力，以及战略规划的实施效果等方面的情况。

（2）发展创新评价主要反映企业在经营管理创新、工艺革新、技术改造、新产品开发、品牌培育、市场拓展、专利申请及核心技术研发等方面的措施及成效。

（3）经营决策评价主要反映企业在决策管理、决策程序、决策方法、决策执行、决策监督、责任追究等方面采取的措施及实施效果，重点反映企业是否存在重大经营决策失误。

（4）风险控制评价主要反映企业在财务风险、市场风险、技术风险、管理风险、信用风险和道德风险等方面的管理与控制措施及效果，包括风险控制标准、风险评估程序、风险防范与化解措施等。

（5）基础管理评价主要反映企业在制度建设、内部控制、重大事项管理、信息化建设、标准化管理等方面的情况，包括财务管理、对外投资、采购与销售、存货管理、质量管理、安全管理、法律事务等。

（6）人力资源评价主要反映企业人才结构、人才培养、人才引进、人才储备、人事调配、员工绩效管理、分配与激励、企业文化建设、员工工作热情等方面的情况。

（7）行业影响评价主要反映企业主营业务的市场占有率、对国民经济及区域经济的影响与带动力、主要产品的市场认可程度、是否具有核心竞争能力以及产业引导能力等方面的情况。

（8）社会贡献评价主要反映企业在资源节约、环境保护、吸纳就业、工资福利、安全生产、上缴税收、商业诚信、和谐社会建设等方面的贡献程度和社会责任的履行情况。

各指标评价内容与权重如表 10－12 所示。

表 10－12　　　　　　　　　　企业综合绩效评价指标与权重　　　　　　　　单位：%

评价内容与权重		财务绩效（70%）				管理绩效（30%）	
		基本指标	权重	修正指标	权重	评议指标	权重
盈利能力状况	34	净资产收益率 总资产收益率	20 14	销售（营业）利润率 利润现金保障倍数 成本费用利润率 资本收益率	10 9 8 7		
资产质量状况	22	总资产周转率 应收账款周转率	10 12	不良资产比率 流动资产周转率 资产现金回收率	9 7 6	战略管理 发展创新 经营决策 风险控制	18 15 16 13
债务风险状况	22	资产负债率 已获利息倍数	12 10	速动比率 现金流动负债比率 带息负债比率 或有负债比率	6 6 5 5	基础管理 人力资源 行业影响 社会贡献	14 8 8 8
经营增长状况	22	销售（营业）增长率 资本保值增值率	12 10	销售（营业）利润增长率 总资产增值率 技术投入比率	10 7 5		

本章思考题

1. 为什么要进行财务报表分析？

2. 财务分析有哪些方法？

3. 基本的财务报表分析包括哪些内容？

4. 上市公司定期报告中"管理层讨论与分析"部分包括哪些内容？

5. 综合绩效分析有哪些方法？

附 录

复利终值系数表

期数	1%	2%	3%	4%	5%	6%	7%	8%	9%	10%
1	1.0100	1.0200	1.0300	1.0400	1.0500	1.0600	1.0700	1.0800	1.0900	1.1000
2	1.0201	1.0404	1.0609	1.0816	1.1025	1.1236	1.1449	1.1664	1.1881	1.2100
3	1.0303	1.0612	1.0927	1.1249	1.1576	1.1910	1.2250	1.2597	1.2950	1.3310
4	1.0406	1.0824	1.1255	1.1699	1.2155	1.2625	1.3108	1.3605	1.4116	1.4641
5	1.0510	1.1041	1.1593	1.2167	1.2763	1.3382	1.4026	1.4693	1.5386	1.6105
6	1.0615	1.1262	1.1941	1.2653	1.3401	1.4185	1.5007	1.5809	1.6771	1.7716
7	1.0721	1.1487	1.2299	1.3159	1.4071	1.5036	1.6058	1.7138	1.8280	1.9487
8	1.0829	1.1717	1.2668	1.3686	1.4775	1.5938	1.7182	1.8509	1.9926	2.1436
9	1.0937	1.1951	1.3048	1.4233	1.5513	1.6895	1.8385	1.9990	2.1719	2.3579
10	1.1046	1.2190	1.3439	1.4802	1.6289	1.7908	1.9672	2.1589	2.3674	2.5937
11	1.1157	1.2434	1.3824	1.5395	1.7103	1.8983	2.1049	2.3316	2.5804	2.8531
12	1.1268	1.2682	1.4258	1.6010	1.7959	2.0122	2.2522	2.5182	2.8127	3.1384
13	1.1381	1.2936	1.4685	1.6651	1.8856	2.1329	2.4098	2.7196	3.0658	3.4523
14	1.1459	1.3195	1.5126	1.7317	1.9799	2.2609	2.5785	2.9372	3.3417	3.7975
15	1.1610	1.3459	1.5580	1.8009	2.0789	2.3966	2.7590	3.1722	3.6425	4.1772
16	1.1726	1.3728	1.6047	1.8730	2.1829	2.5404	2.9522	3.4259	3.9703	4.5950
17	1.1843	1.4002	1.6528	1.9479	2.2920	2.6928	3.1588	3.7000	4.3276	5.0545
18	1.1961	1.4282	1.7024	2.0258	2.4066	2.8543	3.3799	3.9960	4.7171	5.5599
19	1.2081	1.4568	1.7535	2.1068	2.5270	3.0256	3.6165	4.3157	5.1417	6.1159
20	1.2202	1.4859	1.8061	2.1911	2.6533	3.2071	3.8697	4.6610	5.6044	6.7275
21	1.2324	1.5157	1.8603	2.2788	2.7860	3.3996	4.1406	5.0338	6.1088	7.4002
22	1.2447	1.5460	1.9161	2.3699	2.9253	3.6035	4.4304	5.4365	6.6586	8.1403
23	1.2572	1.5769	1.9736	2.4647	3.0715	3.8197	4.7405	5.8715	7.2579	8.2543
24	1.2697	1.6084	2.0328	2.5633	3.2251	4.0489	5.0724	6.3412	7.9111	9.8497
25	1.2824	1.6406	2.0938	2.6658	3.3864	4.2919	5.4274	6.8485	8.6231	10.835
26	1.2953	1.6734	2.1566	2.7725	3.5557	4.5494	5.8076	7.3964	9.3992	11.918
27	1.3082	1.7069	2.2213	2.8834	3.7335	4.8823	6.2139	7.9881	10.245	13.110
28	1.3213	1.7410	2.2879	2.9987	3.9201	5.1117	6.6488	8.6271	11.167	14.421
29	1.3345	1.7758	2.3566	3.1187	4.1161	5.4184	7.1143	9.3173	12.172	15.863
30	1.3478	1.8114	2.4273	3.2434	4.3219	5.7435	7.6123	10.063	13.268	17.449
40	1.4889	2.2080	3.2620	4.8010	7.0400	10.286	14.794	21.725	31.408	45.259
50	1.6446	2.6916	4.3839	7.1067	11.467	18.420	29.457	46.902	74.358	117.39
60	1.8167	3.2810	5.8916	10.520	18.679	32.988	57.946	101.26	176.03	304.48

续表

期数	12%	14%	15%	16%	18%	20%	24%	28%	32%	36%
1	1.1200	1.1400	1.1500	1.1600	1.1800	1.2000	1.2400	1.2800	1.3200	1.3600
2	1.2544	1.2996	1.3225	1.3456	1.3924	1.4400	1.5376	1.6384	1.7424	1.8496
3	1.4049	1.4815	1.5209	1.5609	1.6430	1.7280	1.9066	2.0872	2.3000	2.5155
4	1.5735	1.6890	1.7490	1.8106	1.9388	2.0736	2.3642	2.6844	3.0360	3.4210
5	1.7623	1.9254	2.0114	2.1003	2.2878	2.4883	2.9316	3.4360	4.0075	4.6526
6	1.9738	2.1950	2.3131	2.4364	2.6996	2.9860	3.6352	4.3980	5.2899	6.3275
7	2.2107	2.5023	2.6600	2.8262	3.1855	3.5832	4.5077	5.6295	6.9826	8.6054
8	2.4760	2.8526	3.0590	3.2784	3.7589	4.2998	5.5895	7.2508	9.2170	11.703
9	2.7731	3.2519	3.5179	3.8030	4.4355	5.1598	6.9310	9.2234	12.166	15.917
10	3.1058	3.7072	4.0456	4.4114	5.2338	6.1917	8.5944	11.806	16.060	21.647
11	3.4785	4.2262	4.6524	5.1173	6.1759	7.4301	10.657	15.112	21.119	29.439
12	3.8960	4.8179	5.3503	5.9360	7.2876	8.9161	13.215	19.343	27.983	40.037
13	4.3635	5.4924	6.1528	6.8858	8.5994	10.699	16.386	24.759	36.937	54.451
14	4.8871	6.2613	7.0757	7.9875	10.147	12.839	20.319	31.691	48.757	74.053
15	5.4736	7.1379	8.1371	9.2655	11.974	15.407	25.196	40.565	64.395	100.71
16	6.1304	8.1372	9.3576	10.748	14.129	18.448	31.243	51.923	84.954	136.97
17	6.8660	9.2765	10.761	12.468	16.672	22.186	38.741	66.461	112.14	186.28
18	7.6900	10.575	12.375	14.463	19.673	26.623	48.039	86.071	148.02	253.34
19	8.6128	12.056	14.232	16.777	23.214	31.948	59.568	108.89	195.39	344.54
20	9.6463	13.743	16.367	19.461	27.393	38.338	73.864	139.38	257.92	468.57
21	10.804	15.668	18.822	22.574	32.324	46.005	91.592	178.41	340.45	637.26
22	12.100	17.861	21.645	26.186	38.142	55.206	113.57	228.36	449.39	866.67
23	13.552	20.362	24.891	30.376	45.008	66.247	140.83	292.30	593.20	1 178.7
24	15.179	23.212	28.625	35.236	53.109	79.497	174.63	374.14	783.02	1 603.0
25	17.000	26.462	32.919	40.874	62.669	95.396	216.54	478.90	1 033.6	2 180.1
26	19.040	30.167	37.857	47.414	73.949	114.48	268.51	613.00	1 364.3	2 964.9
27	21.325	34.390	43.535	55.000	87.260	137.37	332.95	784.64	1 800.9	4 032.3
28	23.884	39.204	50.006	63.800	102.97	164.84	412.86	1 004.3	2 377.2	5 483.9
29	26.750	44.693	57.575	74.009	121.50	197.81	511.95	1 285.6	3 137.9	7 458.1
30	29.960	50.950	66.212	85.850	143.37	237.38	634.82	1 645.5	4 142.1	10 143
40	93.051	188.83	267.86	378.72	750.38	1 469.8	5 455.9	19 427	66 521	*
50	289.00	700.23	1 083.7	1 670.7	3 927.4	9 100.4	46 890	*	*	*
60	897.60	2 595.9	4 384.0	7 370.2	20 555	56 348	*	*	*	*

* >99 999

附表二　　　　　　　　　　　　　复利现值系数表

期数	1%	2%	3%	4%	5%	6%	7%	8%	9%	10%
1	.9901	.9804	.9709	.9615	.9524	.9434	.9346	.9259	.9174	.9091
2	.9803	.9612	.9426	.9246	.9070	.8900	.8734	.8573	.8417	.8264
3	.9706	.9423	.9151	.8890	.8638	.8396	.8163	.7938	.7722	.7513
4	.9610	.9238	.8885	.8548	.8227	.7921	.7629	.7350	.7084	.6830
5	.9515	.9057	.8626	.8219	.7835	.7473	.7130	.6806	.6499	.6209
6	.9420	.8880	.8375	.7903	.7462	.7050	.6663	.6302	.5963	.5645
7	.9327	.8706	.8131	.7599	.7107	.6651	.6227	.5835	.5470	.5132
8	.9235	.8535	.7894	.7307	.6768	.6274	.5820	.5403	.5019	.4665
9	.9143	.8368	.7664	.7026	.6446	.5919	.5439	.5002	.4604	.4241
10	.9053	.8203	.7441	.6756	.6139	.5584	.5083	.4632	.4224	.3855
11	.8963	.8043	.7224	.6496	.5847	.5268	.4751	.4289	.3875	.3505
12	.8874	.7885	.7014	.6246	.5568	.4970	.4440	.3971	.3555	.3186
13	.8787	.7730	.6810	.6006	.5303	.4688	.4150	.3677	.3262	.2897
14	.8700	.7579	.6611	.5775	.5051	.4423	.3878	.3405	.2992	.2633
15	.8613	.7430	.6419	.5553	.4810	.4173	.3624	.3152	.2745	.2394
16	.8528	.7284	.6232	.5339	.4581	.3936	.3387	.2919	.2519	.2176
17	.8444	.7142	.6050	.5134	.4363	.3714	.3166	.2703	.2311	.1978
18	.8360	.7002	.5874	.4936	.4155	.3503	.2959	.2502	.2120	.1799
19	.8277	.6864	.5703	.4746	.3957	.3305	.2765	.2317	.1945	.1635
20	.8195	.6730	.5537	.4564	.3769	.3118	.2584	.2145	.1784	.1486
21	.8114	.6598	.5375	.4388	.3589	.2942	.2415	.1987	.1637	.1351
22	.8034	.6468	.5219	.4220	.3418	.2775	.2257	.1839	.1502	.1228
23	.7954	.6342	.5067	.4057	.3256	.2618	.2109	.1703	.1378	.1117
24	.7876	.6217	.4919	.3901	.3101	.2470	.1971	.1577	.1264	.1015
25	.7798	.6095	.4776	.3751	.2953	.2330	.1842	.1460	.1160	.0923
26	.7720	.5976	.4637	.3604	.2812	.2198	.1722	.1352	.1064	.0839
27	.7644	.5859	.4502	.3468	.2678	.2074	.1609	.1252	.0976	.0763
28	.7568	.5744	.4371	.3335	.2551	.1956	.1504	.1159	.0895	.0693
29	.7493	.5631	.4243	.3207	.2429	.1846	.1406	.1073	.0822	.0630
30	.7419	.5521	.4120	.3083	.2314	.1741	.1314	.0994	.0754	.0573
35	.7059	.5000	.3554	.2534	.1813	.1301	.0937	.0676	.0490	.0356
40	.6717	.4529	.3066	.2083	.1420	.0972	.0668	.0460	.0318	.0221
45	.6391	.4102	.2644	.1712	.1113	.0727	.0476	.0313	.0207	.0137
50	.6080	.3715	.2281	.1407	.0872	.0543	.0339	.0213	.0134	.0085
55	.5785	.3365	.1968	.1157	.0683	.0406	.0242	.0145	.0087	.0053

续表

期数	12%	14%	15%	16%	18%	20%	24%	28%	32%	36%
1	.8929	.8772	.8696	.8621	.8475	.8333	.8065	.7813	.7576	.7353
2	.7972	.7695	.7561	.7432	.7182	.6944	.6504	.6104	.5739	.5407
3	.7118	.6750	.6575	.6407	.6086	.5787	.5245	.4768	.4348	.3975
4	.6355	.5921	.5718	.5523	.5158	.4823	.4230	.3725	.3294	.2923
5	.5674	.5194	.4972	.4762	.4371	.4019	.3411	.2910	.2495	.2149
6	.5066	.4556	.4323	.4104	.3704	.3349	.2751	.2274	.1890	.1580
7	.4523	.3996	.3759	.3538	.3139	.2791	.2218	.1776	.1432	.1162
8	.4039	.3506	.3269	.3050	.2660	.2326	.1789	.1388	.1085	.0854
9	.3606	.3075	.2843	.2630	.2255	.1938	.1443	.1084	.0822	.0628
10	.3220	.2697	.2472	.2267	.1911	.1615	.1164	.0847	.0623	.0462
11	.2875	.2366	.2149	.1954	.1619	.1346	.0938	.0662	.0472	.0340
12	.2567	.2076	.1869	.1685	.1373	.1122	.0757	.0517	.0357	.0250
13	.2292	.1821	.1625	.1452	.1163	.0935	.0610	.0404	.0271	.0184
14	.2046	.1597	.1413	.1252	.0985	.0779	.0492	.0316	.0205	.0135
15	.1827	.1401	.1229	.1079	.0835	.0649	.0397	.0247	.0155	.0099
16	.1631	.1229	.1069	.0980	.0709	.0541	.0320	.0193	.0118	.0073
17	.1456	.1078	.0929	.0802	.0600	.0451	.0259	.0150	.0089	.0054
18	.1300	.0946	.0808	.0691	.0508	.0376	.0208	.0118	.0068	.0039
19	.1161	.0829	.0703	.0596	.0431	.0313	.0168	.0092	.0051	.0029
20	.1037	.0728	.0611	.0514	.0365	.0261	.0135	.0072	.0039	.0021
21	.0926	.0638	.0531	.0443	.0309	.0217	.0109	.0056	.0029	.0016
22	.0826	.0560	.0462	.0382	.0262	.0181	.0088	.0044	.0022	.0012
23	.0738	.0491	.0402	.0329	.0222	.0151	.0071	.0034	.0017	.0008
24	.0659	.0431	.0349	.0284	.0188	.0126	.0057	.0027	.0013	.0006
25	.0588	.0378	.0304	.0245	.0160	.0105	.0046	.0021	.0010	.0005
26	.0525	.0331	.0264	.0211	.0135	.0087	.0037	.0016	.0007	.0003
27	.0469	.0291	.0230	.0182	.0115	.0073	.0030	.0013	.0006	.0002
28	.0419	.0255	.0200	.0157	.0097	.0061	.0024	.0010	.0004	.0002
29	.0374	.0224	.0174	.0135	.0082	.0051	.0020	.0008	.0003	.0001
30	.0334	.0196	.0151	.0116	.0070	.0042	.0016	.0006	.0002	.0001
35	.0189	.0102	.0075	.0055	.0030	.0017	.0005	.0002	.0001	*
40	.0107	.0053	.0037	.0026	.0013	.0007	.0002	.0001	*	*
45	.0061	.0027	.0019	.0013	.0006	.0003	.0001	*	*	*
50	.0035	.0014	.0009	.0006	.0003	.0001	*	*	*	*
55	.0020	.0007	.0005	.0003	.0001	*	*	*	*	*

* < .0001

附表三 年金终值系数表

期数	1%	2%	3%	4%	5%	6%	7%	8%	9%	10%
1	1.0000	1.0000	1.0000	1.0000	1.0000	1.0000	1.0000	1.0000	1.0000	1.0000
2	2.0100	2.0200	2.0300	2.0400	2.0500	2.0600	2.0700	2.0800	2.0900	2.1000
3	3.0301	3.0604	3.0909	3.1216	3.1525	3.1836	3.2149	3.2464	3.2781	3.3100
4	4.0604	4.1216	4.1836	4.2465	4.3101	4.3746	4.4399	4.5061	4.5731	4.6410
5	5.1010	5.2040	5.3091	5.4163	5.5256	5.6371	5.7507	5.8666	5.9847	6.1051
6	6.1520	6.3081	6.4684	6.6330	6.8019	6.9753	7.1533	7.3359	7.5233	7.7156
7	7.2135	7.4343	7.6625	7.8983	8.1420	8.3938	8.6540	8.9228	9.2004	9.4872
8	8.2857	8.5830	8.8923	9.2142	9.5491	9.8975	10.260	10.637	11.028	11.436
9	9.3685	9.7546	10.159	10.583	11.027	11.491	11.978	12.488	13.021	13.579
10	10.462	10.950	11.464	12.006	12.578	13.181	13.816	14.487	15.193	15.937
11	11.567	12.169	12.808	13.486	14.207	14.972	15.784	16.645	17.560	18.531
12	12.683	13.412	14.192	15.026	15.917	16.870	17.888	18.977	20.141	21.384
13	13.809	14.680	15.618	16.627	17.713	18.882	20.141	21.495	22.953	24.523
14	14.947	15.974	17.086	18.292	19.599	21.015	22.550	24.214	26.019	27.975
15	16.097	17.293	18.599	20.024	21.579	23.276	25.129	27.152	29.361	31.772
16	17.258	18.639	20.157	21.825	23.657	25.673	27.888	30.324	33.003	35.950
17	18.430	20.012	21.762	23.698	25.840	28.213	30.840	33.750	36.974	40.545
18	19.615	21.412	23.414	25.645	28.132	30.906	33.999	37.450	41.301	45.599
19	20.811	22.841	25.117	27.671	30.539	33.760	37.379	41.446	46.018	51.159
20	22.019	24.297	26.870	29.778	33.066	36.786	40.955	45.752	51.160	57.275
21	23.239	25.783	28.676	31.969	35.719	39.993	44.865	50.423	56.765	64.002
22	24.472	27.299	30.537	34.249	38.505	43.392	49.006	55.457	62.873	71.403
23	25.716	28.845	32.453	36.618	41.430	46.996	53.436	60.883	69.532	79.543
24	26.973	30.422	34.426	39.083	44.502	50.816	58.177	66.765	76.790	88.497
25	28.243	32.030	36.459	41.646	47.727	54.863	63.294	73.106	84.701	98.347
26	29.526	33.671	38.553	44.312	51.113	59.156	68.676	79.954	93.324	109.18
27	30.821	35.344	40.710	47.084	54.669	63.706	74.484	87.351	102.72	121.10
28	32.129	37.051	42.931	49.968	58.403	68.528	80.698	95.339	112.97	134.21
29	33.450	38.792	45.219	52.966	62.323	73.640	87.347	103.97	124.14	148.63
30	34.785	40.568	47.575	56.085	66.439	79.058	94.461	113.28	136.31	164.49
40	48.886	60.402	75.401	95.026	120.80	154.76	199.64	259.06	337.88	442.59
50	64.463	84.579	112.80	152.67	209.35	290.34	406.53	573.77	815.08	1 163.9
60	81.670	114.05	163.05	237.99	353.58	533.13	813.52	1 253.2	1 944.8	3 034.8

续表

期数	12%	14%	15%	16%	18%	20%	24%	28%	32%	36%
1	1.0000	1.0000	1.0000	1.0000	1.0000	1.0000	1.0000	1.0000	1.0000	1.0000
2	2.1200	2.1400	2.1500	2.1600	2.1800	2.2000	2.2400	2.2800	2.3200	2.3600
3	3.3744	3.4396	3.4725	3.5056	3.5724	3.6400	3.7776	3.9184	3.0624	3.2096
4	4.7793	4.9211	4.9934	5.0665	5.2154	5.3680	5.6842	6.0156	6.3624	6.7251
5	6.3528	6.6101	6.7424	6.8771	7.1542	7.4416	8.0484	8.6999	9.3983	10.146
6	8.1152	8.5355	8.7537	8.9775	9.4420	9.9299	10.980	12.136	13.406	14.799
7	10.089	10.730	11.067	11.414	12.142	12.916	14.615	16.534	18.696	21.126
8	12.300	13.233	13.727	14.240	15.327	16.499	19.123	22.163	25.678	29.732
9	14.776	16.085	16.786	17.519	19.086	20.799	24.712	29.369	34.895	41.435
10	17.549	19.337	20.304	21.321	23.521	25.959	31.643	38.593	47.062	57.352
11	20.655	23.045	24.349	25.733	28.755	32.150	40.238	50.398	63.122	78.988
12	24.133	27.271	29.002	30.850	34.931	39.581	50.895	65.510	84.320	108.44
13	28.029	32.089	34.352	36.786	42.219	48.497	64.110	84.853	112.30	148.47
14	32.393	37.581	40.505	43.672	50.818	59.196	80.496	109.61	149.24	202.93
15	37.280	43.842	47.580	51.660	60.965	72.035	100.82	141.30	198.00	276.98
16	42.753	50.980	55.717	60.925	72.939	87.442	126.01	181.87	262.36	377.69
17	48.884	59.118	65.075	71.673	87.068	105.93	157.25	233.79	347.31	514.66
18	55.750	68.394	75.836	84.141	103.74	128.12	195.99	300.25	459.45	770.94
19	63.440	78.969	88.212	98.603	123.41	154.74	244.03	385.32	607.47	954.28
20	72.052	91.025	102.44	115.38	146.63	186.69	303.60	494.21	802.86	1 298.8
21	81.699	104.77	118.81	134.84	174.02	225.03	377.46	633.59	1 060.8	1 767.4
22	92.503	120.44	137.63	157.41	206.34	271.03	469.06	812.00	1 401.2	2 404.7
23	104.60	138.30	159.28	183.60	244.49	326.24	582.63	1 040.4	1 850.6	3 271.3
24	118.16	185.66	184.17	213.98	289.49	392.48	723.46	1 332.7	2 443.8	4 450.0
25	133.33	181.87	212.79	249.21	342.60	471.98	898.09	1 706.8	3 226.8	6 053.0
26	150.33	208.33	245.71	290.09	405.27	567.38	1 114.6	2 185.7	4 260.4	8 233.1
27	169.37	238.50	283.57	337.50	479.22	681.85	1 383.1	2 798.7	5 624.8	11 198.0
28	190.70	272.89	327.10	392.50	566.48	819.22	1 716.1	3 583.3	7 425.7	15 230.3
29	214.58	312.09	377.17	456.30	669.45	984.07	2 129.0	4 587.7	9 802.9	20 714.2
30	241.33	356.79	434.75	530.31	790.95	1 181.9	2 640.9	5 873.2	12 941	28 172.3
40	767.09	1 342.0	1 779.1	2 360.8	4 163.2	7 343.2	27 290	69 377	*	*
50	2 400.0	4 994.5	7 217.7	10 436	21 813	45 497	*	*	*	*
60	7 471.6	18 535	29 220	46 058	*	*	*	*	*	*

* >99 999

附表四　　　　　　　　　　　　　　年金现值系数表

期数	1%	2%	3%	4%	5%	6%	7%	8%	9%
1	0.9901	0.9804	0.9709	0.9615	0.9524	0.9434	0.9346	0.9259	0.9174
2	1.9704	1.9416	1.9135	1.8861	1.8594	1.8334	1.8080	1.7833	1.7591
3	2.9410	2.8839	2.8286	2.7751	2.7232	2.6730	2.6243	2.5771	2.5313
4	3.9020	3.8077	3.7171	3.6299	3.5460	3.4651	3.3872	3.3121	3.2397
5	4.8534	4.7135	4.5797	4.4518	4.3295	4.2124	4.1002	3.9927	3.8897
6	5.7955	5.6014	5.4172	5.2421	5.0757	4.9173	4.7665	4.6229	4.4859
7	6.7282	6.4720	6.2303	6.0021	5.7864	5.5824	5.3893	5.2064	5.0330
8	7.6517	7.3255	7.0197	6.7327	6.4632	6.2098	5.9713	5.7466	5.5348
9	8.5660	8.1622	7.7861	7.4353	7.1078	6.8017	6.5152	6.2469	5.9952
10	9.4713	8.9826	8.5302	8.1109	7.7217	7.3601	7.0236	6.7101	6.417
11	10.3676	9.7868	9.2526	8.7605	8.3064	7.8869	7.4987	7.1390	6.8052
12	11.2551	10.5753	9.9540	9.3851	8.8633	8.3838	7.9427	7.5361	7.1607
13	12.1337	11.3484	10.6350	9.9856	9.3936	8.8527	8.3577	7.9038	7.4869
14	13.0037	12.1062	11.2961	10.5631	9.8986	9.2950	8.7455	8.2442	7.7862
15	13.8651	12.8493	11.9379	11.1184	10.3797	9.7122	9.1079	8.5595	8.0607
16	14.7179	13.5777	12.5611	11.6523	10.8378	10.1059	9.4466	8.8514	8.3126
17	15.5623	14.2919	13.1661	12.1657	11.2741	10.4773	9.7632	9.1216	8.5436
18	16.3983	14.9920	13.7535	12.6896	11.6896	10.8276	10.0591	9.3719	8.7556
19	17.2260	15.6785	14.3238	13.1339	12.0853	11.1581	10.3356	9.6036	8.9601
20	18.0456	16.3514	14.8775	13.5903	12.4622	11.4699	10.5940	9.8181	9.1285
21	18.8570	17.0112	15.4150	14.0292	12.8212	11.7641	10.8355	10.0618	9.2922
22	19.6604	17.6580	15.9369	14.4511	13.4886	12.3034	11.0612	10.2007	9.4426
23	20.4558	18.2922	16.4436	14.8568	13.4886	12.3034	11.2722	10.3711	9.5802
24	21.2434	18.9139	16.9355	15.2470	13.7986	12.5504	11.4693	10.5288	9.7066
25	22.0232	19.5235	17.4131	15.6221	14.0939	12.7834	11.6536	10.6748	9.8226
26	22.7952	20.1210	17.8768	15.9828	14.3752	13.0032	11.8258	10.8100	9.9290
27	23.5596	20.7059	18.3270	16.3296	14.6430	13.2105	11.9867	10.9352	10.0266
28	24.3164	21.2813	18.7641	16.6631	14.8981	13.4062	12.1371	11.0511	10.1161
29	25.0658	21.8444	19.1885	16.9837	15.1411	13.5907	12.2777	11.1584	10.1983
30	25.8077	22.3965	19.6004	17.2920	15.3725	13.7648	12.4090	11.2578	10.2737
35	29.4086	24.9986	21.4872	18.6646	16.3742	14.4982	12.9477	11.6546	10.5668
40	32.8347	27.3555	23.1148	19.7928	17.1591	15.0463	13.3317	11.9246	10.7574
45	36.0945	29.4902	24.5187	20.7200	17.7741	15.4558	13.6055	12.1084	10.8812
50	39.1961	31.4236	25.7298	21.4822	18.2559	15.7619	13.8007	12.2335	10.9617
55	42.1472	33.1748	26.7744	22.1086	18.6335	15.9905	13.9399	12.3186	11.0140

续表

期数	10%	12%	14%	15%	16%	18%	20%	24%	28%	32%
1	0.9091	0.8929	0.8772	0.8696	0.8621	0.8475	0.8333	0.8065	0.7813	0.7576
2	1.7355	1.6901	1.6467	1.6257	1.6052	1.5656	1.5278	1.4568	1.3916	1.3315
3	2.4869	2.4018	2.3216	2.2832	2.2459	2.1743	2.1065	1.9813	1.8684	1.7663
4	3.1699	3.0373	2.9137	2.8550	2.7982	2.6901	2.5887	2.4043	2.2410	2.0957
5	3.7908	3.6048	3.4331	3.3522	3.2743	3.1272	2.9906	2.7454	2.5320	2.3452
6	4.3553	4.1114	3.8887	3.7845	3.6847	3.4976	3.3255	3.0205	2.7594	2.5342
7	4.8684	4.5638	4.2882	4.1604	4.0386	3.8115	3.6046	3.2423	2.9370	2.6775
8	5.3349	4.9676	4.6389	4.4873	4.3436	4.0776	3.8372	3.4212	3.0758	2.7860
9	5.7590	5.3282	4.9464	4.7716	4.6065	4.3030	4.0310	3.5655	3.1842	2.8681
10	6.1446	5.6502	5.2161	5.0188	4.8332	4.4941	4.1925	3.6819	3.2689	2.9304
11	6.4951	5.9377	5.4527	5.2337	5.0284	4.6560	4.3271	3.7757	3.3351	2.9776
12	6.8137	6.1944	5.6603	5.4206	5.1971	4.7932	4.4392	3.8514	3.3868	3.0133
13	7.1034	6.4235	5.8424	5.5831	5.3423	4.9095	4.5327	3.9124	3.4272	3.0404
14	7.3667	6.6282	6.0021	5.7245	5.4675	5.0081	4.6106	3.9616	3.4587	3.0609
15	7.6061	6.8109	6.1422	5.8474	5.5755	5.0916	4.6755	4.0013	3.4834	3.0764
16	7.8237	6.9740	6.2651	5.9542	5.6685	5.1624	4.7296	4.0333	3.5026	3.0882
17	8.0216	7.1196	6.3729	6.0472	5.7487	5.2223	4.7746	4.0591	3.5177	3.0971
18	8.2014	7.2497	6.4674	6.1280	5.8178	5.2732	4.8122	4.0799	3.5294	3.1039
19	8.3649	7.3658	6.5504	6.1982	5.8775	5.3162	4.8435	4.0967	3.5386	3.1090
20	8.5136	7.4694	6.6231	6.2593	5.9288	5.3527	4.8696	4.1103	3.5458	3.1129
21	8.6487	7.5620	6.6870	6.3125	5.9731	5.3837	4.8913	4.1212	3.5514	3.1158
22	8.7715	7.6446	6.7429	6.3587	6.0113	5.4099	4.9094	4.1300	3.5558	3.1180
23	8.8832	7.7184	6.7921	6.3988	6.0442	5.4321	4.9245	4.1371	3.5592	3.1197
24	8.9847	7.7843	6.8351	6.4338	6.0726	5.4509	4.9371	4.1428	3.5619	3.1210
25	9.0770	7.8431	6.8729	6.4641	6.0971	5.4669	4.9476	4.1474	3.5640	3.1220
26	9.1609	7.8957	6.9061	6.4906	6.1182	5.4804	4.9563	4.1511	3.5656	3.1227
27	9.2372	7.9426	6.9352	6.5135	6.1364	5.4919	4.9636	4.1542	3.5669	3.1233
28	9.3066	7.9844	6.9607	6.5335	6.1520	5.5016	4.9697	4.1566	3.5679	3.1237
29	9.3696	8.0218	6.9830	6.5509	6.1656	5.5098	4.9747	4.1585	3.5687	3.1240
30	9.4269	8.0552	7.0027	6.5660	6.1772	5.5168	4.9789	4.1601	3.5693	3.1242
35	9.6442	8.1755	7.0700	6.6166	6.2153	5.5386	4.9915	1.1644	3.5708	3.1248
40	9.7791	8.2438	7.1050	6.6418	6.2335	5.5482	4.1659	4.1659	3.5712	3.1250
45	9.8628	8.2825	7.1232	6.6543	6.2421	5.5523	4.9986	4.1664	3.5714	3.1250
50	9.9148	8.3045	7.1327	6.6605	6.2463	5.5541	4.9995	4.1666	3.5714	3.1250
55	9.9471	8.3170	7.1376	6.6636	6.2482	5.5549	4.9998	4.1666	3.5714	3.1250